俄语系列图书

# 现代俄语实用语法

主　编　陈国亭
副主编　沈淇春　陈晓棠
参编人员（以下按姓氏笔画排序）
宋　飞　吴　哲　张金忠　赵淑贤

哈爾濱工業大學出版社

**图书在版编目(CIP)数据**

现代俄语实用语法/陈国亭主编.—哈尔滨:
哈尔滨工业大学出版社,2013.8
ISBN 978-7-5603-4223-8

Ⅰ.①现… Ⅱ.①陈… Ⅲ.①俄语-语法-高等学校-教材 Ⅳ.①H354

中国版本图书馆 CIP 数据核字(2013)第 196778 号

责任编辑 甄淼淼
封面设计 刘长友
出版发行 哈尔滨工业大学出版社
社　　址 哈尔滨市南岗区复华四道街 10 号　邮编 150006
传　　真 0451-86414149
网　　址 http://hitpress.hit.edu.cn
印　　刷 哈尔滨市工大节能印刷厂
开　　本 787mm×960mm　1/16　印张 26.5　字数 680 千字
版　　次 2013 年 8 月第 1 版　2013 年 8 月第 1 次印刷
书　　号 ISBN 978-7-5603-4223-8
定　　价 42.80 元

# 前言

本书是一部现代俄语语法实用性教科书，可供各类非俄语专业学生、俄语专业低年级学生及其他读者自学掌握俄语基本语法知识或作为俄语语法教学用书使用。

本书体现了俄语语法的传统性、体系性，增加了一般实践语法所不涉及的句子词序问题，但对于传统语法中与语言实践关系不大的有关部分均予以删略。为配合学习者参加各类考试，本书针对语法考点编配了适当的练习及参考答案。由于本书主要面对各类自学者，故文字叙述尽量言简意赅，深入浅出，通俗易懂，避免使用艰深的语法术语，例词、例句的选择则力求实用。

由于编者水平有限，错误和疏忽之处在所难免，敬请不吝指正。

主编联系电子信箱：chenguottttt@ 163. com

编　者

2013 年 8 月

# 目录

## 上篇 词法

## 下篇 句法

词法研究词的形式（构成和变化）、意义和功能。本书采用的俄语词类体系是十大词类说，即名词、形容词、数词、代词、动词、副词、前置词、连接词、语气词、感叹词。其中，名词、形容词、数词、代词、动词是有词形变化的词类，副词、前置词、连接词、感叹词是无词形变化的词类。而从语法角度来分类，名词、形容词、数词、代词、动词和副词是实词，前置词、连接词和语气词是虚词，感叹词既不是实词，也不是虚词，属特殊的词类。

# 1 俄语词的构词方法

俄语中，一部分词只含有表达基本词汇意义的部分，即词根，如 год（年），го́род（城市）等。而绝大部分词除含有表达基本词汇意义的部分之外，还含有表示附加词汇意义或语法意义的部分，这部分叫词缀，即前缀、后缀、中缀、末缀（即尾后缀）、词尾。其中词尾是词的变化部分，用来表示词的语法意义，如性、数、格、体、式、时间等，而前缀、后缀、中缀、末缀（即尾后缀）则多用来构成新词。这里，带有词缀（除词尾外）的词根叫词干。一个新词可能由词根构成，也可能由词干构成。那么，了解词的构成方式，对于认识新词和扩大词汇量有直接的益处。

俄语的词中，含有一个词根的叫简单词。简单词中新词的构成主要借助：加前缀法，加末缀法，加前、后缀法，加前、末缀法，加后、末缀法。而含有两个或多个词根的词叫复合词。复合词一般借助合干法（可通过中缀-о-、-е-）、融合法、复合缩写法构成。另外，还有少数新词是通过词类转化或词义转化构成的。

**加前缀法**

前缀就是词根前的词缀。加前缀构成新词，一般给词带来附加意义，有时完全改变词义。

构词前缀主要有：

без-（безъ-，бес-）：безрабо́тный（失业的），безъя́дерный（无核的），бесполе́зный（无益的）；

в-（во-，въ-）：входи́ть（进入），вовле́чь（引入），въе́хать（驶入）；

вз-（взо-，взъ-，вс-）：взбежа́ть（跑上），взобра́ться（费力地上……），взъе́хать（驶上高处），всплыть（浮起）；

вы-：вы́думать（想出），вы́звать（叫出）；

до-：догна́ть（追上），допусти́ть（准许）；

за-：забра́ть（取走），зале́зть（爬上），запе́ть（开始唱），зачита́ться（读入了迷）；

из-（изо-，изъ-）：изба́вить（解救），изобрести́（发明），изъяви́ть（表示）；

на-：набро́сить（披上），написа́ть（写完），напева́ть（低声唱），наигра́ться（玩够）；

над-（надо-，надъ-）：надда́ть（追加），надмо́кнуть（湿一点），надорва́ть（从上或边上稍撕开一点），надъе́сть（从上面吃掉一点儿）；

не-：негро́мкий（声音不高的），незави́симый（独立的）；

ни-：нигдé（任何地方都不……），ничтóжный（极小的）；

о-（об-，обо-，объ-）：осмотрéть（察看），обгорéть（外部烧伤），обойтú（绕过），объединéние（联合）；

от-（ото-，отъ-）：отморóзить（冻伤），отобрáть（夺去），отъéхать（乘车马走开）；

пере-：перебежáть（跑过），перебúть（打断话头），перевернýть（翻转），передéлать（改做）；

по-：поглядéть（看一眼），побежáть（跑起来），поговорúть（谈谈）；

под-（подо-，подъ-）：поднять（抬起，举起），подойтú（走近），подогрéть（加加温），подъéзд（通路）；

пре-：превзойтú（占优势），прекрáсный（非常美丽的），преумéньшить（估计过低）；

пред-（преди-，предо-，предъ-）：предузнáть（事先知道），предназнáчить（预先指定），предислóвие（序），предостерéчь（警告），предъявúть（出示）；

при-：прикрепúть（固定上……），прибрáть（整理一下），прикупúть（添购），приготóвить（准备好）；

раз-（разо-，разъ-，рас-）：разбúть（打碎），разложúть（分配），разорвáть（撕碎），разъединúть（分开），растáять（融化）；

с-（со-，съ-）：связáть（捆上，使结合），сойтú（走下），съéхать（驶下）；

у-：убежáть（跑开），уловúть（捕到），уместúть（放入），уплатúть（付清）。

俄语中还有几个具有主观评价色彩的前缀，主要是指大，即表示说话人认为事物超出本来应有的性质或特征。如：красáвица（美女）— раскрасáвица（绝代佳人），человéк（人）—сверхчеловéк（超人），мáркет（市场）—супермáркет（超级市场），новизнá（新事物）— ультрановизнá（全新事物）。

**加后缀法**

后缀是词根后（词尾前）的部分。加后缀可以构成许多词类的词。

（1）构成名词的后缀主要有：

-ик（-ник）：передовóй — передовúк（先进工作者），глаз（глазнóй）— глазнúк（眼科医生），рабóтать — рабóтник（工作人员），вестовóй — вéстник（公报）；

-чик：грузúть — грýзчик（装卸工），газéта — газéтчик（报贩），переводúть — перевóдчик（翻译），；

-изм：коммýна — коммунúзм（共产主义），капитáл — капиталúзм（资本主义）；

-ист：коммýна — коммунúст（共产党员，共产党人），капитáл — капиталúст

（资本家）；

-ни（е）/-ень（е）/-ени（е）/：петь — пе́ние（歌唱），печь — пече́нье（饼干），повтори́ть — повторе́ние（复习）；

-тель（-итель）/-тель-ниц（а）/：воспита́ть — воспита́тель（-ница）（教育者），спаса́ть — спаса́тель（-ница）（救生者；救生船），спасти́ — спаси́тель（-ница）（救星）；

-ость（-ность）：но́вый — но́вость（新闻），бо́дрый — бо́дрость（朝气），гото́вый — гото́вность（愿意；备妥）；

-от（а）：чи́стый — чистота́（清洁），бы́стрый — быстрота́（急速），пра́вый — правота́（正义）；

-ств（о）/-еств（о）/：производи́ть — произво́дство（生产），студе́нт — студе́нчество（大学生们），челове́к — челове́чество（人类）。

后缀中有一类具有主观评价色彩，主要指下列意义：①指小，②表爱，③指小表爱，④指小表卑，⑤指大。在使用中，有些主观评价色彩的界限并不严格，所以需要具体情况具体分析。

①指小：го́род — городо́к（小城市，镇），крокоди́л — крокоди́льчик（小鳄鱼）；

②表爱：день — денёк — денёчек（一日），неде́ля — недёлька（一星期）；

③指小表爱：рука́ — ручо́нка（可爱的）（小手），Иван — Ива́нушка（小伊万），Са́ша — Са́шенька（小萨沙）；

④指小表卑：шко́ла — шко́лка（小破学校），Яша — Яшка（讨厌的）（小亚沙）；

⑤指大：дом — доми́ще（大房子），дура́к — дурачи́на（大傻瓜）。

（2）构成形容词的后缀主要有：

-ив-（-лив-）：торопи́ть（ся） — тороплива́вый（性急的），шуме́ть — шумли́вый（爱吵闹的），тала́нт — тала́нтливый（多才多艺的），дождь — дождли́вый（多雨的）；

-чив-：дове́рить — дове́рчивый（轻信的），разобра́ть（разбо́р） — разбо́рчивый（挑剔的）；

-к-：скользи́ть — ско́льзкий（滑的），гром — гро́мкий（声音大的）；

-н-：ры́ба — ры́бный（鱼的），вода́ — во́дный（水的），вы́ход — выходно́й（出去的），вкус — вку́сный（可口的）；

-льн-（-тельн-）：купа́ться — купа́льный（游泳的，入浴的），убеди́ть — убеди́тельный（有说服力的）；

-енн-：госуда́рство — госуда́рственный（国家的），коли́чество — коли́чественный（数量的）；

-ск-（-еск-）：ию́ль — ию́льский（七月的），а́втор — а́вторский（作者的），враг — вра́жеский（敌人的），друг — дру́жеский（友好的）。

构成形容词的后缀中也有一部分具有感情色彩，如：

-еньк-（-оньк-）：кра́сный — кра́сненький（红红的），лёгкий — лёгонький（轻轻的）；

-охоньк-（-ёхоньк-）：лёгкий — лего́хонький（很轻很轻的），све́тлый — светлёхонький（亮亮堂堂的）；

-ошеньк-（-ёшеньк-）：лёгкий — лего́шенький（很轻很轻的），у́мный — умнёшенький（挺聪明的）。

（3）构成动词的后缀主要有：

-а-：за́втрак — за́втракать（吃早饭），хромо́й — хрома́ть（瘸）；

-ива-（-ыва-）：вы́здороветь — выздора́вливать（恢复健康），уче́сть — учи́тывать（考虑到）；

-ова-（-изова-，-ирова-，-изирова-）：пра́здник — пра́здновать（过节），пусто́й — пустова́ть（空闲〈指房舍〉），парали́ч — парализова́ть（使麻痹），план — плани́ровать（定出计划），автома́т — автоматизи́ровать（使自动化）；

-е-：сла́бый — слабе́ть（变虚弱），здоро́вый — здорове́ть（健壮起来）；

-и-：ра́на — ра́нить（使受伤），чёрный — черни́ть（使变黑），широ́кий — ши́рить（放宽）；

-ну-：кре́пкий — кре́пнуть（巩固起来），сухо́й — со́хнуть（变干，干涸），маха́ть — махну́ть（挥动），трясти́ — тряхну́ть（摇动，抖动）。

（4）构成副词的后缀主要有：

-е：певу́чий — певу́че（唱歌般地），и́скренний — и́скренне（诚恳地），ожида́ющий — ожида́юще（期待地）；

-и：вся́ческий — вся́чески（千方百计地），дру́жеский — дру́жески（友好地）；

-о：да́вний — давно́（老早），сме́лый — сме́ло（勇敢地）；

-ой（-ою）：зима́ — зимо́й（зимо́ю），пора́ — поро́й（поро́ю）（有时）（-ою 形式主要用于诗歌中）；

-ом：круг — круго́м（周围），миг — ми́гом（刹那间）。

副词的具有感情色彩的后缀与形容词的相类似。试比较：

-енько（-онько）：ча́сто — часте́нько（常常地），ти́хо — тихо́нько（轻轻地）；

-ёхонько（-ёшенько）：ра́но — ранёхонько，ранёшенько（早早地）。

另外，后缀中还有一种用于构形的，即构成词的具体语法形式的后缀，如构成形容词和副词的比较级形式的后缀（краси́вый — краси́вее），构成各类形动词、副动词的后缀等。通过构形后缀构成的词的语法形式，除特殊者外，一般在词典中没有反映，所以必须单独掌握。

除了加后缀之外，有的词（如动词、形容词）还通过去掉后缀来构成新词，如：подходи́ть — подхо́д（走近；立场），крича́ть — крик（喊声），си́ний — синь（蓝色），ти́хий — тишь（寂静）。

**加末缀法**

末缀（即尾后缀）是在词尾后出现的词缀，在词干后（有词尾则在词尾后）加末缀可用来构成新词，如：подня́ть（举起）— подня́ться（站起来），мыть（洗）— мы́ться（洗澡），перепи́сывать（重写）— перепи́сываться（通信）；кто（谁）— кто-либо（随便谁），что（什么）— что-нибудь（随便什么），где（在哪里）— где-то（某地）等。

**加前缀、后缀法**

将前缀和后缀同时加在词根或词干上构成新词，如：ухо — нау́шник（耳机），стол（桌子）— насто́льный（桌上的），стол（伙食）— засто́льный（用餐时的）。

**加前缀、末缀法**

在词根或词干上同时加前缀和末缀来构成新词，如：спать — вы́спаться（睡够），говори́ть — договори́ться（约定），есть — нае́сться（吃够），говори́ть — оговори́ться（失言），говори́ть — проговори́ться（说走嘴），чита́ть — зачита́ться（读书入了迷），бежа́ть — разбежа́ться（跑散），говори́ть — сговори́ться（商谈），сесть — усе́сться（坐定）。

**加后缀、末缀法**

在词根或词干上同时加后缀和末缀来构成新词，如：го́рдый — горди́(ть)ся（以……自豪），нужда́ — нужда́(ть)ся（需要）。

注：нужда 里的 а 是词尾，是词的变化部分，而 нуждаться 里的 а 是后缀，不是词的变化部分。两者同音是一种巧合。

**合干法**

由两个词根或词借助中缀-о-、-е-等（或加后缀）构成复合词，如：пар（蒸汽），ход（走）→парохо́д（轮船）；яйцо́（蛋），проду́кт（食品）→яйцепроду́кт（蛋制品）；мя́со（肉），руби́ть（剁）→мясору́бка（绞肉机）；мир（世界），хозя́йство（经济）→мирохозя́йственный（世界经济的）；оди́ннадцать лет（十一年）→одиннадцатиле́тка（十一年制普通中学）。

也有不通过中缀构成复合词的情况，书面上有些需加连字符，有些不加，如：

меч-ры́ба(剑鱼), шеф-реда́ктор(主任编辑), премье́р-мини́стр(总理), план-гра́фик(进度计划), микро-ЭВМ(微型电子计算机), Ленингра́д(列宁格勒), вольтме́тр(电压表), радиоте́хника(无线电技术)。

**融合法**

用一个词组或词的组合来构成新词,新词中各组成部分之间原有的语法关系保持不变,这种构词方法叫融合法。如:сей час→сейча́с, сего́ дня→сего́дня, сойти́ с ума́(发疯)→сумасше́дший(疯子), в по́ру→впо́ру(适合,正好), в полпути́→вполпути́(在半路上), с нача́ла→снача́ла(起初)。

**复合缩写法**

由词组各词中取某一部分组成新词,称为复合缩写法。

(1)取每个词(或词干)的第一个字母,如:Кита́йская Наро́дная Респу́блика→КНР(中华人民共和国), вы́сшее уче́бное заведе́ние→вуз(大学), гидроэлектри́ческая ста́нция→ГЭС(水力发电站)。

注:此类复合缩写词中有些现已可以直接拼读,如:вуз, ГЭС, ТАСС(塔斯社),而不是一个字母一个字母地分开按字母名称读。有些已变格,如:вуз, вуза...; рик(区执委会), рика...; БАМ(贝阿干线), БАМа, БАМу...。

(2)取每个词的起始音节或词段,如:сове́тское хозя́йство→совхо́з(国营农场), коммунисти́ческий союз молодёжи→комсомо́л(共青团), нача́льник канцеля́рии→начка́нц(办公室主任), вое́нное ве́домство→военве́д(军事部门)。

(3)取词组中前面词的开首音组及最后一个词的整词,如:техни́ческая по́мощь→техпо́мощь(技术援助), сберега́тельная ка́сса→сберка́сса(储蓄所), городско́й сове́т→горсове́т(市苏维埃), де́тский дом→детдо́м(保育院)。

(4)混合法,即将上述三个方法混合使用构成复合缩写词,如:городско́й отде́л наро́дного образова́ния→гороно́(市教育局), наро́дный комиссариа́т труда́→НКтруд(劳动人民委员会), райо́нный комите́т профсою́за рабо́чих железнодоро́жного тра́нспорта→райпрофсо́ж(铁路员工工会区委员会)。

**词类转化构词法**

某些词或词的语法形式可以通过词类属性转化而构成新词,这里基本有三种情况:

(1)由形容词转化为名词。这时,该词不仅具有了名词的固定的性,如 учёный(学者,科学家)〔阳性〕, на́бережная(沿岸街)〔阴性〕, жарко́е(烤菜)〔中性〕, больно́й(男病人), больна́я(女病人)等,而且还可以被形容词修饰,如 тяжёлый больно́й(男重病人), широ́кая на́бережная(宽阔的沿岸街), вку́сное жарко́е(可口的烤菜)。

这里,以 учёный 为例,所谓该类词具有名词固定的性,指的是由于本词是阳性名词,因而在表示女性的时候,不像形容词那样变为阴性形式。试比较:Она известный учёный. 她是一位知名学者。Она считалась одним из выдающихся учёных. 她被认为是杰出的学者之一。

(2)由形动词转化为名词,并具有名词固定的性,可以被形容词修饰,如:形动词 учащийся(学习,受训练)→名词 учащийся(男学生)〔阳性〕,учащаяся(女学生)〔阴性〕,новый учащийся(男新生)。再如:形动词 пьющий(喝,饮酒)→名词 пьющий(爱喝酒的人)〔阳性〕;形动词 трудящийся(劳动)→名词 трудящийся(男劳动者)〔阳性〕,трудящаяся(女劳动者)〔阴性〕;形动词 верующий(相信,信仰)→名词 верующий(男信教者)〔阳性〕,верующая(女信教者)〔阴性〕。

(3)由形动词转化为形容词,这时使用范围和词义也可能有所变化。试比较:знающий 现在时主动形动词(知道,掌握)— человек, не знающий страха в борьбе(在斗争中不知道害怕的人)→形容词(富有学识的,高明的)— знающий человек(富有学识的人),знающий руководитель(高明的领导者);уважаемый 现在时被动形动词(被尊敬的)— учитель, уважаемый всеми учениками(被所有学生尊敬的老师)→形容词(敬爱的)— уважаемый товарищ председатель(敬爱的主席同志);испорченный 过去时被动形动词(被……损坏的)— мальчик, испорченный неумелым воспитанием родителей(被家长的无能教育教坏的男孩子)→形容词(堕落的)— испорченный мальчик(堕落的男孩子)。

有些形动词转化为形容词之后,还可构成相应的副词,如:вызывающий 形容词(挑衅性的)→ вызывающе 副词(挑衅性地)— Он вызывающе смотрит на начальника. 他挑衅性地望着上司。угрожающий 形容词(危险的,险恶的)→ угрожающе 副词(威胁地)— Лев угрожающе посмотрел на лису. 狮子威胁地瞪了狐狸一眼。смущённый 形容词(难为情的)→ смущённо 副词(难为情地,窘迫地)— Под насмешливым взглядом соседей он смущённо замолчал. 在众邻嘲弄的目光注视下,他窘迫地闭上嘴不说了。

**词义转化构词法**

由于时代在前进,科学在发展,俄语中许多词被用于新的意义,逐渐成为另外的新词,有时,词性也随之改变。如:новосёл 新住户,新移居者→新建厂,新企业(即新建成投产的企业);ползунок 水葫芦苗→拉锁上的小锁;сержант 中士→ сержант индустрии 中等技术教育程度的技术人员;служба 服务(站)→ служба знакомства 婚姻介绍所;шоколадка 一块巧克力糖→на шоколадке 在巧克力糖果厂里(口语);весовой 重量的〔形〕→весовая 过磅处〔名、阴性〕。

**词的词素切分**

正确的词素切分有助于正确判断和理解词义。如：передви́жка 应切分为 пере-движ-к(а)(更动，流动)，而若切分为 перед-виж-к(а)，词义就无从判定。再如 подви́жный 应切分为 по-движ-н(ый)(活动的)〔错 под-виж-н(ый)〕，而 подво́дный 应切分为 под-вод-н(ый)(水下的)〔错：по-двод-н(ый)〕。那么，怎样才能正确进行词素切分呢？

一个词的词素就是开头所讲到的构成一个词的含有一定意义的部分。这些部分应是最小的即不再能够被切分的。那么，词素就是从构词法角度将词分解之后得到的最小的表义单位(词根、前缀、后缀〈末缀〉、词尾)。

一个词的基本词汇意义一般可以通过词根判断，基本语法意义由词尾确定，而前缀、后缀(末缀)则只给词带来附加的词汇意义或语法意义。

对一个词进行词素切分要通过对比形式上和意义上相关的其它词、由后向前按构词过程逆向地、有层次地进行，例如，对 назва́ние 一词的切分过程是这样的：

第一步：**название**

对　比：

| | | |
|---|---|---|
| —— | | названи | я |
| названи | я | названи | й |
| названи | ю | названи | ям |
| названи | е | названи | я |
| названи | ем | названи | ями |
| о названи | и | названи | ях |

得出：названи-е 即-е，-я，-ю，-е，-ем，-и(单数)；-я，-й，-ям，-я，-ями，-ях(复数)为词尾(即词的变化部分)，названи 为词干(去掉词尾后余下的部分)。

第二步：**названи**

对　比：

| | |
|---|---|
| назва | ть |
| назва | л |

得出：назва-ни 即 ни 为后缀(用来构成动名词)。

第三步：**назва**

对　比：

| | |
|---|---|
| — | звать |
| — | звание |

得出：на-зва，即 на 为前缀。

第四步：зва

对 比：

зов | （名词）〔出现隐现元音〕
зов | у（动词变位形式）〔出现隐现元音〕
зов | ёшь（同上）〔同上〕

得出：а 为后缀，构成动词用，зв 为词根，在变位形式及构成名词时出现隐现元音(о)。

到此，название 应切分为 на-зв-а-ни-е，切分过程结束。

另外，切分中还要注意(1)语音交替现象；(2)词素可能有变体(即一个词素的不同形式)。

(1)切分时要注意划清有语音交替的词素与其它词素的界限，如：

за-креп-и-ть — за-крепл-ени-е

о-свобод-ить — о-свобожд-а-ть

(2)有的词素可能有两种甚至几种形式，切分时要充分注意到这一点。如：

стран-ой — стран-ою；

неб-о — небес-а；

со-бр-а-ть — со-бир-а-ть — с-бор；

ид-ти — ид-у — шё-л — ш-л-а — шед-ш-ий.

**词素的语音交替和变体**

从构词法角度来说，词根和各个词缀(前缀、后缀、中缀、末缀、词尾)都是词素。在构词过程中，由于语音上的需要，词素中可能有语音交替现象和变体(即不同形式)现象。

(1)语音交替举例

стару́ха(老太婆) — стару́шка，страх(恐惧) — стра́шный(可怕的)〔х↔ш〕

нога́(脚) — но́жка(小脚；腿儿)，ножно́й(脚的)〔г↔ж〕

крича́ть(喊叫) — крик(喊声)，река́(河) — ре́чка(小河)〔к↔ч〕

лицо́(脸) — ли́чный(个人的)，пти́ца(鸟) — пти́чий(鸟的)〔ц↔ч〕

закрепи́ть(固定住) — закрепле́ние〔п↔пл〕

освободи́ть(解放) — освобожда́ть〔д↔жд〕

(2)词素变体举例

стран-о́й — страно́ю(国家))；

не́б-о — небес-а́(天空)；

со-бр-а́-ть — со-бир-а́-ть — с-бор(收集)；

ид-ти́ — ид-у́ — шё-л — ш-л-а — ше́д-ш-ий(走).

**确定派生词的正确方法**

在学习俄语的过程中,为正确判断和理解词义,能准确判定一个词由哪个词派生而来,是具有一定的实践意义的。如 перено́сица 和 перено́ска 两词的词根形式虽相同,但因是由不同意义的词根所派生,所以两词的意义也截然不同。如:перено́сица 鼻梁(由 нос 鼻子而来) — перено́ска 搬,移(由 нос-и-ть 提〈拿,携带〉而来);ви́нный 酒的(由 вин-о́〈酒〉派生) — неви́нный 无罪的(由 вин-а́〈罪过〉派生)。

在同一意义词根的情况下,确定派生词的规则是:

(1)词干的组成字母相同时,多一层意义的是派生词。如:хи́мия(化学)→хи́мик(化学家)(派生词);граммáтика(语法学)→граммати́ст(语法学家)(派生词)。甚至还会出现派生词的字母数量少的情况,如 фи́зика(物理学)→фи́зик(物理学家)。

(2)词干中音组增多,词义具体化的是派生词。如:горóх(豌豆)→горóшина(一粒豌豆);картóфель(土豆)→картóфелина(一个土豆)。

(3)具有感情色彩的词由中立词派生而来。如:стол(桌子)→стóлик(指小形式);день(一日,一天)→денёк(表爱形式);хорошó(好)→хороше́нько(好好地)(表爱形式)。

(4)下列情况下后者是派生词:

①动词→动名词

уходи́ть→ухóд

②形容词→名词

бе́лый→белизнá

③形容词→副词

хорóший→хорошó

综上所述,掌握确定派生词的方法,对迅速扩大词汇量和知识面显然有着直接的益处。

# 2 名词

## (1)名词的性

俄语中,任何名词,哪怕是外来词,都必须归属一定的性。名词的性是一种语法范畴,其它词如形容词、代词与名词搭配时必须在性上(还有数和格上)一致。

**一般名词的性标记**

一般名词的性可以按结尾标记识别。

阳性:

辅音字母:учéбник(课本),студéнт(大学生),план(计划),вóздух(空气)等;

-й:герóй(英雄),трамвáй(电车)等。

阴性:

-а:пáрта(课桌),странá(国家)等;

-я:дерéвня(农村),делегáция(代表团)等。

注:以-а、-я 结尾的名词表男人时为阳性,如 дéдушка(爷爷),дя́дя(叔叔),Серёжа(Серёжка)等,但按阴性相应规则变化。

中性:

-о:окнó(窗户),нéбо(天空),я́блоко(苹果)等;

-е:сéрдце(心脏),здáние(楼房),воскресéнье(星期日),пóле(田野),ружьё(枪)等;

-мя:и́мя(名字),знáмя(旗),врéмя(时间)等(仅 10 个)。

以-ь 结尾的名词的性归属

以-ь 结尾的名词属阳性还是阴性,有两种情况。

ⅰ.有某种标记或通过词义等特征可以识别的

阳性:

-тель:писáтель(作家),читáтель(读者),покупáтель(买主),дви́гатель(发动机)等;

表示月份的:янвáрь(一月),ию́нь(六月)等。

阴性:

-ость:нóвость(新闻),прáвильность(正确性)等;

-знь：жизнь（生活），боле́знь（疾病），казнь（死刑）等；

-жь，-чь，-шь，-щь：молодёжь（青年），ложь（谎言），за́лежь（矿床），ночь（夜），печь（火炉），ме́лочь（零钱；小事），вошь（虱子），мышь（老鼠），ро́скошь（奢侈），вещь（东西），мощь（强大，力量），о́вощь（蔬菜），по́мощь（帮助）等。

ⅱ. 需要个别记忆的（常用的）

阳性：

анса́мбль（乐团），вопль（号叫），гость（客人），дождь（雨），календа́рь（日历），конь（马），ла́герь（兵营，野营），ле́бедь（天鹅），ноль（нуль）（零），ого́нь（火），руль（舵），слова́рь（辞典），ци́ркуль（圆规）等。

阴性：

га́вань（港湾），кость（骨头），ло́шадь（马），по́дпись（签名），тетра́дь（本子），цепь（链）等。

**共性名词的性**

俄语中有一些既可指男人又可表示女人的共性名词。常用的有：у́мница（聪明人），со́ня（瞌睡虫），пла́кса（爱哭的人），тихо́ня（文静的人），неве́жа（粗鲁的人），недоу́чка（一知半解的人），сирота́（孤儿）等。另外有一些人名也属共性名词，如：Са́ша，Шу́ра，Юля，Ва́ля，Па́ша，Же́ня 等。共性名词使用时与自然性别一致，即用于男人时为阳性，用于女人时为阴性。例如：①Алёша — кру́глый сирота́. 阿瘳沙是个失去双亲的孤儿。②Ма́ша — кру́глая сирота́. 玛莎是个失去双亲的孤儿。

**阳性表人名词的使用**

有些阳性表人名词（没有相应的阴性名词）也可用来指女人。例如：

Она о́пытный спорти́вный судья́. 她是一位有经验的体育裁判员。

这类词有：бригади́р（队长），врач（医生），генера́л（将军），дире́ктор（校长；经理），до́ктор（博士；医生），доце́нт（副教授），инжене́р（工程师），команди́р（指挥官），лауреа́т（获奖者），ма́стер（工长；行家），мини́стр（部长），нача́льник（首长），офице́р（军官），профе́ссор（教授），секрета́рь（秘书；书记），солда́т（士兵），ста́роста（班长），судья́（法官；裁判员），терапе́вт（内科医生），учёный（学者，科学家），хиру́рг（外科医生），шофёр（司机），председа́тель（主席），посо́л（大使），фи́зик（物理学家）等。

有些阳性表人名词虽然有相应的阴性名词，如 преподава́тель（教师）— преподава́тельница，但在正式场合作介绍只考虑职业、职务而不考虑性别时，可以用来指女人。例如：

Она сказа́ла：«Разреши́те предста́виться. Ме́ня зову́т Раи́са Дми́триевна. Я преподава́тель биоло́гии». 她说:"请允许我自我介绍一下。我叫拉伊莎·德米特里耶芙娜。我是生物教师。"

可以这样用的词有:писа́тель(作家),поэ́т(诗人),корреспонде́нт(记者),делега́т(代表),компози́тор(作曲家)等。

**复合缩写词的性**

复合缩写词一般根据中心词确定性属,如:ЦК(центра́льный комите́т)(中央委员会)— 阳性,КПК(Коммунисти́ческая Па́ртия Кита́я(中国共产党)— 阴性,партсобра́ние(党的会议)— 中性。但某些复合缩写词是按新组成词的结尾字母并根据名词的定性原则来定性的(这类词的特点是可以拼读),如:МИД(外交部)— 阳性〔按中心词应是中性:Министе́рство иностра́нных дел〕,ТАСС(塔斯社)— 阳性〔按中心词应是中性:Телегра́фное Аге́нство Сове́тского Сою́за〕,还有вуз,рик 等,已同普通名词一样使用,即有数和格的变化。

**不变格名词的性**

不变格名词的性基本根据意义归属,如表示物品名称的为中性:кака́о(可可),пальто́(大衣),ра́дио(收音机),бюро́(局),такси́(出租汽车);表示男人或动物的为阳性:атташе́(外交随员),шимпанзе́(大猩猩),кенгуру́(袋鼠);表示女人的是阴性:мисс(小姐),мада́м(太太)。但有一些不变格名词是根据表类概念的词的性属来定性的。如:Баку́(巴库),То́кио(东京)等属城市,因 го́род 一词是阳性,因而 Баку́,То́кио 为阳性。再如:Миссиси́пи(密西西比河)— 阴性(река́),Таймс(《泰晤士报》)— 阴性(газе́та),Тайм(《时代周刊》)— 阳性(журна́л),Нью-Йорк таймс(《纽约时报》)- 阴性(газе́та)。

**带有感情色彩的名词形式的性**

名词的指小表爱、指大等带有感情色彩的形式,虽然按词尾形式可能归属其它性属名词变化系列,但其本身性属却不变。以 дом(房子)〔阳性〕为例,指小形式доми́шко、доми́шка,指大形式 доми́ще、доми́на 均为阳性,修饰这些词的形容词仍应用阳性,如:се́рый доми́шко(灰色的小房子),но́вый доми́на(新的大房子)。再如:дождь — дожди́ще,дожди́на(大雨),го́род — городи́шко,городи́шка(小城)。

## (2)名词的数

从数的角度来看,名词可分为普通名词、专有名词、抽象名词、集合名词和物质名词。普通名词除只有复数的之外,都有单数和复数两种形式,或叫做有数的变化。

**名词单数形式的意义**

名词单数形式一般表示一个事物(同类事物中的一个),如:

①В углу́ стои́т челове́к. 在〈一个〉角落里站着一个人。

②Она́ съе́ла я́блоко. 她吃了一个苹果。

某些情况下，名词单数形式还可以表示：

ⅰ. 一类事物，如：

①Кни́га — лу́чший пода́рок. 书是最好的礼物。

②Пожило́й челове́к ча́сто простужа́ется. 上年纪的人好感冒。

上述两例中 кни́га，пода́рок，челове́к 均泛指该类事物，并不具体指某一个。

ⅱ. "各"，"（将，用……）其一……"，如：

①Ребя́та，закро́йте кни́гу！同学们，把书合上！（即每个人都把自己面前的那本书合上。）

②Старики́ наде́ли на́ нос очки́. 老头们戴上了眼镜。（即各自戴到自己的鼻梁上。）

**名词复数形式的意义**

名词复数形式一般表示两个或两个以上以至无限个同类事物，如：

①Мно́гие тури́сты прие́хали из Москвы́. 大部分旅游者来自莫斯科。

②МГУ — больша́я семья́ студе́нтов，аспира́нтов，преподава́телей. 莫斯科国立大学是大学生、研究生、教师的大家庭。

只有复数形式的名词，所表示事物的实际数量靠数词及表量名词表示，如：па́ра очко́в（一副眼镜），тро́е（три па́ры）брюк（三条裤子），буты́лка черни́л（一瓶墨水），два во́за дров（两车木柴），мно́го（ма́ло）де́нег（很多〈很少〉钱）。

另外，在 идти́ в...（去当……）这一固定结构中，名词用复数（四格同一格）形式，如：идти́ в ученики́（去当学徒）。

**专有名词的数**

专有名词在表示一个特定的人或事物时，只用于单数形式，如：

①Ма́ша заболе́ла. 玛莎生病了。

②Земля́ враща́ется вокру́г Со́лнца. 地球围绕太阳转。

专有名词可用于复数形式的情况有：

ⅰ. 用作普通名词时。试比较：

На́ша молодёжь принима́ла акти́вное уча́стие в освое́нии цели́нных земе́ль. 我们的青年积极参加开垦生荒地〈的工作〉。

ⅱ. 表示一个家庭的几个成员时。试比较：

В то же вре́мя се́ли за стол и сосе́ди Домба́евых — Листко́вы. 此时坐到桌旁的还有多姆巴耶夫家的邻居－利斯特科夫家的人。

ⅲ. 表示同一姓氏的几个人时。试比较：

В нашéм дóме нескóлько Иванó-вых. 在我们楼里有几个姓伊万诺夫的。

ⅳ. 表示同一类型的一些人。试比较：

Настáнет врéмя, появятся нóвые гитлеры. 出现新的希特勒分子的时候会到来的。

**抽象名词的数**

抽象名词表示抽象的概念，一般不可计数，所以这些词也就没有数形式的对应变化。它们或是单数形式，如：красотá（美），пéние（唱）；或是复数形式，如：хлóпоты（麻烦事），пóхороны（埋葬），напáдки（攻击）。其中有少数可以和不定量数词搭配，如：мнóго хлопóт（很多麻烦事），немнóго шýму（不很吵）。另外，有些原来只有单数形式的抽象名词，在意义具体化之后也可以有复数形式。试比较：

забóта（关心）— забóты（操心事）

красотá（美）— красóты（美景）

рабóта（工作）— рабóты（制品，作品，著作）

труд（劳动）— труды́（著作）

покýпка（购买）— покýпки（买到的东西）

решéние（决定）— решéния（决议）

изменéние（改变）— изменéния（变化）

**物质名词的数**

物质名词表示某种物质或材料，而这些物质或材料往往无论怎么分割都可以用该词来称呼，如 водá（水），无论量大小都可叫 водá，但 стол（桌子）如拆开成几部分，对各个部分便不能再叫 стол。这也是多数情况下判断一个词是物质名词还是普通名词的重要根据。

物质名词一般没有数的变化，有的是单数形式，如：молокó（奶），зóлото（金子），дождь（雨）；有的是复数形式，如：черни́ла（墨水），духи́（香水），дрóжжи（酵母），дровá（木柴）。这类词常用的还有：бензи́н（汽油），винигрáд（葡萄），вóздух（空气），дым（烟），кероси́н（煤油），кипятóк（开水），клей（胶水），коньяк（白兰地酒），лёд（冰），лес（木材），мёд（蜂蜜），пéрец（辣椒），песóк（沙），рис（稻米），сáхар（白糖），суп（汤），сыр（干酪），табáк（烟草），чай（茶），шёлк（丝），шоколáд（巧克力），яд（毒药）等。

物质名词不能直接与数词连用，它们的量一般由另一个词表示，如 килогрáмм чáю（一公斤茶），при́горшня ри́су（一捧稻米），пучóк лýку（一把葱），пáчка табакý（一包烟丝），один воз гли́ны（картóфеля, рéпы, моркóви）（一车土〈土豆，大萝卜，胡萝卜〉），два ли́тра молокá（两立升牛奶），три кусóчка зóлота（三块金子），двáдцать листóв бумáги（20 张纸）。

另外，有些汉语里认为存在个体的白菜、大蒜、土豆、萝卜、胡萝卜等，俄语里都不能直接与数词连用。它们的量或是通过另一个词表示，如：пять кочанóв капýсты（五棵白菜），две голóвки чеснокá（两头蒜）；或是通过相应的后缀构成具有个体意义的词来表示，如：картóфелина（картóшка）（一个土豆），крупи́на（一粒米）。

注：俄语里水果名称如苹果（я́блоко）、梨（грýша）等可以直接和数量数词连用，试比较：два я́блока（两个苹果），пять груш（五只梨）。

还有一些单数形式的物质名词，用于复数时产生新的意义，试比较：

①Кругóм пески́（пшени́цы，льды，снегá）. 周围是一片黄沙〈小麦，冰，雪〉。（此时产生的意义是：该事物占有大量空间，因而可译为："一片……"。）

②Веснóй в Пеки́не бывáют вéтры. 春天北京常刮大风。（此时表示该事物作用强烈。）再如：Кáждый день дожди́，дожди́. 每天都下雨、下雨。

③В магази́не продаю́тся рáзные чаи́，ви́на... 商店里卖各种茶、酒……（此时复数形式则表示该事物的多种类意义。）

**集合名词的数**

集合名词表示的事物是由个体组成，但是被作为一个整体看待。所以，这类名词只有在需要表示该事物的总体时才用。

集合名词没有数形式的变化，多数为单数形式，如：крестья́нство（农民），листвá（树叶）；少数为复数形式，如：всхóды（幼芽），дéньги（钱），письменá（文字）。集合名词所表示的事物只能笼统地衡量，而不能与定量数词直接连用，如 рéдкая листвá（稀疏的树叶），мнóго молодёжи（很多青年人），мáло листвы́（树叶很少）。

集合名词都有表示相对个体的名词，试比较：крестья́нство — крестья́нин（农民）；пролетариáт（无产阶级）— пролетáрий（无产者）；листвá — лист（一片叶子）；молодёжь（青年人）— ю́ноша（男青年），дéвушка（姑娘）；зверьё（野兽）— зверь（一只野兽）。

个别名词表示某个意义时是集合名词，如：народ 表"人们，众人"时是集合名词，没有复数，如 мнóго нарóду（人很多），但表示"人民，民族"时则是普通名词，因为可以构成复数，试比较：нарóды всех стран（各国人民），нарóды Китáя（中国各族人民）。

另外，有些具有整体意义的普通名词，如：вóйско（军队），отря́д（队），толпá（人群），коллекти́в（集体）等都不是集合名词，主要原因是它们可以构成复数，如：пограни́чные войскá（边防军），тóлпы нарóда（数群人）。

## (3)名词的格

名词的格与数结合一起变化,单、复数各有六个格。

**决定名词用格的因素**

名词在词组或句中用于什么格形式,主要取决于下面两个因素:

ⅰ.充当句子成分和表达意义的需要:

第一格可以充当主语、谓语等。如:

①На ве́шалке виси́т ку́ртка. 衣挂上挂着一件上衣。〔主语〕

②Она учи́тельница. 她是一名教师。〔谓语〕

第二格可以充当定语,表示所属关系和事物特征等。如:очки́ ста́ршего бра́та(哥哥的眼镜),уро́к англи́йского языка́(英语课)。

第三格可以充当间接补语,表示行为的间接对象、某些心理活动或状态的主体等。如:

①Мать говори́т сы́ну: — Напиши́ па́пе письмо́. 母亲对儿子说:"(你)给爸爸写封信吧。"

②Дя́де нра́вится э́тот костю́м. 叔叔喜欢这套西服。

③Моему́ де́душке 85 лет. 我祖父 85 岁。

第四格可以充当状语,表示行为持续的时间或度量。如:

①Весь день они́ рабо́тали. 他们全天都在劳动。

②Ка́ждую сре́ду у нас урок физкульту́ры. 每星期三我们都有体育课。

③Пловéц проплы́л ты́сячу ме́тров. 游泳运动员游了一千米。

第五格可以充当状语,表示行为工具、行为方式、行为时间或地点等。如:

①Я ре́жу хлеб ножо́м. 我用刀子切面包。

②Она́ говори́т ти́хим го́лосом. 她低声地说着。

③Он прие́хал по́ездом. 他是乘火车来的。

④Ра́нней весно́й мы собира́ем цветы́. 早春时节我们采集鲜花。

⑤Лиса́ бежи́т по́лем. 一只狐狸在田野里跑着。

ⅱ.受动词、名词(动名词)、形容词、副词、前置词、数词及某些句法结构的支配或要求:

要求第二格的:

①боя́ться хо́лода,темноты́,во́лка(怕冷,怕黑,怕狼)〔动词〕

②хоте́ть ми́ра,свобо́ды(希望和平,自由)〔动词〕

③нали́ть со́ка в стака́н(往杯子里倒些果汁)〔表示部分意义〕

④кусо́к хле́ба(一块面包)〔表量名词〕

⑤реше́ние зада́чи（解题）〔动名词〕
⑥ме́ньше слона́（比大象小）〔形容词比较级〕
⑦вести́ себя́ ху́же всех（表现最差）〔副词比较级〕
⑧о́коло до́ма（在房子附近）〔前置词〕
⑨два биле́та（两张票）〔数词〕
⑩нет（не́ было，не бу́дет）дождя́（没下雨〈没下过雨，不会有雨〉）〔否定结构〕
⑪Он не по́нял вопро́са. 他没弄懂问题。〔及物动词被否定，其后名词用二格〕

要求第三格的：
①помога́ть това́рищу（帮助同志）〔动词〕
②па́мятник Петру́ Пе́рвому（彼得大帝纪念碑）〔名词〕
③знако́мое де́вочке лицо́（小女孩熟悉的面孔）〔形容词〕
④плыть к бе́регу（朝岸边游）〔前置词〕
⑤Мы купи́ли кни́ги по одному́ рублю́. 我们买的书每本1卢布。〔前置词〕

要求第四格的：
①люби́ть приро́ду（热爱自然）〔动词〕
②идти́ в кино́（去看电影）〔前置词〕
③пробы́ть с ме́сяц（逗留约一个月）〔前置词〕

要求第五格的：
①любова́ться пейза́жем（观赏风景）〔动词〕
②бога́т у́глем（盛产煤）〔形容词〕
③пойти́ за хле́бом（去取〈买〉面包）〔前置词〕

要求第六格的：
①говори́ть о ма́тче（谈论比赛情况）〔前置词〕
②сиде́ть на берегу́（坐在岸上）〔前置词〕
③е́хать на по́езде（乘坐火车）〔前置词〕
④При со́лнце снег та́ял. 雪在阳光下渐渐融化了。〔前置词〕

**名词的变化**

一般名词的变化情况见下表：

<table>
<tr><td colspan="2">例词组别</td><td>1</td><td>2</td><td>3</td><td>4</td><td>5</td><td>6</td><td>7</td><td>8</td><td>9</td><td>10</td></tr>
<tr><td rowspan="2">数</td><td rowspan="2">性<br>结尾<br>格</td><td>阳性</td><td>中性</td><td colspan="2">阳性</td><td colspan="2">中性</td><td colspan="4">阴性</td></tr>
<tr><td>硬辅音</td><td>-о</td><td>-й</td><td>-ь</td><td>-е</td><td>-ие</td><td>-а</td><td>-я</td><td>-ия</td><td>-ь</td></tr>
<tr><td rowspan="5">单数</td><td>二</td><td colspan="2">-а</td><td colspan="4">-я</td><td>-ы</td><td>-и</td><td>-ии</td><td>-и</td></tr>
<tr><td>三</td><td colspan="2">-у</td><td colspan="4">-ю</td><td>-е</td><td>-е</td><td>-ии</td><td>-и</td></tr>
<tr><td>四</td><td>同一或二</td><td>同一</td><td colspan="3">同一或二</td><td>同一</td><td>-у</td><td>-ю</td><td>-ию</td><td>-ь</td></tr>
<tr><td>五</td><td colspan="2">-ом</td><td colspan="4">-ем(ём)</td><td>-ой</td><td>-ей</td><td>-ией</td><td>-ью</td></tr>
<tr><td>六</td><td colspan="2">-е</td><td colspan="3">-е</td><td>-ии</td><td>-е</td><td>-е</td><td>-ии</td><td>-и</td></tr>
<tr><td rowspan="6">复数</td><td>一</td><td colspan="2">-ы(и)-á</td><td colspan="2">-и,-я́</td><td>-я</td><td>-ия</td><td colspan="4">-ы,-и</td></tr>
<tr><td>二</td><td>-ов</td><td>-</td><td colspan="3">ев(ёв)ей</td><td>-ий</td><td colspan="2">-</td><td>-ий</td><td>-ей</td></tr>
<tr><td>三</td><td colspan="2">-ам</td><td colspan="3">-ям</td><td colspan="2">-ам</td><td colspan="3">-ям</td></tr>
<tr><td>四</td><td colspan="2"></td><td colspan="5">同一或二</td><td colspan="3"></td></tr>
<tr><td>五</td><td colspan="2">-ами</td><td colspan="5">-ями　-ами</td><td colspan="3">-ями</td></tr>
<tr><td>六</td><td colspan="2">-ах</td><td colspan="5">-ях　-ах</td><td colspan="3">-ях</td></tr>
</table>

**例词1组**:студéнт(大学生),университéт(大学),сад(花园),стол(桌子),учени́к(男学生),стих(诗),враг(敌人),бéрег(岸)

А:

| | | | | | | | |
|---|---|---|---|---|---|---|---|
| студéнт | - | университéт | - | сад | - | стол | - |
| студéнт | а | университéт | а | сáд | а | стол | á |
| студéнт | у | университéт | у | сáд | у | стол | ý |
| студéнт | а | университéт | - | сад | - | стол | - |
| студéнт | ом | университéт | ом | сáд | ом | стол | óм |
| о студéнт | е | университéт | е | сáд | е | стол | é |
| студéнт | ы | университéт | ы | сад | ы́ | стол | ы́ |
| студéнт | ов | университéт | ов | сад | óв | стол | óв |
| студéнт | ам | университéт | ам | сад | áм | стол | áм |
| студéнт | ов | университéт | ы | сад | ы́ | стол | ы́ |
| студéнт | ами | университéт | ами | сад | áми | стол | áми |
| о студéнт | ах | университéт | ах | сад | áх | стол | áх |

Б:

| | | | | | | | |
|---|---|---|---|---|---|---|---|
| ученик | - | стих | - | враг | - | бéрег | - |
| ученик | á | стих | á | враг | á | бéрег | а |
| ученик | ý | стих | ý | враг | ý | бéрег | у |

| | | | | | | | |
|---|---|---|---|---|---|---|---|
| ученик | á | стих | - | враг | á | бéрег | - |
| ученик | óм | стих | óм | враг | óм | бéрег | ом |
| о ученик | é | стих | é | враг | é | бéрег | е |
| ученик | и́ | стих | и́ | враг | и́ | берег | á |
| ученик | óв | стих | óв | враг | óв | берег | óв |
| ученик | áм | стих | áм | враг | áм | берег | áм |
| ученик | óв | стих | и́ | враг | óв | берег | á |
| ученик | áми | стих | áми | враг | áми | берег | áми |
| о ученик | áх | стих | áх | враг | áх | берег | áх |

**例词 2 组:** окнó(窗户), мéсто(地方), дéло(事情), письмó(信件)

| | | | | | | | |
|---|---|---|---|---|---|---|---|
| окн | ó | мéст | о | дéл | о | письм | ó |
| окн | á | мéст | а | дéл | а | письм | á |
| окн | ý | мéст | у | дéл | у | письм | ý |
| окн | ó | мéст | о | дéл | о | письм | ó |
| окн | óм | мéст | ом | дéл | ом | письм | óм |
| об окн | é | мéст | е | дéл | е | письм | é |
| óкн | а | мест | á | дел | á | пи́сьм | а |
| óкон | - | мéст | - | дéл | - | пи́сем | - |
| óкн | ам | мест | áм | дел | áм | пи́сьм | ам |
| óкн | а | мест | á | дел | á | пи́сьм | а |
| óкн | ами | мест | áми | дел | áми | пи́сьм | ами |
| об óкн | ах | мест | áх | дел | áх | пи́сьм | ах |

**例词 3 组:** герóй(英雄), музéй(博物馆), воробéй(麻雀), край(边;边区)

| | | | | | | | |
|---|---|---|---|---|---|---|---|
| герó | й | музé | й | воробé | й | кра | й |
| герó | я | музé | я | воробь | я́ | крá | я |
| герó | ю | музé | ю | воробь | ю́ | крá | ю |
| герó | я | музé | й | воробь | я́ | кра | й |
| герó | ем | музé | ем | воробь | ём | крá | ем |
| о герó | е | музé | е | воробь | é | крá | е |
| герó | и | музé | и | воробь | и́ | кра | я́ |
| герó | ев | музé | ев | воробь | ёв | кра | ёв |

| | | | | | | | |
|---|---|---|---|---|---|---|---|
| геро́ | ям | музе́ | ям | воробь | я́м | кра | я́м |
| геро́ | ев | музе́ | и | воробь | ёв | кра | я́ |
| геро́ | ями | музе́ | ями | воробь | я́ми | кра | я́ми |
| о геро́ | ях | музе́ | ях | воробь | я́х | кра | я́х |

**例词 4 组**:учи́тель(教师,老师),гость(客人),слова́рь(词典),гвоздь(钉子)

| | | | | | | | |
|---|---|---|---|---|---|---|---|
| учи́тел | ь | го́ст | ь | слова́р | ь | гвозд | ь |
| учи́тел | я | го́ст | я | словар | я́ | гвозд | я́ |
| учи́тел | ю | го́ст | ю | словар | ю́ | гвозд | ю́ |
| учи́тел | я | го́ст | я | слова́р | ь | гво́зд | ь |
| учи́тел | ем | го́ст | ем | словар | ём | гвозд | ём |
| об учи́тел | е | го́ст | е | словар | е́ | гвозд | е́ |
| учител | я́ | го́ст | и | словар | и́ | гво́зд | и |
| учител | е́й | гост | е́й | словар | е́й | гвозд | е́й |
| учител | я́м | гост | я́м | словар | я́м | гвозд | я́м |
| учител | е́й | гост | е́й | словар | и́ | гво́зд | и |
| учител | я́ми | гост | я́ми | словар | я́ми | гвозд | я́ми |
| об учител | я́х | гост | я́х | словар | я́х | гвозд | я́х |

**例词 5 组**:по́ле(田地),ружьё(枪)

| | | | | | | | |
|---|---|---|---|---|---|---|---|
| по́л | е | пол | я́ | ружь | ё | ру́жь | я |
| по́л | я | пол | е́й | ружь | я́ | ру́ж | ей |
| по́л | ю | пол | я́м | ружь | ю́ | ру́жь | ям |
| по́л | е | пол | я́ | ружь | ё | ру́жь | я |
| по́л | ем | пол | я́ми | ружь | ём | ру́жь | ями |
| о по́л | е | пол | я́х | ружь | е́ | ру́жь | ях |

**例词 6 组**:зда́ние(建筑物),предложе́ние(句子;建议)

| | | | | | | | |
|---|---|---|---|---|---|---|---|
| зда́ни | е | зда́ни | я | предложе́ни | е | предложе́ни | я |
| зда́ни | я | зда́ни | й | предложе́ни | я | предложе́ни | й |
| зда́ни | ю | зда́ни | ям | предложе́ни | ю | предложе́ни | ям |
| зда́ни | е | зда́ни | я | предложе́ни | е | предложе́ни | я |

| | | | | | | | |
|---|---|---|---|---|---|---|---|
| зда́ни | ем | зда́ни | ями | предложе́ни | ем | предложе́ни | ями |
| о зда́ни | и | зда́ни | ях | предложе́ни | и | предложе́ни | ях |

例词 7 组：шко́ла，ка́рта（地图），кни́га，визи́тка（名片）

| | | | | | | | |
|---|---|---|---|---|---|---|---|
| шко́л | а | ка́рт | а | кни́г | а | визи́тк | а |
| шко́л | ы | ка́рт | ы | кни́г | и | визи́тк | и |
| шко́л | е | ка́рт | е | кни́г | е | визи́тк | е |
| шко́л | у | ка́рт | у | кни́г | у | визи́тк | у |
| шко́л | ой | ка́рт | ой | кни́г | ой | визи́тк | ой |
| о шко́л | е | ка́рт | е | кни́г | е | визи́тк | е |
| шко́л | ы | ка́рт | ы | кни́г | и | визи́тк | и |
| шко́л | - | ка́рт | - | книг | - | визи́ток | - |
| шко́л | ам | ка́рт | ам | кни́г | ам | визи́тк | ам |
| шко́л | ы | ка́рт | ы | кни́г | и | визи́тк | и |
| шко́л | ами | ка́рт | ами | кни́г | ами | визи́тк | ами |
| о шко́л | ах | ка́рт | ах | кни́г | ах | визи́тк | ах |

例词 8 组：земля́（土地），неде́ля（星期）

| | | | | | | | |
|---|---|---|---|---|---|---|---|
| земл | я́ | зе́мл | и | неде́л | я | неде́л | и |
| земл | и́ | земе́л | ь | неде́л | и | неде́л | ь |
| земл | е́ | зе́мл | ям | неде́л | е | неде́л | ям |
| зе́мл | ю | зе́мл | и | неде́л | ю | неде́л | и |
| земл | ёй | зе́мл | ями | неде́л | ей | неде́л | ями |
| о земл | е́ | зе́мл | ях | неде́л | е | неде́л | ях |

例词 9 组：па́ртия（党），делега́ция（代表团）

| | | | | | | | |
|---|---|---|---|---|---|---|---|
| па́рти | я | па́рти | и | делега́ци | я | делега́ци | и |
| па́рти | и | па́рти | й | делега́ци | и | делега́ци | й |
| па́рти | и | па́рти | ям | делега́ци | и | делега́ци | ям |
| па́рти | ю | па́рти | и | делега́ци | ю | делега́ци | и |
| па́рти | ей | па́рти | ями | делега́ци | ей | делега́ци | ями |
| о па́рти | и | па́рти | ях | делега́ци | и | делега́ци | ях |

例词10组：крова́ть（床），тетра́дь（笔记本）

| | | | | | | | |
|---|---|---|---|---|---|---|---|
| крова́т | ь | крова́т | и | тетра́д | ь | тетра́д | и |
| крова́т | и | крова́т | ей | тетра́д | и | тетра́д | ей |
| крова́т | и | крова́т | ям | тетра́д | и | тетра́д | ям |
| крова́т | ь | крова́т | и | тетра́д | ь | тетра́д | и |
| крова́т | ью | крова́т | ями | тетра́д | ью | тетра́д | ями |
| крова́т | и | крова́т | ях | тетра́д | и | тетра́д | ях |

因发音及书写的要求等历史形成的原因，变格例外的情况有以下几种：

ⅰ.因 г、к、х 不与 ы 结合，故：нога́→ноги́（单二）、но́ги（复一）（脚），учени́к→ученики́（复一），пету́х→петухи́（复一）（公鸡），стару́ха→стару́хи（单二、复一）（老太婆）。

ⅱ.因 ж、ч、ш、щ 不与 ы、я、ю 连写，故：нож→ножи́（复一）（刀），врач→врача́，врачу́... врачи́...（医生），каранда́ш → карандаша́，карандашу́... карандаши́...（铅笔），това́рищ→това́рища，това́рищу... това́рищи...（同志）

ⅲ.因 ц 不与 я、ю 拼读，故：полоте́нце→полоте́нца，полоте́нцу...（毛巾），се́рдце→се́рдца，се́рдцу...（心脏）.

ⅳ.中性和阴性名词复数二格为秃尾时，如结尾处有两个辅音，则其间可能出现隐现元音 о 或 е，如：

окно́→о́кон（窗户）

стекло́→стёкол（玻璃）

письмо́→пи́сем（信）

число́→чи́сел（数）

пятно́→пя́тен（斑点）

ядро́→я́дер（核）

се́рдце→серде́ц（心脏）

полоте́нце→полоте́нец（毛巾）

但 со́лнце→солнц（太阳）

студе́нтка→студе́нток（大学生）

доска́→досо́к（木板）

ска́зка→ска́зок（神话）

пу́шка→пу́шек（大炮）

кни́жка→кни́жек（小书）

де́вочка→де́вочек（小姑娘）

овцá→овéц(羊)

但 игрá→игр(游戏)

иглá→игл(针)

ци́фра→цифр(数字)

нóрма→норм(标准)

волнá→волн(浪)

бóмба→бомб(炸弹)

избá→изб(木屋)

ты́ква→тыкв(南瓜)

V. 某些复数形式特别是复数二格形式特殊的名词(常用的)。所谓复数形式特殊,主要表现在复数一、二格上。试比较:

| 单一 | 复一 | 复二 | |
|---|---|---|---|
| господи́н | →господá | госпóд | (先生) |
| граждани́н | →грáждане | грáждан | (公民) |
| ребёнок | →ребя́та | ребя́т | (孩子) |
| брат | →брáтья | брáтьев | (兄弟) |
| стул | →сту́лья | сту́льев | (椅子) |
| сосéд | →сосéди | сосéдей | (邻居) |
| у́хо | →у́ши | ушéй | (耳朵) |
| дéрево | →дерéвья | дерéвьев | (树) |
| су́дно | →судá | судóв | (船) |
| хозя́ин | →хозя́ева | хозя́ев | (主人) |
| солдáт | →солдáты | солдáт | (士兵) |
| раз | →разы́ | раз | (次) |
| вóлос | →вóлосы | волóс | (毛发) |
| глаз | →глазá | глаз | (眼睛) |
| сапóг | →сапоги́ | сапóг | (靴子) |
| чулóк | →чулки́ | чулóк | (长袜) |
| друг | →друзья́ | друзéй | (朋友) |
| сын | →сыновья́ | сыновéй | (儿子) |
| ю́ноша | →ю́ноши | ю́ношей | (男青年) |

Ⅵ. 以-ня 结尾的名词复数二格有些带软音符号-ь,有些不带,如:дерéвня→деревéнь(农村),бáрышня→бáрышень(小姐),бáня→бань(澡堂);бáсня→бáсен

（寓言），ба́шня→ба́шен（塔），ви́шня→ви́шен（樱桃树），пе́сня→пе́сен（歌曲），со́тня→со́тен（百），чита́льня→чита́лен（阅览室）。

以-ья结尾的名词复数二格是-ей，如：статья́→стате́й（文章），семья́→семе́й（家庭）。

ⅶ. дочь（女儿）和 мать（母亲）二词变格时增音（ер）：

| 单数 | | 复数 | |
|---|---|---|---|
| дочь | мать | до́чери | ма́тери |
| до́чери | ма́тери | дочере́й | матере́й |
| до́чери | ма́тери | дочеря́м | матеря́м |
| дочь | мать | дочере́й | матере́й |
| до́черью | ма́терью | дочеря́ми | матеря́ми |
| о до́чери | ма́тери | дочеря́х | матеря́х |

ⅷ. 以-мя结尾的名词，俄语中总共10个：и́мя（名字），вре́мя（时间），зна́мя（旗），се́мя（种子），бре́мя（负担），пла́мя（火焰），пле́мя（部族），стре́мя（马镫），те́мя（头顶），вы́мя（兽的乳房）。变格示例如下：

| 单数 | | 复数 | |
|---|---|---|---|
| и́мя | вре́мя | имена́ | времена́ |
| и́мени | вре́мени | имён | времён |
| и́мени | вре́мени | имена́м | времена́м |
| и́мя | вре́мя | имена́ | времена́ |
| и́менем | вре́менем | имена́ми | времена́ми |
| об и́мени | вре́мени | имена́х | времена́х |

ⅸ. 阳性名词 путь（道路）变格特殊，除单数第五格是阳性词尾外，其它各格均按阴性变化：

пу́ть，пути́，пути́，путь，путём，пути́；пути́，путе́й，путя́м，пути́，путя́ми，путя́х

ⅹ. 只用于复数的名词，除二格外，均可参照其它名词相应变化。二格形式可有以下几种：

秃尾：кани́кулы（假期）→кани́кул，хло́поты（麻烦）→хлопо́т，но́жницы（剪刀）→но́жниц，су́тки（一昼夜）→су́ток，дрова́（柴）→дров，черни́ла（墨水）→черни́л，де́ньги（钱）→де́нег

-ей：са́ни（雪橇）→сане́й，щи（菜汤）→щей，я́сли（托儿所）→я́слей，дро́жжи

(酵母)→дрожже́й, лю́ди(人们)→люде́й

-ов(-ев): перегово́ры(谈判)→перегово́ров, про́воды(送别)→про́водов, фина́нсы(财政)→фина́нсов, штаны́(裤子)→штано́в, обо́и(壁纸)→обо́ев

一般说来,名词的变化在词典中均有反映,所以要经常查词典,验证自己所记忆的东西是否正确。

**动物名词的格**

动物名词与非动物名词的区别在第四格:单数时,只有阳性动物名词四格同二格;复数时,所有动物名词(即无论阳性、阴性还是中性)都是四格同二格。

表示人或动物的名词算动物名词,而且可能是中性名词,如:дитя́(孩子), живо́тное(动物), насеко́мое(昆虫),否则算非动物名词。但这种区别有的是约定俗成的,有的还要根据意义确定。试比较:

| 动物名词 | 非动物名词 |
|---|---|
| мертве́ц(死人) | труп(尸体) |
| поко́йник(死者) | толпа́(人群) |
| уме́рший(死者) | наро́д(人们,人民) |
| ро́бот(机器人) | во́йско(军队) |
| ку́кла(洋娃娃) | молодёжь(青年人) |
| тип(家伙) | тип(典型) |
| язы́к(舌头,即敌军俘虏) | язы́к(语言) |
| мешо́к(肥胖笨重的人) | мешо́к(麻袋) |

①Таки́х ку́кол она́ уже́ купи́ла. 这样的洋娃娃她已经买到了一些。

②Я люблю́ чита́ть Пу́шкина и Ле́рмонтова. 我喜欢读普希金和莱蒙托夫的作品。(此例中 Пу́шкин, Ле́рмонтов 虽指两作家的作品,但仍算动物名词。)

**某些阳性名词单数第二格的-у(-ю)形式**

某些阳性名词(除 хлеб、овёс 两词之外)单数第二格可以有-у(-ю)形式。主要用于:

ⅰ. 表示不同的意义。试比较:

①Он вы́шел и́з дому. 他走出家门。— Он вы́шел из до́ма №5. 他走出五号楼。

②Он проводи́л Ма́шу до́ дому. 他把玛莎送到家。— Он проводи́л Ма́шу до до́ма. 他送玛莎到房子跟前。

ⅱ. 表示一定数量或事物的部分。如：кусо́к са́хару(一块糖)，ча́шка ча́ю(一碗茶)，стака́н мёду(一杯蜂蜜)，килогра́мм сы́ру(一公斤干酪)，мно́го наро́ду(很多人)，мно́го шу́му(吵得很)，купи́ть карто́фелю，лу́ку(买些土豆、洋葱)，килогра́мм са́хару，лу́ку，горо́ху，карто́фелю(一公斤糖、洋葱、豌豆、土豆)。

不过，当这类名词不用于数量意义或整体的部分意义时，则应用-а(-я)形式。试比较：за́пах ча́я(茶的气味)，исто́рия наро́да(人民的历史)。

这类名词主要是：物质名词，见前面(2)中物质名词的数一节；某些抽象名词：го́лод(饥饿)，хо́лод(寒冷)，страх(恐惧)，разгово́р(谈话)，спор(争论)，ход(走，脚步)等；其它，如：лес，дом，край(边)，тыл(后方)等。这里，抽象名词和其它名词主要用在习惯或固定搭配中。试比较 с го́лоду(由于饥饿)，не замеча́ть хо́лоду(хо́лода)(不觉得冷)，со стра́ху(由于恐惧)，и разгово́ру нет(не мо́жет быть) об э́том(根本谈不到这点)，спо́ру нет(不容争辩)，дать хо́ду(加速)，вы́йти и́з лесу(走出林子)，конца́ кра́ю нет(чему)(……没完没了)，с ты́лу(从后方)。

某些阳性名词单数第六格的-у́(-ю)形式，主要用于：

ⅰ. 表示地点，如：в аэропорту́(在机场)，на бегу́(在奔跑时)，на боку́(侧着身子)，на балу́(在舞会上)，на берегу́(在岸上)，в бою́(在战斗中)，на ветру́(在风中)，на краю́(在边上)，в кругу́ семьи́(在家庭圈子里)，в лесу́(在林子里)，на льду́(在冰上)，на мосту́(在桥上)，на полу́(在地板上)，на снегу́(在雪地上)，в тылу́(在后方)，на углу́(在拐角上)，в углу́(在角落里)，в шкафу́(在橱柜里)。

①Мы отдыха́ем в саду́. 我们在花园里休息。

②Корабли́ стоя́т в порту́. 轮船停泊在港口里。

③Го́сти сейча́с в аэропорту́. 客人们现在在机场里面。

ⅱ. 表示时间意义，如：на бегу́(在跑的时候)，в быту́(在日常生活中)，в... году́(在……年内)，в... часу́(在……点多钟)。

①Он роди́лся в 1962 году́. 他生于 1962 年。

②Он ушёл в пе́рвом часу́. 他是夜里 12 点多钟走的。

③Позвони́те мне в шесто́м часу́ ве́чера. 请晚上 5 点多钟给我打电话。

ⅲ. 表示状态、特征意义，如：

①Яблони в цвету́. 苹果树开花了。

②Больно́й сейча́с в жару́. 病人正在发烧。

③Мать наде́ла на ребёнка пальто́ на меху́. 母亲给孩子穿上了皮大衣。

上述阳性名词用于其它意义时不用-у́ (-ю)形式。试比较：

①Мы договори́лись о ча́се встре́чи. 我们讲好了会面时间。

②Наш заво́д нужда́ется в ле́се. 我们工厂需要木材。

**与否定及物动词搭配的名词的格**

与否定及物动词(如 не ви́жу...)搭配,名词四格有时可改用二格。具体情况如下:

ⅰ. "не... ни..."结构表示加强否定时,名词永远用第二格形式,如:

①Здесь мы не ви́дим ни горы́, ни мо́ря. 在这儿我们既见不到山,也见不到海。

②Он не знал никаки́х ра́достей, кро́ме чте́ния книг. 除了读书而外,他不知道任何乐趣。

ⅱ. 被否定的事物不具体(即非特定的事物)或动词所支配的是抽象名词时,名词用二格,如:

①Он не име́ет де́нег на тако́е путеше́ствие. 他没有钱做这样的旅行。

②Пастухи́ не жале́ли для ра́неных ове́чьего молока́. 牧人们为了伤员并不吝惜羊奶。

上两例中被否定的并不是具体的哪些钱和羊奶,而是泛指该类事物。

③Мы не при́няли уча́стия в соревнова́ниях. 我们没有参加比赛。

此例中的 уча́стие 是抽象名词。

ⅲ. 当与否定及物动词搭配的是表示具体事物或特定事物的名词时,该名词应用四格。这时,使名词具有具体或特定意义的手段可以是限定词(如 этот, его, её, их, свой 等)或一定的句法结构。如:

①Он не принёс мне кни́гу, кото́рую обеща́л. 他没有把答应我的书带来。

②Она́ не купи́ла «Литерату́рную газе́ту». 她没有买到《文学报》。

③Он не нашёл Ни́ну и ушёл. 他没有找到尼娜就走了。

④Моя́ мла́дшая сестра́ не вы́полнила э́ту тру́дную зада́чу. 我的妹妹没有完成这道难题。

⑤Мы не счита́ем его вопро́с решённым. 我们不认为他的问题已经解决。

⑥Э́ту пе́сню не забу́дешь. 这首歌是忘不了的。

⑦Почему́ ты не принёс мне свою́ статью́? 你怎么没把自己的文章给我带来?

⑧Он не пи́шет статью́, а исправля́ет её. 他不是在写文章,而是在改文章。

⑨Ему́ не́кому показа́ть рабо́ту. 他的作品没人可以给看。

ⅳ. 如否定词 не 不直接与支配名词的及物动词连用或 не 前有语气词 чуть, почти́, едва́ 等使否定意义减弱时,名词一般用四格。如:

①Он не хо́чет писа́ть диссерта́цию. 他不想撰写学位论文。

②Он не о́чень люби́л му́зыку. 他不太喜欢音乐。

③Он не мог позвóлить себе начáть рабóту без подрóбного плáна. 没有详尽的计划，他不会允许自己开始工作的。

④Она чуть не уронúла тарéлку. 她差点儿把碟子摔了。

⑤Учúтель едвá не потерял терпéние. 老师差点儿就忍耐不住了。

V. 一些固定的否定结构中，名词用二格，如：не сводúть глаз（с кого-н.）（目不转睛地看着……），не находúть себé мéста（坐立不安）。

另一些固定的否定结构中，名词却是用四格的，如：

①Яйца кýрицу не ýчат. 鸡蛋不能教训母鸡。

②Пролúтую вóду не соберёшь. 洒出去的水就收不起来了（覆水难收）。

而某些结构中，名词既可以用二格，也可以用四格。试比较：

①Мы не имéем прáва не вы́полнить своегó обещáния（及 своё обещáние）. 我们没有权力不履行自己的诺言。

②Он не расслы́шал отвéта.（口语中可用 отвéт）他没听清回答。

**练习 1　指出下列名词使用时数的特点**

бельё, газ, здоровье, яд, груша, капуста, нефть, песок, масло, яблоко, сахар, одежда, порох, запрос, руда, мыло, молоко, хрусталь, соль, запах, грязь, порошок, глина, мусор, сырьё, спирт, деньги, фосфор, цинк, бумага, мясо, весы́, бег, цемент, жир, зáпуск, хлор

♨答案：

（一）下列物质名词在数的使用上有以下一些特点：

1. 只有单数：

запах（气味），капуста（白菜），молоко（牛奶），мыло（肥皂），мясо（肉），нефть（石油），спирт（酒精），фосфор（磷），хлор（氯），цемент（水泥），цинк（锌），яд（毒药）。

2. 下列名词在表示以下意义时可以有复数：

бумага-бумаги（文件）；соль-соли（〈化〉盐类）；сахар-сáхары 或 сахарá（〈专〉糖分）。

3. 下列名词用于复数时产生新的意义：

1）多种类意义：

газ-газы（气体）；　　　　жир-жиры́（油脂）；

масло-маслá（油）；　　　　пóрох-порохá（火药）；

рудá-рýды（矿石）。

2）多数量或占有大量空间意义：

глина（黏土）— глины（黏土地）； грязь（泥）— грязи（泥浴场地）；

песок（沙子）— пески（沙地）； порошок（粉末）— порошки（大量粉末）。

4. весы（秤）只用于复数。

（二）下列集合名词在数的使用上有以下一些特点：

1. 只使用单数：

бельё（床单）；мусор（垃圾）；сырьё（原料）；хрусталь（水晶玻璃器皿）；

2. деньги（钱）只用于复数。

3. одежда（衣服）的复数 одежды 表示多种不同的衣服。

（三）抽象名词 здоровье（健康）只有单数。

（四）下列动名词在数的使用上有以下一些特点：

1. 只用于单数：

запуск（启动）

2. 用于复数时意义发生根本变化：

бег（跑）— бегá（驾车赛马）；

запрос（质问、咨询）— запросы（要求、需要）。

（五）груша（梨），яблоко（苹果）为普通名词，有单、复数之分。

## 练习 2 借助词典将下列词变成复数二格形式

банка，басня，башня，баня，батарея，буква，бутылка，ветка，вилка，ёлка，жена，загадка，закуска，задача，заметка，земля，зона，игрушка，иголка，игра，искра，история，капля，картина，карточка，колония，копейка，краска，конфета，кукла，кухня，лампа，легенда，ложка，материя，молния，нитка，норма，основа，остановка，ошибка，палка，пара，партия，петля，плёнка，премия，привычка，профессия，цифра

♨答案：

бáнок 罐，бáсен 寓言，бáшен 塔，бань 浴室，батарéй 炮台，букв 字母，бутылок 瓶子，вéток 树枝，вúлок 叉子，ёлок 云杉，жён 妻子，загáдок 谜语，закýсок 小吃，задáч 任务，замéток 记号，земéль 土地，зон 地带，игрýшек 玩具，игóлок 针，игр 游戏，искр 火花，истóрий 历史，кáпель 一滴，картúн 图画，кáрточек 卡片，колóний 殖民地，копéек 戈比，крáсок 颜料，конфéт 糖果，кýкол 木偶，кýхонь 厨房，ламп 灯泡，легéнд 传说，лóжек 勺子，матéрий 布料，мóлний 闪电，нúток 线，норм 规范，定额，оснóв 基础，останóвок 车站，ошúбок 错误，

па́лок 棍棒，пар 双；对，па́ртий 党，пе́тель 绳圈套，плёнок 胶片，пре́мий 奖金，привы́чек 习惯，профе́ссий 职业，цифр 数字。

练习 3　将下列词变成复数一格、二格形式

берег，воробей，город，друг，доктор，муж，рукав；

бревно，вещество，вино，войско，гнездо，дерево，жилище，зеркало，зерно，зло，колено，колесо，кольцо，кресло，крыло，лекарство，место，насекомое，перо，письмо，одеяло，озеро，окно，правило；

волос，глаз，сапог，фрукт，ребенок

♨答案：

берега́，берего́в 岸；воробьи́，воробьёв 麻雀；города́，городо́в 城市；друзья́，друзе́й 朋友；доктора́，доктора́в 大夫；博士；рукава́，рукаво́в 袖子；

брёвна，брёвен 圆木；вещества́，веще́ств 物质；物体；ви́на，вин 葡萄酒；войска́，войск 军队；гнёзда，гнёзд 窝；дере́вья，дере́вьев 树；жили́ща，жили́щ 住宅；зеркала́，зерка́л 镜子；зёрна，зёрен 种子；（复数只用二格）зол 恶；коле́ни，коле́ней 膝盖；колёса，колёс 轮子；ко́льца，коле́ц 戒指；кре́сла，кре́сел 圈椅；кры́лья，кры́льев 翅膀；лекарства，лекарств 药；места́，мест 地方；насеко́мые，насеко́мых 昆虫；пе́рья，пе́рьев 羽毛；пи́сьма，пи́сем 信；одея́ла，одея́л 被子；озёра，озёр 湖；о́кна，о́кон 窗户；пра́вила，пра́вил 规则；

глаза́，глаз 眼睛；сапоги́，сапо́г 靴子；фру́кты，фру́ктов 水果；ребя́та，ребя́т 孩子；

мужья́ 文夫 } мужéй　　во́лосы } воло́с 头发<br>
мужи́ 男子汉 }　　　　〈俗〉волоса́ }

练习 4　将下列词变成复数二格、三格形式

ворота，деньги，данные，дрова，кадры，каникулы，лыжи，очки，сани，сутки，чернила

♨答案：

воро́т，воро́там 大门；де́нег，деньга́м 钱；да́нных，да́нным 资料；дров，дрова́м 木柴；ка́дров，ка́драм 干部；кани́кул，кани́кулам 假期；лыж，лы́жам 滑雪板；очко́в，очка́м 眼镜；сане́й，саня́м 雪橇；су́ток，су́ткам 昼夜；черни́л，черни́лам 墨水瓶。

**练习 5　将下列词变格，注意重音的变化**

врач，дурак，живот，корм，кузнец，куст，лес，лицо，меч，мозг，море，моряк，мост，мышь，нож，ноль，огонь，отец，пирог，плод，поле，приз，пустяк，путь，провод，село，семя，скот，слеза，словарь，сорт，страна，судно，топор，ученик，шкаф，яйцо

**♨答案：**

врач（医生），-á...；-и́，-éй，-áм...
дура́к（傻瓜），-á...；-и́，-óв，-áм...
живóт（肚子），-á...，-ы́，-óв，-áм...
корм（饲料），-а...；-á，-óв，-áм
кузнéц（铁匠），-á，...；-ы́，-óв，-áм...
куст（灌木丛），-á...；-ы，-óв，-áм...
лес（森林），-а...；-á，-óв，-áм...
лицó（脸），-á...；ли́ца，лиц，ли́цам...
меч（剑），-á...；-и́，-éй，-áм...
мозг（大脑），-а...；-и́，-óв，-áм...
мóре（大海），-я...；-я́，-éй，-я́м...
моря́к（水手），-á...；-и́，-óв，-áм...
мост（桥），-á...；-ы，-óв，-áм...
мышь（老鼠），-и...；-и，-éй，-áм...
нож（刀），-á...；-и́，-éй，-áм...
ноль（零），-я́...；无复数
огóнь（火），огня́...；огни́，-éй，-я́м...
отéц（父亲），отцá...；отцы́，-óв，-áм...
пирóг（馅饼），-á...；-и́，-óв，-áм...
плод（果实），-á...；-ы́，-óв，-áм...
пóле（田野），-я...；-я́，-éй，-я́м...
приз（锦标），-а...；-ы́，-óв，-áм...
пустя́к（小事），-á...；-и́，-óв，-áм...
путь（道路），-и́...；-и́，-éй，-я́м...
прóвод（导线），-а...；-á，-óв，-áм...
селó（村庄），-á...；сёла，сёл，сёлам...

се́мя（种子），се́мени...；семена́，семя́н，семена́м...

скот（牲畜）〔集〕，-а́...；无复数

слеза́（眼泪），-ы́...；слёзы，слёз，слеза́м...

слова́рь（词典），-я́...；-и́，-е́й，-я́м...

сорт（品种，等级），-а...；-а́，-о́в，-а́м...

страна́（国家），-ы́...；-ы，-，-ам...

су́дно（船），-а...；суда́，-о́в，-а́м...

топо́р（斧子），-а́...；-ы́，-о́в，-а́м...

учени́к（学生），-а́...；-и́，-о́в，-а́м...

шкаф（柜子），-а...；-ы́，-о́в，-а́м...

яйцо́（蛋），-а́...；я́йца，яи́ц，я́йцам...

**练习6　将下列词变格，注意隐现元音**

боец，борец，ветер，гудок，замок，значок，иностранец，козел，конец，корень，костер，котел，кружок，кусок，лед，лоб，ложь，молоток，недостаток，огурец，остаток，отрывок，оттенок，палец，переулок，платок，подарок，полдень，поршень，порядок，поступок，предрассудок，скачок，снимок，сон，укол，уголь，шов

♨答案：

бое́ц（战士），бойца́...；бойцы́，-о́в，-а́м...

боре́ц（战士），борца́...；борцы́，-о́в，-а́м...

ве́тер（风），ве́тра...；ве́тры，-ов，-ам...

гудо́к（汽笛），гудка́...；гудки́，-о́в，-а́м...

замо́к（锁），замка́...；-и́，-о́в，-а́м...

значо́к（徽章），значка́...；значки́，-о́в，-а́м...

иностра́нец（外国人），иностра́нца...；иностра́нцы，-ев，ам...

козёл（山羊），козла́...；козлы́，-о́в，-а́м...

коне́ц（尽头），конца́...；концы́，-о́в，-а́м...

ко́рень（根），ко́рня...；ко́рни，-ей，-ям...

костёр（篝火），костра́...；костры́，-о́в，-а́м...

котёл（锅），котла́...；котлы́，-о́в，-а́м...

кружо́к（小组），кружка́...；кружки́，-о́в，-а́м...

кусо́к（一块），куска́...；куски́，-о́в，-а́м...

лёд(冰), льда...; льды, -ов, -ам...
лоб(额头), лба...; лбы, -ов, -ам...
ложь(谎言), лжи...; лжи, лжей, лжам...
молото́к(锤子), молотка́...; молотки́, -о́в, -а́м...
недоста́ток(缺点), недоста́тка...; недоста́тки, -ов, -ам...
огуре́ц(黄瓜), огурца́...; огурцы́, -о́в, -а́м...
оста́ток(剩余), оста́тка...; оста́тки, -ов, -ам...
отры́вок(片断), отры́вка...; отры́вки, -ов, -ам...
отте́нок(色彩), отте́нка...; отте́нки, -ов, -ам...
па́лец(手指), па́льца...; па́льцы, -ев, -ам...
переу́лок(胡同), переу́лка...; переу́лки, -ов, -ам...
плато́к(头巾), платка́...; платки́, -о́в, -а́м...
пода́рок(礼物), пода́рка...; пода́рки, -ов, -ам...
по́лдень(中午), полу́дня...; по́лдни, полдён, по́лдням...
по́ршень(活塞), по́ршня...; по́ршни, -ей, -ям...
поря́док(秩序), поря́дка...; поря́дки, -ов, -ам...
посту́пок(行为), посту́пка...; посту́пки, -ов, -ам...
предрассу́док(偏见), предрассу́дка...; предрассу́дки, -ов, -ам...
скачо́к(跳跃), скачка́...; скачки́, -о́в, -а́м...
сни́мок(照片), сни́мка...; сни́мки, -ов, -ам...
сон(梦), сна...; сны, снов, снам...
уко́л(皮下注射), -а...; -ы, -ов, -ам...
у́голь(煤), у́гля...; у́гли, -ей, -ям...
шов(缝), шва...; швы, швов, швам...

**练习 7　借助词典指出下列词单、复数形式的意义**

бумага, доход, жертва, забота, запас, запись, заготовка, завоевание, жизнь, знание, издание, изменение, изобретение, испытание, лекция, мечта, мнение, мода, название, награда, намерение, насилие, нужда, оборудование, опыт, отпуск, отношение, показание, покупка, почта, проба, развлечение, сила, собрание

**答案:**

бумага:物质名词,只用单数:纸张;指各种正式公文时,可用单、复数;指个人证件及手写的书面材料时，只用复数。

доход：单数指抽象的概念：收入；复数指具体的钱：收入款。

жертва：用作抽象名词，只用单数：牺牲；复数指各种不同内容的牺牲。

забота：用作заботиться的动名词时只用单数：关心；指具体的操心的事情，可以用复数。

запас：指储备物品的总量，用单数，指（知识印象、情感的）蕴积、造诣，也只用单数；指储备品、自然资源的蕴藏量时，多用复数。

запись：作записать（ся）的动名词时只用单数：录音，记录下来；指记录下来的文字材料，可用单、复数。

заготовка：作заготовить（ся）的动名词时只用单数：事先准备；指储备的物品时，单、复数都用，表示数量可数。

завоевание：作завоевать的动名词时只用单数：征服、侵占、争取；常用复数指成果、成绩。

жизнь：指一生、生平、一辈子时只用单数；指生命、生活时单、复数都用，复数可表示客观现实和各种生活方式。

знание：指行为或抽象笼统的知识、学术只用单数：了解、通晓、认识；指知识的总和或复杂的、反复的认识过程只用复数：知识、认识。

издание：作издать的动名词，只用单数：出版；指出版物时，单、复数都用。

изменение：作изменить（ся）的动名词，只用单数：改变；指各种变化时，常用复数。

изобретение：作изобрести的动名词时只用单数：发明；指具体的发明物时，单、复数都用。

испытание：作испытать的动名词时，只用单数：试验、考验；作一般名词时，可用单数和复数：试验、考验；指各种苦难、艰辛、磨难时，一般用复数。

лекция：单、复数都用：（大学）讲课、讲演，单数指一次讲课或讲演；只用复数指（大学）讲义。

мечта：单、复数都用：理想、向往；常用复数指：幻想、梦想。

мнение：单、复数都用：见解、看法；常用复数：思想、主张。

мода：只用单数：时髦；只用复数：时装、时装式样。

название：作назвать的动名词，只用单数：称呼；指"名称"时，单、复数都用，可数。

награда：抽象名词，只用单数：奖励；指具体的奖励品时，单、复数都用。

намерение：作намереваться的动名词时，只用单数：打算；作一般名词，表示意图、愿望时，单、复数都用。

насилие:作 насиловать 的动名词时,只用单数:使用暴力;作一般名词时,单、复数都用:暴力、暴力行为。

нужда 只用单数:贫困;作"需要"解时,可用复数。

оборудование:只用单数:设备、装备。

опыт:只用单数:经验、阅历;可用复数:实验。

отпуск:作 отпустить 的动名词时,只用单数:准假;作一般名词时,单、复数都用:休假。

отношение:只用单数:态度;只用复数:(相互)关系。

показание:单数为 показать 的动名词:展示、指点;常使用复数指:提供的资料;记述、记载。

покупка:作 купить 的动名词时,只用单数:购买;指买来的东西时,常用复数。

почта:表邮件为集合名词,只用单数;表邮局作一般名词时,单、复数都用。

проба:作 пробовать 的动名词,只用单数:试验;作样品解时,单、复数都用。

развлечение:作 развлечь(ся)的动名词时,只用单数:娱乐,使……开心;作普通名词时,单、复数都用:娱乐(事)。

сила:只用单数:力量、体力;多用复数:精力,(社会)力量。

собрание:作 собрать(ся)的动名词时,只用单数:聚集;指"会议"时,单、复数都用。

**练习 8　选择填空**

1. В то время я училась ______ в Петрограде.
   а. на женском курсе　　б. в женских курсах　　в. на женских курсах
2. Всего несколько часов тому назад на этом месте было так много ______
   а. мусоров　　б. мусора　　в. мусоры
3. ______ дороги мы ехали на машине.
   а. Половину　　б. Половины　　в. Половиной
4. В одну темную ночь лодку разбило ______.
   а. сильной волной　　б. сильную волну　　в. сильной волне
5. Этот важный вопрос сто́ит ______.
   а. особого внимания　　б. особое внимание　　в. особому вниманию
6. Он почему-то избегает ______ с ними.
   а. встрече　　б. встречу　　в. встречи
7. Закон всемирного тяготения позволил Ньютону теоретически получить все законы движения планет и положить начало ______.

а. современной небесной механики

б. современной небесной механике

в. современной небесной механикой

8. Я должен написать короткий веселый рассказ ______.

а. в современной теме б. о современной теме в. на современную тему

9. Температура измеряется ______.

а. в градусы б. в градусах в. на градусах

10. Городская аптека находилась ______ от станции.

а. в пяти километрах б. на пяти километрах в. в пять километров

11. Поздравляю тебя с избранием ______ комитета.

а. в членах б. в члены в. члена

12. Сила-это действие одного тела ______, вызывающее ускорение тела или его деформацию.

а. на другое б. над другим в. на другом

13. Переход вещества ______ в жидкое называется плавлением.

а. из твердого состояния

б. с твердого состояния

в. от твердого состояния

14. Постепенно у него все больше проявлялся интерес ______.

а. техники б. к технике в. технике

15. В результате реакции водорода ______ образуется вода.

а. на кислороду б. с кислородом в. с кислородами

16. Я прошу вашей помощи ______, которое мне удалось организовать.

а. на дела б. в деле в. к делу

17. Мы выражаем надежду ______, что вы примете наше приглашение.

а. того б. на то в. о том

18. В ответ ______ могу сообщить вам следующее. . .

а. на ваше письмо б. вашему письму в. вашего письма

19. Примите мое искреннее и глубокое почтение ______.

а. к вам б. вас в. вам

20. Обработка земли ______ облегчает труд.

а. машинами б. машин в. машины

21. Любовь ______ воодушевила бойцов на подвиги.

а. к родине б. родины в. на родину

22. Его любимое увлечение — занятие ______.

а. спорта　　б. спортом　　в. над спортом

23. Он испытывал страх ______.

а. перед опасностью　　б. опасности　　в. к опасности

24. При сообщении ______ температура его поднимается постепенно.

а. теплу тела　　б. тепла телу　　в. тепла на тело

25. Математические знания возникают из практической деятельности человека, из наблюдения ______ явлений природы.

а. ими　　б. его　　в. им

26. Он говорил о своём увлечении ______.

а. музыкой　　б. к музыке　　в. музыки

27. Помощь ______ имеет большое значение для успешного выполнения работы.

а. товарища товарищу　　б. товарища на товарища　　в. товарища к товарищу

28. Она получила благодарность ______.

а. за работу　　б. к работе　　в. работы

29. Мы высылаем нужную ______ литературу.

а. вам　　б. вами　　в. к вам

30. Общий вес башни равен 55 ______ тонн.

а. тысяч　　б. тысячи　　в. тысячам

31. Я очень благодарен ______ за письмо.

а. вас　　б. к вам　　в. вам

32. Я вам ______ обязан за поддержку.

а. многими　　б. многим　　в. во многом

33. Я, конечно, очень виноват ______.

а. перед вами　　б. к вам　　в. вами

34. Я рад ______ познакомиться с вами.

а. случаю　　б. случаем　　в. случая

35. Дрова как промышленное топливо применяются лишь в богатых ______ местностях при отсутствии других видов топлива.

а. лесам　　б. лесом　　в. лесов

36. Павлов открыл и изучил условные рефлексы, лежащие ______ высшей нервной деятельности.

а. на основе　　б. в основе　　в. на базе

37. И наоборот, значительное изменение объема не приводит ______ давления.
    а. большое изменение б. большого изменения в. к большому изменению
38. То, что все тела состоят из атомов или молекул, не принималось ______.
    а. во внимание б. к вниманию в. за внимание
39. У вас здесь своё огромное дело, и вы отвечаете ______ перед народом.
    а. ему б. за него в. на него
40. Брошенный мяч меняет направление движения при ударе ______.
    а. на стену или руку б. о стену или руку в. стены или руки
41. ______ объёма можно следить по перемещению капельки ртути.
    а. Изменение б. На изменение в. За изменением
42. Химия раскрывает "талоны" вещества и усиливает нашу власть ______.
    а. природой б. за природой в. над природой
43. Всегда есть потребность ______.
    а. в рабочих руках б. рабочих рук в. к рабочим рукам
44. Женщины могут выбрать ту профессию, которая ______ интересна.
    а. им б. ними в. к ним
45. Не грозит ______ и отказ в приеме на работу, снижение заработной платы в связи с кормлением ребенка.
    а. женщину б. женщинам в. на женщин
46. Все студенты имеют право бесплатно пользоваться ______ института.
    а. библиотеки б. в библиотеке в. библиотекой
47. Она организовала комсомольскую бригаду, которая взяла на себя заботу ______ вагонов на ночных стоянках.
    а. охраны б. об охране в. обо охране
48. Каждый знает мнение своего противника, и каждый остается ______.
    а. при своём убеждении б. на своем убеждении в. в своем убеждении
49. Теперь ______, наверное, надоело играть эту роль,— сказал я ему.
    а. вами б. вас в. вам
50. Разрешите мне от вашего имени сердечно приветствовать ______.
    а. нашим гостям б. наших гостей в. к нашим гостям
51. Знание общего языка помогает людям свободно, без переводчиков и словарей, разговаривать друг с другом, обмениваться ______.
    а. опытом б. на опыт в. с опытом
52. Свадьба завершается ______ дома или в ресторане.

а. на торжественном ужине

б. с торжественным ужином

в. торжественным ужином

53. Все больше средств расходуется ______ длительного пользования: цветные телевизоры, автомобили, дачи и т. д.

а. для товаров б. на товары в. над товарами

54. Опираясь ______, осуществляется воспитание всех учащихся в духе коммунистических идей, у них воспитывается чувство коллективизма, взаимопомощи.

а. на эти организации б. на этих организациях в. в эти организации

55. Профессионально-техническое образование направлено ______ квалифицированных рабочих кадров для народного хозяйства.

а. на подготовку б. для подготовки в. над подготовкой

56. Студенты, имеющие задолженность по трем предметам в одну сессию, могут быть исключены ______.

а. с вуза б. из вуза в. от вуза

57. Государство вкладывает большие средства ______ общественного транспорта.

а. в развитие б. на развитие в. для развития

58. ______ пассажиры тратят около 4 часов.

а. На всю поездку б. Для всей поездки в. За всю поездку

59. Китайские ученые сотрудничают ______ науки из академий многих стран мира.

а. с деятелями б. деятелей в. на деятелей

60. Нам легко убедиться ______.

а. на это б. в это в. в этом

61. В больничном листе указано, ______ болен человек и сколько дней он болеет.

а. какая болезнь б. какую болезнь в. какой болезнью

62. Уходя на пенсию в 60 лет, человек еще имеет силы для работы, за многие годы он приобрел опыт и знания, необходимые ______.

а. на производство б. в производстве в. производству

63. Если вспомнить размер заработной платы, то понятно, что поездка на курорт доступна ______.

а. каждому трудящемуся

б. на каждого трудящегося

в. для каждого трудящегося

64. Одним из самых торжественных праздников является День Победы, посвященный ______ советского народа в Великой отечественной войне.

а. на победу б. к победе в. победе

65. Новогодний праздник считается ______, на который приглашаются близкие друзья и родственники.

а. семейным праздником б. семейный праздник в. семейному празднику

66. Жители России обычно придерживаются ______ питания: завтрак, обед, полдник, ужин.

а. таким распорядком б. такого распорядка в. такому распорядку

67. Стоимость обслуживания обычно включается ______ сразу при подсчете суммы.

а. в счете б. в счет в. из счета

68. Закончив еду, ______ обращаются со словами: "Пожалуйста, счет" или "Посчитайте, пожалуйста".

а. к официанту б. официанту в. на официанта

69. Передовые люди не могут мириться ______ народа.

а. тяжелым положением

б. с тяжелым положением

в. перед тяжелым положением

70. Красные почтовые ящики предназначены ______ корреспонденции внутри данного населенного пункта.

а. отправке б. к отправке в. для отправки

71. Наша молодая учительница активная, жизнерадостная, внимательная ______.

а. к людям б. на людей в. людям

72. В Петрограде моя жизнь показалась ______ скучной, неинтересной.

а. ко мне б. на меня в. мне

73. ______ виноват не только он, но и вы тоже.

а. Для этого б. В этом в. На этом

74. На заводе все рабочие гордятся ______ Юрия.

а. успехами б. успехам в. с успехами

75. Они благодарны нам ______.

а. за помощь и советы б. в помощи и советах в. помощью и советами

76. Андрей отличается от Олега не только ______, но и ______.

а. во внешности, характере

б. на внешность, характер

в. внешностью, характером

77. Космонавтика оказывает влияние ______.

а. на нашу жизнь б. к нашей жизни в. нашей жизни

78. Мы стали по-другому представлять себе ______, мы стали по-другому относиться к природе.

а. нашему будущему б. наше будущее в. к нашему будущему

79. В наше время достижения науки и техники воздействуют ______ человеческой деятельности.

а. на все сферы б. на всех сферах в. во все сферы

80. Мы вошли в полный ______ зрительный зал театра.

а. яркий свет б. яркому свету в. яркого света

81. Эти мальчики произвели ______ очень сильное впечатление.

а. на наших товарищах б. на наших товарищей в. нашим товарищам

82. Они тогда были очень уверены ______.

а. в свою победу б. в своей победе в. к своей победе

83. К вечеру с большим трудом я добрался ______.

а. на железную дорогу б. к железной дороге в. до железной дороги

84. Хотя мы еще только студенты, ______ доверили важный участок.

а. нам б. нами в. к нам

85. Я долго помнил эту историю и думал, что я ______ не способен.

а. ни на что б. ни во что в. ничему

86. Сережа ответил, что очень доволен ______.

а. своей работой б. к своей работе в. на свою работу

87. — Вам нужны корреспондент или машинистка? — ______ на вопрос ответил юноша.

а. вопросу б. вопросом в. вопрос

88. Эти два брата ______ похожи друг на друга.

а. в чем-то б. на чем-то в. чем-то

89. Зимой, когда улицы и площади ______ покрыты льдом, шестьдесят километров в час — это слишком много.

а. на местах б. местами в. на места

90. Они по вечерам назначают ______ свидания не где-нибудь, а возле станций метро.

а. друг для друга　　б. друг на друга　　в. друг другу

91. Все наши магазины можно разделить ______: продовольственные и промтоварные.

а. на две категории　　б. две категории　　в. к двум категориям

92. Раньше магазины принадлежали ______, и цены на товары в них были твердыми.

а. к государству　　б. государству　　в. при государстве

93. До распада Советского Союза можно было не спешить в магазины до обеда, опасаясь ______ цен.

а. послеобеденного повышения

б. в послеобеденном повышении

в. на послеобеденное повышение

94. Собственно говоря, по названию ресторана почти всегда можно определить, ______ он славится.

а. о какой кухне　　б. какой кухней　　в. за какую кухню

95. Все сказанное выше в полной мере относится и ______.

а. к женщинам　　б. женщинам　　в. для женщин

96. Если ваш собеседник абсолютно равнодушен ______, вы найдете с ним общий язык.

а. к спорту　　б. спорту　　в. перед спортом

97. Он никогда не возьмется за работу, которая требует ______, а результат ее не будет бросаться в глаза.

а. от труда　　б. труда　　в. труду

98. Не так уж много осталось среди нас бывших солдат, которые вынесли на своих плечах ______ войны и вернулись домой с победой.

а. всей тяжестью　　б. всю тяжесть　　в. всей тяжести

99. Наша интеллигенция отличается острым чувством справедливости, способностью сочувствовать ______.

а. чужой боли　　б. чужую боль　　в. с чужой болью

100. Мужчины смотрят на женщин как на равных ______ товарищей по работе.

а. с собой　　б. себя　　в. себе

101. На такие вопросы трудно найти ответ, который подходил бы ______.

а. на всех людей　　б. всем людям　　в. для всех людей

102. Редкий человек у нас в стране скажет, что он согласен ______.

а. на любую работу　　б. любой работой　　в. любой работе

103. Именно поэтому мы так дорожим ______ своих товарищей по работе.

а. мнение　　б. мнению　　в. мнением

104. Заслужить ______, найти свое место в их среде бывает довольно сложно, на это уходят месяцы и годы.

а. их уважением　　б. их уважению　　в. их уважение

105. Все люди разные, и некоторые наши пенсионеры прощаются ______ по работе без особой грусти.

а. от работы, от товарищей

б. с работой, с товарищами

в. работой, товарищами

106. Молодые родители получают возможность больше времени уделять ______.

а. на свои несемейные дела

б. к своим несемейным делам

в. своим несемейным делам

107. Эта улыбка — проявление большой ______ симпатии.

а. к вам　　б. вам　　в. на вас

108. Старший сын отказывается составить ______ компанию.

а. отцу　　б. за отца　　в. отца

109. Для его перевозки в Москву достаточно ______.

а. хозяйственной сумке

б. хозяйственной сумки

в. с хозяйственной сумкой

110. Младшие детишки уже каждое воскресенье бегают по дачному саду и наслаждаются ______.

а. жизни　　б. в жизни　　в. жизнью

111. Перед вами человек, который рискует ______.

а. свое праздничное настроение

б. своего праздничного настроения

в. своим праздничным настроением

112. Чтобы получить представление ______ Москвы, надо, разумеется, посетить

Большой театр, Художественный, Малый.

а. театральной жизни

б. в театральной жизни

в. о театральной жизни

113. Вся Москва смотрит в кинотеатрах фильмы наших знаменитых кинорежиссеров, имена которых служат ______.

а. самой лучшей рекомендации

б. самой лучшей рекомендацией

в. самую лучшую рекомендацию

114. В то же время эта форма дает возможность вежливо и почти незаметно отклонить ______, если вы по каким-то причинам не можете в ближайшее время его принять.

а. от приглашения　б. приглашение　в. приглашения

115. Беседа закончится ______: "Значит, в субботу, в пять, договорились? Ну, до встречи".

а. словами　б. в словах　в. на словах

116. Впрочем, официальное слово "визит" не отражает нашего подхода ______: москвичи приглашают в гости запросто, без всяких формальностей.

а. гостей　б. к гостям　в. гостям

117. Бывает и так, что приглашение совпадает по времени ______ из наших праздников.

а. с одним　б. одному　в. на один

118. Не удивляйтесь, если хозяйка, поздоровавшись ______, уйдет в другую комнату.

а. вам　б. вами　в. с вами

119. Затем хозяин проводит вас в гостиную и представит вас ______.

а. гостям　б. к гостям　в. с гостями

120. Гостиница находится ______ Саши.

а. на распоряжении　б. в распоряжении　в. при распоряжении

121. Они просто горят ______ поскорее начать показывать вам свои фильмы.

а. желание　б. желания　в. желанием

122. Она отлично справляется ______: может и погулять с ним, и переодеть, и поиграть, и накормить, если надо.

а. на брата　б. за братом　в. с братом

123. Теперь же она понимает, что главный человек в семье — это тот, кто больше нуждается ______.

а. в заботе и помощи б. о заботе и помощи в. на заботе и помощи

124. Что касается ______, то, говорят, смена работы есть лучший отдых.

а. отдых б. отдыху в. отдыха

125. ______ это всегда пригодится.

а. На инженера б. Инженеру в. К инженеру

126. Не будем вмешиваться ______.

а. их спора б. в их споре в. в их спор

127. Гости у нас садятся за один стол, такая традиция, ______ отступают немногие.

а. из которой б. от которой в. к которой

128. Никто не станет ______ об этом напоминать.

а. вам б. перед вами в. для вас

129. ______ и заключается самый главный секрет.

а. На этом б. Под этим в. В этом

130. В этом случае у вас есть возможность присоединиться ______ гостей, с которой вам будет веселее.

а. с той частью б. к той части в. той части

131. В таком случае лучше всего сразу предупредить ______, и они несколько перестроят программу вечера.

а. о хозяевах б. на хозяев в. хозяев

132. Не всякий москвич правильно ответит на вопрос, какого числа празднуют ______.

а. рождество б. рождеством в. в рождество

133. Вся семья сидит в тишине и любуется ______.

а. своим домашним новогодним чудом

б. на свое домашнее новогоднее чудо

в. за своим домашним новогодним чудом

134. У Саши есть еще Таня, которая достойна ______ в мире ______.

а. самым лучшим, подарком

б. самого лучшего, подарка

в. самому лучшему, подарку

135. Они в состоянии освободить женщину ______.

а. от ее домашних забот

б. из ее домашних забот

в. вне ее домашних забот

136. И не постояли — заплатили неизмеримо высокую цену за счастье жить в мире, за избавление человечества ______.

а. страшной бедой  б. из страшной беды  в. от страшной беды

137. Самую большую радость ______ доставляет в эти дни солнечная и теплая, настоящая первомайская погода.

а. москвичей  б. москвичам  в. для москвичей

138. Этим девушкам и юношам принадлежит будущее, в расцвете сил и способностей они вступят ______ нашей эры.

а. к третьему тысячелетию

б. на третье тысячелетие

в. в третье тысячелетие

139. Перечислив ______, которые должны быть приглашены, Саша и Таня оставляют родителей решать очередную проблему.

а. всеми своими друзьями

б. всех своих друзей

в. на всех своих друзей

140. Несколько слов о подарке. Обычно на свадьбу дарятся практичные вещи, которые могут понадобиться ______.

а. молодым в их дальнейшей жизни

б. молодыми в их дальнейшую жизнь

в. молодые в их дальнейшей жизни

141. Несколько минут ожидания в приемной — и вот медсестра, улыбаясь, выносит и передает отцу новорожденного, завернутого ______.

а. в голубом одеяле  б. в голубое одеяло  в. внутри голубого одеяла

142. Необходимо подвергнуть ______.

а. цифрам на строгую проверку

б. цифрам строгой проверке

в. цифры строгой проверке

143. Электроэнергия может отвечать ______ в производстве и в жизни.

а. на различные требования

б. к различным требованиям

в. различным требованиям

144. Власти стремились отвлечь рабочих ______.

а. к политической борьбе

б. из политической борьбы

в. от политической борьбы

145. ______ бывшего Советского Союза сказывается влияние моря.

а. На западе и северо-западе

б. Западу и северо-западу

в. В западе и северо-западе

146. Влажный климат характеризуется ______ осадков.

а. в большем количестве

б. большим количеством

в. о большем количестве

147. ______ он познакомился с больничной койкой.

а. На старости лет  б. В старости лет  в. За старостью лет

148. У маленького Алеши зародилась ненависть ______ в жизни.

а. всего плохого  б. всему плохому  в. ко всему плохому

149. Он ненавидел тех людей, кто хочет жить ______.

а. чужим трудом  б. на чужом труде  в. с чужим трудом

150. Они скоро приступили ______.

а. к техническому перевооружению

б. на техническое перевооружение

в. в техническое перевооружение

151. Если найти счастливого человека, снять с него рубашку и надеть ______ — царь выздоровеет.

а. ее царю  б. ее в царя  в. ее на царя

152. Крупнейшие организации признали этот комитет ______.

а. своим руководящим органом

б. в своем руководящем органе

в. за свой руководящий орган

153. Полицейские даже не успели приблизиться ______.

а. до него  б. ему  в. к нему

154. У самого дома он столкнулся ______.

а. на одного из товарищей

б. к одому из товарищей

в. с одним из товарищей

155. Мастер опустился в кресло и обвел ______ просторную светлую комнату.

а. взгляд　　б. по взгляду　　в. взглядом

156. Никогда прежде старик не ошибался ______.

а. о людях　　б. в людей　　в. в людях

157. Без отрыва ______ юноша окончил вечернее отделение политехнического института.

а. от производства　　б. из производства　　в. вне производства

158. Вот как высоко взлетел бывший ученик слесаря! Ну, так оно и положено ______.

а. в способном человеке

б. на способного человека

в. способному человеку

159. Ведь были в институте преподаватели, требовавшие ______.

а. от студентов твердых и ясных знаний

б. у студентов твердые и ясные знания

в. студентам твердых и ясных знаний

160. И в то же время, сам не признаваясь ______, я начинал мало-помалу понимать, что вы правы.

а. о себе в это　　б. в себе об этом　　в. себе в этом

161. Не знаю, остался ли у вас в памяти ветреный вечер, когда я по вашему вызову явился ______.

а. в институт　　б. в институте　　в. институтом

162. Спасибо вам за то, что вы отделили меня от людей, подобных ______.

а. на него　　б. к нему　　в. ему

163. Город погрузился ______.

а. во тьме　　б. тьме　　в. во тьму

164. Город почти мгновенно лишился ______.

а. от электрической энергии

б. электрической энергии

в. в электрической энергии

165. Мы уверены, что будущая энергетическая индустрия сможет обеспечить ______.

а. людей нужным количеством энергии

б. людям нужным количеством энергии

в. людям нужное количество энергии

166. Более того, ни один вопрос, ни одно выступление не обошлись ______ недостатков нашей работы.

а. на критике　　б. ни критикой　　в. без критики

167. Одета она была ______.

а. в легкое платье　　б. в легком платье　　в. на легкое платье

168. Эта девушка действительно походила ______.

а. на молодую, белую березку

б. к молодой, белой березке

в. молодой, белой березке

169. Эта героиня снабжала ______.

а. нашему штабу сведениями

б. наш штаб сведениями

в. наш штаб сведениям

170. Она нехотя оторвалась ______, поправила волосы, и сказала лениво, растягивая слова: — А... наконец пришли. Я вас все утро жду.

а. из книги　　б. от книги　　в. книги

171. Ради твоей кафедры я пожертвовала ______.

а. своего диплома　　б. свой диплом　　в. своим дипломом

172. ______ понимают направленное движение электронов.

а. Под электрический ток

б. Под электрическим током

в. Над электрическим током

173. Изучение этих явлений способствовало ______ природы света.

а. выяснение　　б. на выяснение　　в. выяснению

174. Поедем в ресторан "Москв", угощу ______ русской кухни.

а. тебя блюдами　　б. тебе блюда　　в. тебя с блюдами

175. Этот поступок не заслуживает ______.

а. прощения　　б. прощение　　в. прощению

176. Мы очеь рады ______ в Москву.

а. вашим приездом　　б. вашего приезда　　в. вашему приезду

177. ______ я могу быть полезен вам?

а. Как　　б. Чем　　в. В чем

178. Думаю, вы будете восхищаться ______ природы Сибири.

а. о чудесных видах　　б. в чудесных видах　　в. чудесными видами

179. ______ мне держаться, чтобы попасть в университет?

а. На какой стороне　　б. Какой стороне　　в. Какой стороны

180. Переходя улицу, следите ______ светофора.

а. на сигналы　　б. в сигналы　　в. за сигналами

181. Мой день отъезда назначен ______.

а. на завтра　　б. под завтра　　в. завтра

182. Я отдаю предпочтение ______.

а. морского путешествия

б. на морское путешествие

в. морскому путешествию

183. Социалистическая революция коренным образом отличается ______.

а. с прежними революциями

б. от прежних революций

в. из прежних революций

184. Согласно закону тяготения любые два предмета притягиваются друг ______.

а. к другу　　б. другом　　в. у друга

185. ______ не бойся, ничего со мной не случится.

а. Меня　　б. За меня　　в. Обо мне

186. Деньги за заказанные книги уже переведены по почте, ______ книжного магазина.

а. на адрес　　б. к адресу　　в. в адрес

187. Я долго не мог избавиться ______ о своей неудаче.

а. с мысли　　б. из мысли　　в. от мысли

188. Раз взялся ______, то должен довести ее до конца.

а. за эту работу　　б. этой работы　　в. с этой работой

189. Надо самостоятельно работать, нельзя надеяться только ______ других.

а. за помощь　　б. помощи　　в. на помощь

190. При температуре 0℃ вода превращается ______.

а. к леду　　б. в лед　　в. на лед

191. Китайское правительство неизменно выступает ______ на основе пяти при-

нципов со странами с иным общественным строем.

а. за мирное сосуществование

б. с мирным сосуществованием

в. на мирном сосуществовании

192. Мы не раз отклонялись ______. Но нередко бывало так, что ошибки помогали найти верный путь.

а. на правильный путь б. с правильного пути в. от правильного пути

193. Современное учение о строении вещества сводится ______: тело состоит из молекул, находящихся в непрерывном беспорядочном движении.

а. со следующим основным положением

б. на следующее основное положение

в. к следующему основному положению

194. Поверхность планеты разделяется ______.

а. на светлые и темные области

б. светлыми и темными областями

в. к светлым и темным областям

195. Они трудились ______ моста изо дня в день всю осень.

а. на проекте б. для проекта в. над проектом

196. Необходимо соединять теорию ______.

а. с практикой б. на практику в. к практике

197. Лес защищает урожай ______.

а. от засухи и сильных ветров

б. за засуху и сильные ветры

в. с засухой и сильными ветрами

198. Давно люди мечтали ______, чтобы силы природы служили человеку.

а. о том б. в том в. того

199. Саша, задумавшись, смотрел на улицу. Множество воспоминаний не давало ему сосредоточиваться ______.

а. о книге б. в книге в. на книге

200. Хотелось бы узнать, как отзываются товарищи ______

а. на его поступок б. о его поступке в. к его поступку

201. Лучше не полагаться ______, она может подвести тебя.

а. на одну память б. одной памятью в. в одну память

202. Товарищи, мне хотелось бы сегодня побеседовать ______ о том, каковы ос-

новные задачи нашей партии.

а. о теме б. в теме в. на тему

203. Новый метод намного сокращает время, затраченное ______ детали.

а. на обработке б. в обработке в. на обработку

204. Это кажущееся на первый взгляд совершенно естественным высказывание базируется ______.

а. на обычных наблюдениях

б. на обычные наблюдения

в. обычными наблюдениями

205. Мы не сомневаемся ______, что эксперимент дает интересные результаты.

а. в то б. в том в. о том

206. Мы приложили все силы ______ плана.

а. на досрочное выполнение

б. в досрочное выполнение

в. к досрочному выполнению

207. Китайский народ внес гигантский вклад ______.

а. в мировую науку б. мировой науке в. к мировой науке

208. Результаты испытания свидетельствуют ______ метода исследования.

а. в правильности б. на правильности в. о правильности

209. Все воды суши участвуют ______ воды в природе и постоянно находятся в движении.

а. на общем круговороте

б. в общем круговороте

в. при общем круговороте

210. Как и другие отрасли естествознания, физика частиц основывается ______.

а. на экспериментах б. в экспериментах в. на эксперименты

211. В лекциях профессор не раз останавливался ______ современной науки.

а. на основных проблемах

б. в основных проблемах

в. на основные проблемы

212. Это предположение совпало ______.

а. с действительностью б. к действительности в. на действительность

213. На уроках химии мы узнаем массу интересного о вещах, ______ постоянно сталкиваемся в быту.

а. с которыми　　б. от которых　　в. которыми

214. ______ подразумевается замена физического труда человека работой машин и механизмов.

а. О механизации　　б. По механизации　　в. Под механизацией

215. Зная физические принципы простых механизмов, легче разобраться ______ сложной машины.

а. о устройстве　　б. в устройстве　　в. на устройстве

216. ______ судят не по его словам, а по его делам.

а. О человеке　　б. В человеке　　в. За человека

217. Китайские ученые стремятся, чтобы уровень науки за небольшой срок сравнился ______.

а. передовым уровнем　　б. с мировым уровнем　　в. к мировому уровню

218. Непосильная работа не может не отражаться ______ детей.

а. на здоровье　　б. о здоровье　　в. в здоровье

219. Труд положил начало человеческому существованию и привел ______ речи.

а. на возникновение　　б. возникновение　　в. к возникновению

220. При обсуждении любых вопросов мы должны исходить ______.

а. из действительности　　б. от действительности　　в. к действительности

♨答案：

1. в, 2. б, 3. а, 4. а, 5. а, 6. в, 7. б, 8. в, 9. б, 10. а, 11. б, 12. а, 13. а, 14. б, 15. б, 16. б, 17. б, 18. а, 19. а, 20. а, 21. а, 22. б, 23. а, 24. б, 25. в, 26. а, 27. а, 28. а, 29. а, 30. в, 31. в, 32. б, 33. а, 34. а, 35. б, 36. б, 37. в, 38. а, 39. б, 40. б, 41. в, 42. в, 43. а, 44. а, 45. б, 46. в, 47. б, 48. а, 49. в, 50. б, 51. а, 52. в, 53. б, 54. а, 55. а, 56. б, 57. а, 58. а, 59. а, 60. в, 61. в, 62. в, 63. а, 64. в, 65. а, 66. б, 67. б, 68. а, 69. б, 70. в, 71. а, 72. в, 73. б, 74. а, 75. а, 76. в, 77. а, 78. б, 79. а, 80. в, 81. б, 82. б, 83. в, 84. а, 85. а, 86. а, 87. б, 88. а(в), 89. б, 90. в, 91. а, 92. б, 93. а, 94. б, 95. а, 96. а, 97. б, 98. б, 99. а, 100. в, 101. б(в), 102. а, 103. в, 104. в, 105. б, 106. в, 107. а, 108. а, 109. б, 110. в, 111. в, 112. в, 113. б, 114. б, 115. а, 116. б, 117. а, 118. в, 119. а, 120. б, 121. в, 122. в, 123. а, 124. в, 125. б, 126. в, 127. б, 128. а, 129. в, 130. б, 131. в, 132. а, 133. а(б), 134. б, 135. а, 136. в, 137. б, 138. в, 139. б, 140. а, 141. б, 142. в, 143. в, 144. в, 145. а, 146. б, 147. а, 148. в, 149. а, 150. а, 151. в, 152. а, 153. в, 154. в, 155. в, 156. в, 157. а, 158. в, 159. а, 160. в, 161. а, 162. в, 163. в, 164. б, 165. а, 166. в, 167. а, 168. а, 169. б, 170. б, 171. в, 172. б, 173. в, 174. а, 175. а, 176. в, 177. б, 178.

в, 179. в, 180. в, 181. а, 182. в, 183. б, 184. а, 185. б, 186. а, 187. в, 188. а, 189. в, 190. б, 191. а, 192. в, 193. в, 194. а, 195. в, 196. а, 197. а, 198. а, 199. в, 200. б, 201. а, 202. в, 203. в, 204. а, 205. б, 206. в, 207. а, 208. в, 209. б, 210. а, 211. а, 212. а, 213. а, 214. в, 215. б, 216. а, 217. б, 218. а, 219. в, 220. а.

**练习 9　将下列句子中括号里的词译成俄语。**

1 В зависимости от вида работ они зарабатывают (200 到 600 卢布) в месяц.
2. Вскоре мы узнали, что люди собираются устроить праздник (庆祝胜利).
3. Сейчас мы поедем (路过工厂), на котором я работаю.
4. В прекрасный день ветер снова принес ей привет (从俄罗斯来的).
5. У нас в райкоме знали, что (孩子们中间) будут и слабые, вроде него.
6. (他旁边) стоял открытый чемодан, наполовину заполненный бельем и вещами.
7. (没有你们) все строительство, несомненно, затянется, нам будет труднее.
8. Мы будем ждать, когда ледокол освободит путь (为我们).
9. Атомы или молекулы твердых тел (与液体不同) колеблются от определенных положений равновесия.
10. Описание движения частиц (在原子和分子内部), сил взаимодействия между молекулами — очень сложная задача.
11. Тепловые явления интересовали людей (从远古起).
12. Под проливным дождем он пошел (顺着火车).
13. Он оставил после себя классические работы (高级神经活动方面).
14. Вывели ученые эти сорта и породы (通过人工选择的方法).
15. И всегда тяготение действует именно так, как доказал Ньютон: (由物体质量和其间的距离).
16. И только другая весть, пришедшая вслед за первой, смягчила тяжесть утраты: стало известно, что Коперник успел закончить и напечатать великий труд, которому он посвящал все свое свободное время (三十余年过程中).
17. Кислород в атмосфере образовался (绿色植物生命活动的结果).
18. Целую реку крови перекачивает сердце (人的整个生命过程中).
19. Но она в миллион раз больше всей энергии, которая производится во всём мире (靠燃烧各类燃料).
20. Он медленно вошёл и сел (在我身旁).
21. Мальчик едва мог стоять на ногах (由于疲倦).

22. Когда Солнце или Луна находятся (在接近地平线的位置), они кажутся оранжевыми, а иногда и ярко-красными.
23. Надо принять закон об охране окружающей среды и объединить и активизировать усилия всех стран (为保存和恢复) природной среды, окружающей человека.
24. Хозяин нагнулся и вытащил (从桌子下面) громадный арбуз.
25. Она критически осмотрела его (从头到脚).
26. Здесь постоянно дует свирепый, холодный ветер, пронизывающий (到骨头).
27. (除所列举的气体外) к инертным относится открытый при изучении радиоактивных превращений элемент радон.
28. (到日落) бродил я по лесу, измученный, голодный, но всё было напрасно.
29. Ночью он потихоньку вложил деньги в мешок (装过面粉的).
30. (从事实出发), он пришел к следующему выводу.
31. Этот парень весь мокрый от дождя, (直〈湿〉到内衣) (连内衣).
32. И вдрут (在小汽车前方) показалось какое-то громадное животное.
33. Эта весть быстро распространилась (在整个地区).
34. В самом деле, газ ведет себя (类似〈像〉被压缩的弹簧).
35. (多亏这次会面) начальник сэкономил ещё два месяца.
36. (按计划) приёма я должна отвезти часть детей в город и устроить их там.
37. Это потому, что (按惯性) он сохраняет скорость своего движения.
38. (根据能量守恒定律), энергия, которая затрачивается на передвижение магнита, превращается в электроэнергию.
39. (根据她的信来判断), она должна была приехать домой, как только позволит здоровье.
40. Мы снова на пароходе и плывём дальше (沿河流).
41. Мальчик долго гулял (在严寒的日子) на улице.
42. (在这段时间里) ртуть в термометре нагревается и уровень её повышается.
43. Если вы внесёте с улицы мяч, наполненный сжатым воздухом, то (过一段时间) температура воздуха в мяче и комнате выравняется.
44. (轮船离港前半小时) он зашёл в кафе выпить последнюю чашку кофе на родной земле.
45. Переселение жителей города проводилось также успешно (尽管有困难).
46. Наступила третья ночь, (这一次) певец остался дома.

47. Один ученый посадил живую мышь (在玻璃罩下面).
48. (透过宽缝隙) светилось голубоватое пламя спиртовки.
49. Сибирского кота увезли на дачу (离城35公里外) и оставили там.
50. (回国半年后) тридцатилетний учёный начал подводить итоги своим наблюдениям.
51. С другом он никогда не расставался и вместе исчезал из Москвы, бог весть куда, (大约两天).
52. Микробы некоторых заразных болезней передаются (通过空气).
53. Отец отдал меня на руки отставному немецкому профессору, который (〈为〉一个月〈挣〉100卢布) взялся меня поить, кормить и наблюдать за моей нравственностью.
54. Размеры сердца у каждого человека примерно (拳头大小).
55. У меня в целой Москве не было ни одного родственника, (除年迈的叔叔外), который у меня же иногда просил денег.
56. В сентябре 1736 года в числе 12 лучших учеников Ломоносова отправили (去国外) изучать металлургию и горное дело.
57. Чтобы заставить вирусы работать (为人〈类〉), требуется много усилий.
58. В этом году мы решили увеличить (小麦播种面积) на две тысячи гектаров.
59. (因工作优异) он получил Золотую медаль.
60. Она улыбнулась, не зная, что ответить, и, подхватив (他胳膊), повела к воротам.
61. Уже (近黄昏时) явилась одетая по-городскому молодая девушка.
62. Месяца три он сидел (读书).
63. Сейчас подземные коридоры проходят (整个城市下面).
64. Она лежала (睁着眼睛), вспоминая все то, что пришлось ей испытать в эти месяцы.
65. Она увидела, что самолёт летел (在莫斯科上空).
66. Происходит взаимодействие (电子与原子核之间) соседних молекул.
67. (我的眼前) сразу встаёт "самое синее в мире" море и ясное небо.
68. (随着春天的到来) природа пробуждается, леса одеваются листвой, зеленеют луга.
69. И прежде астрономия не могла развиваться без помощи математики, но теперь развитие астрономии (与物理学和工程学的发展同时) предъявляло повышенные требования к математике.

70. Он считал, что (在大气层之外) люди смогут использовать в широких масштабах солнечную энергию.
71. Я пошёл (跟随他), а на лестнице он остановился.
72. Напомним, что (把物体重量) мы понимаем силу, с которой тело вследствие притяжения к Земле давит на подставку или растягивает нить подвеса.
73. Она привыкла к выступлениям (在任何听众面前), и давно уже не испытывала чувства смущения или страха.
74. Растения (在阳光作用下) разлагают углекислоту воздуха на углерод и кислород.
75. Группа учёных работает (〈为〉实践中实行这一思想).
76. (说完这番话) господин Сидоренко пошёл в другую комнату.
77. В легендах рассказывается, как древнегреческий учёный Архимед направил (借助凹面的镜子) пучок солнечных лучей на неприятельский флот и сжёг его.
78. Новая "почка" имеет очень важное преимущество (与正在使用的相比).
79. (与读者一起) автор проходит по цехам крупных предприятий, знакомится с работой учёных.
80. Ко мне прибежал Борисов и доложил, что из леса пришли люди (为首的是一个年轻人).
81. Из двухсот пассажиров парохода остался (活着) только я.
82. (在冷却时) газы превращаются в жидкости, а жидкости — в твёрдые тела.
83. (在力学中) состояние системы частиц определяется их положениями и скоростями.
84. (说这话时) возле куста появилась прекрасная девушка.
85. (中学毕业后) он поступил на завод на работу.
86. Но сегодня в первый раз она изменила своему правилу, ожидая, когда тебе дадут слово, забыть (一切) и думать только о своей речи.
87. (在很短的距离内) между молекулами действуют силы отталкивания.
88. В 1735 году Ломоносов был направлен в Петербург, в университет (科学院附属).
89. (在六月末) заканчивается летняя сессия у студентов университетов и институтов.
90. Будь этот разговор наедине, он наговорил бы старику дерзостей, но (当着客人的面) поспешил ответить примирительно.

♨答案:

1. от 200 до 600 рублей, 2. в честь победы, 3. мимо завода, 4. от России, 5. среди детей, 6. Возле него (Около него), 7. Без вас, 8. для нас, 9. в отличие от жидкостей, 10. внутри атомов и молекул, 11. с древнейших времен, 12. вдоль поезда, 13. в области высшей нервной деятельности, 14. путем искусственного отбора, 15. в зависимости от масс тел и расстояния между ними, 16. на протяжении (в течение) более тридцати лет, 17. в результате жизнедеятельности зеленых растений, 18. в течение всей человеческой жизни, 19. за счет сжигания всех видов топлива, 20. подле (возле) меня (рядом со мной), 21. от усталости, 22. вблизи горизонта, 23. во имя (для) (ради) сохранения и восстановления, 24. из-под стола, 25. с ног до головы, 26. до костей, 27. Кроме перечисленных газов, 28. До заката, 29. из-под муки, 30. Исходя из фактов, 31. вплоть до белья, 32. впереди машины, 33. по всей области, 34. подобно сжатой пружине, 35. Благодаря этой встрече, 36. По плану, 37. по инерции, 38. Согласно закону сохранения энергии, 39. Судя по ее письму, 40. по реке, 41. в морозный день, 42. За это время, 43. через (спустя) некоторое время, 44. За полчаса до отхода парохода, 45. несмотря на трудности, 46. на этот раз, 47. под стеклянный колпак, 48. Сквозь (Через) широкую щель, 49. за 35 километров от города, 50. Через полгода после возвращения на Родину, 51. дня на два, 52. через воздух, 53. за сто рублей в месяц, 54. с (его) кулак, 55. исключая старого дядю (кроме старого дяди), 56. за границу (рубеж), 57. на человека (для человечества), 58. посевную площадь под пшеницу, 59. За замечательную (отличную) работу, 60. его под руку, 61. под вечер, 62. над книгой, 63. под всем городом, 64. с открытыми глазами, 65. над Москвой, 66. между электронами и ядрами, 67. Перед нашими глазами, 68. С наступлением весны, 69. наряду с развитием физики и техники, 70. за пределами атмосферы, 71. вслед за ним, 72. под весом тела, 73. перед любой аудиторией, 74. под действием солнечных лучей, 75. над практическим осуществлением этой идеи, 76. С этими словами, 77. с помощью (при помощи) вогнутых зеркал, 78. перед применяющимися, 79. Вместе с читателем, 80. во главе с молодым человеком, 81. в живых, 82. При охлаждении, 83. В механике, 84. При этих словах, 85. По окончании школы, 86. обо всём, 87. На очень малых расстояниях, 88. при Академии Наук, 89. В конце июня, 90. при гостях.

# 3 形容词

形容词总体上可分为三类:性质形容词、关系形容词和物主形容词。

性质形容词表示事物本身的性质或特征,有程度上的变化(有比较级和最高级形式),有长尾和短尾两种形式,还可构成主观评价形式。

关系形容词通过事物或现象之间的关系来说明事物的特征,这种特征是不变的。

物主形容词表示事物的所属关系,有区别于性质形容词和关系形容词的独特的后缀。

所有形容词都有性、数、格的变化。

## (1)形容词的变化与短尾和比较等级的构成

**性质形容词和关系形容词的变化**

| 格 \ 性数 | 阳 | | 中 | 阳 | 中 | 阴 | | 复数 | |
|---|---|---|---|---|---|---|---|---|---|
| 一 | -ый | -ой | -ое | -ий | -ее | -ая | -яя | -ые | -ие |
| 二 | -ого — -его | | | | | -ой — -ей | | -ых — -их | |
| 三 | -ому — -ему | | | | | -ой — -ей | | -ым — -им | |
| 四 | 同一或二 | | | | | -ую | -юю | 同一或二 | |
| 五 | -ым — -им | | | | | -ой — -ей | | -ыми — -ими | |
| 六 | -ом — -ем | | | | | -ой — -ей | | -ых — -их | |

**例词**:но́вый(新的),любо́й(任何的),чужо́й(别人的),ти́хий(静的),о́бщий(共同的),после́дний(最后的)

| | 阳性 | 中性 | 阴性 | 复数 |
|---|---|---|---|---|
| 一、 | но́вый | но́вое | но́вая | но́вые |
| 二、 | но́вого | но́вого | но́вой | но́вых |
| 三、 | но́вому | но́вому | но́вой | но́вым |
| 四、 | 同一或二 | 同一 | но́вую | 同一或二 |
| 五、 | но́вым | но́вым | но́вой | но́выми |

| | | | | |
|---|---|---|---|---|
| 六、 | но́вом | но́вом | но́вой | но́вых |

| | | | | |
|---|---|---|---|---|
| 一、 | любо́й | любо́е | люба́я | любы́е |
| 二、 | любо́го | любо́го | любо́й | любы́х |
| 三、 | любо́му | любо́му | любо́й | любы́м |
| 四、 | 同一或二 | 同一 | любу́ю | 同一或二 |
| 五、 | любы́м | любы́м | любо́й | любы́ми |
| 六、 | любо́м | любо́м | любо́й | любы́х |

| | | | | |
|---|---|---|---|---|
| 一、 | чужо́й | чужо́е | чужа́я | чужи́е |
| 二、 | чужо́го | чужо́го | чужо́й | чужи́х |
| 三、 | чужо́му | чужо́му | чужо́й | чужи́м |
| 四、 | 同一或二 | 同一 | чужу́ю | 同一或二 |
| 五、 | чужи́м | чужи́м | чужо́й | чужи́ми |
| 六、 | чужо́м | чужо́м | чужо́й | чужи́х |

注:词干以 ж、ш 结尾且重音在词尾上的形容词,按 чужо́й 的变化形式变化,如 большо́й 等。

| | 阳性 | 中性 | 阴性 | 复数 |
|---|---|---|---|---|
| 一、 | ти́хий | ти́хое | ти́хая | ти́хие |
| 二、 | ти́хого | ти́хого | ти́хой | ти́хих |
| 三、 | ти́хому | ти́хому | ти́хой | ти́хим |
| 四、 | 同一或二 | 同一 | ти́хую | 同一或二 |
| 五、 | ти́хим | ти́хим | ти́хой | ти́хими |
| 六、 | ти́хом | ти́хом | ти́хой | ти́хих |

注:词干以 г、к、х 结尾的形容词,按 ти́хий 的变化形式变化,如 до́лгий(长久的),стро́гий(严厉的),высо́кий(高的),вели́кий(伟大的)等。

| | 阳性 | 中性 | 阴性 | 复数 |
|---|---|---|---|---|
| 一、 | о́бщий | о́бщее | о́бщая | о́бщие |
| 二、 | о́бщего | о́бщего | о́бщей | о́бщих |
| 三、 | о́бщему | о́бщему | о́бщей | о́бщим |
| 四、 | 同一或二 | 同一 | о́бщую | 同一或二 |
| 五、 | о́бщим | о́бщим | о́бщей | о́бщими |

六、 óбщем óбщем óбщей óбщих

注：词干以 ч、щ 结尾及 ж、ш 结尾但重音在词干上的形容词，按 óбщий 的变化形式变化，如 рабóчий（工人的），горя́чий（热的），бýдущий（将来的），свéжий（新鲜的），хорóший（好的）等。

| | 阳性 | 中性 | 阴性 | 复数 |
|---|---|---|---|---|
| 一、 | послéдний | послéднее | послéдняя | послéдние |
| 二、 | послéднего | послéднего | послéдней | послéдних |
| 三、 | послéднему | послéднему | послéдней | послéдним |
| 四、 | 同一或二 | 同一 | послéднюю | 同一或二 |
| 五、 | послéдним | послéдним | послéдней | послéдними |
| 六、 | послéднем | послéднем | послéдней | послéдних |

**物主形容词的变化**

（1）以-ов、-ин 结尾的物主形容词的变化

| 数 \ 性 \ 格 | | 一 | 二 | 三 | 四 | 五 | 六 |
|---|---|---|---|---|---|---|---|
| 单数 | 阳性 | -ов<br>-ин | -а | -у | 同一<br>或二 | -ым | -ом |
| | 中性 | -ов-о<br>-ин-о | | | | | |
| | 阴性 | -ов-а<br>-ин-а | -ой | -ой | -у | -ой | -ой |
| 复数 | | -ов-ы<br>-ин-ы | -ых | -ым | 同一<br>或二 | -ыми | -ых |

**例词**：отцóв（父亲的），пáпин（爸爸的）

| 格 | 单数 | | | 复数 |
|---|---|---|---|---|
| | 阳性 | 中性 | 阴性 | |
| 一 | отцóв<br>пáпин | отцóво<br>пáпино | отцóва<br>пáпина | отцóвы<br>пáпины |

| 格 | 单数 | | | 复数 |
| --- | --- | --- | --- | --- |
| | 阳性 | 中性 | 阴性 | |
| 二 | отцóва<br>пáпина | | отцóвой<br>пáпиной | отцóвых<br>пáпиных |
| 三 | отцóву<br>пáпину | | отцóвой<br>пáпиной | отцóвым<br>пáпиным |
| 四 | 同一或二 | 同一 | отцóву<br>пáпину | 同一或二 |
| 五 | отцóвым<br>пáпиным | | отцóвой<br>пáпиной | отцóвыми<br>пáпиными |
| 六 | отцóвом<br>пáпином | | отцóвой<br>пáпиной | отцóвых<br>пáпиных |

(2)以-ий(-ья,-ье,-ьи)结尾的物主形容词的变化

| | 格 | 一 | 二 | 三 | 四 | 五 | 六 |
| --- | --- | --- | --- | --- | --- | --- | --- |
| 单数 | 阳性 | -ий | -ьего | -ьему | 同一或二 | -ьим | -ьем |
| | 中性 | -ье | | | | | |
| | 阴性 | -ья | -ьей | -ьей | -ью | -ьей | -ьей |
| 复数 | | -ьи | -ьих | -ьим | 同一或二 | -ьими | -ьих |

**例词:ли́сий(狐狸的)**

| 格 | 单数 | | | 复数 |
| --- | --- | --- | --- | --- |
| | 阳性 | 中性 | 阴性 | |
| 一 | ли́сий | ли́сье | ли́сья | ли́сьи |
| 二 | ли́сьего | | ли́сьей | ли́сьих |
| 三 | ли́сьему | | ли́сьей | ли́сьим |
| 四 | 同一或二 | 同一 | ли́сью | 同一或二 |
| 五 | ли́сьим | | ли́сьей | ли́сьими |

| 六 | ли́сьем | ли́сьей | ли́сьих |
|---|---|---|---|

这类词还有 соба́чий（狗的），за́ячий（兔子的），медве́жий（熊的），ры́бий（鱼的），охо́тничий（猎人的）等。

**性质形容词短尾形式的构成**

将性质形容词的词尾-ый、-ой、-ий 去掉，即构成短尾的阳性形式，阴性加-а，中性加-о（-е），复数加-ы（-и）。当词干末尾是两个辅音相连时，其间可能出现隐现元音 о 或 е。如末尾两辅音是-ст 时，则不加，而如两辅音中最后一个是 л 或 р 时，有些词加 е 或 ё，而有些不加。详见下：

| 长尾形式 | 短尾形式 |
|---|---|
| краси́вый（美丽的） | краси́в，-а，-о，-ы |
| хоро́ший（好的） | хоро́ш，-а́，-о́，-и́ |
| но́вый（新的） | нов，-а́，-о，-ы́ |
| си́ний（蓝色的） | синь，синя́，си́не，си́ни |
| высо́кий（高的） | высо́к，-а́，-о́，-и́ |
| у́зкий（窄的） | у́зок，узка́，-о，-и |
| бли́зкий（近的） | бли́зок，-зка́，-о，-и |
| кре́пкий（坚固的） | кре́пок，-пка́，-о，-и |
| ло́вкий（灵巧的） | ло́вок，-вка́，-о，-и |
| свобо́дный（自由的） | свобо́ден，-дна，-о，-ы |
| пра́вильный（正确的） | пра́вилен，-льна，-о，-ы |
| тру́дный（难的） | тру́ден，-дна́，-о，-ы |
| больно́й（有病的） | бо́лен，-льна́，-о́，-ы́ |
| у́мный（聪明的） | умён，умна́，у́мно́，у́мны́ |
| ва́жный（重要的） | ва́жен，-жна́，-о，-ы |
| досто́йный（值得的） | досто́ен，-йна，-о，-ы |
| мо́крый（湿的） | мокр，мокра́，-о，-ы |
| до́брый（善良的） | добр，добра́，-о，до́бры́ |
| бо́дрый（精神饱满的） | бодр，бодра́，-о，-ы |
| по́длый（下流的） | подл，подла́，-о，-ы |
| сму́глый（黝黑的） | смугл，-гла́，-о，-ы |
| тёплый（温暖的） | тёпел，-пла́，-о́，тёплы́ |
| хи́трый（狡猾的） | хитёр，-тра́，хи́тро́，хи́тры́ |

| | |
|---|---|
| чи́стый(清洁的) | чи́ст, -а́, -о, -ы |
| просто́й(简单的) | прост, -а́, -о, -ы |

若形容词后缀是-нн-时,构成阳性形式有时去掉一个 н,有时中间加 е,但阴性和中性及复数却永远保留-нн-。如:

| 长尾 | 短尾 |
|---|---|
| ограни́ченный(有限的) | ограни́чен, -енна, -о, -ы |
| уве́ренный(坚定的) | уве́рен, -енна, -о, -ы |
| боле́зненный(病态的) | боле́знен, -енна, -о, -ы |
| бесчи́сленный(无数的) | бесчи́слен, -енна, о, ы |
| легкомы́сленный(轻佻的) | легкомы́слен, -енна, -о, -ы |
| скло́нный(倾向于……的) | скло́нен, -о́нна, -о, -ы |
| дли́нный(长的) | дли́нен, длинна́, о, ы |
| неизме́нный(不变的) | неизме́нен, -е́нна, -о, -ы |
| открове́нный(坦率的) | открове́нен, -е́нна, -о, -ы |
| совреме́нный(现代的) | совреме́нен, -е́нна, -о, -ы |

**性质形容词比较等级的构成**

性质形容词比较级的构成

ⅰ. 单一式比较级的构成

一般的性质形容词去掉词尾,加上-ее,即构成单一式比较级。词干为单音节(及少数双音节)的,比较级的重音移至-е́е 上,而词干为多音节的,比较级的重音一般还在原词干上。如:

| | |
|---|---|
| ва́жный(重要的) | важне́е |
| но́вый(新的) | нове́е |
| дли́нный(长的) | длинне́е |
| тёмный(黑暗的) | темне́е |
| тру́дный(困难的) | трудне́е |
| си́льный(有力气的) | сильне́е |
| тёплый(温暖的) | тепле́е |
| све́тлый(明亮的) | светле́е |
| тяжёлый(沉重的) | тяжеле́е |
| весёлый(愉快的) | веселе́е |
| краси́вый(美丽的) | краси́вее |

| | |
|---|---|
| интере́сный（有趣的） | интере́снее |
| счастли́вый（幸福的） | счастли́вее |
| огро́мный（巨大的） | огро́мнее |
| ую́тный（舒适的） | ую́тнее |

去掉词尾后词干以 г、к、х、д、т、ст 结尾的形容词，构成单一式比较级时，上述音发生音变，然后再加-е。如：

| | | |
|---|---|---|
| дорого́й（贵的） | г→ж | доро́же |
| стро́гий（严厉的） | г→ж | стро́же |
| молодо́й（年轻的） | д→ж | моло́же |
| гро́мкий（大声的） | к→ч | гро́мче |
| бога́тый（富有的） | т→ч | бога́че |
| ти́хий（静的） | х→ш | ти́ше |
| сухо́й（干的） | х→ш | су́ше |
| чи́стый（清洁的） | ст→щ | чи́ще |
| просто́й（简单的） | ст→щ | про́ще |

此类中有些形容词的比较级有明显的减音现象。如：

| | | |
|---|---|---|
| бли́зкий（近的） | зк→ж | бли́же |
| ни́зкий（矮的） | зк→ж | ни́же |
| ре́дкий（稀少的） | дк→ж | ре́же |
| коро́ткий（短的） | тк→ч | коро́че |
| высо́кий（高的） | сок→ш | вы́ше |
| широ́кий（宽阔的） | ок→ | ши́ре |
| по́здний（迟的） | дн→ж | по́зже |

某些形容词的比较级构成特殊。如：

| | |
|---|---|
| далёкий（远的） | да́льше |
| то́нкий（薄的；细的） | то́ньше |
| до́лгий（长久的） | до́льше |
| большо́й（大的） | бо́льше |
| ма́ленький（小的） | ме́ньше |
| хоро́ший（好的） | лу́чше |
| плохо́й（坏的） | ху́же |

сла́дкий(甜的)　　　　сла́ще
глубо́кий(深的)　　　　глу́бже

ii.复合式比较级的构成

性质形容词原级前加 бо́лее 或 ме́нее,便构成复合式比较级。如:

ва́жный→　бо́лее　ва́жный(更重要的)
　　　　　ме́нее　ва́жный(不太重要的)
дорого́й→　бо́лее　дорого́й(更加珍贵的)
　　　　　ме́нее　дорого́й(不太珍贵的)

性质形容词最高级的构成

i.单一式最高级的构成

去掉词尾后词干以 г、к、х 结尾的形容词构成最高级时,上述音要发生音变,然后加-а́йш(ий),而且重音都在-а́йш 之上。如:

| | | |
|---|---|---|
| стро́гий(严格的) | г→ж | строжа́йший |
| высо́кий(高的) | к→ч | высоча́йший |
| вели́кий(伟大的) | к→ч | велича́йший |
| глубо́кий(深的) | к→ч | глубоча́йший |
| ти́хий(静的) | х→ш | тиша́йший |

其它形容词都是在去掉词尾后加-ейш(ий),即构成单一式最高级,其重音情况与比较级重音情况相同。如:

| | | |
|---|---|---|
| ва́жный(重要的) | (важне́е) | важне́йший |
| тру́дный(困难的) | (трудне́е) | трудне́йший |
| краси́вый(美丽的) | (краси́вее) | краси́вейший |
| счастли́вый(幸福的) | (счастли́вее) | счастли́вейший |

但当比较级只由-е 来构成时,最高级重音在-е́йш 上。如:

| | | |
|---|---|---|
| бога́тый(富有的) | (бога́че) | богате́йший |
| просто́й(简单的) | (про́ще) | просте́йший |
| чи́стый(干净的) | (чи́ще) | чисте́йший |

ii.复合式最高级的构成

在形容词原级前加 самый,便构成复合式最高级。如:бога́тый→са́мый бога́-

тый

## (2) 性质形容词长尾、短尾形式的区别

性质形容词长尾形式和短尾形式在词义、语法意义和语法作用以及使用范围上都可能不同。

**词义可能不同**

①На э́том собра́нии прису́тствуют ви́дные обще́ственные де́ятели. 参加这次会议的有一些著名的社会活动家。— Дом ви́ден издалека́. 房子从远处就可以看到。

②Кури́ть — плоха́я привы́чка. 抽烟是不良习惯。— Ма́ма о́чень плоха́, огло́хла и ничего́ не ви́дит. 妈妈身体很虚弱,耳朵聋了,什么也看不见了。

③У неё была́ на ре́дкость хоро́шая па́мять. 她的记忆力非常好。— Он умён и хоро́ш собо́й. 他聪明而且长得漂亮。

④Во́ва — живо́й ма́льчик. 沃瓦是一个活泼的小男孩。— Мой дед ещё жив. 我的爷爷还健在。

⑤Мы бо́ремся за пра́вое де́ло. 我们为正义事业而斗争。— Он прав в э́том спо́ре. 在这场争执中他是有理的。

**语法意义和语法作用可能不同**

ⅰ. 一般说来,性质形容词长尾形式表示持久的或固有的特征,而短尾形式表示暂时的或相对的特征。试比较:

①Красота́ у неё была́ удиви́тельная. 她的美貌令人吃惊。

②Мой брат — челове́к здоро́вый и си́льный. 我的哥哥是一个身体健康、强壮有力的人。— Пе́тя был вчера́ здоро́в, а сего́дня он бо́лен. 别佳昨天身体还好,可今天他病了。

③На́ша Та́ня — краси́вая. 我们的丹娘长得很美。— Ка́тя была́ вчера́ о́чень краси́ва на конце́рте. 卡佳昨天在音乐会上非常漂亮。

④Вече́рнее пла́тье у меня́ дли́нное. 我的晚礼服很长。— Э́то пла́тье бы́ло длинно́ Ната́ше. 这件连衣裙娜塔莎穿着长。

ⅱ. 性质形容词长尾形式在句中可以充当定语或表语,而短尾形式只能充当表语。试比较:

①Алексе́ев уже был изве́стен среди́ ме́стных шахмати́стов как си́льный игро́к. 阿列克谢耶夫作为棋艺高手在当地棋手中已有很名气。

②Сопе́рник у тебя́ бу́дет си́льный, к игре́ ну́жно подгото́виться серьёзно. 你遇到的对手会很强,需要认真地做好比赛准备。

③В ру́сском языке́ он был не силён. 他俄语不怎么的。

ⅲ. 性质形容词长尾形式和短尾形式充当表语时，用于不同的语法结构。

下列结构中应使用长尾形式：

当与表示运动或状态的动词及表示状态的持续或转换的动词连用时。例如：

①Ребя́та вы́бежали из кла́сса взволно́ванные. 同学们激动地跑出教室。

②Та́ня сиде́ла гру́стная. 丹娘闷闷不乐地坐着。

③Обе́д оста́лся нетро́нутым. 午饭一直没有动。

④Лицо́ у ма́льчика сде́лалось жу́тким. 小男孩的面孔变得可怕了。

⑤Не́бо ста́ло си́ним. 天空变得蓝蓝的。

这类常与形容词长尾形式构成合成谓语的动词有：прийти́，прие́хать，уйти́，вы́йти，ходи́ть，верну́ться，встать，стоя́ть，сиде́ть，бежа́ть，роди́ться，просну́ться，вы́глядеть（看上去……），оказа́ться（原来是……），де́латься（变得……），остава́ться，представля́ться（看起来是……），слыть（以……而闻名），прики́нуться（假装成……）等。

注意：除与动词构成合成谓语的情况外，在有些结构中必需用长尾形式，例如：чу́вствовать себя́（каким），счита́ть（кого）（каким），призна́ть（承认）себя́（каким），показа́ть себя́（каким）等。试比较：

①По́сле рабо́ты он чу́вствует себя́ о́чень уста́лым. 下班后他感觉十分疲倦。

②Все счита́ют её счастли́вой. 所有人都认为她很幸福。

③Ты до́лжен показа́ть себя́ хра́брым. 你应该表现得勇敢。

与 какой，такой 等词连用时。试比较：

①Каки́м дороги́м ты оста́лся для меня́！（你对我来说依然是那么珍贵！）

②Она́ така́я у́мная！（她太聪明了！）

与不能构成短尾形式的性质形容词连用时。试比较：

①Ко́мната была́ ма́ленькая，но о́чень ую́тная. 房间虽小，但很舒适。（ма́ленький 不能构成短尾形式。）

②Этот мужчи́на дли́нный и ху́денький. 这个男子又高又瘦。（ху́денький 不能构成短尾形式。）

常用的不能构成短尾形式的性质形容词有：ма́ленький，большо́й，ста́рший，мла́дший，лу́чший，вы́сший，бе́ленький（白白的），краснова́тый（浅红的），толсту́щий（胖乎乎的），отста́лый（落后的），уста́лый（疲倦的），уме́лый（有本领的），устаре́лый（过时的），кофе́йный（咖啡色的），ро́зовый（玫瑰色的），родно́й（亲爱的），передово́й（先进的），дру́жеский（友好的）等。

下列结构中应使用短尾形式：

做表语的性质形容词带补语时。试比较：

①Край бога́т леса́ми и озёрами. 边区拥有大量森林和湖泊。

②Ра́ди вас я гото́в на любы́е же́ртвы. 为了您，我准备做出任何牺牲。

③Де́вочка больна́ анги́ной. 小女孩得了咽炎。

④Сын похо́ж на своего́ отца́. 儿子像自已父亲。

**注意**：不带补语的性质形容词长尾形式既可以做定语，也可以做表语。但带补语的性质形容词长尾形式只可以做定语。试比较：

Мать, дово́льная успе́хами своего́ сына, купи́ла ему́ компью́тер. 母亲对儿子的成绩感到满意，给他买了一台电脑。

另外，在与“чтобы + 不定式”连用时要用短尾形式。试比较：

①Ночь темна́, что́бы найти́ доро́гу. 夜很黑，无法找到路。

②Ты ещё о́чень мо́лод, что́бы поучи́ть меня́. 你太年轻，教训我还不够格。

但是当带程度状语从属句时，长尾形式和短尾形式都可以用。试比较：

①Это ме́сто тако́е далёкое (так далеко́), что за оди́н день не дое́дешь. 这个地方很远，乘车一天都到不了。

②Рома́н тако́й интере́сный (так интере́сен), что от него́ ника́к не оторвёшься. 小说很有趣，无论如何也放不下。

与 будь (бу́дьте) 连用时。如：будь добр (бу́дьте добры́) (费心)，будь здоро́в (бу́дьте здоро́вы) (祝你〈您〉健康)，будь споко́ен (бу́дьте споко́йны) (放心吧) 等。试比较：Бу́дьте любе́зны, скажи́те, как пройти́ к па́мятнику Пу́шкину? 劳驾，请问，到普希金纪念碑怎么走?

与 как ни, как, так 连用时。试比较：

①Как ни соверше́нно крыло́ пти́цы, оно́ никогда́ не смогло́ бы подня́ть её ввысь, не опира́ясь на во́здух. 不管鸟的翅膀多么完美，如果不依靠空气，也不能飞上高空。

②Как краси́в э́тот го́род! 这座城市真美!

③Вода́ так прозра́чна, что мо́жно ви́деть дно о́зера. 水十分清澈，能看见湖底。

**使用范围可能不同**

性质形容词长尾形式做表语多出现在口语中，而短尾形式做表语则多用于书面语。试比较：

① — Хотя́ я иностра́нный студе́нт, меня́ включи́ли в делега́цию. — Вот ты счастли́вый. “虽然我是个外国大学生，但却让我参加代表团了。”“你真够幸运的”。

② — Приве́т! — угрю́мо сказа́л Ва́ся. — Здра́вствуй! Ты что хму́рый? “你

好!”瓦夏闷闷不乐地说。“你好！你怎么愁眉苦脸的?”

③Сероуглерóд ядовúт и легкó воспламеня́ется. 二硫化碳有毒并极易燃烧。

④Бéлый фóсфор в чи́стом ви́де совершéнно бесцвéтен и прозрáчен. 纯白磷完全是无色而且透明的。

## (3)性质形容词比较等级的用法

性质形容词有比较级和最高级两种比较等级；比较级和最高级都有单一式和复合式两种形式。

**比较级的用法**

比较级可以表示事物的某种性质或特征与另一事物的同一性质或特征相比在程度上较强或较弱，也可以表示某事物的同一性质或特征在不同时间或条件下的程度差异及变化。例如：

①Вторóй вариáнт решéния прóще пéрвого. 第二个解决方案比第一个简单。

②Кли́мат Мáрса бóлее сурóв, чем кли́мат Земли́. 火星的气候比地球的气候寒冷。

③Им навстрéчу шла Юлия, прямáя и торжéственная, тóлько немнóго мéньше краси́вая, чем обы́чно. 尤丽娅迎面向他们走来。她身体挺直，表情庄重，只是不如平时漂亮。

ⅰ. 单一式比较级（除 бóльший, мéньший, лу́чший, ху́дший 等词外）都没有性、数、格形式的变化，在句中通常与系词结合作静词性合成谓语。用来表示比较对象的名词与其连用时，用第二格形式；如借助于 чем，则用第一格形式，чем 前应用逗号隔开。试比较：

①Бородá у старикá былá рáза в три бóльше лицá. 老人的胡子比脸大约大上两倍。

②Днепр корóче, чем Вóлга. 第聂伯河比伏尔加河短。

③Бывáют задáчи по-сложнéе и попрóще. 习题总是有复杂一些和简单一些的。

④Она сидéла на своём дивáне мрачнéе грозовóй ту́чи. 她坐在自己的沙发上，脸色比雷雨云还要阴沉。

⑤Что мóжет быть прóще, чем писáть о дéле, котóрое ты лю́бишь? 有什么能比写你喜爱的事情更简单的呢?

⑥А что мóжет быть важнéе для ребя́т, чем ощущéние полéзности трудá. . 对于孩子们来说，有什么比体验到劳动的益处还重要呢。

单一式比较级还可做名词的非一致定语，用在名词后面。这时，比较级前多带前缀 по-，可译为“稍微……(一些)”。试比较：

Дай мне кни́гу поинтере́снее. 给我一本更有趣的书。

Приса́живайся на стул пони́же. 请你坐在稍矮点的椅子上。

以-ший 结尾的单一式比较级有性、数、格的变化。试比较：

Ки́ев вознёсся на но́вую, вы́сшую ступе́нь своего́ разви́тия. 基辅上升到了一个新的、更高的发展阶段。

ⅱ. 复合式比较级可以有长尾（如 бо́лее у́мный）和短尾（如 бо́лее умён）两种形式，其比较对象要借助于 чем 与名词（或代词）第一格形式连用来表示。长尾形式做定语时，与被说明词在性、数、格上一致；与系词结合做静词性合成谓语时，其性、数与主语一致，而格取决于系词。试比较：

①Постара́йтесь найти́ бо́лее просто́й вариа́нт реше́ния, чем э́тот. 要努力找到比这个更简单的解决方案。

②Байка́л бо́лее глубо́кое о́зеро, чем Ка́спий. 贝加尔湖是比里海深的湖泊。

③Второ́й вариа́нт реше́ния бо́лее просто́й, чем пе́рвый. 第二个解决方案比第一个简单。

④Ходи́те сто́лько, ско́лько у вас есть на э́то вре́мени. Но чем коро́че, тем бо́лее напряжённой должна́ быть трениро́вка. 您能有多少时间走，那您就走多少时间。不过时间越短，锻炼就应该越紧张。

ⅲ. 当需要表示某事物自身处于不同条件下其性质程度发生变化时，应用 чем 来连接相比较的部分。这时，两相比较的如同是名词或相当于名词的代词、形容词，其语法形式应相同；如果是其它词类，则应在语法结构上相对应。试比较：

①К тому́ же абсолю́тный приро́ст населе́ния больши́х городо́в был бо́льше, чем всего́ населе́ния страны́. 况且，大城市人口的绝对增长量要比全国人口的绝对增长量大（此例中 чем всего населения 实际是指 чем прирост всего населения，因而不能说成 чем всё население）。

②На́ша у́лица сейча́с ста́ла краси́вее и ши́ре, чем до войны́. 我们这条街现在比战前又漂亮又宽阔。

有时，чем 后的部分只表示事物性质程度变化的基础。这时 чем 后可以是包括句子在内的各种结构。再比较：

①Твоё письмо́ тяжеле́е, чем ну́жно. 你的信超重了。

②Нет бо́льше сча́стья, чем быть ве́рным сы́ном наро́да. 再也没有比做人民忠实的儿子更幸福的了。

③Эта зада́ча оказа́лась ле́гче, чем я ду́мал. 这道题比我想的要容易。

**最高级的用法**

最高级表示事物的特征在程度上超过所有其它事物（最高或最低）。例如：са́-

мый молодóй учи́тель в э́той шкóле(该校最年轻的教师), крупнéйшая странá ми́ра(世界上最大的国家)。

ⅰ. 单一式或复合式最高级做定语时,其性、数、格与被修饰的名词一致;与系词连用做静词性合成谓语时,其性、数与主语一致,而格形式则视系词而定;如果有比较范围,可用不带前置词的第二格及 из(чего), среди(чего)或 в(на)(чём)等结构表示。试比较:

①Эту рабóту необходи́мо вы́полнить в ближáйшее врéмя. 这项工作应尽快完成。

②Китáйский язы́к — оди́н из богатéйших и краси́вейших языкóв ми́ра. 汉语是世界上最丰富、最美丽的语言之一。

③Рóза — сáмый краси́вый цветóк(из всех цветóв). 玫瑰是〈所有花中〉最美的花。

④Это былá сáмая дли́нная ночь в егó жи́зни. 这是他一生中最漫长的一夜。

ⅱ. 最高级还可表示某一事物特征(不与其它事物相比)程度极强,在语法上这称为"绝对最高级"。绝对最高级多用单一式表示,并且有时可带表示程度极强意义的前缀 наи-, пре-, раз-等,如:предобрéйшая душá(无比善良的心), наибóльшая рáдость(极大的欢乐)。

①Рóза — краси́вейший цветóк. 玫瑰是极其美丽的花。

②Джомолу́нгма — высочáйшая верши́на на Землé. 珠穆朗玛峰是世界最高峰。

③Всё э́то — сáмое ну́жное. 所有这一切都是最需要的。

ⅲ. 单一式比较级后加 всего, всех,可表示最高级意义。同类事物或人相比时用 всех,非同类事物相比时用 всего。试比较:

①Интерéсы нарóда вы́ше всегó. 人民的利益高于一切。

②Этот гóрод краси́вее всех. 这个城市最美。

③Николáй сильнéе всех. 尼古拉最有力气。

ⅳ. 某些以-ший 结尾的单一式比较级可以有最高级的意义。试比较:

①Врéмя — лу́чший врач. 时间是最好的医生。

②Смотрéть ей в глазá бы́ло бы вы́сшим счáстьем. 望着她的眼睛也就是最大的幸福了。

ⅴ. 否定无人称句的比较级也可表示最高级的意义。试比较:

①Нет бóльшего чу́да, чем хорóшая, у́мная кни́га. 没有比一本好的充满智慧的书更神奇的东西了。

②Нет несчáстнее человéка лени́вого, вéчно избегáющего трудá. 没有比懒惰

的总是躲避劳动的人更不幸的了。

注意:俄语中有一些形容词没有单一式比较级形式,如 делово́й(干练的),дру́жеский(友好的),ли́шний(多余的),го́рдый(骄傲的),ско́льзкий(滑的),отста́лый(落后的),уста́лый(疲倦的)等。

还有一些形容词没有单一式最高级形式,如:гро́мкий(大声的),молодо́й(年轻的),до́лгий(长久的),све́жий(新鲜的),ча́стый(频繁的)等。

上述不能构成单一式比较级或单一式最高级的形容词,都可以有复合式形式。

最后,应强调的是,单一式比较级可用于各种语体,复合式比较级多用于书面语;最高级则相反,单一式多用于书面语,而复合式可用于各种语体。

**练习 10 选择填空**

1. Он считает себя ______ в данной ситуации.
   а. не виноват　　б. невиноватым　　в. невиноватый
2. Летом дети отдыхали в пионерском лагере. Они вернулись домой ______.
   а. счастливы　　б. счастливые　　в. счастливо
3. Общее количество кислорода в земной коре ______ к половине ее массы — 47%.
   а. близкое　　б. близко　　в. близким
4. Работа силы отрицательна, если ее направление ______ перемещению тела.
   а. противоположно　　б. противоположное　　в. противоположным
5. Недавно я встретила дочь подруги. Она выросла ______ на мать.
   а. похожая　　б. похожа　　в. похожей
6. Вообще он спокойный человек. Сегодня он ______ как никогда.
   а. спокойный　　б. спокоен　　в. спокойным
7. Будьте ______ до конца со мной.
   а. откровенны　　б. откровенные
8. — Я не люблю ее, она (1).
   — Она за что (2).
   (1) а. зла　　б. злая
   (2) а. зла　　б. злая
9. Не знаю, почему сегодня он так ______.
   а. молчаливый　　б. молчалив　　в. молчаливым
10. Красные галстуки выглядели сейчас особенно ______.
   а. яркие　　б. яркими　　в. ярки

11. Безусловно, это абсолютно ______.

а. неправильно б. неправильное

12. Карл Иваныч повел нас в другое помещение, ______.

а. тесно и темно б. тесное и темное

13. Электропроводимость ______ в той или иной мере всем металлам.

а. присущая б. присуща в. присущей

14. Эта нитка ______ для этой иголки.

а. толстая б. толста

15. Осень у нас в этом году ______.

а. сухо и морозно б. сухая и морозная

16. Я очень тебе ______ за билет.

а. благодарен б. благодарный

17. Эта картина ______ по композиции.

а. замечательная б. замечательна

18. Пусть Новый год принесет вам много ______: здоровье, счастье, спокойствие, свидание с родными и близкими.

а. хорошего б. хорошо в. хорошее

19. Принципы радиолокации весьма ______ с принципами телевидения.

а. сходные б. сходными в. сходны

20. В театрах начался новый сезон. Кое-что есть ______.

а. интересным б. интересно в. интересное

21. Вы совсем не ______ на больного той болезнью, которую у вас предполагают.

а. похожие б. похожи в. похожими

22. Объем газа прямо ______ его абсолютной температуре.

а. пропорциональный б. пропорциональной в. пропорционален

23. Она примерила новое платье, но не купила, потому что оно ей ______.

а. короткое б. коротко в. коротким

24. Большое спасибо и за то, что признаете меня ______ высокой награды.

а. достойным б. достойный в. достоин

25. Рассказ ______ тем, что в нем представлены рисунки детей.

а. увлекательный б. увлекателен

26. Как ни ______ проблема, институт успешно справился с ее решением.

а. сложная б. сложной в. сложна

27. Текст слишком ______, чтобы переводить его без словаря.

а. трудный　　б. труден　　в. трудным

28. Меня радует, что моя помощь оказалась ______.

а. своевременно　　б. своевременна　　в. своевременной

29. Материя не исчезает и не создается, она ______ и ______.

а. вечная, бесконечная　　б. вечна, бесконечна

30. Ее статья ______ для специалистов.

а. ценная　　б. ценна

31. Мой отец уже старый, но он все же работает. Сегодня он ______ и не может пойти на работу.

а. больной　　б. болен

32. Все то, что он доказал, очень ______.

а. нужное　　б. нужно

33. Деревья стоят ______.

а. голые　　б. голы　　в. голое

34. Как ни ______ был Сережа, губы его задрожали.

а. крепкий　　б. крепок　　в. крепким

35. Мама очень ______, ничего не видит.

а. плохая　　б. плоха　　в. плохой

36. В саду уже посетилась осень, но листья нашей березы оставались ______.

а. зеленая　　б. зелены　　в. зелеными

37. Эти выводы, которые вы сделали, ______.

а. неубедительные　　б. неубедительны　　в. неубедительными

38. Правило закона ______ всем.

а. понятные　　б. понятным　　в. понятны

39. Страна ______ нефтью.

а. богатая　　б. богата　　в. богатой

40. Запасы атомной энергии ______.

а. неисчерпаемые　　б. неисчерпаемы

♨答案:

1. б, 2. б, 3. б, 4. а, 5. в, 6. б, 7. а, 8. (1) б, (2) а, 9. б, 10. б, 11. а, 12. б, 13. б, 14. б, 15. б, 16. а, 17. б, 18. а, 19. в, 20. в, 21. б, 22. в, 23. б, 24. а, 25. б, 26. в, 27. б, 28. в, 29. б, 30. б, 31. б, 32. б, 33. а, 34. б, 35. б, 36. в, 37. б, 38. в, 39. б, 40. б.

# 4 数词

按意义,数词可分为数量数词和顺序数词。数量数词表示抽象的数目或事物的数量,回答 сколько(几个)的问题。顺序数词表示事物的排列顺序,回答 который(第几个)的问题。根据表达数量的方式不同,数量数词又可分为定量数词、集合数词、分数词和不定量数词。

## (1)定量数词

俄语中总共有 39 个基本定量数词,任何一个数目,都可由它们单独或组合之后表示。这 39 个基本数词是:

1 оди́н(одна́,одно́,одни́),2 два(две),3 три,4 четы́ре,5 пять,6 шесть,7 семь,8 во́семь,9 де́вять,10 де́сять,11 оди́ннадцать, 12 двена́дцать,13 трина́дцать,14 четы́рнадцать,15 пятна́дцать,16 шестна́дцать,17 семна́дцать,18 восемна́дцать,19 девятна́дцать,20 два́дцать,30 три́дцать,40 со́рок,50 пятьдеся́т,60 шестьдеся́т,70 се́мьдесят,80 во́семьдесят,90 девяно́сто,100 сто,200 две́сти,300 три́ста,400 четы́реста,500 пятьсо́т,600 шестьсо́т,700 семьсо́т,800 восемьсо́т,900 девятьсо́т,1000 ты́сяча,100 万 миллио́н,10 亿 миллиа́рд.

与汉语表达数目的方式不同处主要在万以上。俄语百万以下,以千定位,1 万就是 10 千(де́сять ты́сяч),56 万就是 560 个千(пятьсо́т шестьдеся́т ты́сяч),99 万就是 990 个千(девятьсо́т девяно́сто ты́сяч);百万以上 10 亿以下,以百万定位,1 千万即 10 百万(де́сять миллио́нов),9 亿 9 千万就是 990 个百万(девятьсо́т девяно́сто миллио́нов);10 亿以上,以 10 亿定位。这样,如果数目是 12 亿,就需要两个定位单位,即<u>миллиа́рд</u> две́сти <u>миллио́нов</u>(10 亿加上 200 个百万)。

另一个和汉语不同处是从 11 到 19,俄语是单个的数词(оди́ннадцать. . . девятна́дцать)。这样,1 万 1 千是 11 个千,即 оди́ннадцать ты́сяч;1 万 9 千是 19 个千,即 девятна́дцать ты́сяч,而 1 千 1 百万是 11 个百万,即 оди́ннадцать миллио́нов。这些不同处,我们在学习和使用俄语时都应特别注意。

**定量数词的变格**

оди́н 有性、数、格的变化,два 在一、四格时有性的分别,ты́сяча 同阴性名词一样变化,миллио́н 和 миллиа́рд 同阳性名词一样变化。除上述五个词外,所有定量数词都只有格的变化。

ⅰ. один 的变化：

| 格 | 单数 | | | 复数 |
|---|---|---|---|---|
| | 阳性 | 中性 | 阴性 | |
| 一 | оди́н | одно́ | одна́ | одни́ |
| 二 | одного́ | | одно́й | одни́х |
| 三 | одному́ | | одно́й | одни́м |
| 四 | 同一或二 | | одну́ | 同一或二 |
| 五 | одни́м | | одно́й | одни́ми |
| 六 | одно́м | | одно́й | одни́х |

ⅱ. два, три, четыре 的变化

| 格 | 阳性、中性 | 阴性 | три | четы́ре |
|---|---|---|---|---|
| 一 | два | две | | |
| 二 | двух | | трёх | четырёх |
| 三 | двум | | трём | четырём |
| 四 | 同一或二 | | 同一或二 | |
| 五 | двумя́ | | тремя́ | четырьмя́ |
| 六 | двух | | трёх | четырёх |

ⅲ. пять, шесть, семь, во́семь, де́вять, де́сять, два́дцать, три́дцать 和 оди́ннадцать, двена́дцать, трина́дцать, четы́рнадцать, пятна́дцать, шестна́дцать, семна́дцать, восемна́дцать, девятна́дцать 的变化

这些词只有三种结尾形式：一、四格— -ь，二、三、六格— -и，五格— -ью。重音形式是：前八个数词的二、三、五、六格重音均在词尾上，后九个数词的重音不动。如下表。

| | | | |
|---|---|---|---|
| 一 | пять | два́дцать | оди́ннадцать |
| 二 | пяти́ | двадцати́ | оди́ннадцати |
| 三 | пяти́ | двадцати́ | оди́ннадцати |
| 四 | пять | два́дцать | оди́ннадцать |
| 五 | пятью́ | двадцатью́ | оди́ннадцатью |
| 六 | пяти́ | двадцати́ | оди́ннадцати |

ⅳ. пятьдеся́т, шестьдеся́т, се́мьдесят, во́семьдесят 的变化

这四个词也只有三种变化形式，具体如下。

| 格 | пятьдеся́т | во́семьдесят |
| --- | --- | --- |
| 一、四 | пятьдеся́т | во́семьдесят |
| 二、三、六 | пяти́десяти | восьми́десяти |
| 五 | пятью́десятью | восьмью́десятью |

Ⅴ. со́рок, девяно́сто, сто 的变化

这三个词只有两种变化形式，具体如下。

| 格 | со́рок | девяно́сто | сто |
| --- | --- | --- | --- |
| 一、四 | со́рок | девяно́сто | сто |
| 二、三、五、六 | сорока́ | девяно́ста | ста |

ⅵ. две́сти, три́ста, четы́реста 的变化。

| 格 | две́сти | три́ста | четы́реста |
| --- | --- | --- | --- |
| 一 | две́сти | три́ста | четы́реста |
| 二 | двухсо́т | трёхсо́т | четырёхсо́т |
| 三 | двумста́м | трёмста́м | четырёмста́м |
| 四 | две́сти | три́ста | четы́реста |
| 五 | двумяста́ми | тремяста́ми | четырьмяста́ми |
| 六 | двухста́х | трёхста́х | четырёхста́х |

ⅶ. пятьсот, шестьсо́т, восемьсо́т, девятьсо́т 的变化。

| 格 | пятьсо́т | семьсо́т | девятьсо́т |
| --- | --- | --- | --- |
| 一 | пятьсо́т | семьсо́т | девятьсо́т |
| 二 | пятисо́т | семисо́т | девятисо́т |
| 三 | пятиста́м | семиста́м | девятиста́м |
| 四 | пятьсо́т | семьсо́т | девятьсо́т |
| 五 | пятьюста́ми | семьюста́ми | девятьюста́ми |
| 六 | пятиста́х | семиста́х | девятиста́х |

**定量数词的用法**

ⅰ. 定量数词与名词连用的基本规则

оди́н(одна́,одно́,одни́)与名词连用时,要与名词在性、数、格上一致。如:оди́н учени́к,одна́ кни́га,уйти́ с одно́й кни́гой(带一本书走),уви́деть одно́ письмо́(见到一封信),купи́ть одни́ очки́(买一副眼镜)。

使用中,оди́н(одна́,одно́,одни́)常省略不用,但译成汉语时往往要恢复出来。如:

①Это шко́ла. 这是一所学校。

②Я купи́л кни́гу. 我买了一本书。

③В кла́ссе зе́ркало. 教室里有面镜子。

два(две),три,четыре 与名词单数第二格形式连用。其中,два 与阳性及中性名词连用,две 与阴性名词连用。

要注意的是,два(две),три,четыре 与名词搭配处于一格(或与非动物名词连用时的四格),与其连用的形容词修饰阳性或中性名词时用复数第二格,而修饰阴性名词时用复数第一格或第二格均可(但多用第一格)。如:два но́вых ученика́(两个新学生),две но́вые(но́вых) учи́тельницы(两位新的女教师),купи́ть две но́вые(но́вых)маши́ны(买两台新机器)。

当 два(две),три,четыре 处于第二、第三、第五及第六格时,形容词和名词都用复数同格。如:

①Мы сиде́ли у двух больши́х дере́вьев. 我们在两棵大树旁坐着。

②Учи́тель отпра́вился на вокза́л с тремя́ но́выми ученика́ми. 老师带三个新生去了车站。

当 два(две),три,четыре 与动物名词连用时,第四格与第二格相同。如:

Учи́тель отпра́вил двух ученико́в(учени́ц) за биле́тами на вокза́л. 老师派两个学生〈女学生〉上车站买票。

пять 以上的数词(这里指单个的数词)与名词(及形容词)连用,数词处于一、四格时,名词及形容词用复数二格,数词处于二、三、五、六格时,名词及形容词用复数同格。如:

①Он дал мне пять ста́рых книг. 他给了我 5 本旧书。

②Мы встре́тились с десятью́ молоды́ми людьми́. 我们遇见了 10 个年轻人。

合成数词(如 двадцать один,сто сорок два 等)与名词和形容词连用时,名词和形容词的数、格形式要由合成数词最末一个词来决定。

合成数词最末一个数是 один 时,名词和形容词与其连用的规则同 один 单独使用时一样。如:

Пришёл со́рок оди́н студе́нт (Пришла́ со́рок одна́ студе́нтка.)(来了 41 名大学生〈女大学生〉。

合成数词最末一个数是 два(две),три,четыре 时,名词和形容词与其连用,数词为一格时与 два(две),три,четыре 单用时相同。如:

В за́ле оста́лись пятьдеся́т два ученика́(пятьдесят две учени́цы). 大厅里还剩 52 名学生〈52 名女学生〉。

但要注意,当合成数词处于第四格时,动物名词与其连用应同一格,这与 два(две),три,четыре 单独与动物名词连用时不同。请比较:

①В за́ле мы уви́дели три́дцать два но́вых студе́нта(три́дцать две но́вые〈но́вых〉студе́нтки). 在大厅里我们见到了 32 名新大学生〈新的女大学生〉。

②В за́ле мы уви́дели двух но́вых студе́нтов (студе́нток). 在大厅里我们见到了两个新大学生〈女大学生〉。

合成数词最末一个数是除上述 1、2、3、4 以外的其它数词时,用法与 пять 相同。如:

①Пришло́ два́дцать пять но́вых ученико́в. 来了 25 个新学生。

②Библиоте́ка купи́ла сто три́дцать но́вых книг. 图书馆买了 130 本新书。

上述所有合成数词变格时,各部分均应同时变化。如:

①Учи́тель написа́л пи́сьма двадцати́ одному́ ученику́. 老师给 21 名学生写了信。

②Дире́ктор е́здил в музе́й с тридцатью́ пятью́ учителя́ми и ста пятью́десятью ученика́ми. 校长带领 35 名教师和 150 名学生到博物馆参观过。

ⅱ. 定量数词词组做主语时谓语的基本形式

один 与名词结合构成词组做主语,谓语现在时用单数,过去时要随名词的性变化。如:

①Не пришёл оди́н учени́к. 有一个学生没有来。

②То́лько одна́ учени́ца не вы́полнила дома́шнего зада́ния. 只有一个女生没有完成家庭作业。

末位为 оди́н 的合成数词与名词结合做主语,一般用法同上,但当强调主体的主动或分散行动时可以用复数。请比较:

①В шко́ле у́чится сто оди́н учени́к. 学校里有 101 名学生就读。

②На собра́ние пришли́ се́мьдесят оди́н рабо́чий. 来参加会的有 71 名工人。

其它定量数词(无论是单个的还是合成的)与名词结合做主语时,若是强调数量,谓语现在时用单数第三人称,过去时用中性形式;而若是强调主体的主动、分散行动时,谓语则用复数。如:

①До полу́дня, как пра́вило, быва́ет четы́ре уро́ка. 午前一般有四节课。

②На э́том заво́де труди́тся о́коло ты́сячи рабо́чих. 在这家工厂大约有一千

名工人干活。

③Два ученика́（Пять ученико́в）на́шего кла́сса уча́ствовали в спорти́вных соревнова́ниях. 我们班两名〈五名〉学生参加了体育比赛。（主动意义）

④Около десяти́ ученико́в больны́. 大约有 10 名学生生了病。（分散意义）

不过应当指出，два，три，четыре 这类较小数字与动物名词连用时，谓语多用复数。

## (2) 集合数词

**集合数词的变格**

集合数词共有九个：дво́е，тро́е，че́тверо，пя́теро，ше́стеро，се́меро，во́сьмеро，де́вятеро，де́сятеро。变化方法有两类，前两个为一类，后七个为一类。具体变化如下。

| 格 | дво́е（тро́е） | че́тверо（пя́теро，ше́стеро се́меро，во́сьмеро де́вятеро，де́сятеро） |
|---|---|---|
| 一 | дво́е | че́тверо |
| 二 | двои́х | четверы́х |
| 三 | двои́м | четверы́м |
| 四 | 同一或二 | 同一或二 |
| 五 | двои́ми | четверы́ми |
| 六 | двои́х | четверы́х |

оба（обе）通常归入集合数词，其变化如下：

| 格 | 一 | 二 | 三 | 四 | 五 | 六 |
|---|---|---|---|---|---|---|
| оба | о́ба | обо́их | обо́им | 同一或二 | обо́ими | обо́их |
| обе | о́бе | обе́их | обе́им | | обе́ими | обе́их |

**集合数词的用法及其与定量数词的区别**

ⅰ. 集合数词强调事物的整体性，пя́теро 以上的集合数词使用较少。集合数词只与阳性表人名词、只有复数形式的名词和表示由两部分构成的事物的名词

(复数二格形式)连用。如:

①Пришли́ дво́е учителе́й. 来了两位老师。

②Оте́ц купи́л дво́е часо́в. 父亲买了两块表。

③У меня́ дво́е очко́в. 我有两副眼镜。

集合数词常用于一、四格,而其它各格则由定量数词的各格代替。如:

Учи́тель пришёл с двумя́ ученика́ми. 老师带着两个学生来了。

集合数词可以单独用作名词表人。如:

①Из их до́ма вы́шли тро́е в се́рых костю́мах. 从他们的房子里走出来三个穿灰西装的人。

②Все тро́е бы́ли чем-то похо́жи друг на дру́га. 三个人都有点相像的地方。

ⅱ. оба 与阳性及中性名词连用,обе 与阴性名词连用。与 дво́е 不同,о́ба(о́бе)要求名词用单数二格形式,如 о́ба бра́та,о́бе сестры́。

оба(обе)一般表示已知的两个人或事物都怎么样或都做什么事。如:

①У него́ два бра́та. Оба(бра́та) рабо́тают на заво́де. 他有两个哥哥。两个人都在工厂工作。

②Он переда́л мне кни́ги,обе(кни́ги) бы́ли интере́сные. 他转交给我两本书,这两本书都很有趣。

оба(обе)还可以与 они 搭配,用来换掉名词。上段两个句子可以换用成:Оба они рабо́тают...;обе они были...。

ⅲ. два(две)与 двое 的区别(其它集合数词均同此)除了要求名词所用数(格)形式不同外,其意义上的不同是 двое 强调整体性,如 Пришли́ дво́е учителе́й 指的是一下子一起来了两位老师。而 два(две)可能指分散或有间隔时间出现的两个人或事物,如 Пришли́ два учи́теля 一句可能指这两个人是在不同时间来到的(现在是两位)。

два(две)与 оба(обе)的意义区别,除上面指出的之外,оба(обе)指仅有的两个人或事物,而 два(две)可能指多个人或同类事物中的两个。试比较:

①У меня́ две сестры́. Обе(они) у́чатся в шко́ле. 我有两个妹妹,〈她们〉两个都在学校读书。

②У меня́ три сестры́. Две рабо́тают на фа́брике. 我有三个姐姐,两个在工厂工作。

如果要说:"我两只手都忙着呢!"就应译为:У меня́ обе руки́ за́няты! 而不是 две руки́。

## (3)分数词(分数、带分数和小数)

**分数词的构成和用法**

分数的分子由定量数词表示,分母则由顺序数词表示。

分子是1或做分子的合成数词的末位是1时,1用одна(阴性),分母用顺序数词阴性;分子是2或做分子的合成数词的末位是2时,用две(阴性),分母是复数二格;分子是3、4、5……时,分母仍是复数二格。如:1/2:однá вторáя;21/40:двáдцать однá сороковáя;2/5:две пя́тых;33/80:три́дцать три восьмидеся́тых;5/7:пять седьмы́х。

名词与分数词连用,永远用第二格。如表示一个事物的几分之几,名词用单数第二格;如表示一批事物的几分之几,名词则用复数第二格。如две трéтьих пути́(三分之二的路程),четы́ре пя́тых студéнтов(五分之四的大学生)。

分数词变格时,分子和分母都变,但与之连用的名词不变。试比较:óколо двух трéтьих пути́(大约三分之二的路程),к четырём пя́тым студéнтов(向五分之四的大学生),с четырьмя́ пя́тыми студéнтов(同五分之四的大学生)。

1/2、1/3、1/4还可分别用половúна,треть,чéтверть来表示。如:половúна я́блока(半个苹果),треть мéтра(三分之一米),чéтверть студéнтов(四分之一的大学生)。

**带分数和小数的构成和用法**

带有整数部分的分数词是带分数,整数部分由定量数词与цéлая搭配构成,如:однá цéлая,две цéлых,пять цéлых。分数部分的构成同前节所述。整数部分和分数部分可由и连接,如:$1\frac{2}{3}$ — однá цéлая и две трéтьих,$5\frac{4}{7}$ — пять цéлых и четы́ре седьмы́х。

小数的构成规则基本同带分数。只是小数前是零时,永远是第二格цéлых,而且小数点后面只能出现деся́тая(деся́тых),сóтая(сóтых),ты́сячная(ты́сячных)等顺序数词。试比较:0,1-ноль цéлых и однá деся́тая;1,2-однá цéлая и две деся́тых;5,21-пять деся́тых и двáдцать однá сóтая;23,042-двáдцать три цéлых и сóрок две ты́сячных.(注:俄语中小数点用逗号。)

带分数和小数变格时,整数部分和分数部分同时变格,与其连用的名词永远用单数第二格(只有复数的名词用复数二格),如:дéвять цéлых и вóсемь деся́тых секýнды(9.8秒),двáдцать цéлых и сóрок однá сóтая секýнды(20.41秒),от трёх цéлых и шести́ деся́тых килогрáмма отня́ть однý цéлую и семь деся́тых килогрáмма(从3.6公斤中减去1.7公斤),к двум цéлым и восьми́ деся́тым мéтра прибáвить две цéлых и сéмьдесят пять сóтых мéтра(2.8 米加上 2.75 米),бáнка с(нолём цéлых и)тремя́ деся́тыми килогрáмма мя́са(装有 0.3 公斤肉的罐头瓶)(口语中 нолём цéлых и 可以省略)。

## (4)不定量数词

不定量数词表示不确切的数量,有 мнóго(许多),немнóго(不多),мáло(少),немáло(不少),скóлько(多少),нéсколоко(几个),стóлько(这样多,那样多)。

**不定量数词的变格**

скóлько,нéсколько,стóлько 的变格如下:

| 格 | скóлько | нéсколько | стóлько |
|---|---|---|---|
| 二 | скóльких | нéскольких | стóльких |
| 三 | скóльким | нéскольким | стóльким |
| 四 | | 同一或二 | |
| 五 | скóлькими | нéсколькими | стóлькими |
| 六 | скóльких | нéскольких | стóльких |

мнóго,немнóго 的变格如下:

| 格 | мнóго | немнóго |
|---|---|---|
| 二 | мнóгих | немнóгих |
| 三 | мнóгим | немнóгим |
| 四 | мнóго | немнóго |
| 五 | мнóгими | немнóгими |
| 六 | мнóгих | немнóгих |

мáло,немáло 只用一、四格(同一格),没有其它变化。

**不定量数词的用法**

(1)不定量数词是一、四格时,与其连用的形容词和名词用复数二格形式(表示抽象意义、集合意义及物质意义的名词用单数二格);不定量数词是二、三、五、六格时,与其连用的形容词和名词应用同格形式。如:

①В зáле мнóго людéй. 大厅里人很多。

②В стакáне немнóго молокá. 杯子里牛奶不多。

③Он овладéл нéсколькими инострáнными языкáми. 他掌握了几门外语。

此外，скóлько，нéсколько，стóлько 与动物名词连用时，第四格可同第二格，也可同第一格。试比较：

В метрó я встрéтил нéсколько(нéскольких) знакóмых. 在地铁里我遇见了几个熟人。

(2)不定量数词 мнóго 与形容词 мнóгие 的区别是：мнóго 表示事物本身数量很多，如：Мнóго ученикóв получúло пятёрку. 很多学生得了5分。

мнóгие 指某类事物中的大部分，如：Мнóгие ученикú не решúли эту задáчу. 很多〈大部分〉学生没解出这道题。

(3)мáло，немáло 只用于一、四格。如：

①На ýлице бы́ло мáло нарóду. 街上人很少。

②За лéто я прочитáл мáло книг. 一夏天我读了很少几本书。

除上述之外，要注意 мнóго，мáло 等的副词用法。它们作副词时，要说明动词（而作不定量数词时，要与名词连用）。试比较：

Он мнóго дýмал，но мáло говорúл. 他想得多，但说得少。

## (5)顺序数词

顺序数词表示事物的排列顺序，其变化绝大多数同带相应词尾的形容词，如 пéрвый(第一)同 нóвый，вторóй(第二)同 простóй，但 трéтий(第三)变化特殊，与带相应词尾的物主形容词如 лúсий 的变化相同。

顺序数词与定量数词的对应关系如下：

однú — пéрвый 第一

два — вторóй 第二

три — трéтий 第三

четы́ре — четвёртый 第四

пять — пя́тый 第五

шесть — шестóй 第六

семь — седьмóй 第七

вóсемь — восьмóй 第八

дéвять — девя́тый 第九

дéсять — деся́тый 第十

однúнадцать — однúнадцатый 第十一

двенáдцать — двенáдцатый 第十二

тринáдцать — тринáдцатый 第十三

четы́рнадцать — четы́рнадцатый 第十四

пятна́дцать — пятна́дцатый 第十五

шестна́дцать — шестна́дцатый 第十六

семна́дцать — семна́дцатый 第十七

восемна́дцать — восемна́дцатый 第十八

девятна́дцать — девятна́дцатый 第十九

два́дцать — двадца́тый 第二十

три́дцать — тридца́тый 第三十

со́рок — сорокво́й 第四十

пятьдеся́т — пятидеся́тый 第五十

шестьдеся́т — шестидеся́тый 第六十

се́мьдесят — семидеся́тый 第七十

во́семьдесят — восьмидеся́тый 第八十

девяно́сто — девяно́стый 第九十

сто — со́тый 第一百

две́сти — двухсо́тый 第二百

три́ста — трёхсо́тый 第三百

четы́реста — четырёхсо́тый 第四百

пятьсо́т — пятисо́тый 第五百

шестьсо́т — шестисо́тый 第六百

семьсо́т — семисо́тый 第七百

восемьсо́т — восьмисо́тый 第八百

девятьсо́т — девятисо́тый 第九百

ты́сяча — ты́сячный 第一千

миллио́н — миллио́нный 第一百万

миллиа́рд — миллиа́рдный 第十亿

合成数词变顺序数词时，只将末尾一个数词构成顺序数词，其它不动，如 два́дцать оди́н→два́дцать пе́рвый（第二十一），сто три́дцать пять→сто три́дцать пя́тый（第一百三十五）。

以 ты́сяча，миллио́н，миллиа́рд 为尾数的合成数词，有些可以构成一个顺序数词，方法是将前面的数词变第二格与 ты́сячный，миллио́нный，миллиа́рдный 结合，如：два́дцать пять ты́сяч — двадцатипятиты́сячный（第二万五千），два́дцать ты́сяч — двадцатиты́сячный（第二万），де́сять миллио́нов — десятимиллио́нный（第一千万）。

但 сто 还用 сто，如：сто ты́сяч→стоты́сячный（第十万），сто миллио́нов→

стомиллио́нный(第一亿)。

顺序数词要同与其连用的名词在性、数、格上一致。变格时,合成顺序数词只有最后一个数词与名词相应变化,前面的都不变。如:пе́рвый дом(第一栋房子),втора́я ко́мната(第二个房间),тре́тье окно́(第三个窗子)。

①Я чита́ю ты́сяча сто пе́рвую страни́цу. 我正读第一千一百零一页。

②Мы живём в две́сти два́дцать второ́й ко́мнате. 我们住在第二百二十二号房间〈222 号房间〉。

## (6)前置词 по 与数词连用的规则

前置词 по 与数词连用,表示按若干数量平均分配。

один(одна,одно,одни)与 по 连用,只能用第三格,后面的名词与其同格。如:

①Я подари́л свои́м обе́им сестра́м по одно́й кни́ге. 我给两个妹妹一人一本书。

②Преподава́тель за́дал всем прису́тствующим по одному́ вопро́су. 教员对所有的出席者各提出一个问题。

два(две),три,четы́ре,девяно́сто,сто,две́сти,три́ста,четы́реста 及集合数词(двое...)与前置词 по 连用时用第四格,名词用第二格。如:

①Ста́роста о́тдал нам по три листа́ бума́ги. 班长发给我们每人三张纸。

②Мать дала́ де́тям по два́дцать два рубля́ для обе́да. 母亲给每个孩子 22 卢布午饭钱。

③Все студе́нты купи́ли по дво́е ту́фель для путеше́ствия. 所有的学生都买了两双鞋好旅行时穿。

пять...де́сять 及 оди́ннадцать...два́дцать、три́дцать... 等数词与 по 连用时有两种形式。

用第三格,多见于书卷语体。如:

Он нажива́л на ка́ждой де́вушке по тридцати́ рубле́й. 他给每个姑娘都积攒了 30 卢布。

用同第一格的四格形式,多用于口语。如:

①Мы заплати́ли по семь рубле́й за кусо́к. 我们每块付了 7 卢布。

②Ка́ждый ме́сяц мы работа́ем на заво́де по шесть дней. 我们每个月在工厂劳动 6 天。

上述两种情况下,名词均用复数二格。

不定量数词与 по 连用时,一般用第三格,名词用复数二格。这里,不定量数

词 скóлько, стóлько, нéсколько 用特殊词尾，即变为 скóльку, стóльку, нéскольку。试比较：

Ещё раз прошу́ вас кáждый год рабóтать в цéхе по нéскольку дней. 再一次请求你们每年在车间干上几天。

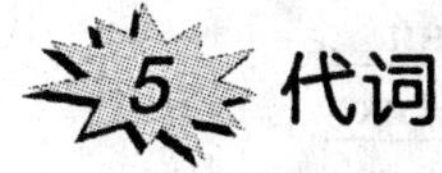

# 5 代词

代词用来指称事物及其特征。按意义,代词有如下几类:

人称代词:я(我),ты(你),он(他),она(她),оно(它),мы(我们),вы(你们,您),они(他〈她、它〉们);

反身代词:себя(自己);

物主代词:мой(我的),наш(我们的),твой(你的),ваш(你们的,您的),его(他〈它〉的),её(她〈它〉的),их(他〈她,它〉们的),свой(自己的);

疑问-关系代词:кто(谁),что(什么),какóй(什么样的),какóв(怎么样),котóрый(哪个),чей(谁的);

指示代词:э́тот(这个),тот(那个),такóй(这样的),такóв(这样);

限定代词:сам(自己,本人),сáмый(本身的),весь(整个的),кáждый(每个),вся́кий(任何的),любóй(无论哪个);

不定代词:нéкто(某人),нéчто(某物),нéкоторый(某种的),ктó-то(有某人),чтó-то(有某物),кóе-кто(某人),кóе-что(某物),ктó-нибудь(-либо)(随便谁),чтó-нибудь(-либо)(随便什么)

否定代词:никтó(谁也不),ничтó(什么也不),нéкого(没有谁),нéчего(没有什么),никакóй(哪样也不),ничéй(谁的也不)。

## (1)代词的变化

**я,ты,себя,мы,вы 的变化**

| 格 | я | ты | себя́ | мы | вы |
|---|---|---|---|---|---|
| 一 | я | ты | 无一格 | мы | вы |
| 二 | меня́ | тебя́ | себя́ | нас | вас |
| 三 | мне | тебé | себé | нам | вам |
| 四 | меня́ | тебя́ | себя́ | нас | вас |
| 五 | мной | тобóй | собóй | нáми | вáми |
| 六 | мне | тебé | себé | нас | вас |

**кто, что, он, оно, она, они 的变化**

| 格 | кто | что | он-оно́ | она́ | они́ |
|---|---|---|---|---|---|
| 一 | кто | что | он-оно́ | она́ | они́ |
| 二 | кого́ | чего́ | (н)его́ | (н)её | (н)их |
| 三 | кому́ | чему́ | (н)ему́ | (н)ей | (н)им |
| 四 | кого́ | что | (н)его́ | (н)её | (н)их |
| 五 | кем | чем | (н)им | (н)ей | (н)и́ми |
| 六 | ком | чём | нём | ней | них |

**мой, (твой, свой), наш (ваш) 的变化**

| 数 / 性 / 格 | мой | | | наш | | |
|---|---|---|---|---|---|---|
| | 单数 | | 复数 | 单数 | | 复数 |
| | 阳性 мой 中性 моё | 阴性 моя́ | мои́ | 阳性 наш 中性 на́ше | 阴性 на́ша | на́ши |
| 二 | моего́ | мое́й | мои́х | на́шего | на́шей | на́ших |
| 三 | моему́ | мое́й | мои́м | на́шему | на́шей | на́шим |
| 四 | 同一或二 | мою́ | 同一或二 | 同一或二 | на́шу | 同一或二 |
| 五 | мои́м | мое́й | мои́ми | на́шим | на́шей | на́шими |
| 六 | моём | мое́й | мои́х | на́шем | на́шей | на́ших |

注：твой、свой 的变化同 мой，ваш 的变化同 наш。

**этот, тот 的变化**

| 数 / 性 / 格 | э́тот | | | тот | | |
|---|---|---|---|---|---|---|
| | 单数 | | 复数 | 单数 | | 复数 |
| | 阳性 э́тот 中性 э́то | 阴性 э́та | э́ти | 阳性 тот 中性 то | 阴性 та | те |
| 二 | э́того | э́той | э́тих | того́ | той | тех |
| 三 | э́тому | э́той | э́тим | тому́ | той | тем |
| 四 | 同一或二 | э́ту | 同一或二 | 同一或二 | ту | 同一或二 |
| 五 | э́тим | э́той | э́тими | тем | той | те́ми |
| 六 | э́том | э́той | э́тих | том | той | тех |

**весь, сам 的变化**

| 数 / 性 / 格 | весь | | | сам | | |
|---|---|---|---|---|---|---|
| | 单数 | | 复数 | 单数 | | 复数 |
| | 阳性 весь 中性 всё | 阴性 вся | все | 阳性 сам 中性 само́ | 阴性 сама́ | са́ми |
| 二 | всего́ | всей | всех | самого́ | само́й | сами́х |
| 三 | всему́ | всей | всем | самому́ | само́й | сами́м |
| 四 | 同一或二 | всю | 同一或二 | 同一或二 | самоё 及 саму́ | 同一或二 |
| 五 | всем | всей | все́ми | сами́м | само́й | сами́ми |
| 六 | всём | всей | всех | само́м | само́й | сами́х |

**чей 的变化**

| 数 / 性 / 格 | 单数 | | | 复数 |
|---|---|---|---|---|
| | 阳性 | 中性 | 阴性 | |
| | чей | чьё | чья | чьи |
| 二 | чьего́ | | чьей | чьих |
| 三 | чьему́ | | чьей | чьим |
| 四 | 同一或二 | | чью | 同一或二 |
| 五 | чьим | | чьей | чьи́ми |
| 六 | чьём | | чьей | чьих |

како́й, тако́й (никако́й), кото́рый (не́который), са́мый, ка́ждый, вся́кий, любо́й 的变化同带相应词尾的形容词。

како́в, тако́в 为短尾阳性形式，阴性是 какова́, такова́，中性是 каково́, таково́，复数是 каковы́, таковы́，没有格的变化(在句中只用作表语)。

### (2)人称代词的用法

人称代词在使用中,要注意以下几点:

**人称代词与前置词连用时的增音现象**

ⅰ.与 я 连用时前置词增音,如:ко мне,со мной,на́до мной,пе́редо мной,обо мне。

ⅱ.与大部分前置词连用时,он,она,оно,они 增音,如:у него́ (неё,них),к нему́ (ней,ним),с ним (ней,ни́ми),за ним (ней,ни́ми)。

**注意**:его,её,их 做物主代词(表所属关系)时,与前置词连用不增音。如:

①У его́ отца́ мно́го книг. 他的父亲有很多书。比较:У него́ мно́го книг. 他有许多书。

②Он рабо́тает вме́сте с её бра́том. 他与她的弟弟一起工作。比较:Он рабо́тает вме́сте с ней. 他和她一起工作。

**人称代词 ты 和 вы 使用中的意义特点**

在称呼对方一个人时,ты 用在较亲近的人之间,或用来称呼下属或晚辈。如:

Воло́дя,куда́ ты идёшь? 沃洛佳,你到哪儿去?

在表示尊敬时,要用 вы(书写时句中的 вы 可以大写)。如:

Ива́н Ива́нович,как вы (Вы) ду́маете? 伊万·伊万诺维奇,您怎么想?

вы 指对方一个人时,动词变位用复数形式,但形容词长尾与其连用时用单数,性形式根据实际情况定(指男人用阳性,指女人用阴性),而短尾却要用复数形式。如:

①Анна Васи́льевна,вы смотре́ли э́тот фи́льм? 安娜·瓦西里耶夫娜,您看过这部电影吗?

②Вы о́чень до́брый (до́брая). 您真善良。

③Почему́ вы не ве́селы? 您怎么不高兴?

④Бу́дьте добры́,одолжи́те мне э́ту кни́гу. 劳驾,请把这本书借给我。

**人称代词 он,она,оно,они 的使用特点**

он,она 可指称作为第三者的一个人,они 则可指称作为第三者的两个人或更多人。如:

①До́ктор и его́ жена́ сиде́ли на дива́не. Он держа́л её за́ руку. 医生和妻子坐在沙发上。他拉着她的手。

②Инжене́ры верну́лись. Тепе́рь они́ бы́ли свобо́дны. 工程师们回来了,现在他们自由了。

оно 指称中性名词表示的事物。与汉语的"它"不同的是,俄语中阳性名词表

示的事物必须用 он 指称，阴性名词表示的事物必须用 она 指称。就是说，相当于汉语"它"的人称代词是 оно，он，она 三个。试比较：

①Я получи́л письмо́. Оно́ на столе́. 我收到一封信，它在桌子上。

②Это наш класс. Он о́чень све́тлый. 这是我们的教室，它很明亮。

③Вот на́ша библиоте́ка. Она́ о́чень больша́я. 这就是我们的图书馆，它很大。

**"我和……"，"他和……"**

"我和……"，俄语习惯用 мы（不是 я）с. . . 。如：мы с тобо́й（我和你），мы с ва́ми（我和您），мы с бра́том（我和哥哥〈弟弟〉），мы с ним（ней）（我和他〈她〉）。

"他和……"，俄语习惯上也用复数人称代词 они，即 они с. . . 。如：они с бра́том（他和哥哥〈弟弟〉），они с ма́мой（他和妈妈）。

## （3）反身代词 себя 的用法

себя́ 只有格的变化，用什么格，要根据它在句中的地位来定。себя́ 可以和任何人称的主语、谓语连用。如：

①Дире́ктор у себя́ в кабине́те. 经理在自己办公室里。

②Она́ верну́лась к себе́ домо́й. 她回到了家里。

③Вы са́ми себя́ обману́ли. 你们自己欺骗了自己。

④Ты взял с собо́й зо́нтик? 你带伞了吗？

⑤Мой друг не лю́бит говори́ть о себе́. 我的朋友不喜欢谈论自己的事。

**注意**：汉语的"在自己屋里"，"到自己故乡去"，俄语一般用 быть у себя́ в ко́мнате，уе́хать к себе́ на ро́дину，而不用 быть в свое́й ко́мнате，уе́хать на свою ро́дину 表示。试比较：

①Вы давно́ не́ были у себя́ на Ро́дине? 您很久没有回自己祖国了吗？

②Он ушёл к себе́ в ко́мнату（домо́й）. 他到自己屋〈回自己家〉去了。

## （4）свой 与 мой，наш，твой，ваш，его，её，их

свой 表示它所说明的事物与句中主语或主体的领属关系。如：

①Я вы́сказал своё мне́ние. 我说出了自己的观点。

②Он живёт свои́м трудо́м. 他自食其力。

而 мой，наш，твой，ваш，его，её，их 表示从说话者角度出发事物属于哪个人称。试比较：

①Это моя́ кни́га. 这是我的书。

②Вчера́ мы уви́дели ва́шего бра́та. 昨天我们看见了您的哥哥。

当句中主语是第一、第二人称时，свой 与 мой，наш，твой，ваш 可以互换，但用后者有强调意味。试比较：

①Я жду́ своего́（моего́）бра́та. 我在等自己的〈我的〉哥哥。

②Ты и́щешь свою́（твою́）ша́пку？你在找自己的〈你的〉帽子吗？

③Я люблю́ свою́（мою́）ма́му. 我爱自己的〈我的〉母亲。

当句中主语是第三人称时，свой 与 его、её、их 意义不同。свой 表示事物与主语有领属关系，而 его、её、их 可能表示事物与言语所涉及的另外的人有领属关系。试比较：

①Он во́дит свою́（его́）маши́ну.

②Она́ ждёт свои́х（её）роди́телей.

下列情况下不能使用 свой：

句中没有事物与句中主语或主体的领属关系时。试比较：

①Он мне сказа́л，что его́（不能用 свой）мла́дший брат потеря́лся. 他对我说，他〈自己的〉弟弟不见了。

②Это моя́（不能用 своя́）маши́на. 这是我〈自己〉的轿车。

这里，尽管汉语里可以说"她自己的"，"我自己的"，但俄语里却不能用 свой。再比较应当用 свой 的例子：

①Мы уве́рены，что внесём свой вклад в на́ше о́бщее де́ло. 我们相信，我们将为我们共同的事业做出自己的贡献。

②Мы должны́ приложи́ть все свои́ уси́лия к выполне́нию э́того контра́кта. 我们应当不遗余力地履行这项合同。

另外，只有当 свой 表示"自己人"的意义时，才用于下面的结构：Он свой челове́к. 他是自己人。

一事物与另一事物有领属关系，但如在语法上处于并列关系时，则不能用 свой，如：

Ва́ня и его́（不用 своя́）сестра́ пришли́ в теа́тр.

而当语法上处于从属地位（如由 с 连接）时，则可用 свой，如：Ва́ля со свои́м бра́том пришла́.

当事物可能与句中两个主体产生关系时，为避免歧义，不用 свой。试比较：

①Я попроси́л его́ принести́ <u>свою́</u> су́мку. 此句中究竟带来谁的书包并不清楚，所以应换用 мою 或 его́。

②Нача́льник веле́л нам унести́ <u>свои́</u> ве́щи. 此句同样应换用 его 或 наши。另外，还可以用改换句型的办法表示。试比较：

①Я попроси́л его́，что́бы он принёс свою́ су́мку. 我请求他把他自己的书包

拿来。

②Нача́льник веле́л нам, что́бы мы унесли́ свои́ ве́щи. 主任让我们把自己的东西拿走。

## (5)疑问－关系代词的用法

见"疑问句的构成"一节和"主从复合句"一节。

## (6)指示代词 этот, тот, тако́й, тако́в 的用法

(1)э́тот, тот 都有性、数、格的变化,要与连用的名词在性、数、格上一致。如:

①На <u>э́той</u> неде́ле он уе́хал в Москву́. 这周他到莫斯科去了。

②Он сдал экза́мен ещё на <u>той</u> неде́ле. 他还是在那一周通过了考试。

中性形式 это、то 可以做主语,或单独做名词用,用以指代前文中的事物(то 还可做指示词)。这时,合成谓语中系词 быть 的性、数通常要与静词性部分的名词性、数一致。如:

①Это был ма́льчик лет семи́. 这是一个七岁左右的男孩。

②Это (То) бы́ли мои́ ученики. 这(那)是我的学生。

③На́до уме́ть боро́ться за то, что вам до́рого. 应当善于争取对您来说珍贵的东西。

(2)тако́й, тако́в 用来指称与上文提到的特征相同的特征,тако́й 可用做定语或表语,тако́в 只用做表语。如:

①Я никогда́ не ви́дел таку́ю пти́цу. 我从来没见过这样的鸟。

②Он тако́й си́льный. 他真有劲。

③Како́в приве́т, тако́в и отве́т. 礼尚往来。

④Не все же же́нщины таковы́, как вы говори́те. 不是所有的女人都像您说的那样。

上述 тот, тако́й, тако́в 经常用于复合句的主句中做指示词。详见"主从复合句"一节。

## (7)限定代词 сам, са́мый, ка́ждый, любо́й, вся́кий

**сам 和 самый 的区别**

сам 和 самый 都可以与名词或人称代词连用,都要在性、数、格上与名词或人称代词一致。

сам 表示"本人,自己"的意思,即强调正是该人或该事物。当 сам 与名词连用时,сам 应位于名词前。如:

①Сам дирéктор присýтствовал на собрáнии. 校长本人出席了会议。

②У негó дóма в гостя́х сам председáтель. 主席本人正在他家里做客。

③Онá пришлá за пóмощью к самомý бригади́ру. 她来向队长本人求助。

④Позвони́те самомý рéктору. 请给校长本人打电话。

⑤Стари́к ви́дел самогó Лéнина. 老人见到了列宁本人。

сам 如与人称代词连用，当人称代词做主语时，сам 应在人称代词前；当人称代词做其它成分时，сам 应在其后。试比较：

①Мáрья расскáзывала, что живýт они́ ничегó, дéти все пристрóились, самá онá получáет пéнсию. 玛丽亚讲道，他们的日子过得还可以，孩子们都找到了工作，她本人则领取退休金。（此时 самá 不可移至 онá 后，否则意义上有变化。）

②Я дóлжен ви́деть самогó дирéктора и всё рассказáть емý самомý. Тóлько он сам мóжет реши́ть э́тот вопрóс. 我应该见经理本人并把一切事情讲给他本人。只有他本人能解决这一问题。

③«Как он измени́лся, однáко! » — дýмал Ведéрников, не находя́ слов, каки́е могли́ бы утеши́ть и друзéй и егó самогó. “可他的变化多大呀！”维捷尔尼科夫想着，却找不到可以宽慰朋友们和他本人的话语。

ⅰ. сам 和 себя 连用时，则一般用于 себя 前；当表示强调时，也可用于 себя 后。试比较：

①Он сам собóй любýется. 他在自我欣赏。

②Не дýмайте тóлько о самóм себé! 别光考虑自己！

③Онá мáло забóтится о себé самóй. 她不太关心自己。

表示人或事物独自进行或完成某行为，即没有外人或外力的协助或胁迫。这时，сам 主要与动词谓语发生联系。试比较：

①Онá самá себя́ обманýла. 她自己欺骗了自己。

②Вы́гнали егó, и́ли он сам убежáл из Запорóжья, э́того никтó не знал. 他是被从扎波罗热赶出来的，还是自己出走的，这谁也不清楚。

③Я сам найдý э́то мéсто. 我自己会找到这个地方。

④Ты самá решáй, за когó вы́йти зáмуж. 你自己决定该嫁给谁。

⑤Винтóвка стреля́ла самá. 步枪自己走火了。

⑥Вáня сам навязáлся к нам в товáрищи. 万尼亚自己找来要和我们交朋友。

**注意**：сам 可以和 собой 构成固定结构，表示人或事物“自然而然地，自行地”发出某行为。试比较：

①Глазá закрывáлись сáми собóй. 眼睛总不由自主地合上。

②Мнóго интерéсных истóрий услы́шали мы о Фёдоре, и óбраз передовóго строи́теля ка́к-то уже сам собо́й сложи́лся в созна́нии. 我们听到了有关费奥多尔的许多有趣的故事，于是在思想中便好像已经自然地形成了一个先进建设者的形象。

ⅱ. самый 可以和名词或人称代词连用，表示"正是"、"就是"、"本身"等意义。

与名词连用时，самый 在名词前，有时其前还可带 тот 或 этот 以加强其意义。如：

①Он не из са́мого го́рода, а бли́зко к э́тому го́роду. 他并不就出生在城里，而是离此城不远的地方。

②Вот та са́мая кни́га, о кото́рой я говори́л. 这就是我谈起过的那本书。

③Я говори́л с той са́мой де́вушкой, кото́рая око́нчила университе́т в Москве́. 我正是和那位在莫斯科一所大学毕业的姑娘谈过。

④ — Этот журна́л тебе́ ну́жен? — Да, э́тот са́мый. "你需要的是这本杂志吗？""是，正是这本。"

⑤Ни те́ма разгово́ра, ни са́мый разгово́р не понра́вились господи́ну Голя́дкину. 不论是谈话的题目，还是谈话本身，戈里亚特金先生都不喜欢。

与人称代词连用，самый 在人称代词后。试比较：

① — Пётр Никола́евич, вы? — обрати́лась к нему́ Ма́рья Дми́триевна. — Я са́мый, — сказа́л Ка́менев. "彼得 · 尼古拉耶维奇，是您？"玛丽亚 · 德米特里耶夫娜问他。"正是我，"加米涅夫说。

② — Вот э́та молода́я же́нщина, жена́ дире́ктора? — Она́ са́мая. "这个年轻的女人就是经理的妻子吗？""就是她。"

самый 用于表示空间或时间意义的词组中，强调"正是在"或"直到"某处或某时间。试比较：

①Он е́хал по са́мой обо́чине. 他驾车紧靠路边走。

②Пу́ля попа́ла в са́мое се́рдце. 子弹正打中了心脏。

③Пти́ца лета́ет над са́мой голово́й. 一只鸟正在头上飞。

④Са́мое вре́мя я́блоки снима́ть. Че́рез неде́лю по́здно бу́дет. 正是摘苹果的时候，过一周就要晚了。

**ка́ждый, любо́й, вся́кий 的用法**

ка́ждый 表示一定范围内所有同类事物中的每一个，无一例外，意义相当于 все。这时不能用 любо́й、вся́кий 替代。如：

①На уро́ке отвеча́л на вопро́сы преподава́теля ка́ждый студе́нт. 在课堂上每个学生都回答了老师的问题。

②В ка́ждом экзаменацио́нном биле́те три вопро́са. 每张考卷上三个问题。

另外,ка́ждый 与表时段的词或词组搭配,可以表示动词表示的行为是有规律周期性重复的。如:Он прихо́дит ко мне ка́ждый день (ка́ждые три дня, ка́ждые две неде́ли). 他每天〈每三天,每两周〉到我这儿来一次。此时也不能用 любо́й 或 вся́кий 替代。

любо́й 表示同类事物中经选择(随意选择)的一个(此时涉及的只是一个),这时不能由 каждый 或 всякий 替代。试比较:

①Заходи́те в любо́е вре́мя! 请您随时来!

②Вот но́вые кни́ги! Выбира́й любу́ю. 这是些新书,你随便挑一本吧。

вся́кий 表示"多种多样的","形形色色的","各式各样的",一般为复数形式。这时,不能由 ка́ждый、любо́й 替代。试比较:

①Нельзя́ чита́ть вся́кие кни́ги без разбо́ра. 不可无选择地什么书都读。

②Она́ прервала́ с друзья́ми вся́кое знако́мство. 她与朋友们断绝了一切交往。

③Они́ опозда́ли без вся́кой уважи́тельной причи́ны. 他们迟到没有任何正当的理由。

ка́ждый 和 вся́кий 有时可以用在同一个语境里,即在同一个句子中两者的意思都说得通。这时,可以相互替换,但各自的意义仍然保留。试比较:

①Я вспомина́ю об э́том вся́кий (ка́ждый) раз, когда́ проезжа́ю здесь. 无论哪一次〈每一次〉当我经过这儿时,都回想起这件事。

②Во вре́мя войны́ ка́ждый (вся́кий) мужчи́на-это во́ин, защи́тник своего́ оте́чества. 战争时期,每个〈任何一个〉男子都是战士,是自己祖国的保卫者。

③Вы должны́ быть пе́рвыми строи́телями коммунисти́ческого о́бщества среди́ миллио́нов строи́телей, кото́рыми должны́ быть вся́кий (ка́ждый) молодо́й челове́к, вся́кая (ка́ждая) молода́я де́вушка. 你们应当成为千百万建设者中第一批共产主义社会的建设者,每个〈任何一个〉年轻人、每一个〈任何一个〉年轻姑娘都应当成为这样的建设者。

любой 和 всякий 有时可以换用,любой 侧重"随便哪一个",всякий 着重指"不论什么样的"。试比较:

①В дореволюцио́нное вре́мя пи́ли кре́пко, по любо́му (вся́кому) по́воду и без по́вода. 在革命前的时候人们喝酒喝得很厉害,随便找个理由就喝〈不论什么理由都喝〉,没理由也喝。

②Универсиа́да состои́тся при вся́кой (любо́й) пого́де. 无论什么〈任何〉天气大学生运动会都将进行。

当泛指同类事物中的一个时,каждый、любой、всякий 可以通用,不过各个词的意义仍有侧重。试比较：

①Любóй（кáждый，вся́кий）китáец знáет и́мя Лэй Фэ́на. 任何一个〈每一个，无论哪一个〉中国人都知道雷锋的名字。

②Вся́кий（кáждый，любóй）человéк стреми́тся к совершéнству. 人人都追求完美。

③Далекó не вся́кая（любáя，кáждая）дéвочка добьётся таки́х успéхов. 远不是无论什么样的〈任何，每一个〉小女孩都会取得这样的成绩。

④Эту кни́гу вы найдёте в любóй（в кáждой，во вся́кой）библиотéке. 这本书您在任何一个〈每个，不论什么样的〉图书馆里都能找到。

## （8）带 кое-、-то、-нибудь（-либо）的不定代词的用法

带 кое-的不定代词表示说话人确切知道某人、某事物或某特征等，但却不明确指出。这类代词有：кóе-кто（某人），кóе-что（某物），кóе-какóй（某种）。如：

①Кóе-кто из студéнтов нé был на вéчере. 有的大学生没有参加晚会。

②Кóе-что у нас ещё не готóво. 我们有些东西还没有准备好。

③Разреши́те мне обрати́ться к вам кóе с каки́ми вопрóсами. 请允许我向您提几个问题。

**注意**：带 кое-的不定代词与前置词连用时，前置词要插在 кое 和 кто（что，какой）中间。如：

①Нáдо кóе к комý забежáть. 应该到一些人那儿走动一下。

②Он кóе в чём виновáт. 他在某些地方有过错。

带-то 的不定代词表示说话人知道有某人、某事物或某特征等，但不确切知道究竟是什么人、什么事物或什么特征等。这类代词有：кто-то（某人，不知是谁），что-то（某物，不知是什么），какóй-то（某种，不知什么样的），чей-то（某人的，不知是谁的）。试比较：

①Он недовóлен чéм-то. 他对有的事儿不满。

②Он сказáл мне что-то，но я не расслы́шал. 他对我说了些什么，可我没听清。

③Кто-то стучи́т в дверь. 有人敲门。

④К дóму подошёл какóй-то человéк. 有个人走到房子跟前。

带-нибудь（-либо）的不定代词表示说话人并不清楚是否存在某人、某事物或某特征。

-либо 与-нибудь 意义相同，但-либо 主要用在书面语中。这类不定代词有：кто-нибудь（不论谁，随便什么人），что-нибудь（不管什么，随便什么），какóй-нибудь(不论什么样的，随便什么样的)，чей-нибудь(不论谁的，随便谁的)。试比较：

①Кто-нибудь ко мне приходи́л? 有人来过我这儿吗?

②Зна́ет ли он что́-нибудь об э́том? 关于这事他知道些什么吗?

③ — Что ты хо́чешь посмотре́ть по телеви́зору? — Каку́ю-нибудь спорти́вную переда́чу. "你想看什么电视?""随便什么体育节目都行。"

кое-，-то，-нибудь(-либо)还可以和 где，куда，откуда，когда 等副词结合，其意义可以根据上述(1)(2)(3)项类推。试比较：

①На доро́гах ко́е-где сошёл снег. 路上有些地方的雪消失了。

②Мы с ва́ми，ка́жется，где́-то встреча́лись. 我们好象在什么地方见过。

③Вы бы́ли когда́-нибудь в Харби́не? 您什么时候曾经来过哈尔滨吗?

### (9)否定代词 никто́ (ничто́)与 не́кого (не́чего)的用法

никто́(ничто́)可以用于一格至六格的所有格形式，而 не́кого(не́чего)没有一格形式。两者与前置词连用时，前置词都要夹在词的两个组成部分中间，试比较：ни у кого́(чего́) — не́ у кого́(чего́)；ни к кому́(чему́) — не́ к кому(чему)；ни с кем(че́м) — не́ с кем(чем)；ни о ко́м(чём) — не́ о ком(чём)。

никто́(ничто́)用在否定句中，表示加强了的否定，义为"谁都(也)不"，"什么都(也)不"。而 не́кого(не́чего)用在不定式句中，表示行为因为缺乏主体或客体而无法进行，义为"没有谁(什么)可"。试比较：

①Он никому́ не рассказа́л об э́том. 他对任何人都没讲过这件事。

②Ему́ не́кому бы́ло рассказа́ть об э́том. 关于这件事他没人可以跟讲。

③Он ниче́м не занима́ется. 他什么事情都不干。

④Ему не́чем занима́ться. 他没有什么事可干。

另外，не́чего 常可表示没有必要进行某行为。如：

①Не́чего об э́том ду́мать. 不必想这件事。

②Обраща́ться к нему́ не́зачем. 没什么可求他的。

**注意**：не́кто(не́что)不是 не́кого(не́чего)的一格形式，而是另外一个词，意义相当于 кто́-то，что́-то。не́кто 只有一格形式，有时还可与姓名连用，相当于 како́й-то。не́что 只用于一格和四格，且需与形容词(中性)连用。试比较：

①Подошёл не́кто в чёрной шля́пе. 一个戴黑礼帽的人走到跟前。

②Вчера́ на у́лице произошло́ не́что непоня́тное. 昨天在街上发生了一件令人莫名其妙的事。

③Счита́ю ну́жным сообщи́ть вам не́что о само́м себе́. 我认为有必要告诉您

一点我自己的情况。

**练习11　选择填空**

1. Эту историю рассказал брату один ______ друг.
   а. свой　　　　б. его
2. Они заявили, что справятся с этой работой ______ силами.
   а. своими　　　　б. их
3. Твое горе мать переносит еще труднее, чем ______.
   а. свое　　　　б. ее
4. Двадцать миллионов людей отдали ______ жизни за сегодняшний наш мир.
   а. свои　　　　б. их
5. Для матери ты всегда останешься ______ дочерью.
   а. своей　　　　б. ее
6. Вечером пришла моя сестра с одной ______ подругой.
   а. своей　　　　б. ее
7. Они сказали, что сейчас все ______ силы сосредоточены на этой работе.
   а. свои　　　　б. их
8. Мальчик отлично учится благодаря ______ способностям.
   а. своим　　　　б. его
9. Мне всюду нужны ______ люди.
   а. свои　　　　б. мои
10. Вечером к дому Николая Петровича подошел ______ старый друг Иван Иванович.
    а. свой　　　　б. его
11. У каждого есть ______ особенности, ______ привычки и интересы.
    а. свои　　　　б. его
12. Потом он спросил ребенка, кто он и где ______ родители.
    а. свои　　　　б. его
13. На полу сидит Алеша, а на столе лежат ______ тетради.
    а. свои　　　　б. его
14. Мать первая слышит сердцем, когда ______ ребенку плохо.
    а. своему　　　　б. ее

♨答案：

1. б, 2. а, 3. а, 4. а, 5. б, 6. а, 7. б, 8. а, 9. а, 10. б, 11. а, 12. б, 13. б, 14. б.

练习 12　选择填空（注意多解的情况）

1. Они могли прийти в ______ удобное для них время — с 10 до 16 часов.
   а. каждое　　б. любое　　в. всякое
2. В среднем ______ десять минут в нашей стране рождается изобретение.
   а. каждые　　б. любые　　в. всякие
3. В нашей бригаде ______ должен учиться.
   а. каждый　　б. любой　　в. всякий
4. На дверях много ______ объявлений.
   а. каждых　　б. любых　　в. всяких
5. Один раз мы с Машей сидели у меня в комнате и занимались ______ своим делом.
   а. каждый　　б. любой　　в. всякий
6. Много беседовать нам вредно, еще внимание обратят. Тут тоже ______ народ может случиться. Вы уж лучше уйдите.
   а. каждый　　б. любой　　в. всякий
7. Экскурсия состоится при ______ погоде.
   а. каждой　　б. любой　　в. всякой
8. Таким образом, почти ______ второй родитель в той или иной форме активно участвовал в делах школы.
   а. каждый　　б. любой　　в. всякий
9. В ______ мгновение они были готовы броситься в бой.
   а. каждое　　б. любое　　в. всякое
10. — Рассказал бы ребенку сказку, — сказала мама.
    — Э-э... Сказку? — откликнулся папа. — А... какую?
    — ______, — сказала мама.
    а. Каждую　　б. Любую　　в. Всякую
11. В дореволюционное время... пили крепко, по ______ поводу и без повода.
    а. каждому　　б. любому　　в. всякому
12. Так и не было от него писем. Продолжалось это недоразумение, сделавшее разлуку тяжелее. ______ могут быть недоразумения во время войны.

а. Каждые　　　　б. Любые　　　　в. Всякие

13. Я, Антон Метальников,— счастливый человек. Не ______ про себя такое скажет,...

а. каждый　　　　б. любой　　　　в. всякий

14. Нам, родителям, наши дети часто в ______ возрасте представляются недостаточно взрослыми: маленькие и в три года, и в десять, и в пятнадцать лет тоже.

а. каждом　　　　б. любом　　　　в. всяком

15. Есть люди совершенно равнодушные, лишенные ______ чувства сострадания (同情;怜悯).

а. каждого　　　　б. любого　　　　в. всякого

16. На этот вопрос ответит ______.

а. каждый　　　　б. любой　　　　в. всякий

17. Общественные всенародные праздники отмечены в календаре красным цветом. ______ праздник по-своему хорош.

а. Каждый　　　　б. Любой　　　　в. Всякий

18. Эйнштейн, например, говорил, что Достоевский дал ему больше, чем ______ математик.

а. каждый　　　　б. любой　　　　в. всякий

19. По расчётам ученых, ______ человек расходует за свою жизнь 100 кубических метров древесины(木材;木料).

а. каждый　　　　б. любой　　　　в. всякий

20. Учителем может быть и человек ______ другой профессии.

а. каждой　　　　б. любой　　　　в. всякой

♨答案:

1. б, 2. а, 3. а, 4. в, 5. а, 6. в, 7. б(в), 8. а, 9. б, 10. б, 11. б(в), 12. в, 13. а(б, в), 14. б, 15. в, 16. а(б, в), 17. а, 18. б, 19. а, 20. б.

**练习 13　选择填空**

1. Елена Сергеевна подумала, что сейчас ______ время ехать назад в город.

а. самó　　　　б. сáмое

2. Он получил разрешение от ______ директора.

а. самогó　　　　б. сáмого

3. Остановка была у ______ ворот завода.

а. сами́х б. са́мых

4. Студент будущего... Я убежден, что он должен будет знать только самое необходимое, только основы. А остальное будет зависеть от него ______, прежде всего от умения увидеть необычное в самом обычном.

а. самого́ б. са́мого

5. Встречи с трудностями начинаются у ребенка чуть ли не на ______ пороге жизни.

а. само́м б. са́мом

6. Живите, как вам лучше, а я ______ себе голова.

а. сама́ б. са́мая

7. — А ведь если рассказали вы все, а то...

— ______ надо головой работать.

а. Сами́м б. Са́мым

8. — Эта Исаева не внучка ли Порфирия Игнатьевича? — спросил Ведерников.

— Она ______.

а. сама́ б. са́мая

9. Дальнейшее движение вперед зависит от нас ______, за нас не сделает никто.

а. сами́х б. са́мых

10. На другой день Анютка прождала Захара до ______ вечера, но он не шел...

а. самого́ б. са́мого

11. Ты любишь со дня рождения только ______ себя.

а. саму́ б. са́мую

12. Много интересных историй услышали мы о Федоре Ивановиче... Но ______ инженера в это время на стройке не было.

а. самого́ б. са́мого

13. Уже у ______ театра он вспомнил, что забыл билет дома.

а. самого́ б. са́мого

14. На сцену вышел тот ______ артист, которого мы видели в прошлое воскресенье.

а. сам б. са́мый

15. Эта красота ______ по себе удивительная.

а. сама́ б. са́мая

16. — Как он изменился! — думал он, не находя слов, какие могли бы успоко-

ить и друзей и его ______.

а. самогó　　　　б. сáмого

♨答案：

1. б，2. а，3. б，4. а，5. б，6. а，7. а，8. б，9. а，10. б，11. а，12. а，13. б，14. б，15. а，16. а.

## 练习14　选择填空

1. Когда папе звонят ночью из больницы，я сразу понимаю，что ______ из папиных больных плохо.

а. кому-то　　б. кому-нибудь　　в. кое-кому

2. Все собрались или не приехал еще ______?

а. кто-то　　б. кто-нибудь　　в. кое-кто

3. Мне надо встретиться ______.

а. с кем-то　　б. с кем-нибудь　　в. кое с кем

4. Правда，в конструкции придется ______ изменить.

а. что-то　　б. что-нибудь　　в. кое-что

5. А оглядывалась она все время потому，что боялась，что я могу сделать ______ необыкновенное.

а. что-то　　б. что-нибудь　　в. кое-что

6. В настоящую минуту я испытываю ______ похожее на счастье，ибо кончаю это сочинение.

а. что-то　　б. что-нибудь　　в. кое-что

7. Сядь，я тебе ______ расскажу.

а. что-то　　б. что-нибудь　　в. кое-что

8. В цветах，как и во всём живом，есть ______ всегда новое，что волнует и радует.

а. что-то　　б. что-нибудь　　в. кое-что

9. У вас очень интересный разговор. Мне ______ удалось услышать.

а. что-то　　б. что-нибудь　　в. кое-что

10. Мальчишки видели только，______ женщина перевязала ему руку.

а. какая-то　　б. какая-нибудь　　в. кое-какая

11. Все читают газеты，но как быть，если газета вышла утром，а ______ важное событие произошло днем?

а. какое-то　　　б. какое-нибудь　　　в. кое-какое

12. А когда неизвестны причины ______ явления, трудно предсказать такое явление.

а. какого-то　　　б. какого-нибудь　　　в. кое-какого

13. Я хочу поговорить с вами ______.

а. о чем-то　　　б. о чем-нибудь　　　в. кое о чем

14. Шурик, посмотри в аптеке, нет ли ______ от головной боли.

а. чего-то　　　б. чего-нибудь　　　в. кое-чего

15. Охваченный ______ неясным предчувствием, Корчагин быстро оделся и вышел из дому.

а. каким-то　　　б. каким-нибудь　　　в. кое-каким

16. Под действием постоянных напряжений в земной коре процесс образования трещин в ______ момент переходит в землетрясение.

а. какой-то　　　б. какой-нибудь　　　в. кое-какой

17. Я еще мало знаю Москву, но ______ интересное уже успел посмотреть.

а. что-то　　　б. что-нибудь　　　в. кое-что

18. Я успела прочитать ______ из дополнительной литературы.

а. что-то　　　б. что-нибудь　　　в. кое-что

19. А если в ______ республике беда, все спешат на помощь.

а. какой-то　　　б. какой-нибудь　　　в. кое-какой

20. Я узнал из нее ______ новое.

а. что-то　　　б. что-нибудь　　　в. кое-что

21. А у нас главная забота молодежи-найти работу, ______.

а. какую-то　　　б. какую-нибудь　　　в. кое-какую

22. Мы хорошо знаем, что в Москве полдень, во Владивостоке уже давно вечер, а ______ в западной Европе еще утро.

а. где-то　　　б. где-нибудь　　　в. кое-где

23. Уже в вагоне я подумала: встретимся ли мы еще ______?

а. когда-то　　　б. когда-нибудь　　　в. кое-когда

24. Ему уже давно нужно ______ сбегать, но он не выходит из-за стола ни на минуту, боясь, чтоб без него ничего не потерялось.

а. куда-то　　　б. куда-нибудь　　　в. кое-куда

♨答案：

1. а, 2. б, 3. в, 4. в, 5. б, 6. а, 7. в, 8. а, 9. в, 10. а, 11. б, 12. а(б), 13. в, 14. б, 15. а, 16. а, 17. в, 18. в, 19. б, 20. в, 21. б, 22. а, 23. б, 24. в.

## 练习 15 选择填空

1. Почему ты сидишь дома, разве тебе ______ пойти в театр?
   а. ни с кем　　б. не с кем
2. На заводе ______ не знал, что раньше Николай Степанович был врачом.
   а. никто　　б. некого　　в. некто
3. На самолетах человек уже летает далеко за полвека, а в космосе еще ______ ни разу не бывал.
   а. никто　　б. некого　　в. некто
4. Так... это у меня есть. А это не то. Это тоже не то. И это мне не нужно. Нет, — сказал он, наконец, — переписывать я не буду ______. Да тут и слушать-то ______.
   а. ничего, нечего　　б. нечего, ничего
   в. ничего, ничего　　г. нечего, нечего
5. Василий Иванович посмотрел вокруг, но ______ не видел.
   а. никого　　б. некого
6. У нее нет матери и ей ______ посоветоваться.
   а. ни с кем　　б. не с кем
7. Говорил он так потому, что был уверен: ______ не посмеет испытать свое счастье на море.
   а. никто　　б. некого　　в. некто
8. Можно поехать на экскурсию. Больше ______ ждать.
   а. никого　　б. некого
9. Он не телеграфировал Маше, и его ______ не встречал.
   а. никто　　б. некого　　в. некто
10. Между Юрой и Ириной, кажется, нет ______ общего.
    а. ничего　　б. нечего
11. Все мои друзья уехали на экскурсию в Москву, и мне ______ пойти.
    а. ни к кому　　б. не к кому
12. Все любят смелых людей, а трусливых ______ не любит.

а. никто　　　　　　б. некого

13. Думал погулять у тебя по случаю успеха, вышло, что и поужинать ______.

а. ничем　　　　　　б. нечем

14. Ведь ______ не скажет, что я учился хуже других или меньше всех знал.

а. никто　　　　　　б. некого　　　　　　в. некто

15. В. И. Ленин с увлечением заговорил о Толстом. — Вот это... художник... Кого в Европе можно поставить рядом с ним? — Сам себе ответил, — ______.

а. никого　　　　　　б. некого

16. О моей жизни беспокоиться ______, тут всё в порядке.

а. ничего　　　　　　б. нечего

17. Когда увлечешься работой, ______ больше не хочется думать.

а. ни о чем　　　　　　б. не о чем

18. Кончились патроны(子弹), ______ больше стрелять.

а. ничем　　　　　　б. нечем

19. Люди производят огромное количество новых веществ, которые раньше ______ не существовали в природе.

а. никогда　　　　　　б. некогда

в. когда-то　　　　　　г. когда-нибудь

20. Но думать об этом ему было ______.

а. никогда　　　　　　б. некогда　　　　　　в. когда-то

21. ______ от нас не уйдешь, не скроешься!

а. Никуда　　　　　　б. Некуда

22. Но бежать отсюда было ______!

а. никуда　　　　　　б. некуда　　　　　　в. куда-нибудь

♨答案:

1. б, 2. а, 3. а, 4. а, 5. а, 6. б, 7. а, 8. б, 9. а, 10. а, 11. б, 12. а, 13. б, 14. а, 15. б, 16. б, 17. а, 18. б, 19. а, 20. б, 21. а, 22. б.

# 6 动词

动词表示动作或状态。俄语动词有多种语法形式和词形变化。动词原形叫不定式。一些动词带尾缀-ся(-сь)。俄语动词有式、时、体、人称、数、性等语法形式，并按时间和人称(数、性)等变化。动词的式有陈述式、命令式和假定式。陈述式有三个时间(现在时、过去时、将来时)，现在时和将来时又有人称(第一人称、第二人称、第三人称)和单、复数之分。过去时不分人称，但有数(单数、复数)和性(单数分阳性、阴性、中性)之别。命令式以第二人称为主，有自己的独特形式，第一和第三人称则借助语气词(如 дава́й，пусть 等)和陈述式相应人称形式构成。假定式主要由过去时形式加语气词 бы 构成。动词的体有完成体和未完成体两种体形式。它们配合时间形式，构成复杂的体时变化体系。完成体只有两个时间(过去时和将来时)，未完成体则有三个时间(现在时、过去时、将来时)。

俄语动词中有一部分运动动词，它们有定向和不定向两类，分别用于不同的语境中。还有一部分及物动词可构成被动态形式，用来充当被动句的主要成分。而且，除了有人称变化的动词外，俄语中还有一部分无人称动词，它们是无人称句的主要成分(详见“无人称句”一节)。

另外，俄语动词除有变位形式之外，还有非变位形式：形动词和副动词。形动词与形容词相同，有性、数、格的变化，与所说明的名词在性、数、格上一致。

总之，要掌握俄语的动词体系，必须首先掌握纷繁的形式体系和词形变化体系。它们是中国人学习和掌握俄语的难点。

## (1)动词的变位

动词陈述式未完成体有现在时、过去时和(复合式)将来时，完成体有(单一式)将来时和过去时。

**动词未完成体现在时和完成体(单一式)将来时的变位类型**

动词未完成体现在时和完成体(单一式)将来时的变位类型有两个：第一式(即 е 式)变位法和第二式(即 и 式)变位法。

| | 不定式 | 第一式(е式) | | 第二式(и式) | |
|---|---|---|---|---|---|
| | | чита́ть | писа́ть | говори́ть | учи́ть |
| 单数 | 第一人称 | чита́ю | пишу́ | говорю́ | учу́ |
| | 第二人称 | чита́ешь | пи́шешь | говори́шь | у́чишь |
| | 第三人称 | чита́ет | пи́шет | говори́т | у́чит |
| 复数 | 第一人称 | чита́ем | пи́шем | говори́м | у́чим |
| | 第二人称 | чита́ете | пи́шете | говори́те | у́чите |
| | 第三人称 | чита́ют | пи́шут | говоря́т | у́чат |

学习和使用中,一个动词的变位形式体系主要通过词典来了解和检验,因为具体阅读中接触的只是个别形式。但词典中一般也只给单数第一人称和第二人称,其它人称必须自己类推。这就需要知道其中的规律。具体方法是:如果第二人称是:ешь,那么其它人称一定是单三:ет,复一:ем,复二:ете,而复三是 ут 还是 ют,可以根据单一来确定,对应关系是单一:у→复三:ут;单一:ю→复三:ют。如果单数第二人称是 ишь,那么单三:ит,复一:им,复二:ите,复三也可由单一来确定,即单一:ю→复三:ят。但单一是 у,那么复三:与 ж、ч、ш、щ 连写为 ат(如:лежа́т),其它为 ят(如:сидя́т)。不符合此规律的,词典一般要反映,如 бежа́ть,я бегу́,ты бежи́шь...本来按规律复三应是 бежа́т,但实际上却是 бегу́т。这一点词典中一般标出。

另外,要注意具有同样结尾的动词却可能按不同的方式变位的情况以及语音交替现象。如:

**-ать**

игра́ть(玩),игра́ю,игра́ешь,... игра́ют

каса́ться(接触),каса́юсь,каса́ешься,... каса́ются

засыпа́ть〈未〉(填,撒),засыпа́ю,засыпа́ешь,... засыпа́ют;但 засы́пать〔完〕(填满,撒上),засы́плю,засы́плешь,... засы́плют

врать(撒谎),вру,врёшь,... врут

рвать(撕,折),рву,рвёшь,... рвут

ждать(等待),жду,ждёшь,... ждут

брать(拿),беру́,берёшь,... беру́т

звать(招呼),зову́,зовёшь,... зову́т

драть(撕,剥),деру́,дерёшь,... деру́т

иска́ть(找),ищу́,и́щешь,... и́щут

вяза́ть(捆,编),вяжу́,вя́жешь,... вя́жут

пла́кать(哭),пла́чу,пла́чешь,... пла́чут

пря́тать(藏),пря́чу,пря́чешь,... пря́чут

дви́гать(移动),дви́жу,дви́жешь,... дви́жут(及 дви́гаю,дви́гаешь,... дви́гают)

паха́ть(耕),пашу́,па́шешь,... па́шут

клевета́ть(诽谤),клевещу́,... клеве́щешь,... клеве́щут

свиста́ть(吹哨),свищу́,сви́щешь,... сви́щут

колеба́ть(晃动,动摇),коле́блю,коле́блешь,коле́блют

стать(站住,开始),ста́ну,ста́нешь,... ста́нут

нача́ть(开始),начну́,начнёшь,... начну́т

жать(压),жму,жмёшь,... жмут;(收割)жну,жнёшь,... жнут

держа́ть(拿着),держу́,де́ржишь,... де́ржат

лежа́ть(躺),лежу́,лежи́шь,... лежа́т

гнать(赶),гоню́,го́нишь,... го́нят

спать(睡),сплю,спишь,... спят

**-ять**

се́ять(种),се́ю,се́ешь,... се́ют

гуля́ть(散步),гуля́ю,гуля́ешь,... гуля́ют

выделя́ть(分出),выделя́ю,выделя́ешь,... выделя́ют

стоя́ть(站),стою,стои́шь,... стоя́т

взять(拿,取),возьму́,возьмёшь,... возьму́т

**-еть**

боле́ть(生病),боле́ю,боле́ешь,... боле́ют

худе́ть(渐瘦),худе́ю,худе́ешь,... худе́ют

уме́ть(会),уме́ю,уме́ешь,... уме́ют

умере́ть(死),умру́,умрёшь,... умру́т

лете́ть(飞),лечу́,лети́шь,... летя́т

гляде́ть(看),гляжу́,гляди́шь,... глядя́т

ви́деть(看见),ви́жу,ви́дишь,... ви́дят

шуме́ть(响,喊叫),шумлю́,шуми́шь,... шумя́т

смотре́ть(看),смотрю́,смо́тришь,... смо́трят

терпе́ть(忍受),терплю́,те́рпишь,... те́рпят

оде́ть(给……穿),оде́ну,оде́нешь,... оде́нут

**-сти**

вести́(引导),веду́,ведёшь,... веду́т

мести́(扫),мету́,метёшь,... мету́т

грести́(划船),гребу́,гребёшь,... гребу́т

нести́(携带),несу́,несёшь,... несу́т

везти́(运),везу́,везёшь,... везу́т

有语音交替现象的还有许多以-ить,-сть 结尾的动词,如:

проси́ть(请求),прошу́,про́сишь,... про́сят

вози́ть(运),вожу́,во́зишь,... во́зят

води́ть(引导),вожу́,во́дишь,... во́дят

крути́ть(拧),кручу́,кру́тишь,... кру́тят

люби́ть(爱),люблю́,лю́бишь,... лю́бят

лови́ть(抓),ловлю́,ло́вишь,... ло́вят

корми́ть(喂),кормлю́,ко́рмишь,... ко́рмят

купи́ть(买到),куплю́,ку́пишь,... ку́пят

чи́стить(清除,刷洗),чи́шу,чи́стишь,... чи́стят

пусти́ть(放开),пущу́,пу́стишь,... пу́стят

класть(放),кладу́,кладёшь,... кладу́т

красть(偷),краду́,крадёшь,... краду́т

сесть(坐),ся́ду,ся́дешь,... ся́дут

счесть(数),сочту́,сочтёшь,... сочту́т

还有一些特殊变位的动词需一一牢记,如:

быть(有,存在),бу́ду,бу́дешь,... бу́дут

мыть(洗),мо́ю,мо́ешь,... мо́ют

рыть(挖),ро́ю,ро́ешь,... ро́ют

крыть(覆盖),кро́ю,кро́ешь,... кро́ют

жить(生活),живу́,живёшь,... живу́т

плыть(游),плыву́,плывёшь,... плыву́т

брить(剃),бре́ю,бре́ешь,... бре́ют

лить(灌),лью,льёшь,... льют

пить(喝),пью,пьёшь,... пьют

бить(打),бью,бьёшь,бьют

шить(缝),шью,шьёшь,... шьют

вить(编织),вью,вьёшь,... вьют

петь(唱),пою,поёшь,... поют

éхать(乘〈车,船〉)éду,éдешь,... éдут

хотéть(想),хочý,хóчешь,хóчет,хотúм,хотúте,хотя́т

ревéть(嗥),ревý,ревёшь,... ревýт

ошибúться(弄错),ошибýсь,ошибёшься,... ошибýтся

мочь(能),могý,мóжешь,... мóгут

берéчь(珍惜),берегý,бережёшь,... берегýт

лечь(躺下),ля́гу,ля́жешь,... ля́гут

течь(流),текý,течёшь,... текýт

печь(烤),пекý,печёшь,.... пекýт

борóться(斗争),борю́сь,бóрешься,... бóрются

колóть(刺),колю́,кóлешь,.. кóлют

подня́ть(拿起,举起),поднимý,поднúмешь,.. поднúмут

снять(拿下,摘下),снимý,снúмешь,.. снúмут

приня́ть(接受),примý,прúмешь,.. прúмут

поня́ть(明白),поймý,поймёшь,.. поймýт

заня́ть(占),займý,займёшь,.. займýт

дать〈完〉(给),дам,дашь,даст,дадúм,дадúте,дадýт

давáть〈未〉(给),даю́,даёшь,.. даю́т

вставáть(起来),встаю́,встаёшь,.. встаю́т

узнавáть(知道),узнаю́,узнаёшь,.. узнаю́т

есть(吃),ем,ешь,ест,едúм,едúте,едя́т

идтú(走),идý,идёшь,... идýт

рисовáть(画),рисýю,рисýешь,... рисýют

танцевáть(跳舞),танцýю,танцýешь,... танцýют

воевáть(作战),вою́ю,вою́ешь,... вою́ют

**动词过去时的构成**

动词过去时构成类型基本以动词结尾(不分体)来区别。

(1)以-ть 结尾的动词过去时构成时,去掉-ть,加-л(阳性),-ла(阴性),-ло(中性),-ли(复数)。如:

читáть,читáл,-ла,-ло,-ли

просúть,просúл,-ла,-ло,-ли

сидéть, сидéл, -ла, -ло, -ли

дуть, дул, дýла, дýло, дýли

боро́ться, боро́лся, боро́лась, боро́лось, боро́лись(带-ся 动词,阳性是-лся,其它 ся 改成-сь 即-лась, -лось, -лись)

мыть, мыл, мы́ла, мы́ло, мы́ли

стоя́ть, стоя́л, -ла, -ло, -ли

танцева́ть, танцева́л, -ла, -ло, -ли

дава́ть, дава́л, -ла, -ло, -ли

(2)以-сть, -сти 结尾的动词过去时构成时,去掉-сть, -сти,加-л(-ла, -ло, -ли)。如:

класть, клал, -ла́, -ло, -ли

сесть, сел, -ла, -ло, -ли

есть, ел, е́ла, е́ло, е́ли

мести́, мёл, мела́, мело́, мели́

вести́, вёл, вела́, вело́, вели́

цвести́, цвёл, -ла́, -ло́, ли́

但 нести́, нёс, несла́, несло́, несли́

расти́, рос, росла́, росло́, росли́

(3)以-зть, -зти 结尾的动词过去时构成时,去掉 ть 或 ти 即构成阳性,其它再加-л,即-зла, -зло, -зли。如:

лезть(爬上), лез, ле́зла, ле́зло, ле́зли

грызть(嗑,啃), грыз, гры́зла, гры́зло, гры́зли

везти́(运输), вёз, везла́, везло́, везли́

ползти́(爬去), полз, ползла́, ползло́, ползли́

(4)以-чь 结尾的动词过去时构成时,去掉 чь,但要带 г 或 к(阳性),其它再加 л,即-гла(-кла), -гло(-кло), -гли(-кли)。如:

бере́чь, берёг, берегла́, -ло́, -ли́

лечь, лёг, легла́, -ло́, -ли́

мочь, мог, могла́, могло́, могли́

печь, пёк, пекла́, -ло́, -ли́

течь(流), тёк, текла́, -ло́, -ли́

(5)以-нуть 结尾的动词构成过去时有两种情况:

а. 带 ну,即-нул, -нула, -нуло, -нули。ну 前是元音的均属此类。ну 前是辅音的,则需一一记忆。

тро́нуть（摸，触），тро́нул，тро́нула，-ло，-ли

обману́ть（欺骗），обману́л，-ла，-ло，-ли

верну́ть（还），верну́л，-ла，-ло，-ли

пры́гнуть（跳），пры́гнул，-ла，-ло，-ли

кри́кнуть（喊一声），кри́кнул，-ла，-ло，-ли

сту́кнуть（敲一下），сту́кнул，-ла，-ло，-ли

шепну́ть（低声说），шепну́л，-ла，-ло，-ли

сверкну́ть（闪一下），сверкну́л，-ла，-ло，-ли

мелькну́ть（闪现一下），мелькну́л，-ла，-ло，-ли

застегну́ть（扣上），застегну́л，-ла，-ло，-ли

столкну́ть（推一下），столкну́л，-ла，-ло，-ли

согну́ть（弄弯），согну́л，-ла，-ло，-ли

шагну́ть（迈一步），шагну́л，-ла，-ло，-ли

ло́пнуть（胀破），ло́пнул，-ла，-ло，-ли

пугну́ть（吓唬一下），пугну́л，-ла，-ло，-ли

б. 去掉 ну 则是阳性，其它加-ла、-ло、-ли。这类动词也需一一记忆。

кре́пнуть（巩固起来），креп，кре́пла，-ло，-ли

мо́кнуть（淋湿），мок，мо́кла，-ло，-ли

мёрзнуть（结冰），мёрз，мёрзла，-ло，-ли

ги́бнуть（死亡），гиб，ги́бла，-ло，-ли

зя́бнуть（发冷），зяб，зя́бла，-ло，-ли

га́снуть（熄灭），гас，га́сла，-ло，-ли

све́ргнуть（推翻），сверг，све́ргла，-ло，-ли

исче́знуть（消失），исче́з，исче́зла，-ло，-ли

дости́гнуть（达到），дости́г，дости́гла，-ло，-ли

привы́кнуть（习惯），привы́к，привы́кла，-ло，-ли

（6）以-ереть 结尾的完成体动词构成过去时，去掉 еть 即是阳性，其它再加-ла、-ло、-ли。如：

умере́ть（死），у́мер，умерла́，у́мерло，-ли

запере́ть（锁上），за́пер，заперла́，за́перло，-ли

стере́ть（擦去），стёр，стёрла，-ло，-ли

（7）特殊的动词过去时：

идти́，шёл，шла，шло，шли

ошиби́ться，оши́бся，оши́блась，-лось，-лись

**复合式将来时的构成**

由 быть 的人称变化形式加上动词未完成体不定式,即构成该动词的复合式将来时,如:я бу́ду читать,ты бу́дешь читать,он(она,оно)бу́дет читать;мы бу́дем читать,вы бу́дете читать,они бу́дут читать。

**命令式的构成**

第一人称命令式的构成

以 отдыха́ть(отдохну́ть)为例,可以有四种构成方法:

ⅰ.用完成体复数第一人称形式,而且还可以加-те,两者意义相同。如:Сейча́с отдохнём(отдохнёмте).现在咱们休息吧。

ⅱ.用 бу́дем 加未完成体不定式(与复合式将来时相同)。如:Бу́дем отдыха́ть.咱们休息吧。

ⅲ.由语气词 дава́й(те)加完成体单一式将来时的复数第一人称形式。如:Дава́й(те)отдохнём.咱们休息一下吧。〔绝不能说 давай(те) отдыхаем〕

ⅳ.由语气词 давай(те)加未完成体不定式形式。如:Давай(те) отдыха́ть.咱们休息吧。〔此处不能用完成体不定式〕

当表示否定命令时要用 не будем 与未完成体不定式结合。如:Он уста́л. Не бу́дем ему́ меша́ть.他累了。咱们别打扰他了。

上述各类情况下,都表示说话者要求对方与自己共同行动,由于变位形式已表示出 мы 的含义,所以句中不再出现人称代词 мы。

第二人称命令式的构成

ⅰ....й(те)型。凡复数第三人称-ют,-ят前是元音的,都属此类,将-ют,-ят去掉,换上-й(те)即构成。如:

чита́ть→чита́-ют→чита́й(те)

откры́ть→откро́-ют→откро́й(те)

стоя́ть→сто-я́т→стой(те)

стро́ить→стро́-ят→строй(те)

ⅱ....и(те)型。凡动词复数第三人称-ют,-ят,-ут,-ат 前是一个辅音,而单数第一人称重音又在词尾上的,皆属此种,将-ют,-ят,-ут,-ат换成-и(те)即构成。如:

бо́р-ются(борю́сь)→бори́сь(бори́тесь)(奋斗)

говор-я́т(говорю́)→говори́(те)

писа́ть→пи́ш-ут(пишу́)→пиши́(те)

держа́ть→де́рж-ат(держу́)→держи́(те)

但如果-ют,-ят,-ут,-ат 前是两个辅音,则不论其重音在何处,均要换为-и

(те)。如：

по́мнить→по́мн-ят(по́мню)→по́мни(те)(记住)

молча́ть→молч-а́т(молчу́)→молчи́(те)(别说话)

вы́полнить→вы́полн-ят(вы́полню)→вы́полни(те)(完成)

(3)...ь(те)型。动词复数第三人称-ют,-ят,-ут,-ат 前是一个辅音,而单数第一人称重音在词干上的,将-ют,-ят,-ут,-ат 换为-ь(те)即构成。如：

соста́вить→соста́в-ят(соста́влю)→соста́вь(те)(组成)

отве́тить→отве́т-ят(отве́чу)→отве́ть(те)(回答)

встать→вста́н-ут(вста́ну)→вста́нь(те)(起来)

上述构成方法中,如遇带-ся 动词,命令式构成方法相同,但-ся 在元音后要变为-сь。如:занима́ться→занима́ются(занима́юсь)→занима́йся→занима́йтесь。

另外,注意下面第二人称命令式的特殊情况:дать→дай(те)(给),дава́ть→дава́й(те)(给;让),пить→пей(те)(喝),петь→пой(те)(唱)等。

第二人称命令式用法,详见"命令式体的选择"一节。

第三人称命令式的构成

语气词 пусть(让,请,叫)与动词第三人称结合,即构成第三人称命令式,表示说话者通过对方要求(或请求、希望等)第三者进行某行为。如：

①Пусть все соберу́тся к 9 часа́м утра́. 让大家在九点前集合。

②Пусть выступа́ет на собра́нии пе́рвым това́рищ Петро́в. 让彼得罗夫同志第一个在会上发言吧。

③Пусть сильне́е гря́нет бу́ря！ 让暴风雨来得更猛烈吧！

第三人称命令式否定形式应用未完成体,表示不要进行某行为。如：

①Пусть ма́льчик не пла́чет！ 让小男孩别哭了！

②Пусть они́ не разгова́ривают！ 让他们别谈了！

**假定式的构成和用法**

假定式由动词过去时形式加语气词 бы 构成,与主语(人称代词、名词等)的搭配跟过去时相同。

假定式表示假设的、某些条件下能发生的或希望做的动作。假定式本身没有时间意义,可以用于任何时间的语境中。在复合句中,主句和从句要同时用假定式。简单句用假定式则可以表示愿望、请求、劝说、和缓的命令等。如：

①Если бы у меня́ бы́ло вре́мя, я записа́лся бы в кружо́к тури́стов. 要是我有时间,我就报名参加旅游小组了。

②Я купи́л бы э́тот дом, е́сли бы у меня́ бы́ло мно́го де́нег. 我要是有很多钱,就把这幢房子买下来了。

③Лёг бы ты отдохну́ть！你躺下休息吧！

④Если бы вы зна́ли，как необходи́м ру́сской дере́вне хоро́ший，у́мный，образо́ванный учи́тель！要是您知道俄罗斯的农村是多么需要好的、聪明的、有学问的老师就好了！

## (2)动词的体(时)形式

### 动词的体形式

俄语动词中大部分有完成体和未完成体两种体的对应，叫对偶体动词。有的由未完成体构成完成体(加前缀或换后缀)，有的由完成体构成未完成体(加或换后缀)。少数动词兼有两种体，叫兼体动词，即一些情况下它们充当完成体，另一些情况下充当未完成体。另外，还有一些动词只有一种体的形式，叫单体动词。

对偶体动词的构成

ⅰ.未完成体→完成体

加前缀

мыть(洗)→вы́мыть

лечи́ть(治病)→вы́лечить

волнова́ть(使激动)→взволнова́ть

поте́ть(出汗)→вспоте́ть

плати́ть(付款)→заплати́ть

со́хнуть(枯萎)→засо́хнуть

писа́ть(写)→написа́ть

печа́тать(印刷)→напеча́тать

кре́пнуть(巩固)→окре́пнуть

ра́довать(使高兴)→обра́довать

стро́ить(建设)→постро́ить

проси́ть(请求)→попроси́ть

гото́вить(准备)→пригото́вить

чита́ть(读)→прочита́ть

буди́ть(叫醒)→разбуди́ть

серди́ть(使生气)→рассерди́ть

де́лать(做)→сде́лать

петь(唱)→спеть

ви́деть(看见)→уви́деть

слы́шать(听见)→услы́шать

替换后缀(а→ну)
достигáть(达到)→достúгнуть
кричáть(喊叫)→крúкнуть
махáть(挥动)→махнýть
погибáть(牺牲)→погúбнуть
привыкáть(习惯)→привы́кнуть
但 просыпáться(醒)→проснýться〔ыпа↔ну〕
ii.完成体→未完成体
加后缀-ва-
встать(起立)→вставáть
дать(给)→давáть
добúться(达到)→добивáться
забы́ть(忘记)→забывáть
закры́ть(关)→закрывáть
овладéть(掌握)→овладевáть
узнáть(认出)→узнавáть
убúть(打死)→убивáть
加后缀-а-

此法涉及以-сти(-сть),-зти(-зть),-чь 结尾的动词,未完成体后缀-а-前面是什么辅音,可以通过完成体人称变位形式来确定。如:

спастú(спасý)(救出)→спасáть
соблюстú(соблюдý)(遵守)→соблюдáть
расцвестú(расцветёт)(开花)→расцветáть
потрястú(потрясý)(使震动)→потрясáть
подместú(подметý)(打扫)→подметáть
приобрестú(приобретý)(搞到,买到)→приобретáть
напасть(нападý)(攻击)→нападáть
вы́лезти 或 вы́лезть(вы́лезу)(爬出)→вылезáть
отгры́зть(отгрызý)(咬下)→отгрызáть
помóчь(помогý)(帮助)→помогáть
сберéчь(сберегý)(保护)→сберегáть
увлéчь(увлекý)(吸引住)→увлекáть
пересéчь(пересекý)(横穿)→пересекáть
换后缀

-и-→-а-或-я-：

бро́сить（扔）→броса́ть

изучи́ть（研究）→изуча́ть

ко́нчить（结束）→конча́ть

вы́полнить（完成）→выполня́ть

закрепи́ть（巩固）→закрепля́ть

повтори́ть（复习）→повторя́ть

-и-或-а-→-ива-或-ыва-：

зако́нчить（结束）→зака́нчивать

спроси́ть（问）→спра́шивать

останови́ться（停住）→остана́вливаться

опозда́ть（迟到）→опа́здывать

рассказа́ть（讲述）→расска́зывать

подписа́ть（签字）→подпи́сывать

ⅲ.无法判断构成关系的

由非同根词构成对偶体

брать — взять（拿；带）

говори́ть — сказа́ть（说）

иска́ть — найти́（找；找到）

класть — положи́ть（放）

лови́ть — пойма́ть（捉；捉住）

ложи́ться — лечь（躺下）

сади́ться — сесть（坐下）

станови́ться — стать（成为）

词内音变产生对偶体

вы́рвать — вырыва́ть（拔出）

запере́ть — запира́ть（锁上）

назва́ть — называ́ть（称呼）

нача́ть — начина́ть（开始）

поня́ть — понима́ть（明白）

посла́ть — посыла́ть（派遣）

собра́ть — собира́ть（收集）

умере́ть — умира́ть（死）

词重音移动构成对偶体

这种情况主要表现在不定式和过去时上。如：

отрéзать(-éзал)〔完〕— отрезáть(-езáл)〔未〕(切下)

засы́пать(-ы́пал)〔完〕— засыпáть(-пáл)〔未〕(撒上)

但：отрéжу，отрéжешь...〔完〕；отрезáю，отрезáешь...〔未〕

засы́плю，засы́плешь...〔完〕；засыпáю，засыпáешь...〔未〕

**兼体动词**

常用的有：велéть(吩咐)，обещáть(答应)，образовáть(构成)，испóльзовать(利用)，организовáть(组织)，исслéдовать(研究)，арестовáть(逮捕)，рáнить(使受伤)，жени́ть(ся)(使娶妻〈结婚〉)等。

这类动词用于什么体，其判断原则与其它动词相同(详见"动词体(时)形式的用法"一节)，而且需要一定的上下文。试比较：

①Начáльник велéл мне вернýться к нóчи назáд. 首长命令我入夜以前返回。〔完成体〕

②Ми́ша，команди́р полкá вели́т тебé проводи́ть нас с Вáрей. 米沙，团长命令你护送我和瓦丽娅。〔未完成体〕

③В двáдцать шесть лет он жени́лся на Анне по любви́. 他在二十六岁时同安娜恋爱结婚了。〔完成体〕

④Ведь он не на тебé жéнится，но на твои́х деньгáх. 要知道他不是和你这个人结婚，而是和你的钱结婚。〔未完成体〕

**单体动词**

ⅰ. 只有完成体形式的单体动词，其中一类是带前缀 по-和 про-的表示动作持续一段结束的动词，一类是带前缀 по-和 за-表示开始动作的动词。如：

постоя́ть(站一会儿)，погуля́ть(散一会儿步)，поговори́ть(谈一谈)；просидéть(坐〈若干时间〉)，прожи́ть(住〈若干时间〉)等；

пойти́(开始走)，побежáть(跑起来)，полетéть(开始飞)等。

закричáть(喊叫起来)，заигрáть(开始玩)，засмея́ться(笑起来)等。

ⅱ. 只有未完成体形式的单体动词，常用的有：

стóить(值得)，имéть(有)，знáчить(意味着)，обладáть(具有)，зави́сеть(取决于)，принадлежáть(属于)，состоя́ть(由……组成)，содержáть(含有)，руководи́ть(领导)，существовáть(存在)，отсýтствовать(缺席)，присýтствовать(出席)等。

**动词的体(时)形式的意义和用法**

动词的词汇意义表示发生(或产生)的是什么行为或状态，动词的体(时)形式表示该行为或状态如何(及何时)发生(或产生)的基本情况(是否延续，是否重复，是否完成等)。

无论动词的实际运用形式是什么(陈述式、命令式、不定式、副动词形式等),其用体形式的总原则是:

完成体注重行为的完成或状态的实现,强调行为或状态达到某种结果;

未完成体则注重行为或状态的本身存在和发生(即概括事实),或者强调行为或状态的延续,其经常性和反复性。

在实际运用中,动词的不同形式还可以有不同的意义特点。

*动词陈述式体(时)的选择*

动词陈述式有三个时间(现在时、过去时、将来时)形式。不同动词体、不同的时间形式,意义上可能有某些差别。

完成体动词陈述式形式的主要意义侧重于行为的完成并取得结果。其具体意义是:

ⅰ.一次性具体行为的完成,主要用于过去时。言语中经常连续用几个完成体动词来表示连续发生并都完成的行为 。例如:

①Он за́пер дверь и ушёл. 他锁上门,就走了。

②Пришёл ко мне вчера́ ве́чером мой ста́рый друг, сел о́коло меня́ и на́чал расска́зывать о свои́х путеше́ствиях на се́вер. 昨晚我的一位老朋友到我这儿来了,坐到我的旁边就开始讲他的北方之旅。

ⅱ.瞬间行为的完成。这部分动词都带有后缀-ну-。例如:

①Я взгляну́л в окно́: на безо́блачном не́бе разгора́лись звёзды. 我望望窗外:无云的天空中星光灿烂。

②Круто́м ни души́. За село́м в куста́х мелькну́л кот. 四周一个人也没有。村外的灌木丛中闪过一只猫。

上述(ⅰ)、(ⅱ)两类完成体动词过去时形式还可以和表示多次、连续反复意义的词(如 не́сколько раз, мно́го раз 等)连用,这时虽表示行为重复多次,但强调每次都必须是完成的。试比较:

①Макси́м мно́го раз посмотре́л э́тот фильм, так как он ему́ о́чень нра́вится. 这部影片马克西姆看了许多遍,因为他很喜欢它。

②Я уста́л немно́жко, потяну́лся и не́сколько раз зевну́л. 我觉得有些累,伸了个懒腰,接连打了几个哈欠。

ⅲ.完成体过去时形式还可以表示将来(必然)发生的行为。这时是把未来的行为当作已经发生的来对待,从而强调它的必然性。能这样用的动词有:поги́бнуть(死亡), пропа́сть(完蛋), умере́ть, побежа́ть, пойти́, пое́хать 等。试比较:

①Е́сли за́втра к нам никто́ не придёт, всё пропа́ло. 要是明天谁都不到我们

这儿来，那就一切都完了。

②Ну，я пошёл. 好吧，我走啦。

ⅳ. 完成体将来时除表示将要发生的并将完成和取得结果的行为外，还可以用来强调行为的可能性。试比较：

①В э́том ми́ре то́лько он оди́н поймёт меня́. 这个世界上只有他一个人能理解我。

②Но ра́зве се́верных мальчи́шек удéржишь в го́роде，если ря́дом шуми́т дрему́чий лес? 难道北方的孩子们在城市里能关得住吗，如果邻近有茂密的森林在喧嚣的话？

ⅴ. 强调行为开始阶段的完成。这类动词多带前缀 за-或 по-，如：запе́ть（唱起来），закрича́ть（喊起来），засмея́ться（笑起来），побежа́ть（跑起来），полете́ть（飞起来），полюби́ть（爱上了）等。试比较：

①С де́тства я полюби́л му́зыку. 从童年起我就爱上了音乐。

②Мой спу́тник зажёг электри́ческий фона́рик. 我的同伴打亮了手电筒。

ⅵ. 强调行为持续一定时间后中止。这类动词一般带前缀 про-，по-。如：просиде́ть（坐若干时间），пролежа́ть（躺若干时间），прогуля́ть（散步若干时间），посиде́ть（坐一坐，坐一会儿），погуля́ть（散一会儿步），почита́ть（读一会儿），постоя́ть（站一会儿）等。

①Ма́ма пролежа́ла в больни́це 2 ме́сяца. 妈妈住了两个月的院。

②Де́душка поигра́л с вну́ком в ша́хматы. 祖父和孙子下了一会儿象棋。

这里，例①中的 пролежа́ла 指行为已经中止，即说话时母亲已离开医院。如果换用 лежа́ла，则母亲是否还在医院就不清楚了，可能在，也可能不在。这与 пролежа́ла 强调行为持续一段后中止是不同的。

强调行为完成后结果继续存在，即着眼于行为完成后留下的状态。这时，一般用过去时。试比较：

①По́сле тяжёлой боле́зни Никола́й си́льно похуде́л. 重病之后尼古拉瘦了很多。

②Всё，что пото́м произошло́，ка́ждую секу́нду сле́дующего получа́са я запо́мнил до са́мых незначи́тельных мелоче́й на всю жизнь. 后来发生的一切，接下来的半小时内每一秒钟所发生的细微末节我一生都记得。

③Для меня́ наступи́ла но́вая жизнь. 我的新生活开始了。

未完成体动词陈述式形式的主要意义是行为本身的存在与发生，不顾及行为是否完成，是否有结果（即作为概括事实出现）。经常与表示行为性质、特征的词搭配。这时，说话者着重强调行为的性质或特征，而不是行为本身。另外，许多情况下可以用来表示人、动物或其它事物的某种能力。例如：

①Я смотре́л э́тот фи́льм. Ску́чный о́чень. 我看过这部影片，很没意思。

②Придётся тебе́ идти́ к Васи́лию и сказа́ть, что мост рвать бу́дем. 你必须去瓦西里那儿告诉一下，说我们要炸桥。

①②两例中着眼于行为本身，而不顾及结果。

③Де́вочка спе́ла ру́сскую наро́дную пе́сню. Пе́ла она́ гро́мко, с чу́вством. 小姑娘唱了一首俄罗斯民歌。她唱得声音很大，充满感情。

④На э́том де́реве он терпели́во сиде́л, ожида́я конца́ наводне́ния. 他在这棵树上耐心地坐着，等着洪水结束。

③④两例着重行为的方式。

⑤Ры́ба пла́вает, а пти́ца лета́ет. 鱼会游，而鸟会飞。

⑥Со́лнце восхо́дит на восто́ке. 太阳在东方升起。

⑤⑥两例强调事物具有某种能力。

行为经常或反复发生。后者句中往往有表示频度的词语，如 мно́го раз, ка́ждый день, по утра́м 等。试比较：

①Ка́ждый день я встаю́ в 6 часо́в, одева́юсь, умыва́юсь и за́втракаю. 每天我6点钟起床，穿衣，洗漱，吃早饭。

②По воскресе́ньям мы собира́емся или у меня́, или у Андре́я. 每个星期天我们都聚会，或者在我家，或者在安德烈家。

③Я мно́го раз говори́л ему об э́мом, но он всё же забы́л. 这件事我对他说过许多次，但他还是忘了。

行为（或状态）的延续及过程。这时，句中经常可以用表示度量的词语来表示行为（或状态）持续的时间。试比较：

①Скажи́те, пожа́луйста, ско́лько вре́мени идёт письмо́ из Москвы́ в Пеки́н? 请问，从莫斯科往北京寄信要用多长时间？

②Ве́сь ве́чер Людми́ла смотре́ла телеви́зор, никуда́ не уходя́. 柳德米拉看了一晚上电视，哪儿也没去。

③До́лго упра́шивал я бра́та взя́ть меня́ с собо́ю на охо́ту. 我花了好长时间恳求哥哥带我去打猎。

④Мы стои́м о́коло анга́ра, ждём самолёта. 我们站在机库旁边等飞机。

现在时形式可以表示未来必将进行的行为。该行为虽发生在将来，但实现它的企图和意愿产生在说话时刻。能这样用的动词，必须是表示可以随主观意愿决定的行为。如：идти́, е́хать, уходи́ть, уезжа́ть, вылета́ть, отправля́ться（出发），возвраща́ться, обе́дать, у́жинать, встреча́ть（迎接），начина́ть 等。试比较：

①Мой оте́ц уезжа́ет за́втра в командиро́вку. 我的父亲明天出差。

②Так, договори́лись, встреча́емся за́втра в 5 часов у вхо́да в теа́тр. 那么，说定了，明天 5 点我们在剧院门口见面。

过去时形式可以表示一个周期性行为，意义相当于两个相应的完成体动词。如：брал = взял и верну́л；приходи́л = пришёл и ушёл；открыва́л（окно́）= откры́л и закры́л（окно́）。试比较：

①Наве́рно, кто́-то открыва́л окно́, в ко́мнате о́чень хо́лодно. 大概有人开过窗户，房间里很冷。

②Вчера́ я е́здила на по́чту и купи́ла мно́го конве́ртов. 昨天我去了邮局，买了很多信封。

不定式体的选择

动词不定式在句中既可能单独使用，也可能与其它词（动词、形容词、状态词、名词）连用。当着眼于行为的完成或行为的具体结果时，应用完成体形式；当着眼于行为本身、行为的延续或重复时，要用未完成体形式。

单独使用时，应根据具体意义来决定体形式（详见单部句无人称句(3)不定式形式一节）。

与其它词连用时，应根据其它词的特点或根据具体要表达的意义来决定形式。

与 успе́ть（来得及，赶上），уда́ться（得以），забы́ть 等动词连用，因主要强调行为的完成和结果，不定式应用完成体。如：

①Жаль, бельё я не успе́ла вы́стирать. 可惜，内衣我没来得及洗干净。

②Ра́зве э́то не ну́жно де́лать, нельзя́ де́лать, не уда́стся сде́лать？难道这不该做，不能做，做不到吗？

③Оте́ц всё-таки забы́л взя́ть с собо́й зо́нтик. 父亲还是忘了带雨伞。

而如与上述动词未完成体形式连用，则不定式两体形式均可，试比较：

①Я иногда́ забыва́л принести́（приноси́ть）уче́бник. 我有时忘带教科书。

②Он всегда́ успева́ет выполня́ть（вы́полнить）зада́ние. 他总是能完成任务。

与 нача́ть, ко́нчить, стать, продолжа́ть, переста́ть（中止，停止），приня́ться（着手），бро́сить（放弃），привы́кнуть（习惯于），(по) люби́ть（爱，喜欢），разлюби́ть（不再喜欢），отвы́кнуть（失去……的习惯），запрети́ть（禁止），надое́сть（厌恶），научи́ться（学会），разучи́ться（不再会），уста́ть（厌烦），разду́мать（不再想）等动词连用，由于与行为的完成和结果无关，而只涉及行为本身，所以应用未完成体。试比较：

①Когда́ ты на́чал изуча́ть ру́сский язы́к？你什么时候开始学俄语的？

②Я наконе́ц-то научи́лся пла́вать. 我终于学会了游泳。

③Несмотря́ на сове́т врача́, он не бро́сил кури́ть. 不顾医生的建议,他还是没有戒烟。

④Никола́й заболе́л, и до́ктор запрети́л ему́ выходи́ть и́з дому за неде́лю. 尼古拉病了,一周内医生不许他出门。

与 мочь, хоте́ть, жела́ть(希望), реши́ть, проси́ть, сове́товать(建议), приказа́ть(命令), веле́ть(吩咐), сле́дует(应该), на́до, ну́жно, необходи́мо(必须), должно́, мо́жно, нельзя́ 等连用,应根据具体要表达什么意义来确定不定式的形式。

当涉及行为的完成和结果时,不定式应用完成体形式。如:

①Жела́ю вам дозвони́ться. 祝你能打通电话。

②Я наде́юсь, что могу́ тебе́ помо́чь. 我希望能帮助你。

③В за́ле так шу́мно, что нельзя́ рассльı́шать, что докла́дчик говори́т. 大厅里是如此喧闹,以至于听不清做报告的人在讲些什么。

④Сове́тую тебе́ посмотре́ть э́тот фильм. 我劝你看一看这部影片。

⑤Мо́жно войти́? 可以进来吗?

而当着眼于行为本身或行为的延续或重复时,不定式应用未完成体形式。试比较:

①Нам на́до приле́жно учи́ться. 我们应该勤奋学习。

②Эти истори́ческие уро́ки сле́дует кре́пко по́мнить всем чле́нам па́ртии. 全体党员都应牢记这些历史教训。

③Прошу́ занима́ть места́! 请就座!

④Я реши́л ка́ждое у́тро де́лать заря́дку. 我决定每天早晨做操。

⑤Тепе́рь уже́ тепло́. Мо́жно спа́ть с откры́тым окно́м. 现在已经暖和了,可以开窗睡觉了。

与 пойти́, пое́хать 等动词连用,当 пойти́, пое́хать 等是过去时形式时,动词既可能保留动词不定式形式,也可能用与 пойти́, пое́хать 等动词变位形式相同的形式。试比较:

①Они́ пое́хали купи́ть ме́бель. 他们去买家具了。

②Они́ пое́хали купи́ли ме́бель. 他们去买了家具。

①和②意义不同。例①表示他们去买家具了,现在不在此地;例②表示他们已经买了家具,行为已完成。

与 пойти́, пое́хать 等动词连用的不定式,可以是完成体形式,也可是未完成体形式,但意义有一定差别。试比较:

①Они́ пое́хали встреча́ть делега́цию. 他们去接代表团了。(强调行为过程长。)

②Они́ поéхали встрéтить делегáцию. 他们去接代表团了。(强调行为短暂。)

③Я пошёл купи́ть хлéб. 我去买面包。(指行为的一次完成。)

④Я пошёл покупáть дивáн, кни́жный шкаф, гардерóб и чáйный стóлик. 我去买沙发、书柜、衣柜和茶几。(强调行为客体的数量、行为发生多次。)

与 пойти́, поéхать 等动词的将来时形式和命令式形式以及不定式形式连用时,表示行为目的的动词应使用同样的体、时形式。如:

①Пойди́ принеси́ мои́ часы́. 去把我的表拿来。

②Наш роднóй гóрод си́льно измени́лся. Ты приéхал бы посмотрéл. 我们的家乡变化很大,你来看看吧。

③ — Вы пригласи́ли декáна на наш вéчер? – Сейчáс пойду́ приглашу́. "你们邀请系主任参加我们的晚会了吗?""现在我就去邀请。"

④У Ни́ны сегóдня день рождéния, нáдо пойти́ поздрáвить. 尼娜今天过生日,应该去祝贺一下。

命令式体的选择

完成体动词命令式形式可以用来表示以下几种情况。

ⅰ. 请求。如:

①Скажи́те, как доéхать до вокзáла? 请问,到火车站怎么走?

②Встáнь, Вáся, порáньше зáвтра. 瓦夏,明天早点儿起床。

ⅱ. 具体的建议。如:

①Покажи́ себя́ врачу́. У тебя́ плохóй вид. 去看医生吧。你的脸色不好。

②Остáньтесь у нас ещё на недéлю. 在我们这儿再待一周吧。

ⅲ. 具体的要求或命令。如:

①Подожди́те мину́точку! Я сейчáс верну́сь. 等一下!我马上就回来。

②Закрóй окнó! На у́лице ду́ет. 关上窗吧!外面在刮风。

未完成体一般用于以下几种情况。

ⅰ. 向对方发出邀请。可以用于此义的动词,限于日常交往礼节用语。如:

①Заходи́те к нам в гóсти. 请来我们这儿做客。

②Входи́те! Раздевáйтесь! 请进!请脱下外衣!

③Сади́тесь! 请坐!

不过,当这种邀请包括说话人自己时,常用完成体形式。如:

①Пойдём нарвём в саду́ каштáнов! 让我们去花园里采栗子吧!

②Отдохнём(те) немнóго! 让我们休息一会儿吧!

另外,还可以用 давáй(те)与动词(完成体或未完成体将来时)复数第一人称连用。如:

①Давáй(те) отдохнём!

②Давáйте бýдем отдыхáть!

ⅱ. 表示行为经常、反复发生。如:

①Выполня́йте аккурáтно домáшние задáния кáждый день! 每天都要工整地完成家庭作业!

②Приходи́те ко мне, когдá бýдешь свобóден. 有空时到我这儿来吧。

ⅲ. 催促行为发生。如:

①Чегó ты ещё не лёг спать? Ложи́сь! 你怎么还没睡呀? 睡吧!

②В тéксте никаки́х нóвых слов нет, да? Тогдá читáй! 课文中没有任何生词,是吗? 那就读吧!

ⅳ. 强调指出行为方式。如:

①Говори́те грóмче, чтóбы всем бы́ло слы́шно. 请大点声说,好让大家都听见。

②Положи́те цветы́ наoкнó. Клади́те осторóжнее. 请把花放到窗台上。小心点儿放。

有时在同一语境下,既可用完成体命令式,又可用未完成体命令式,只是意义有所侧重。

当回答对方的具体要求或询问时,用完成体命令式表示允许,用未完成体则表示中立、无所谓的态度。试比较:

— В кóмнате дýшно. Мóжно откры́ть окнó? — Открóй. (Открывáй.)"房间里很闷,可以开窗吗?""开吧。"

— Мóжно от вас позвони́ть? — Звони́, звони́. "能借用一下你的电话吗?""用吧,用吧"。

在某些情况下,当对方的要求或询问只涉及行为本身而使用未完成体动词形式时,用未完成体命令式形式也可以表示允许。试比较:

① — Мóжно задавáть вам вопрóс? — Задавáй. "可以给您提个问题吗?""提吧。"

② — Мóжно Анне уходи́ть? — Пусть ухóдит. "安娜可以走了吗?""让她走吧。"

当表示具体的要求或命令时,一般用完成体命令式形式,这时如改用未完成体命令式形式,则表示该要求或命令应立即执行。试比较:

①Бýдьте добры́, передáйте э́ту запи́ску вáшей дя́де. 劳驾,请把这张便条转交给您的叔叔。

②Всё ужé готóво. Пóйте! 一切已经准备好了,唱吧!

③Доста́ньте лист бума́ги и запиши́те мои́ слова́. Ну, запи́сывай. 请拿出一张纸记我的话。好了,记吧。

某些命令式形式可以由动词的其它形式来表达,不过说话的口气可能有较大的变化。

强烈的要求或命令可以用不定式形式表示,由于要求和命令一般比较具体,所以多用完成体形式,否定式一般用未完成体形式,(见6.(2))。试比较:

①Останови́ться! 停下!

②Вста́ть! 起立!

③Не шуме́ть в аудито́рии! 不要在教室里喧哗!

表示劝告或有礼貌地表示自己的请求、愿望时,可用假定式或不定式+бы形式。这时,如行为是具体的、一次性的,用完成体;若表示经常性或持续性的行为,用未完成体。试比较:

①Лёг бы ты отдохну́ть! 你躺下休息吧!

②Попра́вилась бы скоре́е ба́бушка! 奶奶的病快点好吧!

③Скоре́й бы пришли́ кани́кулы! 快点儿放假吧!

④Сходи́л бы ты в магази́н! 你去一趟商店吧!

⑤Съе́здить бы за́ город. 能去郊游一次该多好!

⑥Встал бы ты пора́ньше. 你最好早点起来。

⑦Занима́лся бы он бо́льше. 他多用些功就好了。

⑧Ездить бы ча́ще за́ город. 能常去郊游该多好!

副动词体的选择

未完成体副动词一般表示与谓语动词行为同时发生的行为。试比较:

①Он говори́т, волну́ясь. 他激动地说。

②Он говори́л, волну́ясь. 他〈当时〉激动地说。

③Они́ сиде́ли за столо́м, споко́йно бесе́дуя. 他们坐在桌旁,平静地交谈。

④Чита́я статью́, я выпи́сываю незнако́мые слова́. 读文章时我把生词摘抄下来。

⑤Чита́я статью́, я бу́ду выпи́сывать незнако́мые слова́. 读文章时我将会把生词摘抄下来。

完成体副动词一般表示在谓语动词的行为之前(或之后)发生的行为。试比较:

①Улыбну́вшись, он отве́тил на мой вопро́с. 他笑了一下,回答了我的问题。

②Сда́в экза́мены, мы уе́дем на пра́ктику. 考完试后我们要去实习。

③Побесе́довав, они́ разошли́сь. 谈完话他们就分手了。

④Закóнчив рабóту, он отдыхáет. 他〈总是〉做完工作后休息。

⑤Закóнчив рабóту, он бýдет отдыхáть. 结束工作后他将休息。

〔注意:完成体副动词表示在谓语动词之后发生的行为时,副动词必须在动词后。〕

副动词在使用中可以产生一些具体的意义,如时间意义,方式方法意义、原因意义、条件意义、让步意义等。试比较:

时间意义。如:

①Поднимáясь по лéстнице, они́ грóмко разговáривали. 上楼时他们大声地谈话。

②Брат, проснýвшись, бы́стро вскочи́л с постéли. 弟弟睡醒后很快就起床了。

方式方法意义。如:

①Дирéктор слýшал, улыбáясь. 经理微笑地听着。

②Он шёл мéдленно, крéпко опирáясь на пáлку. 他慢慢地走着,用力拄着棍子。

原因意义。如:

①Не поня́в вопрóса, студéнт не смог отвéтить. 大学生不理解这个问题,所以回答不上来。

②Хорошó знáя мéстность, проводни́к увéренно вёл отря́д. 由于很了解地形,向导自信地引导着队伍。

条件意义。如:

① Невозмóжно ничегó вообрази́ть, не опирáясь на реáльность, на фáкты. 若不以现实和事实为依据,是什么也想像不出来的。

② Занимáясь системати́чески гимнáстикой, мóжно хорошó укрепи́ть здорóвье. 只有经常地做体操,才能更好地强健身体。

让步意义。如:

①Бýдучи óчень зáнят, он всё же нахóдит врéмя занимáться спóртом. 尽管他很忙,他还是抽出时间来从事体育运动。

②Дóлго готóвясь в путь, мы забы́ли однý вáжную вещь. 虽然我们为出发做了长时间的准备,我们还是忘了一件重要的东西。

动词否定时体形式的运用

ⅰ. 动词陈述式否定时。

完成体:表示行为没有什么结果,尽管行为发生过,动词用过去时。如:

①Они́ ещё не закóнчили рабóту. 他们还没结束工作。

②Я переводи́л э́тот ромáн уже мéсяца два, но не перевёл. 我翻译这部小说

已经差不多两个月了,但还没译完。

完成体:表示不可能达到行为结果,动词用将来时。如:

①Первоку́рсники не отве́тят на тако́й вопро́с. 一年级学生答不上这样的问题。

②На таку́ю высо́кую го́ру никто́ не подни́мется. 这么高的山谁也上不去。

未完成体:否定行为的发生,动词可能用任何时间。如:

①Я не чита́л сего́дняшней газе́ты. 我没读过今天的报纸。

②Анто́н не уходи́л, он упря́мо стоя́л поода́ль. 安东一直不走,他执拗地站在远处。

③Ви́ку я не встреча́л лет де́сять. 我十来年没见过维卡了。

④ — Получи́ли вы телегра́мму? — Каку́ю телегра́мму? Мы никако́й телегра́ммы не получа́ли. "你们收到电报了吗?""什么电报?我们什么电报也没收到。"

未完成体:表示不该发生,动词一般用复数第三人称形式(即不定人称形式)。如:

①В саду́ не рву́т цветы́. 花园里不许折花。

②Здесь не ку́рят. 此处不要吸烟。

ⅱ. 不定式否定时。

完成体:表示行为不可能达到结果或不可能完成。试比较:

①Зде́сь не пройти́. 此路不通。

②Он упря́мый челове́к, и его́ не уговори́ть. 他是个固执的人,是不能被说服的。

此义还可由 нельзя, не мочь(не смочь)等与完成体不定式来表达。试比较:

①На́ гору нельзя́ подня́ться, так как она́ о́чень крута́. 这座山上不去,因为它太陡了。

②В э́ту ночь он до́лго воро́чался, не мог засну́ть. 这一夜他久久地翻来覆去睡不着。

完成体不定式与 бы 连用可以表示警告、担心等意义。试比较:

①Не простуди́ться бы тебе́! 你可别感冒!

②Как бы тебе́ не простуди́ться! 你可别感冒呀!

完成体不定式借助 ли 和疑问语调可表示一种建议。试比较:

①Не послу́шать ли вам му́зыку? 您不听听音乐吗?

②Не потанцева́ть ли вам? 您不跳个舞吗?

未完成体:表示不应该或不需要等意义。试比较:

①Не включáть магнитофóн, ребёнок спит. 别开录音机，孩子在睡觉。

②Не мешáть отцý рабóтать. 别防碍父亲工作。

表达此类意义时，未完成体不定式经常与 не нáдо, не дóлжен, не стóит, не слéдует, нельзя́ 等连用。试比较：

①Тебé не нáдо её ви́деть. 你不应该见她。

②Вы не должны́ подавáть э́то заявлéние. 您不应该把这份申请递上去。

③Не стóит жалéть такóго человéка. 这种人不值得怜悯。

④Не слéдует с ним имéть дéло. 不该和他打交道。

⑤В учёбе необходи́мо придéрживаться при́нципа постепéнности, нельзя́ забегáть вперёд. 在学习中必须遵守循序渐进的原则，不能好高骛远。

⑥Не нýжно покупáть нóвый компью́тер. Этот покá ещё рабóтает. 用不着买新计算机，这个暂时还能用。

**注意**：не мог 和 не смог 均可和未完成体不定式连用，但意义不是"不应该，不需要"。не мог + 未完成体不定式表示"不能进行某行为"，即没有进行该行为的能力或可能性，而 не смог + 未完成体不定式表示"虽经努力但终究未能进行某行为"。试比较：

①По неóпытности он не мог справля́ться с э́той рабóтой. 由于没有经验他不能承担这件工作。

②По неóпытности он не смог спрáвиться с э́той рабóтой. 由于没有经验他没能胜任这件工作。

未完成体不定式与 бы 连用可以表示希望（愿意）。试比较：

①Не помогáть бы емý решáть задáчи. Пусть он сам решáет. 最好别帮他解题。让他自己解。

②Не опáздывать бы вам на собрáние. 您开会最好别迟到。

此结构如用于指已经发生的事情，则转为表示遗憾。试比较：

①Не помогáть бы емý! 不帮他就好了！

②Не опáздывать бы мне! 我不迟到就好了！

另外，мочь не 既可以和完成体不定式连用，也可以和未完成体不定式连用。其区别是，与完成体不定式连用时表示"可能……不了"，与未完成体不定式连用时表示"可以不……"。试比较：

①Он мóжет не сообщи́ть об э́том други́м: все уже ушли́. 这件事他可能通知不了其他人，因为大家已经离开了。

②Мóжете не сообщáть об э́том други́м. 这件事您可以不通知其他人。

③Ни́на мóжет не успéть перевести́ статью́ за оди́н день. 尼娜在一天内可能

来不及翻译完文章。

④Сергéй мóжет не присýтствовать на заседáнии，он уже вы́разил своё мнéние об э́том. 谢尔盖可以不参加会，就这件事他已经表达了自己的意见。

ⅲ. 命令式否定时。

完成体表示担心、提醒以至警告。试比较：

①Не упади́！别摔倒了！

②На ýлице хóлодно. Смотри́ не простуди́сь！外面很冷。小心别感冒了。

③Осторóжнее，не разбéй. Там буты́лка вóдки. 小心些，别碰打了。那儿是一瓶伏特加酒。

还可表示请求，此时口气较强。试比较：

①Не потеря́й кни́гу，онá из библиотéки. 别把书弄丢了，这是在图书馆借的。

②Не зажги́ свет：он мне мешáет. 别开灯，它会防碍我。

未完成体表示一般的建议和请求、要求以至命令，其意义为“不应该、不必进行某行为”。试比较：

①Ребёнку сдéлали приви́вку，не мой его́ в течéние трёх дней. 孩子注射疫苗了，三天内不要给他洗澡。

②Пиши́ почáще，не забывáй меня́. 常写信，别忘了我。

③Не бýдем ждáть. 咱们别等了。

④Не трóгай э́ти фотогрáфии. 别动这些照片。

⑤Пусть Ася не трóгает э́ти фотогрáфии. 让阿霞不要动这些照片。

ⅳ. 副动词否定时。

副动词否定时的用体原则与动词体使用的总原则基本相同，即与行为的完成及行为的结果相关时用完成体，而涉及行为本身时用未完成体。试比较：

①Не сдав экзáмен，я си́льно огорчи́лся. 考试没及格我感到很伤心。

②Не гля́дя на неё，негрóмко и почему-то óчень сурóво Пáвел заговори́л. 巴维尔没有看她，声音不大而且不知为什么很严肃地开始讲话。

③Не имéя áдреса，он не мог отвéтить на письмó. 他没有地址不能回信。

④Не поня́в，в чём дéло，я ничегó не могý сказáть. 由于不明白是怎么回事，我无话可说。

⑤Они́ расстáлись，не пожелáв друг дрýгу счастли́вого пути́. 他们没有互道平安就分别了。

⑥Порóю он останáвливался，не находя́ слов. 他不时地停下来不讲，因为一时找不到话说。

## 练习 16 选择填空

1. И если бы я мог выбирать, я бы ______ этих студентов. Они любят науку, но не становятся ее рабами.

 а. выбирал б. выбрал

2. 900 дней и ночей ______ ленинградцы свой город. Они ______ от голода, от холода, от ран, но не ______.

 а. защищали, умирали, сдавались б. защитили, умерли, сдались

3. После того, он послал матери денег и написал, что ______ ей ежедневно.

 а. будет помогать б. поможет

4. В большие праздники в учреждениях устраивались вечера для сотрудников. Данилов ______ с собой Дусю на эти вечера.

 а. брал б. взял

5. Вася и Шурик играют в шахматы.

 — Что ты так долго думаешь? Все равно у тебя ничего не ______.

 — Как это не ______? Шах!

 а. получается б. получится

6. И все же он верил: и на этот раз ______ жив. Он не ошибся. Выручил его товарищ Угольков.

 а. остаётся б. останется

7. Когда я вернулся домой, мне сказали, что кто-то ______ мне по телефону.

 а. звонил б. позвонил

8. Я давно собирался ___(1)___ этот фильм и вчера наконец ___(2)___.

 (1) а. смотреть, б. посмотреть

 (2) а. смотрел, б. посмотрел

9. Никого не было. Да и кто ______ сюда в полночь?

 а. идёт б. пойдёт

10. Дверь из этой комнаты ______ в зал.

 а. выходила б. вышла

11. Поскорее, а то ______.

 а. опаздываем б. опоздаем

12. Нужно напиться. ______ три раза в день: утром, в полдень и вечером.

 а. Буду пить б. Выпью

13. Мой знакомый говорил мне, что больше месяца его отец все ______ из Пе-

тербурга, и все не может уехать.

а. уезжает б. уедет

14. Николай Иванович слушал радио в своем кабинете, когда в прихожей (前厅) ______ звонок.

а. раздавался б. раздался

15. День был ясный, теплый. Навстречу Гагарину шли, спешили тысячи людей. Никто не обращал внимания на молодого летчика, никто не знал, что скоро о нём ______ весь мир.

а. узнаёт б. узнает

16. Пройдут годы и годы, но память о павших (牺牲的) за свободу нашей страны, ______ навсегда.

а. остаётся б. останется

17. Ты слаб. Ты не ______ этот чемодан.

а. поднимаешь б. поднимешь

18. Он сам решил взяться за это дело, никто его не ______.

а. заставлял б. заставил

19. Человек, который привык бояться, всегда ______ причину для страха.

а. находит б. найдёт

20. До самого отъезда в деревню я никуда не ______ из дома.

а. выходил б. вышел

21. Раздался громкий стук в дверь, ______ мой сосед.

а. стучал б. постучал

22. Вы ______ мне об этом слишком поздно, я ничем не могу вам помочь.

а. говорили б. сказали

♨答案:

1. б, 2. а, 3. а, 4. а, 5. б, 6. б, 7. а, 8. (1) б, (2) б, 9. б, 10. а, 11. б, 12. а, 13. а, 14. б, 15. б, 16. б, 17. б, 18. а, 19. а, 20. а, 21. а, 22. б.

**练习 17 选择填空**

1. Я иногда хотел ______ на твоё письмо, но у меня не было времени.

а. отвечать б. ответить

2. — Давайте сдвинем столики.

— Хорошо, а я пока принесу кофе. Маша, тебе ______ пирожное(甜点心)?

— Пожалуйста.

а. брать　　　　б. взять

3. Я хочу ______ вам, почему я не пришел вчера.

а. объяснять　　　　б. объяснить

4. Она попросила хотя бы иногда ______ на ее письма.

а. отвечать　　　　б. ответить

5. Он почти перестал ______ из дома, все сидел, читая книгу "Записки моего отца."

а. выходить　　　　б. выйти

6. Если хорошо организовать свое время, можно все успеть ______.

а. делать　　　　б. сделать

7. — Борис, нам надо ______ все упражнение? Оно такое большое!

а. делать　　　　б. сделать

8. Он каждый раз хотел __(1)__ на экзамене отличную отметку и огорчался, если __(2)__ "хорошо".

(1) а. получать　　　　б. получить

(2) а. получал　　　　б. получил

9. Петр ушел ______ чай и сахар.

а. покупать　　　　б. купить

10. Они сели у реки ______ и ______ лошадей.

а. отдыхать, кормить　　　　б. отдохнуть, накормить

11. Она попробовала ______ свою мысль по-русски, но это ей не вполне удалось.

а. выражать　　　　б. выразить

12. Задание ______ текст было для нас обычным.

а. читать　　　　б. прочитать

13. Вот если бы ______ на БАМ (贝阿大铁路)!

а. попадать　　　　б. попасть

14. Она старается ______ этот план к сроку.

а. выполнять　　　　б. выполнить

15. Больному нужно ______ это лекарство.

а. принимать　　　　б. принять

16. Видим, Дуся готовит обед, мы стали ______.

а. помогать　　　　б. помочь

17. Обычно он мог ______ на вопросы преподавателя, но молчал.

а. отвечать　　　　б. ответить

18. Мы имели возможность много ездить по стране, ______ наше многонациональное искусство.

а. изучать　　　　б. изучить

19. Потом Миша начал ______ марки. Больше всего ему нравились на марках портреты.

а. собирать　　　　б. собрать

20. Молодежь поехала на БАМ ______ железную дорогу, поселки, города, ______ новую жизнь в тайге.

а. строить, создавать　　　　б. построить, создать

♨答案：

1. б, 2. б, 3. б, 4. а, 5. а, 6. б, 7. б, 8. (1) б, (2) а, 9. а, 10. а, 11. б, 12. б, 13. а, 14. б, 15. б, 16. а, 17. б, 18. а, 19. а, 20. а.

## 练习 18　选择填空

1. Если будете в Ялте, обязательно ______ дом-музей Чехова.

а. посещайте　　　　б. посетите

2. С людьми ______, а своего ума не теряй.

а. советуйся　　　　б. посоветуйся

3. ______ это лекарство три раза в день.

а. Принимайте　　　　б. Примите

4. ______ карандаш, бумагу и ______ уравнение.

а. Берите, составляйте　　　　б. Возьмите, составьте

5. ______ из комнаты на несколько минут, ее надо проветрить.

а. Выходите　　　　б. Выйдите

6. Всегда ______ у окна!

а. садитесь　　　　б. сядьте

7. Пойди ______ немного. Я вижу, ты очень устал.

а. гуляй　　　　б. погуляй

8. — Можно мне посмотреть твои открытки?

— Пожалуйста, ______.

а. смотри　　　　б. посмотри

9. Врач сказал:

— Кто следующий? ______!

а. Входите　　　　б. Войдите

10. — Мне надо еще написать три упражнения.

— ______ быстрее, а то мы можем опоздать.

а. Пиши　　　　б. Напиши

11. Кто-то постучал в дверь.

— ______!

а. Входите　　　　б. Войдите

12. ______ мне, пожалуйста, книгу.

а. Давайте　　　　б. Дайте

13. Что вы замолчали? ______!

а. Говорите　　　　б. Скажите

14. — Можно войти?

— ______!

а. Входите　　　　б. Войдите

15. ______, пожалуйста, который час сейчас?

а. Говорите　　　　б. Скажите

16. Когда вынесете вещи, ______ мне об этом.

а. говорите　　　　б. скажите

17. Сядь! Да ______ же!

а. садись　　　　б. сядь

18. Немедленно ______ из комнаты все лишние вещи!

а. выносите　　　　б. вынесите

19. ______ все, что вы думаете об этом деле.

а. Рассказывайте　　　　б. Расскажите

20. Теперь вы ______ вот здесь, на камень, и я начну рассказывать.

а. садитесь　　　　б. сядьте

♨答案:

1. б,2. а,3. а,4. б,5. б,6. а,7. б,8. б,9. б,10. а,11. б,12. б,13. б,14. б,15. б,
16. б,17. а,18. б,19. б,20. б.

## 练习 19 选择填空

1. Всюду собрались юноши и девушки, горячо ______ волнующий вопрос.
   а. обсуждая  б. обсудив
2. ______ учительницей, я старалась передать моим ученикам любовь к Родине.
   а. Становясь  б. Став
3. ______ явления природы, наука установила, что все они происходят не случайно, а в тесной связи одно с другим — закономерно.
   а. Изучая  б. Изучив
4. ______ большой делимостью, электрическая энергия считается основным видом энергии.
   а. Отличаясь  б. Отличившись
5. Однажды ______ в мир Чехова, уже не можешь расстаться с ним.
   а. входя  б. войдя
6. Она махнула рукой и ушла, ______ дверью.
   а. хлопая  б. хлопнув
7. Водород и кислород получают, ______ воду электрическим током.
   а. разлагая  б. разложив
8. Невозможно ничего вообразить, не ______ на реальность, на факты.
   а. опираясь  б. оперевшись
9. Газ можно перевести в жидкое состояние, ______ его.
   а. сжимая  б. сжав
10. ______ продлить долголетие машин, ученые внимательно изучают причины износа(磨损), ищут средства борьбы с ними.
    а. Стараясь  б. Постаравшись
11. Давление можно увеличить, ______ площадь опоры.
    а. уменьшая  б. уменьшив
12. ______ плавать, дети не боялись уходить далеко от берега.
    а. Умея  б. Сумев
13. ______ статью, выписываю незнакомые слова.
    а. Читая  б. Прочитая
14. ______ друзей, мы отправились с пристани домой.
    а. Встречая  б. Встретив
15. ______, он продолжил работу.

а. Отдыхая　　　　б. Отдохнув

16. ______ новое правило, наш преподаватель дает много примеров.

а. Объясняя　　　　б. Объяснив

17. Я всегда кладу книгу на место, ______ чтение.

а. оканчивая　　　　б. окончив

18. Особо твердую сталь получают, ______ к ней различные другие элементы.

а. добавляя　　　　б. добавив

19. Мы расстались, ______ друг другу счастливого пути и успехов.

а. желая　　　　б. пожелав

20. ______ урановую проблему, человек овладел огромной энергией, скрытой в недрах атомного ядра.

а. Решая　　　　б. Решив

21. Сын смотрел на мать с портрета, чуть ______. И рядом с ним были спокойные лица. Все они погибли.

а. улыбаясь　　　　б. улыбнувшись

22. Материя всегда существовала и всегда будет существовать, ______.

а. видоизменяясь(发生变异) и развиваясь

б. видоизменившись и развившись

23. Председатель колхоза шел рядом с нами, ______ нам ферму.

а. показывая　　　　б. показав

♨答案:

1. а, 2. б, 3. б, 4. а, 5. б, 6. б, 7. б, 8. а, 9. б, 10. а, 11. б, 12. а, 13. а, 14. б, 15. б, 16. а, 17. б, 18. а, 19. б, 20. б, 21. а, 22. а, 23. а.

### 练习 20　选择填空

1. До самого отъезда в деревню я никуда не ______ из дома.

а. выходил　　　　б. вышел

2. Не понимаю, зачем он пришел сюда? Его никто не ______.

а. звал　　　　б. позвал

3. Обычно я не ______ учебник дома, а сегодня забыл.

а. забываю　　　　б. забуду

4. — Задачу решили?

— Нет. Два часа решали, ничего не ______.

— Решится . . . Решим!

а. получалось б. получилось

5. Вот и встречались. Встретились, а он не ______ ее и сидел около нее как чужой.

а. узнавал б. узнал

6. Два года назад она поступала в медицинский институт, но не ______.

а. поступала б. поступила

7. Скажи, чтобы ее не ______ на улицу.

а. выпускали б. выпустили

8. — Зачем ты послал его в город? — спросила девушка.

— Я не ______, видно, сам, по нужде.

а. посылал б. послал

9. Я давно не ______ в этот театр. Когда я был маленьким и еще не учился в школе, родители часто приводили меня сюда.

а. приходил б. пришел

10. Снег еще не ______, лежит кое-где в лесу.

а. таял б. растаял

11. — Какой красивый костюм! Кто вам его сшил?

— Я его не ______, купил готовый.

а. шил б. сшил

12. Мы еще не ______, давайте посидим еще немного.

а. отдыхали б. отдохнули

13. Папа ни на кого не ______ внимания и смотрел только перед собой на дорогу.

а. обращал б. обратил

14. Я ничего о нем не знаю, мы давно не ______, он мне давно не ______.

а. встречались, звонил б. встретились, позвонил

15. Больше я никогда не __(1)__ учителя и не хотел __(2)__ его.

(1) а. встречал б. встретил

(2) а. встречать б. встретить

16. Виктор прислал телеграмму Борису с просьбой встретить его, но забыл написать номер поезда. Борис не ______ его.

а. встречал б. встретил

17. Он дал обещание никогда больше не ______.

а. опаздывать　　　　б. опоздать

18. Да Машу свою помни-другой такой подруги тебе не ______.

а. находить　　　　б. найти

19. — Надо ли взять плащ?

— Не надо его ______. Дождя не будет.

а. брать　　　　б. взять

20. Ты больна. Тебе нельзя ______ ничего тяжелого.

а. поднимать　　　　б. поднять

21. Больному не нужно ______ это лекарство.

а. принимать　　　　б. принять

22. Окно уже заклеили (封上), его нельзя ______.

а. открывать　　　　б. открыть

23. В аудиторию нельзя ______: там лекция.

а. входить　　　　б. войти

24. Оставили Нину, трех лет, одну во дворе. Ну только на пять минут. Когда вернулись, чистенькую девочку уже не ______

а. узнавать　　　　б. узнать

25. Старушка беспокоилась, что до приезда Тани она не успеет ______ комнаты.

а. прибирать　　　　б. прибрать

26. На этом вопросе не следует ______.

а. останавливаться　　　　б. остановиться

27. Слова у врача были обыкновенные, русские, но ______ из них какие-то понятия он никак не мог.

а. выводить　　　　б. вывести

28. Не стоит ______ этот фильм. Ничего интересного.

а. смотреть　　　　б. посмотреть

29. Как бы не ______!

а. опаздывать　　　　б. опоздать

30. — А все-таки надо познакомиться с ней.

— Не надо ______.

а. знакомиться　　　　б. познакомиться

31. До нашего дома нельзя ______ на трамвае: туда не идет трамвай.

а. доезжать　　　　б. доехать

32. — Мы пригласили сюда наших бывших больных,— продолжал председатель. — Пусть они скажут ... Я пристально огляделся, но не смог ______ бывших больных от просто здоровых.

а. отличать б. отличить

33. Никогда не ______ того, что ты не можешь выполнить.

а. обещай б. пообещай

34. Ты, Хрюкин, пострадал и дела этого так не ______ ... Нужно проучить! Пора ...

а. оставляй б. оставь

35. — Смотри, не ______ в реку! — крикнул ему вслед Ильюша.

а. падай б. упади

36. Никогда не ______ от малого в работе, ибо из малого строится великое.

а. отказывайтесь б. откажитесь

37. Оденьтесь потеплее, смотрите, не ______.

а. простужайтесь б. простудитесь

38. Мама была красивая, а о папе бабушка как-то сказала:— Красавцем, его, конечно, трудно назвать...

— И не ______, если тебе трудно! — ответил я.

а. называй б. назови

39. Об этом человеке мы услышали, еще не ______ до стройки, на вокзале.

а. добираясь б. добравшись

40. Она спасала раненых, не ______, кто они и откуда ...

а. спрашивая б. спросив

41. Не ______, что делать, она посмотрела на дочь.

а. зная б. узнав

42. Так, ничего не ______, он вернулся домой.

а. добиваясь б. добившись

43. Ирина шла рядом с ним, не ______ молчания.

а. нарушая б. нарушив

44. Им пора спать, но разве можно уснуть, не ______ от мамы, что случилось дома?

а. зная б. узнав

45. Он прошел всю улицу, не ______ ни души.

а. встречая б. встретив

46. — Надюшка посещала занятия аккуратно?

— Не ______ ни одного вечера.

а. пропуская　　　　　　　　б. пропустив

♨答案:

1. а, 2. а, 3. а, 4. б, 5. б, 6. б, 7. а, 8. а, 9. а, 10. б, 11. а, 12. б, 13. а, 14. а, 15. (1) а, (2) б, 16. б, 17. а, 18. б, 19. а, 20. а, 21. а, 22. б, 23. а, 24. б, 25. б, 26. а, 27. б, 28. а, 29. б, 30. а, 31. б, 32. б, 33. а, 34. а, 35. б, 36. а, 37. б, 38. а, 39. б, 40. а, 41. а, 42. б, 43. а, 44. б, 45. б, 46. а.

### (3)主动态与被动态的转换

根据搭配关系,俄语动词分及物动词和非及物动词。凡要求名词用不带前置词的第四格(否定时可用二格,见名词格一节)的动词都是及物动词,其它便都是非及物动词。这种分类主要是语法上的,而不单是根据意义,特别是不能根据汉语的"他动词"的标准来判断。试比较:

①Я читáю журнáл. 我在看杂志。

②Телевизор игрáет очень вáжную роль в совремéнной жи́зни. 电视在现代生活中起着非常重要的作用。

③Дéдушка не пьёт кóфе. 爷爷不喝咖啡。

④Дéдушка с вну́ком игрáют в шáхматы. 爷爷和孙子在下象棋。

例①②③中 читать, игрáть, пить 是及物动词,而例④中的 игрáть 是非及物动词。

及物动词可以有主动态和被动态两种形式。主动态表示主体发出的动作直接涉及客体(四格),被动态则表示客体承受主体发出的动作。如:

①Рабóчие пострóили дом мéсяц назáд. 工人们在一个月前建起了楼房。→Дом стрóится рабóчими. 楼房正由工人们建造。

②Дéти сдéлали мáтери подáрок. 孩子们送给妈妈一件礼物。→Подáрок был сдéлан мáтери детьми́. 礼物是孩子们送给妈妈的。

未完成体的被动语态形式由未完成体及物动词加-ся 表示。如:

①Инженéр разрабáтывает проéкт нóвой маши́ны. 工程师在研制新型汽车设计图。→Проéкт нóвой маши́ны разрабáтывается инженéром. 新型汽车的设计图由工程师来研制。

②Армия охраня́ет грани́цы страны́. 军队守卫国家的边界。→Грани́цы страны́ охраня́ются áрмией. 国家的边界由军队守卫。

完成体的被动态由完成体被动形动词短尾表示，通常情况下不能由完成体及物动词加-ся 构成。如：

①Худóжник нарисовáл портрéт. 画家画了一幅肖像画。→Портрéт был нарисóван худóжником. 肖像画是画家画的。

②Читáтель возвратúл кнúгу. 读者还回了书。→Кнúга былá возвращенá читáтелем. 书被读者还回来了。

只有少数表示自然现象或表示一种状态向另一种状态过渡的词，可由完成体及物动词加-ся 构成被动态。如：

①Крыша дóма покрылась снéгом. 屋顶被白雪覆盖。

②Лéкция началáсь. 课开始了。

被动态主体通常由名词五格表示，但实际应用中经常省去不用。试比较：

①Клуб украшáется. 俱乐部正在装饰。

②Пúсьма из дóма получáются регулярно. 定期收到家信。

另外，在这类省去主体五格的句子中，有时加有前置词结构做状语，在变换为主动态时，多用不定人称句。如：

①В послéднем нóмере журнáла пúшется интерéсная статья. 在最新一期杂志上登载了一篇有趣的文章。→В послéднем нóмере журнáла пúшут интерéсную статью. 在最新一期杂志上登载了一篇有趣的文章。

②В нáшем гóроде бýдет организóвана бéлая спартакиáда. 在我市将举办冬季运动会。→В нáшем гóроде организовáли бéлую спартакиáду. 我市举办过冬季运动会。

被动态可表示无人称意义，转换为无人称句。如：

①Это явлéние мóжет быть изýчено. 这种现象可能已被研究。→Это явлéние мóжно изучáть. 可以研究这种现象。

②Это дéло должнó изучáться. 这个案子应该研究一下。→Это дéло нýжно изучáть. 应该研究一下这个案子。

Это дéло должнó изучáться 与 Это дéло должнó быть изýчено 这两个句子所表示的意义基本相同，区别在于前者强调行为的过程，不强调主体和被动意义，而后者强调行为的状态，有被动意义，需要时可用来突出主体。试比较：

Это дéло должнó быть изýчено всéми товáрищами. 这个案子应由所有同志来研究。

**练习 21　将下列句子变成被动态(带主体五格或不带主体五格)形式**

1. На уроках я часто переписываю упражнения.

2. Сегодня я прочитал эту газету за один час.

3. Он хорошо выучил новое правило.

4. Студенты изучают философию.

5. Рабочий остановил станок.

6. Они закончили свою работу досрочно.

7. Я каждую неделю посылаю домой письма.

8. Вчера мы сделали много упражнений по истории.

9. Систему народного образования создали для народа.

10. Они получили хорошие известия.

11. Мой брат решает задачу очень быстро.

12. Эта новая бригада перевыполняет план.

13. Я убираю комнату каждый день.

14. Таня уже приготовила ужин.

15. Они конспектируют статью в этом месяце.

16. Этот завод не изготовляет такие детали.

17. Ученые решают проблемы данных полетов.

18. Этот завод выпускает продукцию со знаком качества.

19. Студенты обсуждают лекцию по русскому языку раз в неделю.

20. Космонавты в полете испытывают большие перегрузки.

21. Электромонтёр включил в сеть ещё девять светильников.

22. Студенты, которые хорошо учатся, получают стипендии.

23. Руководство отделом осуществлял опытный инженер.

24. Метод портретной реконструкции предложил и разработал доктор исторических наук М. М. Герасимов.

25. Статью профессора Попова поместят во втором номере журнала.

26. Роботами, как и всеми автоматами, управляют команды.

27. Учёный Совет организовал выставку научных трудов факультета.

28. Этот метод развил доктор медицинских наук А. Джагарян.

29. Многоэтажные здания строители возводят за год.

30. Заведующий лабораторией подготовит выступление группы исследователей для конференции.

31. Студенты-геологи предложили работу в экспедиции.

32. Путь эволюции живых организмов можно условно разделить на два основных этапа: химический и предбиологический.

33. Высоких показателей можно достигнуть при четкой организации труда.

34. Воду можно получить разложением веществ.

35. Коперник доказал, что Земля вращается вокруг своей оси.

♨答案:

1. Упражнения часто переписываются мной на уроках. 2. Эта газета была прочитана мной сегодня за один час. 3. Новое правило выучено им хорошо. 4. Философия изучается студентами. 5. Станок был остановлен рабочим. 6. Работа закончена ими досрочно. 7. Письма посылаются мной домой каждую неделю. 8. Много упражнений по истории было сделано нами вчера. 9. Система народного образования создана для народа. 10. Хорошие известия были получены ими. 11. Задача решается моим братом очень быстро. 12. План перевыполняется этой новой бригадой. 13. Комната убирается мной каждый день. 14. Ужин был приготовлен Таней. 15. Статья конспектируется ими в этом месяце. 16. Такие детали не изготовляются этим заводом. 17. Проблемы данных полетов решаются учеными. 18. Продукция со знаком качества выпускается этим заводом. 19. Лекция по русскому языку обсуждается студентами раз в неделю. 20. Большие перегрузки испытываются космонавтами в полете. 21. Еще девять светильников были включены в сеть электромонтером. 22. Стипендии получаются студентами, которые хорошо учатся. 23. Руководство отделом осуществляется опытным инженером. 24. Метод портретной реконструкции был предложен и разработан доктором исторических наук М. М. Герасимовым. 25. Статья профессора Попова будет помещена во втором номере журнала. 26. Роботы, как и все автоматы, управляются командами. 27. Выставка научных трудов факультета была организована ученым советом. 28. Этот метод был развит доктором медицинских наук А. Джагаряным. 29. Многоэтажные здания возводятся строителями за год. 30. Выступление группы исследователей для конференции будет подготовлено заведующим лабораторией. 31. Работа в экспедиции была предложена студентами-геологами. 32. Путь эволюции живых организмов может быть разделен на два основных этапа: химический и предбиологический. 33. Высокие показатели могут быть достигнуты при четкой организации труда. 34. Вода может быть получена разложением веществ. 35. Коперником было доказано, что Земля вращается вокруг своей оси.

## 练习 22 将下列句子变成主动态形式

1. Книги выдаются с десяти часов.
2. Электрическая энергия превращается в механическую энергию.
3. Проект новой машины будет разрабатываться инженером.
4. В нашем клубе часто устраиваются интересные вечера.
5. Хозяйство нашей страны развивается народами быстрыми темпами.
6. При строительстве этой гидростанции используются новейшие достижения техники.
7. В этой книге описываются интересные события.
8. Кладовая наполнилась разными вещами.
9. Скорость движения увеличилась в два раза.
10. Дверь будет открыта в восемь часов.
11. Станки выпускаются нашим заводом.
12. Эта красивая марка была порвана мной.
13. “Новый мир” выписывается каждым университетом.
14. Опыты повторялись много раз студентами.
15. Популярная песня была исполнена артистом два раза.
16. Геологами открыто новое месторождение железа.
17. В районные советы депутаты выдвигаются избирателями района.
18. В промышленности дерево и металл вытесняются пластмассами.
19. Работа выполнялась коллективом физиков в тесной связи с биологами.
20. Мир на Земле укрепляется политическими и экономическими связями между странами.
21. В прошлом веке многими учеными были сделаны величайшие открытия в области естествознания.
22. Результаты конкурсных работ будут проверяться комиссией.
23. Книга Р. Гутера и Ю. Полуянова была посвящена развитию вычислительной техники.
24. Эта продукция была выработана бригадой мастера Иванова.
25. Все сказанное выше относится к биофизике.
26. Запись на поездку во Владимир производилась на прошлой неделе.
27. График расписания занятий составляется учебным управлением.
28. Для упаковки лекарств молодыми специалистами был разработан автомат не-

прерывного действия.

29. Многие старые улицы Москвы расширялись в 30-х годах.

30. Руководство работой коллектива будет осуществляться доцентом Петровым.

31. Почва с этого участка будет взята биологами на пробу.

32. Материалы по фонетике создавались кафедрой русского языка нашего института.

♨答案：

1. Книги выдают с десяти часов. 2. Мы превращаем электрическую энергию в механическую. 3. Инженер будет разрабатывать проект новой машины. 4. Мы часто устраиваем интересные вечера в нашем клубе. 5. Народы развивают хозяйство нашей страны быстрыми темпами. 6. При строительстве этой гидростанции используют новейшие достижения техники. 7. В этой книге описывают интересные события. 8. Кладовую наполнили разными вещами. 9. Скорость движения увеличили в два раза. 10. Дверь откроют в восемь часов. 11. Наш завод выпускает станки. 12. Я порвал эту красивую марку. 13. Каждый университет выписывает “Новый мир”. 14. Студенты повторяли опыты много раз. 15. Артист исполнил популярную песню два раза. 16. Геологи открыли новое месторождение железа. 17. Избиратели района выдвигают депутатов в районные советы. 18. Пластмассы вытесняют дерево и металл в промышленности. 19. Коллектив физиков выполнял работу в тесной связи с биологами. 20. Политические и экономические связи между странами укрепляют мир на Земле. 21. Многие ученые сделали величайшие открытия в области естествознания в прошлом веке. 22. Комиссия будет проверять результаты конкурсных работ. 23. Р. Гутер и Ю. Полуянов посвятили свою книгу развитию вычислительной техники. 24. Бригада мастера Иванова выработала эту продукцию. 25. Мы относим все сказанное выше к биофизике. 26. Запись на поездку во Владимир производили на прошлой неделе. 27. Учебное управление составляет график расписания занятий. 28. Молодые специалисты разработали автомат непрерывного действия для упаковки лекарств. 29. В 30-х годах расширяли многие старые улицы Москвы. 30. Доцент Петров будет осуществлять руководство работой коллектива. 31. Биологи возьмут почву с того участка на пробу. 32. Кафедра русского языка нашего института создавала материалы по фонетике.

### (4)定向动词与不定向动词

俄语中有十几对不带前缀的表示运动的动词(称运动动词),它们有定向与不定向的区别。常用的有:

| 定向动词 | 不定向动词 |
|---|---|
| идти́ | ходи́ть(走,行) |
| е́хать | е́здить(走〈专指乘车、船等〉) |
| бежа́ть | бе́гать(跑) |
| лете́ть | лета́ть(飞) |
| плыть | пла́вать(游) |
| везти́ | вози́ть(运) |
| нести́ | носи́ть(拿) |
| вести́ | води́ть(引导) |
| гнать | гоня́ть(赶) |
| тащи́ть | таска́ть(拖) |
| ползти́ | по́лзать(爬) |
| лезть | ла́зить(爬,钻) |

定向动词可能表示朝着一定方向的一次性运动,特别是当表示说话时刻正在进行的有一定方向的运动时,一定要用定向动词。有时,这一定方向是潜在的,是可以意会的,因而句中并不一定出现表示方向的词语。如:

①Куда́ ты идёшь? — Я иду́ в магази́н. "你去哪儿?""我去商店。"

②Вре́мя лети́т. 时光飞逝。

而不定向动词可以表示朝着一定方向的多次或一次往返性运动。请比较:

③Обы́чно ма́ма е́здит на рабо́ту на авто́бусе. 通常妈妈乘公共汽车上班。

④Вчера́ мы е́здили в теа́тр. 昨天我们去看剧了。

例④中用 е́здили 表示的是过去一次往返运动,但假如只需要表示过去的一次性往或返(即单向性)的运动过程,则用定向动词。试比较:

⑤Сего́дня па́па е́хал на рабо́ту на такси́. 今天爸爸乘出租车上的班。

⑥Вчера́, когда́ я е́хал на по́чту, я встре́тился со свои́м шко́льным учи́телем. 昨天当我去邮局时,我遇到了我的中学老师。

⑦Зна́ешь, что случи́лось, когда́ я шёл в общежи́тие? 你知道在我去宿舍的途中发生什么事了吗?

定向动词还可以表示在一定时间发生的、朝一定方向(单向)但多次或经常重复的行为。如：

①Почтальо́н несёт нам газе́ты в де́сять часо́в утра́. 邮递员上午十点给我们送报纸。

②Осенью перелётные пти́цы летя́т на юг. 秋天候鸟飞往南方。

这里，一定时间起着用哪一类动词的关键作用。因为在一定时间内，一种运动不可能出现往返。而在允许有往返的时间里（一年内鸟飞往南方又飞回来；一天里人走到某地又回到出发地），这时虽然有指示一定方向的词语，但只要表示往返，便可用不定向动词。如：

③Ка́ждый день почтальо́н но́сит нам газе́ты. 每天邮递员都给我们送报。

④Ка́ждый год перелётные пти́цы лета́ют на юг. 每年候鸟都飞往南方。

例③、例④中如果再加进表示一定时间的词语，那么句中应选用定向动词还是不定向动词？答案是，在这类句子中，虽然先有表示笼统时间的词语（каждый день，каждый год），从而允许有往返运动，但一旦加进表示一定时间的词语，便限制了运动的往返，而只能用定向动词，以便表示在一定时间、朝一定方向的周期性重复运动。请比较：

⑤Ка́ждый день в де́сять часо́в утра́ почтальо́н несёт нам газе́ты. 每天上午十点邮递员给我们送报。

⑥Ка́ждый год о́сенью перелётные пти́цы летя́т на юг. 每年秋天候鸟都飞往南方。

不定向动词可以表示无一定方向的运动。如：

①Ивано́в до́лго хо́дит по кабине́ту. 伊万诺夫在办公室里长时间地踱步。

②Де́ти бе́гают и игра́ют во дворе́. 孩子们在院子里跑着玩耍着。

（4）不定向动词还可以表示人或事物的某种能力，这时不能用定向动词。如：

①Пти́цы лета́ют，а зме́и по́лзают. 鸟会飞，而蛇会爬。

②Он хорошо́ пла́вает. 他游泳游得很好。

有些运动动词用于转义，已成固定结构，则不能用相应的动词替换。如：

①Идёт снег. 在下雪。

②Окна иду́т на юг. 窗户朝南。

③Идёт собра́ние. 在开会。

④Она́ лю́бит ходи́ть в чёрном. 她喜欢穿黑色衣服。

⑤До́ллар лети́т вниз. 美元暴跌。

**练习 23　用 идти 或 ходить 的正确形式填空**

1. Куда вы сейчас. . . ? — Я. . . в магазин.

2. Вы. . . домой? — Нет, я. . . на почту.

3. Каждый день я. . . на работу.

4. Обычно я. . . пешком.

5. Вы не знаете, откуда. . . эти дети? — Я думаю, они. . . из музея.

6. Вы любите. . . пешком?

7. Откуда это вы? — . . . из музея.

8. Почему у вас такой усталый вид? — Мы очень долго были в музее: . . . по нему часа три.

9. Я. . . на почту за газетой. Я каждый день. . . на почту за газетой.

10. Вы куда-то. . . ? — Нет, никуда не. . . , мы просто так. . . по городу, знакомимся с ним.

11. Я. . . к своим старым знакомым. А вы? — К сожалению, я редко. . . к знакомым.

12. Женя. . . сегодня в бассейн рано утром? — Да, а обычно он. . . в бассейн после занятий.

13. Вы любите театр? — Да, я часто. . . в театр.

14. В Большом театре вы уже были? — Нет, в Большой театр я. . . в первый раз.

15. Где мне тебя искать после занятий? В читальне? — Да, я сейчас как раз. . . в читальню и буду ждать тебя там.

16. Тебе нравится наш читальный зал? — Очень, я почти каждый день. . . сюда.

17. В поход. . . только те, кто хорошо. . . на лыжах.

18. Идем с нами в лыжный поход. — К сожалению, я не умею. . . на лыжах.

19. Вы были вчера на выставке художественной фотографии? — Да, я. . . на ту выставку.

20. Почему он не. . . на выставку? — Потому что он уже. . . на эту выставку.

♨答案:

1. идете, иду, 2. идете, иду, 3. хожу, 4. хожу, 5. идут, идут, 6. ходить, 7. Иду, 8. ходили, 9. иду, хожу, 10. идете, идем, ходим, 11. иду, хожу, 12. идет, ходит, 13. хожу, 14. иду, 15. иду, 16. хожу, 17. идут, ходит, 18. ходить, 19. ходил, 20. идет, ходил.

## 练习 24 用 ехать 或 ездить 的适当形式填空

1. Обычно я... на концерт на такси.
2. Сегодня я должен... на метро, чтобы не опоздать в университет.
3. Вы... в Киев? — Да, сейчас я... в Киев, а из Киева я поеду в Одессу.
4. Каждое лето ваша семья... на Волгу?
5. Почему мы так медленно...? — Мы медленно, потому что впереди много машин.
6. Куда это вы собираетесь? — ... в Крым отдохнуть.
7. Что ты делаешь здесь на вокзале? Кого-нибудь встречаешь? — Да, ко мне из Ленинграда... друзья.
8. Куда это вы...? — Никуда не... Мы просто осматриваем метро.
9. Где Алеша? — Где-нибудь в парке, ... на своем новом велосипеде.
10. Вы... на каникулы в спортивный лагерь? — Да, в этом году... на каникулы туда, а обычно... на каникулы домой.
11. Мы едем на озеро на машине, а Сергей на велосипеде. Он хорошо... на велосипеде.
12. Часть пути нам придется... на машине, а часть верхом на лошадях. Мне нравится... на лошадях.
13. Мне сказали, что вы летом... в Грузию. — Да, мы провели там около трех недель.
14. Почему ты не... на экскурсию в Ярославль? — Потому что я уже... на эту экскурсию.
15. Как ты далеко живешь! Мы... к тебе целый час.
16. А на чем вы... сюда? — На метро, а потом на 2-м троллейбусе.
17. Я к вам всегда... на 3-м автобусе. Это гораздо быстрее.
18. У вас экзамен в июне? — Нет, в мае. В июне мы... на практику.
19. Куда вы... на практику в этом году? — В Эстонию.
20. А в прошлом году вы тоже... в Эстонию? — Нет, в прошлом году мы... на Украину.

♨答案：

1. езжу, 2. ехать, 3. едете, еду, 4. ездит, 5. едем, 6. Едем, 7. едут, 8. едете, едем, 9. ездит, 10. едете, едем, ездим, 11. ездит, 12. ехать, ездить, 13. ездили, 14.

едешь, ездил, 15. ехали, 16. ехали, 17. езжу, 18. едем, 19. едете, 20. ездили, ездили

练习 25　选择填空

1. Почему ты (идешь, ходишь) по коридору? Ты кого-нибудь ждешь? — Жду Людмилу. Мы (ходим, идем) с ней в театр.
2. — Куда это вы (бежите, бегаете)? — Никуда не (бегу, бегаю). Это у нас тренировка. Мы (бегаем, бежим) на определенное время.
3. — Где ты был все воскресенье? — Товарищ купил мотоцикл, и мы целый день (ездили, ехали) на нем по городу.
4. — Ты первый раз (летаешь, летишь) на самолете? — Нет, не первый раз, я люблю (летать, лететь). На поезде я езжу редко.
5. — Почему ты так быстро (ходишь, идешь) в школу? — Я не люблю (идти, ходить) медленно.
6. — Куда это вы (ехали, ездили), когда я вас встретил в метро? — К Мише. Мы (ездили, ехали) к нему вчера на день рождения.
7. — Какая погода была, когда вы (ехали, ездили) за город? — Отличная. Только к концу дня, когда мы уже (ездили, ехали) домой, прошел небольшой дождь.
8. Кирила Петрович (шел, ходил) взад и вперед по комнате.
9. Пошел сильный дождь, дети, играющие на площади, со всех ног (бегут, бегают) к домам.
10. Смотри, в небе (летает, летит) белый реактивный самолет.
11. В 1961 году первый космический корабль (летал, летел) в космос.
12. Этот капитан (плыл, плавал) на всех морях и океанах.
13. Мастер (водит, ведет) всех нас от станков к станкам.
14. Преподавательница (водит, ведет) сейчас детей на прогулку. Она часто (ведет, водит) их в парк.
15. Этот почтальон уже много лет (носит, несет) почту в наш дом. По лестнице подымается почтальон и (несет, носит) нам почту.
16. Дети (бежали, бегали) нам навстречу.
17. Вчера мать (водила, вела) мальчика в цирк.
18. Вчера я был в театре. Я (ходил, шел) вместе с Антоном.
19. Каждый год я (плыву, плаваю) на пароходе в Шанхай домой.
20. Мальчику неизвестно, почему все рыбы (плывут, плавают).

21. Почтальон Костин(везет, возит) почту в колхоз.
22. В чем вы(несете, носите) книгу и тетрадь.
23. Осенью перелетные птицы(летят, летают) на юг.
24. Дети(бегают, бегут) и играют во дворе. Мать зовет детей, и они(бегут, бегают) к ней.
25. Когда отец обдумывает какой-нибудь вопрос, он всегда(ходит, идет) по комнате взад и вперед.
26. Я всегда(ношу, несу) с собой фотографию сына.
27. Сорок лет назад пароходы(плавали, плыли) медленно: мы(ехали, ездили) до Нижнего очень долго.
28. Мы увидели самолет, который(летал, летел) по направлению к Москве.
29. Домашние птицы(куры, гуси) почти не(летают, летят).
30. (Неси, Носи) сюда эти книги, я положу их в шкаф.

♨答案:

1. ходишь, идем, 2. бежите, бегу, бегаем, 3. ездили, 4. летишь, летать, 5. идешь, ходить, 6. ехали, ездили, 7. ездили, ехали, 8. ходил, 9. бегут, 10. летит, 11. летел, 12. плавал, 13. водит, 14. ведет, водит, 15. носит, несет, 16. бежали, 17. водила, 18. ходил, 19. плаваю, 20. плавают, 21. возит, 22. носите, 23. летят, 24. бегают, бегут, 25. ходит, 26. ношу, 27. плавали, ехали, 28. летел, 29. летают, 30. Неси

## (5)形动词

形动词是兼有形容词特点的动词形式,有性、数、格的变化,通过动作特征来说明事物,在句中充当定语或表语。

形动词根据意义和形式特点分为主动形动词和被动形动词。主动形动词说明动作发出者,分为现在时(由未完成体构成)和过去时(两体都可构成)。被动形动词说明动作承受者,分为现在时(由未完成体构成)和过去时(由完成体构成)。过去时被动形动词可以构成短尾形式。

形动词主要用在书面语,口语里很少用。

**主动形动词的构成和用法**

主动形动词的构成

主动形动词分为现在时形式和过去时形式。

ⅰ.现在时主动形动词的构成

现在时主动形动词的构成与未完成体现在时复数第三人称有一定的对应关

系，即-ут→-ущий，-ют→-ющий，-ат→-ащий，-ят→-ящий（其它词尾是，阴性：ая，中性：ее，复数：ие）。如：

пла́кать→пла́ч-ут→пла́чущий（哭泣）

расти́→раст-у́т→расту́щий（生长）

ждать→жд-ут→жду́щий（等待）

жить→жив-у́т→живу́щий（生活）

слу́шать→слу́ша-ют→слу́шающий（听）

дава́ть→да-ю́т→даю́щий（给）

пить→пь-ю́т→пью́щий（喝〈水，酒〉）

петь→по-ю́т→пою́щий（唱〈歌〉）

крича́ть→крич-а́т→крича́щий（叫，喊）

слы́шать→слы́ш-ат→слы́шащий（听见）

спать→сп-ят→спя́щий（睡）

води́ть→во́д-ят→водя́щий（引导）

现在时主动形动词的重音一般同复数第三人称，但某些第二式变位动词构成的现在时主动形动词重音在 а́щий、я́щий 上。如：

учи́ть→у́чат→уча́щий（教；学）

держа́ть→де́ржат→держа́щий（拿着）

дыша́ть→ды́шат→дыша́щий（呼吸）

ходи́ть→хо́дят→ходя́щий（走）

вози́ть→во́зят→возя́щий（运）

носи́ть→но́сят→нося́щий（带）

由带 ся 动词构成的现在时主动形动词永远用 ся 形式，即变格时在元音后也不变为 сь。如：бо́рющийся（斗争，奋斗），бо́рющегося，... бо́рющаяся，... бо́рющиеся，...；уча́щийся，уча́щегося，... уча́щаяся，... уча́щиеся，... 等。

ⅱ.过去时主动形动词的构成

动词完成体和未完成体都可以构成过去时主动形动词。构成时与动词过去时有对应关系，即过去时阳性是-л 的，去掉-л 加-вший。不是-л 的，直接加-ший（其它词尾是，阴性：ая，中性：ее，复数：ие）。如：

чита́ть→чита́-л→чита́вший

писа́ть→писа́-л→писа́вший

создава́ть→создава́-л→создава́вший

боро́ться→боро́-л-ся→боро́вшийся

интересова́ться→интересова́-л-ся→интересова́вшийся（感兴趣）

лечь→лёг→лёгший（躺下）

расти́→рос→ро́сший（生长）

умере́ть→у́мер→уме́рший（死亡）

дости́гнуть→дости́г→дости́гший（达到）

поги́бнуть→поги́б→поги́бший（牺牲）

以-сти结尾的动词，如变位时有音变现象，即出现д或т，构成过去时主动形动词时要保留д或т。如：

вести́ — веду́т — вёл→ве́дший

произвести́ — произведу́т — произвёл→произве́дший（生产）

цвести́ — цвету́т — цвёл→цве́тший（开花）

мести́ — мету́т — мёл→мётший（扫）

изобрести́ — изобрету́т — изобрёл→изобре́тший（发明）

例外的是，动词идти及由它加前缀构成的动词，其过去时主动形动词是：

идти́ — ше́дший

подойти́ — подоше́дший

пройти́ — проше́дший

由带ся动词构成的过去时主动形动词，ся永远不变，即变格时在元音后也不变为сь，如：боро́вшийся，боро́вшегося，...боро́вшаяся，боро́вшиеся等。

过去时主动形动词重音基本与过去时形式相同，少数例外，如：умере́ть — у́мер→уме́рший。

**主动形动词的用法**

ⅰ.主动形动词通过事物本身发生的行为表示该事物的特征。主动形动词在句中可以做定语，这时，应与所修饰的名词在性、数、格上一致。例如：чита́ющий кни́гу студе́нт（读书的大学生），живу́щий в Москве́ друг（住在莫斯科的朋友），комба́йн，зако́нчивший рабо́ту（干完活的康拜因），тропи́нка，вью́щаяся о́коло доро́ги（在大路旁蜿蜒的小路），усну́вшие де́ти（睡着了的孩子们）。

Мы бесе́довали с писа́телем，написа́вшим по́весть о студе́нтах. 我们曾和一位作家座谈过。他写了一部有关大学生的中篇小说。

形动词带补语或状语，叫做形动词短语。形动词短语可位于它所修饰的名词前或后。在其后时，须用逗号将其与名词隔开。如：

①По́здно. За о́кнами давно́ уже прошла́ молодёжь，возвраща́вшаяся из кино́ с после́днего сеа́нса. 很晚了。看完末场电影回来的青年人早已从窗前走过。

②На́шей литерату́ре нужны́ произведе́ния，несу́щие в себе́ я́ркие，живы́е черты́ совреме́нности и загля́дывающие в бу́дущее. 我们的文学需要带有鲜活的时

代特征并且具有前瞻性的作品。

ⅱ. 主动形动词除在句中做定语外，还可做合成谓语的一部分。试比较：

①Сверка́ющий снег покры́л у́лицы и кры́ши. 晶莹的雪覆盖着街道和屋顶。

②Мать верну́лась волну́ющаяся. 母亲回来时很激动。

ⅲ. 现在时主动形动词表示的动作的时间，与句子本身的时间或句中谓语动词所表示的动作时间相同。如：

①Рабо́чий, испо́льзующий но́вый ме́тод, почти́ вдво́е перевыполня́ет но́рму. 运用新方法的工人几乎超额一倍完成定额。

②Това́рищи, организу́ющие нового́дний ве́чер, проси́ли меня́ вы́ступить на конце́рте самоде́ятельности. 组织新年晚会的同志请我在业余音乐会上表演节目。

ⅳ. 过去时主动形动词表示的动作一般发生在谓语动作之前。如：

①Архите́ктор, созда́вший прое́кт э́того зда́ния, получи́л пре́мию. 设计了这幢楼的建筑师得到了奖金。

②Утро бы́ло прекра́сное, со́лнце освеща́ло верши́ны лип, пожелте́вших уже́ под све́жим дыха́нием о́сени. 早晨是美好的，阳光照耀着在秋天清新的气息中已经泛黄的椴树梢。

ⅴ. 过去时主动形动词还可表示与动词谓语（过去时）同时发生的行为（此时未完成体过去时形动词与现在时主动形动词互换，意义不变）。如：

①Я наблюда́л за крестья́нами, рабо́тавшими（рабо́тающими）в по́ле. 我在看在田里劳作的农民。

②Ма́льчик смотре́л на пти́ц, лете́вших（летя́щих）на юг. 小男孩在看向南飞的鸟。

**被动形动词的构成和用法**

被动形动词主要由及物动词构成，有现在时和过去时两种形式、完成体过去时被动形动词还有短尾形式。

现在时被动形动词的构成

现在时被动形动词的构成与未完成体现在时复数第一人称有对应关系，即 -ем→-емый, -им→-имый（其它词尾是，阴性：ая，中性：ое，复数：ые）。如：

чита́ть→чита́ем→чита́емый

уважа́ть（尊敬）→уважа́ем→уважа́емый

испо́льзовать（利用）→испо́льзуем→испо́льзуемый

люби́ть→лю́бим→люби́мый

переводи́ть（翻译）→перево́дим→переводи́мый

完成体动词 дать, узнать 等加后缀构成未完成体，它们在构成现在时变位形式时要去掉-ва-，但在构成现在时被动形动词时要恢复-ва-。如：

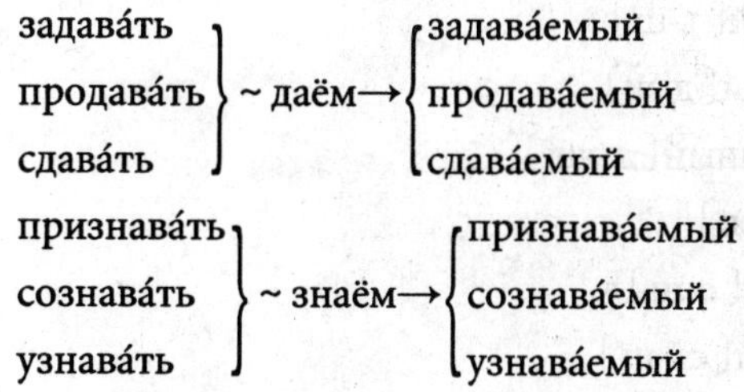
задава́ть, продава́ть, сдава́ть ~ даём → задава́емый, продава́емый, сдава́емый

признава́ть, сознава́ть, узнава́ть ~ знаём → признава́емый, сознава́емый, узнава́емый

重音形式：第一式变位动词构成的现在时被动形动词，其重音同复数第一人称的重音；第二式变位动词构成的现在时被动形动词，重音则同不定式。

例外的是，个别非及物动词也有现在时被动形动词，如：руководи́ть（领导）→руководи́мый，достига́ть（达到）→достига́емый，избега́ть（避免）→избега́емый，управля́ть（操纵）→управля́емый，кома́ндовать（指挥）→кома́ндуемый 等。而某些及物动词却没有现在时被动形动词，如：писа́ть（写），брать（拿），бере́чь（爱惜），петь（唱），мыть（洗），лить（浇），бить（打），по́ртить（损坏）等。

过去时被动形动词的构成

通常只有完成体及物动词有过去时被动形动词。被动形动词有下列几种后缀，即：-енн-（ённ-），-нн-，-т-，一般根据动词不定式的结尾和变位情况而定。

ⅰ．-енн-（-ённ-）型（-енный，-енная，-енное，-енные）

| 结尾 | 不定式 | 被动形动词 |
|---|---|---|
| -ить | постро́ить（建设） | постро́енный |
| | встре́тить（遇到） | встре́ченный |
| | освети́ть（照亮） | освещённый |
| | возврати́ть（送回） | возвращённый |
| с-ти | отнести́（拿去） | отнесённый |
| | спасти́（拯救） | спасённый |
| з-ти | привезти́（运来） | привезённый |
| | увезти́（运走） | увезённый |
| -чь | сбере́чь（保存好） | сбережённый |
| | увле́чь（引去） | увлечённый |
| с-ть | укра́сть（偷走） | укра́денный |
| | съесть（吃掉） | съе́денный |

以-ить 结尾的动词在构成过去时被动形动词时，经常发生音变现象，其重音同单数第二人称。如：

замéтить（发现）→замéченный〔т-ч〕

сократи́ть（缩减）→сокращённый〔т-щ〕

оби́деть（使受委屈）→оби́женный〔д-ж〕

освободи́ть（解放）→освобождённый〔д-жд〕

сни́зить（降低）→сни́женный〔з-ж〕

повы́сить（提高）→повы́шенный〔с-ш〕

вы́растить（养大）→вы́ращенный〔ст-щ〕

употреби́ть（使用）→употреблённый〔б-бл〕

купи́ть（购买）→ку́пленный〔п-пл〕

испрáвить（改正）→испрáвленный〔в-вл〕

утоми́ть（使疲劳）→утомлённый〔м-мл〕

以-сти 结尾的动词在构成过去时被动形动词时，有的有音变现象，即由 с 变为 д 或 т。如：

привести́（领来）→приведённый

изобрести́（发明）→изобретённый

подмести́（打扫）→подметённый

приобрести́（获得）→приобретённый

заплести́（编织）→заплетённый

以-зти、-чь 结尾的动词构成过去时被动形动词时，加 ённ（带重音）；以-сть 结尾的动词构成过去时被动形动词时，加 енн（不带重音）。

由-йти 带各类前缀构成的动词，其被动形动词的重音情况是：前缀为单音节的，重音在前缀上；前缀为双音节的，重音在后缀即 ённ 上。如：

найти́（找到）→нáйденный

пройти́（走过）→прóйденный

обойти́（绕过）→обойдённый

перейти́（越过）→перейдённый

превзойти́（超过）→превзойдённый

ⅱ. -нн-型（-нный，-нная，-нное，-нные）

| 结尾 | 不定式 | 被动形动词 |
|---|---|---|
| -ать | написáть | напи́санный |
|  | прочитáть | прочи́танный |
| -ять | посéять（播种） | посéянный |
| -еть | осмотрéть | осмóтренный |
|  | уви́деть | уви́денный |

此类被动形动词的重音一般在 анн、янн、енн 前一音节上。如：изгна́ть（驱逐）→и́згнанный，узна́ть→у́знанный，избра́ть（选举）→и́збранный。

ⅲ. -т-型（-тый，-тая，-тое，-тые）

加后缀-т-构成过去时被动形动词的，有下列结尾的动词：

**-нуть**：

све́ргнуть（推翻）→све́ргнутый

поки́нуть（离开）→поки́нутый

заверну́ть（包装）→завёрнутый

обману́ть（欺骗）→обма́нутый

**-оть**：

проколо́ть（扎透）→проко́лотый

распоро́ть（拆掉）→распо́ротый

прополо́ть（除草）→пропо́лотый

**-ереть**：

отпере́ть（打开）→о́тпертый

запере́ть（锁上）→за́пертый

вы́тереть（擦干净）→вы́тертый

стере́ть（擦去）→стёртый

其它各类以元音结尾的动词：

наде́ть（穿上）→наде́тый

спеть（唱）→спе́тый

нагре́ть（加热）→нагре́тый

нали́ть（倒，灌）→нали́тый

уби́ть（打死）→уби́тый

прожи́ть（居住）→про́житый

нача́ть（开始）→на́чатый

сжать（压紧）→сжа́тый

взять（拿，取）→взя́тый

снять（拿下）→сня́тый

заня́ть（占用）→за́нятый

подня́ть（举起）→по́днятый

例外类型。

少数未完成体及物动词也可以有过去时被动形动词。如：

смотре́ть(看)→смо́тренный

ви́деть(看见)→ви́денный

бере́чь(爱惜)→бережённый

чита́ть(读)→чи́танный

слы́шать(听见)→слы́шанный

мыть(洗)→мы́тый

бить(打)→би́тый

个别非及物动词也可以有过去时被动形动词。如：

прони́кнуть(во что)(渗透)→прони́кнутый

дости́гнуть(чего)(取得)→дости́гнутый

过去时被动形动词短尾的构成

过去时被动形动词短尾构成法如下表：

| 结　尾 | 阳　性 | 阴　性 | 中　性 | 复　数 |
|---|---|---|---|---|
| -нный<br>-енный | (去掉一个н及词尾)-н | -на | -но | -ны |
| -ённый | (同上)-ён | -на́ | -но́ | -ны́ |
| -тый | (去掉词尾)т | -та(-та́) | -то | -ты |

напи́санный→напи́сан，напи́сана，напи́сано，напи́саны

постро́енный→постро́ен，постро́ена，постро́ено，постро́ены

спасённый→спасён，спасена́，спасено́，спасены́

све́ргнутый→све́ргнут，све́ргнута，све́ргнуто，све́ргнуты

за́нятый(占据的)→за́нят，занята́，за́нято，за́няты

-т-型被动形动词短尾的重音一般与动词过去时的重音形式相同。试比较：сверг，све́ргла，све́ргло，све́ргли；за́нял，заняла́，за́няло，за́няли。

-нн-、-енн-(-ённ-)型被动形动词短尾形式中只保留一个 н，这是与相应的形容词短尾形式的主要区别。试比较：

①Ту́чи бы́ли рассе́яны ве́тром. 乌云被风驱散了。→Ученики́ бы́ли рассе́янны. 学生们心不在焉。

②Бы́ли образо́ваны но́вые брига́ды. 组建了一些新的生产队。→Эти лю́ди умны́ и образо́ванны. 这些人又聪明又有教养。

被动形动词的用法

被动形动词通过事物所承受的行为来表示该事物的特征，表示动作主体的名词用第五格。如：собы́тия，опи́сываемые в э́той кни́ге(这本书中描写的事件)，выполня́емый заво́дом план（工厂完成的计划），изобража́емая писа́телем жизнь（作家所描写的生活）。

①Ту́ча，гони́мая си́льным ве́тром，бы́стро приближа́ется. 乌云被大风驱赶着迅速地逼近。

②Я ещё не посла́л отве́та на письмо́，полу́ченное вчера́. 给昨天收到的那封信所写的回信我还未寄出。

现在时被动形动词所表示的动作与句中谓语动词所表示的动作是同时发生的。如：

①Две статьи́，публику́емые в журна́ле，посвящены́ вопро́сам эсте́тики. 杂志中刊发的两篇文章是关于美学问题的。

②Станки́，производи́мые заво́дом，продаю́тся во всей стране́. 工厂生产的车床全国有售。

过去时被动形动词表示的动作可能是发生在谓语动作之前，也可能是其结果延续到说话时刻。如：

①Дай мне кни́гу，прочи́танную тобо́й. 请把你读完的书借我看看。

②Моско́вский университе́т，осно́ванный М. В. Ломоно́совым，но́сит се́йчас его́ и́мя. 米·瓦·罗蒙诺索夫创建的莫斯科大学现以他的名字命名。

被动形动词短尾形式在句中可以做表语，起到被动态动词的作用，其形式与主语在性、数上要一致，由 быть（现在时为零形式）表示时间。如：

①Этот дом постро́ен в про́шлом году́. 这幢楼是去年建成的。

②На собра́нии бы́ло при́нято ва́жное реше́ние. 会上做出了一项重要决定。

③Статья́ для стенгазе́ты бу́дет напи́сана за́втра. 墙报用的文章明天写完。

短尾被动形动词用于现在时表示动作已经完成，但动作结果或状态在说话时仍存在。试比较：

①Вопро́с решён. 问题解决了。

②Войска́ сосредото́чены в го́роде. 部队在城里集结。

被动形动词短尾用于过去时表示动作在说话前已完成，但并不指明其结果在说话时是否存在。试比较：

①Все экза́мены бы́ли сданы́ на отли́чно. 所有的考试都得了优。

②Статья́ была́ помещена́ в после́днем но́мере журна́ла. 文章被刊登在最新一期杂志上。

被动形动词短尾用于将来时只表示动作将会完成，其本身并不表明说话当时动作是否正在进行。试比较：

①Прочи́танная кни́га бу́дет сдана́ в библиоте́ку. 读完的书将还给图书馆。

②Вы́ставка бу́дет откры́та в сле́дующем ме́сяце. 展览会将于下月开幕。

被动形动词短尾与 до́лжен、мочь 等词连用时，中间必须加上 быть。如：

①Реше́ние должно́ быть при́нято на э́том собра́нии. 这次会上应该做出决议。

②Биле́ты мо́гут быть ку́плены за три дня до отъе́зда. 票可以在出发前三天买到。

**独立形动词短语与带 который 的限定从属句的互换**

当 который 是一格，在句中做主语，而谓语动词是现在时或过去时的时候，可用主动形动词短语代替定语从属句，即去掉 который，将从属句中的谓语动词改为与原来动词时间相应的主动形动词。试比较：

①Дом，кото́рый стои́т на горе́，ви́ден издалека́. →Дом，стоя́щий на горе́，ви́ден издалека́. 老远就看见山上的房子。

②Де́ти，кото́рые игра́ли во дворе́，подбежа́ли к нам. →Де́ти，игра́вшие во дворе́，подбежа́ли к нам. 在院子玩耍的孩子们跑到我们跟前。

当 который 在从属句中是不带前置词的第四格即直接补语时，该从属句中可用被动形动词短语代替，即将 который 去掉，把从属句中的主语改为第五格补语。如：

①Я ча́сто получа́ю пи́сьма，кото́рые посыла́ет моя́ подру́га. →Я ча́сто получа́ю пи́сьма，посыла́емые мое́й подру́гой. 我常收到我女友寄来的信。

②Студе́нт хорошо́ отве́тил на вопро́с，кото́рый за́дал ему преподава́тель. →Студе́нт хорошо́ отве́тил на вопро́с，за́данный ему́ преподава́телем.（大）学生很好地回答了老师提（给他）的问题。

形动词短语结构简略，但多带书面语色彩，口语中用得很少，而定语从属句中包含的谓语形式能够鲜明地表达谓语的行为状态意义。试比较：Сла́ва，кото́рую добы́ли в бою́，не забыва́ется. 战斗中获得的荣誉是不会被忘记的。句中的动词谓语鲜明地表达了行为意义。Сла́ва，добы́тая в бою́，не забыва́ется. 句中形动词修饰限定名词，表明事物的特征，其行为意义则不如前句中谓语动词那么鲜明。

**练习 26　将括号里的动词变为形动词的适当形式**

1. Наш завод，（выполнить）план，получил премию.
2. В густом саду стоял дом，едва（видеть）издали.
3. Ветер，（дуть）с юга，приносил тепло.
4. В（решать）нами задаче много трудностей.
5. Вдали видна лодка，быстро（плыть）по морю.

6. Снег,(покрыть)поле,блестел на солнце.
7. Самолет,(управлять)молодым летчиком,отправился на север.
8. Я смотрел на(расти)перед окном дерево.
9. Звезды,(светиться) всю ночь на небе,были яркими.
10. В концертах,(передавать)московским радио,большое место занимает западная музыка.
11. Кружок самодеятельности,(руководить)известным артистом,поставил новую пьесу.
12. Туман,(подниматься) с моря,постепенно закрывал горизонт.
13. В(переводить)мною статьях автор рассказывает о жизни в России.
14. Молодежь,(интересоваться)литературой,собралась в библиотеке.
15. Самолеты,(отправиться) на крайний север,отвезли туда новые книги.
16. Мы остановились около(строиться) здания.
17. Публике понравилась артистка,хорошо(спеть) русские песни.
18. События,(описывать) в этой книге,происходили лет тридцать тому назад.
19. Мы увидели корабль,(приближаться) к берегу.
20. От солнца,(показаться)из-за леса,падал на землю розовый свет.
21. В этом журнале есть статья по(рассматривать) вопросу.
22. Проблема,(исследовать) автором,очень важна.
23. В шкафах,(находиться)в комнате,стоит много книг.
24. Я получаю журнал "Новое время",(издавать) в Москве.
25. Я принимал участие в экспедиции,(отправиться)в прошлом году на восток.
26. Наш автобус приближался к зданию гостиницы,(находиться)в центре города.
27. На палубе корабля стояли пассажиры,(любоваться) морем.
28. Скоро показалась степь,(покрыть) весенними цветами.
29. Писатели говорили о новом романе,(принести) автору известность.
30. С каждым годом увеличивается число юношей и девушек,(заниматься)спортом.
31. У всех,(посетить)выставку,осталось много впечатлений.
32. Все книги,(взять) в библиотеке,мы прочитали.
33. Ленинград,(являться) одним из красивейших городов мира,начал строиться в 1703 году.

34. За(купить) ею товары моя сестра заплатила недорого.
35. Здесь есть свои поэты и композиторы,(создавать) стихи и песни о любимом городе.
36. Экскурсанты осмотрели фабрику,(изготовлять) шелковые ткани.
37. (Лежать) на столе газеты я отнес в другую комнату.
38. На(осветить)солнцем земле блестела роса.
39. Подлинная красота языка,(действовать) как сила,создается точностью,ясностью.
40. Великий поэт получил образование в школе,(являться) лучшим учебным заведением того времени.
41. Мы пошли по(указать) нам дороге.
42. Туристы подошли к озеру,(окружить) лесом.
43. В(прочитать) нами тексте не было незнакомых слов.
44. Я не отказался от(принять) мною решения.
45. Мой товарищ,(занять) чтением,не заметил,как прошло время.
46. Произведения,(создать) Пушкиным,вдохновили многих выдающихся музыкантов.
47. Хорошо(выучить) им стихи запомнились на всю жизнь.
48. Поэму "Луслан и Людмила",(принести) Пушкину широкую известность, поэт начал писать еще в учебном заведении.
49. Наш народ любит и ценит Пушкина,(оставить) прекрасные произведения.
50. Среди передовых людей 16 века,(бороться) против самодержавия,было много друзей Пушкина.
51. Стихи,(интересовать) нас,сейчас мы выучили наизусть.
52. Из-за тумана,(подняться) с реки,не было видно другого берега.
53. Пушкин,(жить) в первой половине 16 века,был великим поэтом.
54. Талант Пушкина,(продолжать) развиваться,привлекал к нему большое внимание.
55. Рассказы наших писателей,(посетить) строительство электростанций на Волге и Доне,очень интересны.
56. Для пароходов,(плавать) только до Каспийского моря,теперь открылся выход в Черное море.
57. Мы обрадовались луне,(показаться) из-за облаков и(осветить)небо и землю.

58. Пушкин, ( выражать ) в своей поэзии идеи этих передовых людей, призывал к борьбе за свободу.
59. Наш народ любит поэзию и прозу Пушкина, ( сохранить ) свою ценность до наших дней.
60. Наконец Ковшову удалось разыскать Беридзе, только что ( прилететь ) из Грузии.
61. В Киеве, ( стоять ) на высоком берегу Днепра, сохранилось много древних памятников, ( говорить ) о высокой культуре прошлого.
62. В уральских горах, ( существовать ) много миллионов лет, добывается ценная руда.
63. Изменения, ( произойти ) за последние пятьдесят лет в мире, поистине грандиозны.
64. По Волге, ( соединять ) север и юг нашего государства, идут вверх и вниз пароходы.
65. За домом находится большой парк, ( спускаться ) к реке.
66. В смотрах самодеятельности, ( происходить ) в Москве ежегодно, принимают участие много рабочих и служащих.
67. При этом отсутствуют достоверные данные, ( объяснять ), отчего или при каких условиях происходит наблюдаемое явление.
68. Город обогатился памятниками, ( рассказывать ) о важных исторических событиях.
69. Среди научных учреждений, ( иметь ) мировое значение, видное место занимает университет имени Жданова.
70. В Ленинграде много ценных произведений искусства, ( храняться ) в государственных музеях.
71. Полноводная широкая Нева, ( нести ) свои воды в море, очень украшает город.
72. Я хотел бы пожелать вам, молодым ученым, ( вступать ) сейчас в науку, чтобы вы трудились с такой же уверенностью и самоотверженностью, как и наше поколение.
73. Пушкин, ( поступить ) на службу в Министерство иностранных дел, сблизился в это время с ними.
74. После войны 1812 года, ( окончиться ) победой русского оружия, появились тайные общества, ( ставить ) себе задачей борьбу с самодержавием.

75. Из числа исторических зданий,(напоминать)о борьбе за создание Советского государства,в первую очередь следует назвать Смольный,а также Зимний Дворец.
76. Санкт-Петербург расположен в западной части европейской России в устье реки Невы, (впадать) в Финский залив Балтийского моря.
77. Мои соседи, (выписывать) все основные литературные журналы, хорошо занют состояние нашей литературы.
78. Вместе с этим словом появилось и новое, однокоренное слово «красивый», (вытеснить) слово «красный» в этом значении.
79. Затем руководители Китая и России вручили друг другу издания, специально (выпустить) к этому дню.
80. Сейчас служба в российской армии является обязательной для каждого мужчины, (достигнуть) 18-летнего возраста, если он не является студентом и годен к несению строевой службы по состоянию своего здоровья.
81. Все новые сферы науки и практики становятся (заинтересовать) в развитии иммунологии(免疫学).
82. Такое (обобщить) значение свидетельствует о преобладающем распространении берёзы на русских землях и об особом отношении к ней.
83. Именно поэтому среди русских очень широко распространены имя Михаил и фамилии, (образовать) от слова《медведь》— Медведев, Медведкин, Медведков, медведников и т. д.
84. Таким образом, язык, являясь важнейшим средством общения, хранит информацию, сохраняет культурное наследие, (накопить) веками, и передаёт его следующим поколениям живущих людей.
85. В последнее время были приняты меры, (направить) на помощь женщинам, имеющим детей.
86. Вечера, (организовать) в нашем университете, обычно проходят очень весело.
87. Примеры, (приводить) нашим учителем на уроке, всегда понятны.
88. Нужно ещё познакомиться с общественной жизнью и традиционной культурой русского народа, (отразить) в языке, поскольку жизнь языка обусловлена жизнью и культурой языкового коллектива — носителя языка.
89. Это учебное пособие, (предназначить), в первую очередь, для студентов-иностранцев, изучающих русский язык.

90. На современных свадьбах чаще всего играет（пригласить）оркестр.
91. Новые научные методы,（разработать）учёными, проверялись на практике.
92. Организм, тесно（связать）с внешней средой, приспосабливается к этой среде.
93. Поэтому им трудно представить себе, что такое самовар, пока они не увидят его или его изображение,（сопроводить）специальными комментариями(注解).
94. Таким образом, варягами называли дружины(自动组织起来的团体;合作组织),（составить）из людей, волею или неволею покинувших своё отечество и вынужденных искать счастья в чужих странах.
95. Луна,（освещать）дорогу, скрылась в эту минуту за тучей.
96. Байкал является огромным резервуаром пресной воды,（содержать）пятую часть всех запасов пресной воды земного шара.
97. Широко были распространены приметы,（основать）на много летних наблюдениях за явлениями природы.
98. В русском языке часто встречаются пословицы, поговорки и устойчивые словосочетания,（характеризовать）отношение к медведю: «Хозяин в дому, что медведь в бору(针叶林)», «Медведь — хозяин».
99. Необыкновенно красивы и хороши（цвести）сады в мае.
100. События,（изобразить）в этом романе, происходят в наши дни.

♨答案:

1. выполнивший, 2. видимый, 3. дувший, 4. решаемой, 5. плывущая, 6. покрывший, 7. управляемый, 8. растущее, 9. светившиеся, 10. передаваемых, 11. руководимый, 12. поднимавшийся, 13. переводимых, 14. интересующаяся, 15. отправившиеся, 16. строящегося, 17. спевшая, 18. описываемые, 19. приближающийся, 20. показавшегося, 21. рассматриваемому, 22. исследуемая, 23. находящихся, 24. издаваемый, 25. отправившейся, 26. находящемуся, 27. любовавшиеся, 28. покрытая, 29. принесшем, 30. занимающихся, 31. посетивших, 32. взятые, 33. являющийся, 34. купленные, 35. создающие, 36. изготовляющую, 37. Лежащие, 38. освещенной, 39. действующего, 40. являющейся, 41. указанной, 42. окруженному, 43. прочитанном, 44. принятого, 45. занятый, 46. созданные, 47. выученные, 48. принесшую, 49. оставившего, 50. боровшихся, 51. интересующие, 52. поднявшегося, 53. живший, 54. продолжавший, 55. посетивших, 56. плававших,

57. показавшейся, осветившей, 58. выражавший, 59. сохранившие, 60. прилетевшего, 61. стоящем, говорящих, 62. существующих, 63. происшедшие, 64. соединяющей, 65. спускающийся, 66. происходящих, 67. объясняющие, 68. рассказывающими, 69. имеющих, 70. хранящихся, 71. несущая, 72. вступающим, 73. поступивший, 74. окончившейся, ставившие, 75. напоминающих, 76. впадающей, 77. выписывающие, 78. вытеснившее, 79. выпущенные, 80. достигшего, 81. заинтересованными, 82. обобщенные, 83. образованные, 84. накопленное, 85. направленные, 86. организованные, 87. приводимые, 88. отраженными, 89. предназначенное, 90. приглашенный, 91. разработанные, 92. связанный, 93. сопровожденное, 94. составленные, 95. освещавшая, 96. содержащим, 97. основанные, 98. характеризующие, 99. цветущие, 100. изображённые

**练习 27　将下列句中的动词变成形动词短尾形式**

1. Книги(прочитать), и мы отнесли их в библиотеку.
2. В романе "Евгений Онегин", написанном Пушкиным, (отразить) время, в которое жил поэт.
3. В России имя Пушкина(окружить) любовью и уважением.
4. Пушкиным(основать) журнал "Современник".
5. Произведения Пушкина(перевести) на ряд иностранных языков.
6. В центре Москвы(расположить) музей истории и реконструкции города.
7. Он(основать) еще в 1856 году как музей Московского городского хозяйства.
8. Он(уверить) в своих силах.
9. Новые бригады(образовать).
10. Окно не(закрыть), и в комнату проникает уличный шум.
11. Вопрос еще(не изучить), решение(не принять).
12. Многие мои товарищи в этом бою(ранить).
13. Еще в 30-х годах важные соображения на этот счет(высказать).
14. Глаза ряда животных в некоторой степени(лишить) этого недостатка.
15. С этим приглашением(связать) другая сторона научной жизни Кеплера, так не похожая на первую.
16. Некоторые "пустые клеточки"(заполнить) ещё при жизни Менделеева.
17. Конечно не исключено, что в дальнейшем(открыть) несколько неизвестных законов.
18. Около ядра(расположить) электроны.

19. Настоящий интеллигент(увлечь) своей работой.
20. Ответ(получить) с помощью лучей, испускаемых радием.
21. О московском метро(написать) стихи и песни.
22. Впервые эта гипотеза(выдвинуть) физиком Д. Д. Иваненко.
23. Можно сказать и иначе: каждое простое вещество(построить) из атомов одного химического элемента.
24. На самом же деле неудачи(вызвать) непониманием одного важного обстоятельства.
25. К сожалению, мы(вынудить) оставить здесь все эти вопросы без ответа.
26. Однако до марта 1966 г. существование такой частицы экспериментально не (доказать).
27. Так(сделать) первый шаг к открытию радия.
28. Мы крайне(тронуть) вашей заботой о нас.
29. Она(занять) работой над своей книгой— научным памятником, какого после ее смерти не сможет создать никто.
30. Идеальный газ(выбрать) в качестве термометра, потому что только его свойства(связать) с одним лишь движением молекул.
31. Мари(взволновать) и (возбудить), чтобы остаться дольше на этом вечере.
32. Я(принудить) сознаться, что положительно не способен сделать без ошибки сложение.
33. Я всегда(преисполнить) желания — не говорить ничего такого, чего бы я не мог доказать.
34. Достаточно точные часы(сконструировать) как раз на основе открытого Галилеем свойства маятника.
35. Войска(сосредоточить) в городе.
36. Тучи(рассеять) ветром.
37. Длина волны электронов может быть(выбрать) очень маленькой.
38. (Расширить) ее центральные улицы и площади, (возвести) целые кварталы новых жилых домов.
39. Трагедия Пушкина "Борис Годунов"(написать) на сюжет из русской истории.
40. Так вырисовывается волнующая картина напряженной деятельности лаборатории, которой Мари(предать) душой и телом.
41. После распада Советского Союза в России (восстановить) дореволюцион-

ный Российский герб, на котором изображен двуглавый орёл.

42. Сотни технических новинок(新事物,新东西), созданных на предприятии, (внедрить) на многих металлургических предприятиях страны.
43. На некоторых календарях специальными знаками были (выделить) исторические даты.
44. Это были своеобразные «справочники», в которых (отметить) дни начала и завершения различных сельскохозяйственных работ, изменений в природе и церковные(宗教的) праздники.
45. 24 августа 1999 года, на сайте(网址) благодаря помощи со стороны музея дальневосточной ж. д., (найти) и (опубликовать) фото легендарного генерала Д. Л. Хорвата, управляющего КВЖД(中东铁路) в самые суровые и изменчивые(反复无常的) годы-1902 – 1922.
46. В новой клинике (оборудовать) современной медицинской техникой кабинеты и лаборатории.
47. В результате (повредить) многие дома и мосты, (нанести) серьезный ущерб сельскохозяйственным посевам(耕地).
48. Постарайтесь так, чтобы в вашем выступлении не было просто цели разных мыслей, а чтобы была одна, главная мысль, которой должны быть (подчинить) все остальные.
49. Статья, написанная им, (пометить) в следующем номере стенгазеты.
50. Куда (послать) ваши товарищи после окончания института.
51. Например,《печь》у китайцев (предназначить) лишь для отопления и приготовления пищи, но лежать или спать на ней нельзя.
52. Жители суши (приспособить) к небольшим колебаниям давления атмосферы.
53. Забайкальская железная дорога ещё не эксплуатировалась, а на Уссурийской не была ещё (проложить) самая трудная в техническом отношении часть линии через Хихцирский перевал(山口,山隘).
54. Вся страна (разделить) на 50 губерний(省) по 400 тысяч жителей в каждой.
55. Многочисленные острова, на которых Санкт-Петербург расположен, (соединить) мостами.

♨答案:

1. были прочитаны, 2. было отражено, 3. окружено, 4. был основан, 5. переведены, 6. расположен, 7. был основан, 8. уверен, 9. образованы, 10. закрыто, 11. не изучен, не принято, 12. были ранены, 13. были высказаны, 14. лишены, 15. связана, 16. были заполнены, 17. будет открыто, 18. расположены, 19. увлечен, 20. получен, 21. написаны, 22. была выдвинута, 23. построено, 24. вызваны, 25. вынуждены, 26. было доказано, 27. сделан, 28. тронуты, 29. занята, 30. выбран, связаны, 31. взволнована, возбуждена, 32. принужден, 33. преисполнен, 34. сконструированы, 35. сосредоточены, 36. рассеяны, 37. выбрана, 38. Расширены, возведены, 39. была написана, 40. предана, 41. восстановлен, 42. внедрены, 43. выделены, 44. отмечены, 45. найдено, опубликовано, 46. оборудованы, 47. повреждены, нанесен, 48. подчинены, 49. будет помещена, 50. посланы, 51. предназначена, 52. приспособлены, 53. проложена, 54. была разделена, 55. соединены

练习 28　选择填空

1. Большое значение имеют приборы, (основанные, основавшие) на электрических явлениях.
2. Мы продолжаем жить в качестве людей, очень (занявших, занятых) тем, чтобы не делать ничего интересного.
3. Эта женщина, (узнавшая, узнанная) о нас от общих знакомых, явилась спросить, сколько мы берем за урок.
4. На основе этого открытия был (сделанный, сделан) ряд важных изобретений.
5. (Вызвавшая, Вызванная) ученица, мало заметная среди своих подруг, стоит за партой около высокого окна, (выходящего, выходящей) в сад.
6. (Создающий, Создаваемый) и тут же (передаваемый, передающий) рассказ далеко еще не кончен, однако Зоя внезапно прерывает свое повествование.
7. Нам, людям 20 века, (привыкавшим, привыкающим) к ручным часам, не следует забывать об этих трудностях.
8. С самого начала читалось много частных специальных курсов, (привлекавших, привлеченных) слушателей из студентов и преподавателей.
9. Плазма, (образовавшая, образованная) из других веществ, является смесью многих "газов".
10. Наша интеллигенция — это огромная, социальная группа, (включаемая,

включающая) в себя учителей и преподавателей, инженеров и научных работников.

11. В каждой такой группе имеется свой общепризнанный человек, (пользующийся, использующийся) общим уважением.
12. Вода в океанах на больших глубинах имеет температуру, (отличающуюся, отличающую) от температуры поверхностных слоев.
13. (Возникшие, Возникающие) новые частицы всегда будут несколько отличаться по массе.
14. Все бежали быстро и смело, (увлекаемые, увлекающие) чудесным зрелищем горящего сердца.
15. И деревья, (освещенные, осветившие) холодным огнем молнии, казались живыми, простирающимися вокруг людей.
16. Ведь существуют молекулы кислорода, азота, водорода, (построившие, построенные) из одинаковых атомов.
17. Прибор, (предназначающий, предназначенный) для этой задачи, когда-то назывался катодной(阴极)трубкой.
18. Челкаш шагал дальше, (встречающий, встречаемый) всеми, как человек хорошо знакомый.
19. В случае теплового излучения это удары, (получаемые, получающие) частицами вещества благодаря тепловому движению.
20. Наука развивается настолько быстро, что содержание, (вкладываемое, вкладывающее) в то или иное слово, меняется на глазах у одного поколения.
21. Столетиями продолжалась работа людей, (посвятивших, посвященных) себя решению этой задачи.
22. Она единственная женщина, (участвуемая, участвующая) вместе с ними в работе Медицинской академии.
23. Два человека, (осуществившие, осуществленные) вдвоем огромное дело, могли бы воспринимать славу по-разному.
24. Вещества, (представляемые собой, представляющие собой) соединения различных элементов, являются сложными.
25. Я узнала, что личности, (описавшие, описанные) в романах, существуют и в действительности.
26. В труднейших уловиях, еще никем не(понятых, понявших) и не(признавших, признанных), он положил начало научным основам космонавтики.

27. Кто может сказать, как велика роль Мари в работах, ( предложивших, предложенных ) и ( руководящих, руководимых ) ею шаг за шагом.
28. Преодолеть его могут лишь частицы, ( обладающие, обладаемые ) большой энергией.
29. Понятно поэтому, почему пловец, ( вышедший, выйденный ) из воды, ощущает холод на ветру.
30. Не может быть такого случая, чтобы колесо, ( сидящее, сидевшее ) на оси, начало бы вертеться само по себе.
31. При этом пользуются тем, что две жидкости, ( образующие, образуемые ) смесь, кипят не одинаково.
32. Что заставляет тела, ( движущиеся, двигавшиеся ) по поверхности, останавливаться?
33. Но все же я продолжаю верить в идеи, ( руководившие, руководимые ) в то время нами, что лишь они способны привести к настоящему прогрессу общества.
34. Между нами и публикой, ( желаемой, желающей ) высказать им свою приязнь, установилось длительное непонимание.
35. Их быт, ( вызывавший, вызываемый ) своею скромностью удивление и уважение газетчиков, приобретает известность, становится превосходной темой газетной статьи.
36. Условия, ( существующие, существуемые ) в высоких слоях атмосферы, связаны с деятельностью Солнца и с другими воздействиями космоса.
37. На его место поступает чистый холодный воздух через отверстия, ( сделанные, сделавшие ) в горелке лампы.
38. Молекула октана ( 辛烷 ), ( входящего, входясмого ) в состав этого вещества, состоит из 8 атомов углерода и 18 атомов водорода, ( соединивших, соединенных ) так, как показано на рисунке.
39. Они бросились за ним, ( очарованные, очаровавшие ).
40. В таблице, ( составленной, составляющей ) Менделеевым, каждый из элементов принадлежит к одной из девяти групп и к одному из семи периодов.

♨答案：

1. основанные, 2. занятых, 3. узнавшая, 4. сделан, 5. Вызванная, выходящего, 6. Создаваемый, передаваемый, 7. привыкающим, 8. привлекавших, 9. образо-

ванная, 10. включающая, 11. пользующийся, 12. отличающуюся, 13. Возникшие, 14. увлекаемые, 15. освещенные, 16. построенные, 17. предназначенный, 18. встречаемый, 19. получаемые, 20. вкладываемое, 21. посвятивших, 22. участвующая, 23. осуществившие, 24. представляющие собой, 25. описанные, 26. понятых, признанных, 27. предложенных, руководимых, 28. обладающие, 29. вышедший, 30. сидящее, 31. образующие, 32. движущиеся, 33. руководившие, 34. желающей, 35. вызывавший, 36. существующие, 37. сделанные, 38. входящего, соединенных, 39. очарованные, 40. составленной

### 练习 29 用形动词短语代换定语从属句

1. В лесу раздаются голоса девушек, которые собирают ягоды.
2. Рабочие, которые перевыполнили норму, получили премию.
3. Наш дом отдыха стоял в парке, который спускался к реке.
4. Мы вышли на поляну и увидели охотников, которые сидели вокруг костра.
5. Тучи, которые быстро надвигаются с севера, скоро закроют солнце.
6. Мы любовались морем из окна поезда, который мчался по берегу.
7. Все радовались прекрасной погоде, которая установилась в начале мая.
8. Экспедиция двинулась дальше, несмотря на метель, которая началась утром.
9. Вопрос, который мы обсуждаем на сегодняшнем семинаре, очень важен.
10. Эту местность часто посещают туристы, которых привлекает красота здешней природы.
11. Он сегодня опять забыл книгу, которую обещал мне еще на прошлой неделе.
12. Студент хорошо ответил на вопросы, которые задал ему преподаватель.
13. Книгу, которую я взял у тебя, я верну в понедельник.
14. Я никогда не забуду впечатление, которое произвела на меня эта встреча.
15. Мы увидели нашу лодку, которая была прибита волнами к берегу.
16. К утру дождь прошел, но небо было в тяжелых серых тучах, которые летели с юга на север.
17. Отряд медленно двигался по берегу, который был освещен солнцем.
18. Первая мысль, которая пришла ей в голову, была о том, что надо как можно скорее и незаметнее уехать из этого городка.
19. Вдоль перегородки, которая отделяла мою комнату от конторы, стоял огромный кожаный диван.

20. Люди, которые участвовали в опытах, спали по три-четыре часа глубоким сном и чувствовали себя вполне отдохнувшими и бодрыми.

♨答案:

1. собирающих ягоды. 2. перевыполнившие норму. 3. спускавшемся к реке. 4. сидевших вокруг костра. 5. быстро надвигающиеся с севера. 6. мчавшегося по берегу. 7. установившейся в начале мая. 8. начавшуюся утром. 9. обсуждаемый нами на сегодняшнем семинаре. 10. привлекаемые красотой здешней природы. 11. обещанную мне еще на прошлой неделе. 12. заданные ему преподавателем. 13. взятую мной у тебя. 14. произведенное на меня этой встречей. 15. прибитую волнами к берегу. 16. летевших с юга на север. 17. освещенному солнцем. 18. пришедшая ей в голову, 19. отделявшей мою комнату от конторы, 20. участвовавшие в опытах,

## 练习30 用定语从属句代换形动词短语

1. За обедом вернувшийся студент рассказывал свои новости.
2. Мы беседовали с писателями, написавшими повесть о студентах.
3. Испуганные выстрелом птицы с криком поднялись в воздух.
4. Здесь ярко горели высокие электрические фонари, качаемые ветром.
5. Умные руки, умеющие создавать величайшие ценности человеческого труда, голосуют за мир, за доброе будущее.
6. Новый метод, используемый этим рабочим, дает ему возможность почти вдвое перевыполнить норму.
7. Вечера, организуемые в нашем институте, обычно проходят очень весело.
8. Снег, покрывший за ночь улицы и крыши, сверкал на солнце.
9. В центре города возвышается прекрасное здание, созданное по проекту известного архитектора.
10. Ткани, изготовляемые на этой фабрике, пользуются большим спросом у покупателей.
11. Луна, освещавшая дорогу, скрылась в эту минуту за тучей.
12. Все больше становилось книг на полке, красиво сделанной Павлу товарищем-столяром.
13. Тихо было в этот ранний час в сонном городе, засыпанном снегом.
14. Мы купались в реке, протекавшей под горой.

15. Машина повернула к дому, стоящему на берегу реки.
16. Мы поздоровались с девушками, поднимавшимися по лестнице.
17. Петров сел на стул, подвинутый ему Горьким.
18. Число ядерных реакций, дающих энергию, огромно.
19. Листки, призывавшие рабочих праздновать Первое мая, почти каждую ночь наклеивали на стенах.
20. Всюду смеялась жизнь, проснувшаяся после бури.

♨答案：

1. Студент, который вернулся, за обедом, 2. писателями, которые написали повесть о студентах. 3. Птицы, которых испугал выстрел, 4. фонари, которые качает ветер. 5. которые умеют создавать величайшие ценности человеческого труда, 6. который использует этот рабочий, 7. которые организуют в нашем институте, 8. который покрыл за ночь улицы и крыши, 9. которое создали по проекту известного архитектора. 10. которые изготовляют на этой фабрике, 11. которая освещала дорогу, 12. которую красиво сделал Павлу товарищ-столяр. 13. который засыпал снег. 14. которая протекала под горой. 15. который стоит на берегу реки. 16. которые поднимались по лестнице. 17. который подвинул ему Горький. 18. которые дают энергию, 19. которые призывали рабочих праздновать Первое мая. 20. которая проснулась после бури.

### (6) 副动词

副动词是兼有动词和副词两种词类特征，并且不再变化的动词形式。未完成体动词和完成体动词都能构成副动词。

**副动词的构成**

未完成体副动词的构成

未完成体副动词的一般构成方法：未完成体动词现在时复数第三人称去掉词尾后，如以 ж、ч、ш、щ 结尾时加 а，如以其它辅音或元音结尾时加 я。如：

держáть — дéржат→держá

плáкать — плáчут→плáча

спешúть — спешáт→спешá

искáть — úщут→ищá

нестú — несýт→неся́

вестú — ведýт→ведя́

стоя́ть — стоя́т→сто́я

красне́ть — красне́ют→красне́я

плыть — плыву́т→плывя́

критикова́ть — критику́ют→критику́я

例外的是，带后缀 ва 的动词如 дава́ть，узнава́ть，встава́ть，均由不定式去掉 ть 加 я 构成，即为 дава́я，узнава́я，встава́я。

带 ся 动词构成此类副动词时，ся 改为 сь。如：ра́доваться→ра́дуясь；учи́ться→уча́сь。

部分未完成体动词没有副动词形式，如：писа́ть，пляса́ть（跳舞），петь，печь（烤），жечь（烧），бере́чь，мочь（能够），ждать（等待），рвать（撕），пить，со́хнуть（干枯），мо́кнуть（淋湿），га́снуть（熄灭），е́хать，бежа́ть，есть（吃）等。

完成体副动词的构成

ⅰ. 如完成体动词过去时阳性词尾是-л，则去掉 л 加 в。如：

встре́тить — встре́тил→встре́тив

написа́ть — написа́л→написа́в

взять — взял→взяв

这类动词带 ся 时，其副动词为 в 后加 шись，即 вшись。如 встре́титься→встре́тившись。

ⅱ. 如完成体动词过去时阳性词尾是其它辅音时，则直接加 ши。如：

спасти́ — спас→спа́сши

принести́ — принёс→принёсши

привезти́ — привёз→привёзши

лечь — лёг→лёгши

这类动词带 ся 时，其副动词构成时须将 ся 改为 сь。如：

запере́ться→за́першись

увле́чься→увлёкшись

ⅲ. 例外的是，某些完成体副动词由单一式将来时词干借助后缀 а 或 я 构成。如：

услы́шать→услы́ша（或 услы́шав）

прийти́→придя́

найти→найдя́

привести́→приведя́

принести́→принеся́

уви́деть→уви́дя

ⅳ.通过后缀 а、я 构成的副动词,重音同复数第三人称,其它同过去时阳性。

**副动词的用法**

副动词在句中表示谓语动词的伴随行为。如:

①Брат бы́стро расска́зывает, волну́ясь. 哥哥讲得很快,很激动。

②Расстава́ясь, они́ обеща́ли писа́ть друг дру́гу. 分别时,他们答应互相写信。

③Отдыха́я про́шлым ле́том в Крыму́, он зае́хал в Ялту. 去年夏天在克里米亚休养时,他顺路去了雅尔塔。

④Мать, закры́в окно́, ме́дленно опусти́лась на стул. 母亲关上窗子,慢慢地坐到椅子上。

⑤Подня́вшись на четвёртый этаж, они́ позвони́ли. 上到四楼后他们按了门铃。

副动词本身无时间意义,其时间要由句中谓语动词的时间来确定。试比较:

①Мы возвраща́емся домо́й, ве́село разгова́ривая. 我们愉快地交谈着回家。〔现在时〕

②Мы возвраща́лись домо́й, ве́село разгова́ривая. 我们是愉快地交谈着回的家。〔过去时〕

③Мы бу́дем возвраща́тсья домо́й, ве́село разгова́ривая. 我们会愉快地交谈着回家。〔将来时〕

④Зако́нчив рабо́ту, он отдыха́ет. 结束工作后他总要休息。〔现在时〕

⑤Зако́нчив рабо́ту, он отдохну́л. 结束工作后他休息了一会儿。〔过去时〕

⑥Зако́нчив рабо́ту, он бу́дет отдыха́ть. 结束工作后他将休息。〔将来时〕

副动词所表示动作的主体与句子中主要动词的主体必须一致。如:

①Друзья́ собира́лись, горячо́ обсужда́я но́вости. 朋友们聚在一起热烈地讨论新闻。

②Подъезжа́я к ста́нции, парово́з гуде́л. 机车在驶近车站时鸣笛了。

副动词可代替句子里同等谓语中的一个,这样便使动词谓语的意义得以加强。通常未完成体副动词所表示的动作是与主要动词所表示的动作同时发生的,而完成体副动词则表示在其先(或后)发生的动作。如:

①Он чита́ет и выпи́сывает ва́жные предложе́ния. →Чита́я, он выпи́сывает ва́жные предложе́ния. 他边读边摘录重要的句子。

②Мы стоя́ли на берегу́ и провожа́ли глаза́ми удаля́вшуюся ло́дку. →Сто́я на берегу́, мы провожа́ли глаза́ми удаля́вшуюся ло́дку. 我们站在岸边目送着远去的小船。

③Та́ня вы́шла из маши́ны и почу́вствовала кра́йнюю уста́лость. →Вы́йдя из маши́ны, Та́ня почу́вствовала кра́йнюю уста́лость. 塔尼亚从车里出来感到极度的疲惫。

④Мо́лния сверкну́ла и освети́ла на мгнове́нье всё вокру́г. →Сверкну́ла мо́лния, освети́в на мгнове́нье всё вокру́г. 电光一闪,周围的一切瞬间都被照亮。

**注意**:当副动词表示的行为在主要动词所表示的行为之后发生时,副动词(或副动词短语)应在主要动词后面(如例④)。

副动词或副动词短语可以相当于主从复合句中表示时间、原因、让步、条件等意义的从属句。试比较:

①Услы́шав (Когда́ она́ услы́шала) шум на у́лице, она́ подошла́ к окну́. 她听到户外的喧闹声就走向窗边。〔时间:先时行为〕

②Си́дя (Когда́ он сиди́т) в саду́, он чита́ет. 他坐在花园里读书。〔时间:同时行为〕

③Не име́я (Так как мы не име́ем) никаки́х изве́стий об экспеди́ции, мы на́чали беспоко́иться о её судьбе́. 因为没有考察队的任何消息,我们开始为他们的命运担心。〔原因〕

④Он ушёл, почу́вствовав (потому́ что он почу́вствовал) себя́ ли́шним. 他走了,因为他感到自己是多余的人。〔原因〕

⑤Не изучи́в (Если бы мы не изучи́ли) грамма́тики, мы не могли́ бы хорошо́ овладе́ть иностра́нным языко́м. 不学语法我们就不能很好地掌握外语。〔条件〕

⑥Чай пи́ли до́лго, стара́ясь сократи́ть ожида́ние (что́бы сократи́ть ожида́ние). 茶喝了很长时间,以尽量缩短等待的时间。〔目的〕

⑦Повторя́я (Хотя́ он повторя́л) э́ти слова́ мно́го раз в се́рдце, он так и не мог сказа́ть ей в глаза́. 尽管这些话他在心里已经重复了许多遍,可还是不能当着她的面说出来。〔让步〕

有些副动词可转为副词直接说明动词,其间不用逗句隔开(如用逗号隔开仍是副动词)。如:

①Он <u>мо́лча</u> вошёл в избу́. 他一声不响地走进木屋。

②Вре́дно чита́ть <u>лёжа</u>. 躺着读书有害。

关于这个问题详见16(3)ⅱ。

**练习31 将下列句中动词变成相应的副动词**

1. Поезд, (подойти) к станции, остановился.
2. Товарищ, (увидеть) меня, радостно поздоровался.

3. Человек, ( держать ) в руке лампу, вошел в комнату.
4. Путешественники, ( устать ) от дороги, сели отдохнуть.
5. Не( знать ) этих мест, туристам трудно будет пройти здесь.
6. По небу плывет луна, ( освещать ) все вокруг.
7. Ветер дул с юга, ( приносить ) тепло.
8. Высоко( ценить ) произведения и деятельность Горького, наш народ всегда будет хранить светлую память о нем.
9. Девушки пели, ( собираться ) по вечерам.
10. ( Знать ) массу тела и его объем, мы можем вычислить его плотность.
11. Отец сказал, ( уезжать ), что привезет мне книгу.
12. ( Собрать ) тридцать оставшихся железнодорожников, он сообщил им о положении на станции.
13. ( Замедлять ) таяние снега, лес поддерживает в реках постоянный уровень воды.
14. Он говорил, ( волноваться ).
15. ( Установить ) место повреждения, мастер быстро отремонтировал мотор.
16. ( Нагреваться ), вещества расширяются.
17. Директор, ( помолчать ), ответил на все вопросы.
18. Шоферы стояли кучками, ( покуривать ) и ( переговариваться ).
19. Мимо них медленно проезжали повозки, не( спешить ) шли солдаты.
20. Человечество развивается, совершенствуется, ( взаимодействовать ) с природой.
21. Пять дней мы летали над горами, ( стремиться ) отыскать след пропавшей экспедиции.
22. Наташа с оживленным, взволнованным лицом рассказывала ему, как она в прошлое лето, ( ходить ) за грибами, заблудилась в большом лесу.
23. Она говорила, ( краснеть ) и ( волноваться ).
24. ( Приближаться ) к солнцу, планеты движутся с большей скоростью.
25. ( Удаляться ) от солнца, планеты движутся с меньшей скоростью.
26. ( Применять ) интересные схемы, можно добиться резкого уменьшения габаритов.
27. ( Замерзать ), вода освобождается от солей, поэтому лед в северном ледовитом океане пресный.
28. ( Запереть ) дверь, он пошел в кино вместе со своим братом.

29. (Выскочить) на улицу, они бегут со всех ног, чтобы успеть на автобус.
30. (Сажать) в городе деревья и кусты, мы заботимся о птицах.
31. Много лет спустя моя мать, (вспоминать) об этих днях веселья, описывала их мне каким-то нежным тоном.
32. Хлориды можно получить, непосредственно (соединять) металлы с хлором.
33. Она запомнила его, так как никогда ничего не забывала, (бывать) в хорошем настроении.
34. (Добавлять) к песку крепителей, получают высокое качество смесей.
35. Учить их все равно, что строить на песке, (усвоить) что-нибудь сегодня, они сейчас же забывают то, что им преподавали накануне.
36. Вода растворяет твердые породы, (превращать) их в обломки и мелкие частицы.
37. (Приказывать) мне молчать, старая Изергиль вдруг замолчала сама, задумалась.
38. Не (совершенствовать) человеческую личность, нельзя построить личный мир.
39. Ночь росла и крепла, (наполняться) странными, тихими звуками.
40. (Оказаться) на поверхности земли, породы начинают разрушаться.
41. Они его не заметили и с жаром говорили между собою, (проходить) мимо его.
42. Современная астрономия тесно связана с математикой, физикой, географией и др. (Использовать) достижения этих наук, она, в свою очередь, обогащает их, стимулирует (推动) их развитие.
43. Осенью тогдашнего года, успешно (освоить) за три года четырехлетний университетский курс, Курчатов вместе с другом приехал в Петербург, чтобы учиться и работать.
44. (Быть) основателем галереи, Павел Михайлович Третьяков покупал много произведений.
45. (Опираться) на это учение, Максвелл создал свою теорию электромагнитного поля (电磁场).
46. Сущность процесса фотосинтеза заключается в том, что зеленые растения, (поглощать) световую энергию, создают в своих клетках (细胞) из углекислого газа и воды органические вещества.
47. Владимир зачитался и позабыл всё на свете, (погрузиться) душою в мир

семейственного счастья и не заметил, как прошло время.

48. Ежегодно устраиваются конкурсы педагогического мастерства; из числа их победителей выделяют лучших, (присваивать) им звание «Лучший учитель года».

49. Эти произведения волнуют читателей, (производить) на них неизгладимое (不可磨灭的) впечатление.

50. Мы расстались, (пожелать) друг другу счастливого пути и успехов.

51. Проблема школьных перемен очень важна, и автор проводит разные опыты в этом направлении, (добиваться) успеха.

52. (Расстаться) два года тому назад, они не написали друг другу ни одного письма.

53. Особенно сложно показать своё знание языка, (выступать) перед аудиторией.

54. Кумов стоял спиной к двери, (опустить) руки вдоль тела, (склонить) голову к плечу.

55. (Анализировать) сложившееся положение и (исследовать) тенденции дальнейшего развития общества, некоторые ученые пришли к выводу о возможности наступления в недалеком будущем так называемого экологического (生态的) кризиса.

♨答案:

1. Подойдя, 2. Увидя 或 Увидев, 3. Держа, 4. устав, 5. зная, 6. освещая, 7. принося, 8. ценя, 9. собираясь, 10. Зная, 11. уезжая, 12. Собрав, 13. Замедляя, 14. волнуясь, 15. Установив, 16. Нагреваясь, 17. помолчав, 18. покуривая, переговариваясь, 19. спеша, 20. взаимодействуя, 21. стремясь, 22. ходя, 23. краснея, волнуясь, 24. Приближаясь, 25. Удаляясь, 26. Применяя, 27. Замерзая, 28. Заперев, 29. Выскочив, 30. Сажая, 31. вспоминая, 32. соединяя, 33. бывая, 34. Добавляя, 35. усвоив, 36. превращая, 37. Приказывая, 38. совершенствуя, 39. наполняясь, 40. Оказавшись, 41. проходя, 42. Используя, 43. освоив, 44. Будучи, 45. Опираясь, 46. поглощая, 47. погрузившись, 48. присваивая, 49. производя, 50. пожелав, 51. добиваясь, 52. Расставшись, 53. выступая, 54. опустив, склонив, 55. Анализируя, исследуя

## 练习32　将下列句中的副动词短语变成相应的句子成分或从属句

1. Я потерял перчатки, возвращаясь в университет.
2. Мы расстались, пожелав друг другу счастливоло пути и успехов.
3. Проводив друга, Андрей сел за стол и опять начал читать.
4. Прощаясь, мы крепко обнялись.
5. Граф замахал руками и, ничего не сказав, вышел из комнаты.
6. Я готовился в университет, но работал очень мало и не торопясь.
7. Сказав это, я встал и в волнении прошелся из угла в угол.
8. Повторив все знакомые материалы, он хорошо сдал экзамен.
9. Ограничившись законами классической механики, мы не смогли бы понять новые открытия физики XX века.
10. Она, успев за минуту перед приходом своего друга красиво одеться, ушла.
11. Углекислый газ пропускает солнечный свет, поглощая тепловое излучение.
12. Она стояла на вершине горы, осматривая широкий горизонт, по которому располагались здесь земли трех государств: Чехославакии, Венгрии и Австрии.
13. Достигая границы резко различных сред, звук почти полностью отражается.
14. Плохо рассчитав время, мы не могли вовремя добраться до нашей квартиры.
15. Глядя на младшую, я думаю, что они обе станут совсем взрослыми только лет через двадцать.
16. Зная атомную массу ядра, читатель без труда обнаружит следующий интересный факт.
17. Он пересмотрел орбиты планет, пользуясь наблюдениями Тихо Браге.
18. История признает тех людей великими, которые, трудясь для общей цели, сами становились благороднее.
19. Он оттолкнул его, наконец, вскочил на ноги и, сунув руку в карман, бросил в Гаврилу бумажки.
20. Падая почти отвесно, град выбивал в почве углубления до 6 сантиметров.
21. Приехав в Ригу, Деточкин зашел на почту.
22. Уничтожая муравьев, мы наносим большой ущерб лесу.
23. Данко бросился вперед на свое место, высоко держа горящее сердце и освещая им путь людям.

24. Писать он начал, будучи студентом, его первый рассказ был напечатан в 1952 году.
25. Открыв закон, мы можем лишь познать, изучить и использовать его.
26. Русская литература прошлого века описывала людей, объясняя ими простую истину.
27. Человек сделал огромный шаг вперед, научившись выплавлять из руды металл и делать из него орудия.
28. Приводя подобные данные, надо обязательно добавлять то, о каких столкновениях идет речь.
29. Заводя охотничью собаку, мы иногда забываем о том, как будет чувствовать себя животное в тесной городской квартире.
30. Занимая одну шестую часть сельскохозяйственных площадей, орошаемое земледелие дает примерно половину сельскохозяйственной продукции.
31. Атомы радиоактивных веществ самопроизвольно распадаются, выделяя энергию.
32. Андрей улыбнулся теперь тою же радостною улыбкой, которою он улыбался тогда, глядя ей в глаза.
33. Марксистско-ленинская наука открыла законы развития общества, вооружив трудящихся могучим средством сознательного преобразования мира.
34. Измеряя с помощью какого-либо прибора среднюю за период силу тока в цепи с конденсатором, мы можем убедиться в том, что она будет разной в зависимости от двух величин.
35. Любая более высокая форма движения материи включает в себя низшие формы, имея в то же время свои особенности, свои черты.
36. Железнодорожники один за другим выскакивали из здания вокзала и, ложась у кирпичного тротуара, тоже стреляли.
37. Однако наконец он встал и, внимательно выслушав жену, решил, что дело это нехорошее и что этого так оставить нельзя.
38. Не вмешиваясь в самую работу, Пьер Кюри часто помогает Мари советами и замечаниями.
39. Обладая примерно в пять раз большей теплоемкостью, чем почва, вода медленно нагревается и так же медленно остывает.
40. Совершая социалистическую революцию, пролетариат освобождает не только самого себя, но и всех трудящихся.

♨答案：

1. . . . , когда я возвращался в университет, 2. . . . , после того как мы пожелали друг другу счастливого пути и успехов, 3. После того как Андрей проводил друга, он. . . , 4. Когда мы прощались, мы. . . , 5. Граф замахал руками, ничего не сказал и вышел из комнаты. 6. . . . и не торопился, 7. Когда я сказал это, я. . . , 8. Так как он повторил все знакомые материалы, он. . . , 9. Если бы мы ограничились законами классической механики, мы. . . , 10. Она успела за минуту перед приходом своего друга красиво одеться, ушла. 11. Углекислый газ пропускает солнечный свет и поглощает тепловое излучение. 12. Она стояла на вершине горы и осматривала широкий горизонт. . . , 13. Когда звук достигает границы резко различных сред, он. . . , 14. Так как мы плохо рассчитали время, мы. . . , 15. Когда я гляжу на младшую, я. . . , 16. Если читатель знает атомную массу ядра, он без труда. . . 17. . . . , так как он пользовался наблюдениями Тихо Браге. 18. . . , которые трудились для общей цели и сами становились благороднее. 19. Он оттолкнул его, наконец, вскочил на ноги, сунул руку в карман и бросил в Гаврилу бумажки. 20. Так как град падал почти отвесно, он выбивал в почве углубления до 6 сантиметров. 21. Когда Деточкин приехал в Ригу, он зашел на почту. 22. Если мы уничтожаем муравьев, мы. . . , 23. . . , высоко держал горящее сердце и освещал им путь людям. 24. . . , когда он был студентом, . . . 25. Если мы открыли закон, мы. . . , 26. Русская литература прошлого века описывала людей и объясняла ими простую истину. 27. . . , когда научился выплавлять из руды металл и делать из него орудия. 28. Когда приводить подобные данные, надо. . . , 29. Когда мы заводим охотничью собаку, мы. . . , 30. Хотя орошаемое земледелие занимает одну шестую часть сельскохозяйственных площадей, оно дает. . . , 31. . . . распадаются и выделяют энергию. 32. . . , когда глядел ей в глаза. 33. Марксистско-ленинская наука открыла законы развития общества и вооружила трудящихся могучим средством сознательного преобразования мира. 34. Если мы измеряем с помощью какого-либо прибора среднюю за период силу тока в цепи с конденсатором, мы. . . 35. Любая более высокая форма движения материи включает в себя низшие формы и имеет. . . 36. . . и ложились у кирпичного тротуара, тоже стреляли. 37. . . . и, когда внимательно выслушал жену, решил, . . . 38. Пьер Кюри не вмешивается в самую работу, он часто. . . 39. Так как вода обладает примерно в пять раз больше теплоемкостью, чем почва, она медленно. . . 40. Ко-

гда пролетариат совершает социалистическую революцию, он освобождает...

练习 33　用副动词或副动词短语替换下列句中的动词或状语从属句

1. Она улыбалась и вышла в сад.
2. Дети бегали по двору и играли в мяч.
3. Мать накормила детей и уложила их спать.
4. Я внимательно слушал и старался не пропустить ни одного слова.
5. Мальчик оттолкнул лодку от берега и прыгнул в нее.
6. Мы долго стояли на берегу и провожали глазами удалявшуюся лодку.
7. Путешественники заблудились и были вынуждены переночевать в лесу.
8. Студенты сдали все экзамены и разъехались на каникулы.
9. Он боялся опоздать на поезд и почти бежал.
10. Мы ходили по платформе и ожидали поезда.
11. Отец позавтракал и ушел на работу.
12. Он шел медленно и крепко опирался на палку.
13. Так как студент желает скорее уехать, он торопится закончить работу.
14. Мы пришли домой и сели ужинать.
15. Дети поиграли в саду и вернулись домой.
16. Мальчики и девочки бегают и в то же время играют и смеются.
17. Мы купили нужные вещи и отправились в путешествие.
18. Я изучал русский язык и выполнил много упражнений.
19. Горький познакомился с революционной молодежью и стал читать политическую литературу.
20. Старушка не переставала читать и строго взглянула на Семку, и это его смутило.
21. Когда товарищи встречались, они рассказывали друг другу все новости.
22. Он ушел, потому что почувствовал себя лишним.
23. Когда он был студентом, он занимался литературой.
24. Если я вернусь пораньше, я смогу зайти к тебе.
25. Так как мы не имели никаких известий об экспедиции, мы начали беспокоиться о ее судьбе.
26. Если бы он знал ваш адрес, он обязательно написал бы вам.
27. Когда он рассказывал что-нибудь смешное, он сам всегда оставался серьезным.

28. Все смеялись, когда слушали его рассказ.
29. Мы спешили домой, потому что боялись надвигавшейся грозы.
30. Если он обещал приехать, он обязательно приедет.
31. Когда ты прочитаешь это письмо, ты все поймешь.
32. Проводник уверенно вел отряд, потому что он хорошо знал местность.
33. Когда мы возвращались домой, мы дружески беседовали.
34. Студент не мог ответить, потому что он не понял вопроса.
35. Если бригада применит новый метод, она может перевыполнить норму.
36. Когда брат возвратился из санатория, он сразу приступил к работе.
37. Когда путники увидели на горизонте грозовую тучу, они прибавили шагу.
38. Машины являются надежными помощниками человека, так как облегчают утомительный и однообразный труд.
39. Когда она услышала шум на улице, она подошла к окну.
40. Аня Карцева втащила тяжелый чемодан вверх по знакомой лестнице, для того чтобы заставлять себя быть спокойной.

♨答案:

1. Она, улыбаясь, вышла в сад. 2. Дети бегали по двору, играя в мяч. 3. Мать, накормив детей, уложила их спать. 4. Я внимательно слушал, стараясь не пропустить ни одного слова. 5. Мальчик, оттолкнув лодку от берега, прыгнул в нее. 6. Мы долго стояли на берегу, провожая глазами удалявшуюся лодку. 7. Путешественники, заблудившись, были вынуждены переночевать в лесу. 8. Студенты, сдав все экзамены, разъехались на каникулы. 9. Он, боясь опоздать на поезд, почти бежал. 10. Мы ходили по платформе, ожидая поезда. 11. Отец, позавтракав, ушел на работу. 12. Он шел медленно, крепко опираясь на палку. 13. Желая скорее уехать, он торопится закончить работу. 14. Придя домой, мы сели ужинать. 15. Поиграв в саду, дети вернулись домой. 16. Мальчики и девочки бегают, играя и смеясь. 17. Купив нужные вещи, мы отправились в путешествие. 18. Изучая русский язык, я выполнил много упражнений. 19. Познакомившись с революционной молодежью, Горький стал читать политическую литературу. 20. Не переставая читать, старушка строго взглянула на Семку, и это его смутило. 21. Встречаясь, товарищи рассказывали друг другу все новости. 22. Он ушел, почувствовав себя лишним. 23. Будучи студентом, он занимался литературой. 24. Вернувшись пораньше, я смогу зайти к тебе. 25. Не имея никаких известий об экс-

педиции, мы начали беспокоиться о ее судьбе. 26. Зная ваш адрес, он обязательно написал бы вам. 27. Рассказывая что-нибудь смешное, он сам всегда оставался серьезным. 28. Все смеялись, слушая его рассказ. 29. Мы спешили домой, боясь надвигавшейся грозы. 30. Обещав приехать, он обязательно приедет. 31. Прочитав это письмо, ты все поймешь. 32. Проводник уверенно вел отряд, хорошо зная местность. 33. Возвращаясь домой, мы дружески беседовали. 34. Студент не мог ответить, не поняв вопроса. 35. Применив новый метод, бригада может перевыполнить норму. 36. Возвратившись из санатория, брат сразу приступил к работе. 37. Увидев на горизонте грозовую тучу, путники прибавили шагу. 38. Машины являются надежными помощниками человека, облегчая утомительный и однообразный труд. 39. Услышав шум на улице, она подошла к окну. 40. Аня Карцева втащила чемодан вверх по знакомой лестнице, заставляя себя быть спокойной.

# 副词

副词表示动作或状态的特征或特征的特征，主要说明动词、形容词、副词及名词（主要是动名词。）

## （1）副词的意义类别

副词按意义分类如下：

表示性质的，回答 как 的问题。如：хорошó（好），плóхо（坏），прáвильно（正确地），ошúбочно（错误地）等。

表示行为方法的，回答 как，какúм óбразом 的问题。如：грóмко（高声地），вслух（出声地），отчётливо（清晰地），дрýжески（友好地），пешкóм（徒步），верхóм（骑马），по-английски（用英语）等。

表示时间的，回答 когда 的问题。如：зимóй（冬天里），лéтом（夏天里），сегóдня（今天），зáвтра（明天），послезáвтра（后天），вчерá（昨天），позавчерá（前天），вéчером（晚上），днём（白天），ýтром（早晨），скóро（很快）等。

表示地点的，回答 где，куда，откуда 的问题。如：здесь（在这儿），там（在那儿），сюдá（往这儿），тудá（往那儿），отсюда（从这儿），оттýда（从那儿）等。

表示程度、度量的，回答 сколько，наскóлько，скóлько раз，во скóлько раз，в какóй стéпени 的问题。如：мнóго（рабóтать）（〈活干得〉很多），намнóго（хýже）（〈差〉很多），втрóе（бóльше）（〈多〉两倍），двáжды（трéбовать）（〈要求〉两次），слúшком（太，过分）等。

表示原因的，回答 почемý，отчéго，по какóй причúне 的问题。如：сгорячá（сказáть）（由于激动〈说〉），спростá（сдéлать）（无意中〈做〉），поневóле（уéхать）（迫不得已〈离去〉）等。

表示目的的，回答 зачéм，для чегó 的问题。如：затéм（приéхать）（为此〈而来〉），назлó（мне）（сделать）（为〈让我〉为难〈才做〉），нарóчно（сдéлать）（故意〈做〉）等。

表示否定意义的，有 никогдá（从不，永不），нигдé（什么地方也不），никудá（哪儿也不），ниоткýда（从哪儿也不），никáк（怎么也不）；нéкогда（没有时间可），нéгде（无处可），нéоткуда（无处可），нéзачем（没有必要）。用法见“否定无人称句”一节。

表示不定意义的，由疑问副词加-то，кое-，-нибудь（-либо）构成。如：когда́-то（某时），ко́е-когда（有时），когда́-нибудь（随便什么时候）。其间的区别可参见同样词缀的代词，详见“不定代词”一节。

表示疑问－关系的，如：как（怎样），когда́（什么时候），где（在哪儿），куда́（去哪儿），отку́да（从哪儿），почему́（为什么），заче́м（为了什么），ско́лько（多少）等。它们用来构成疑问句或在主从复合句中充当联系用语。详见“主从复合句”一节。

### （2）副词的比较级和最高级

部分以-о结尾的表性质的副词可以构成单一式比较级，其构成方法与相应的形容词构成单一式比较级的方法相同（可以说是一词两用）。如：

хорошо́→лу́чше（好一些）

пло́хо→ху́же（差一些）

бы́стро→быстре́е（快一些）

ме́дленно→ме́дленнее（慢一些）

复合式比较级（多用于书面语）由 бо́лее（ме́нее）加副词构成，如：бо́лее（ме́нее）чётко（更加〈不够〉清晰）等。

性质副词单一式比较级加 всего́（与事物相比较）或 всех（与人相比较），即表示最高级意义。如：люби́ть... бо́льше всего́（最喜欢……），вы́полнить рабо́ту ху́же всех（工作完成得最差）等。

### （3）性质副词比较级和最高级与性质形容词比较级和最高级的区别

性质副词比较级和最高级在句中做状语，主要用来说明动词。如：

①Со́лнце поднима́лось всё вы́ше. 太阳升得越来越高。

②Он говори́т по-ру́сски лу́чше всех в на́шей гру́ппе. 他在我们班俄语说得最好。

性质形容词比较级和最高级在句中主要做表语或定语，用来说明名词（或代词）。试比较：

①Здесь тече́ние быстре́е，чем там. 这儿的水流比那儿急。

②Нет ли у вас портфе́лей подеше́вле? 你们这儿有便宜些的包吗？

③Шанха́й — оди́н из крупне́йших го-родо́в в ми́ре. 上海是世界上最大的城市之一。

④Он игра́ет в са́мой си́льной футбо́льной кома́нде. 他在一支最强的足球队踢球。

⑤Ду́маю, что тако́й спо́соб наибо́лее подходя́щий. 依我看，这种方法最合适。

## (4)状态词(即谓语副词)和其它词类

ⅰ.状态词均来源于其它词类。来源于副词的：ве́трено（有风），жа́рко（炎热），гря́зно（脏），ую́тно（舒适），бо́льно（疼痛），тру́дно（困难），слы́шно（能听见），ну́жно（需要）等；来源于形动词的：сде́лано（做完），прика́зано（命令），решено́（决定），поко́нчено（完了）等；来源于名词的：грех（罪过），стыд（感到羞耻），му́ка（感到痛苦），жаль（感到可怜；吝惜），страх（害怕），у́жас（感到可怕），пора́（该...），охо́та（愿意）等。但是上述词一旦成为状态词，便不再有形态上的变化。只有由以-о结尾的副词转来的状态词仍有比较级形式，如 хо́лодно→холодне́е，ве́село→веселе́е 等。

ⅱ.状态词在句中主要表示心理、生理、环境等方面的状态及说话者对行为、状态等方面情况的主观评价和主观态度。这类词有：ве́село，хорошо́，сты́дно，стыд，жа́лко（可怜……）；бо́льно，то́шно（难过，讨厌），проти́вно（讨厌）；те́сно（拥挤），со́лнечно（阳光充足），моро́зно（寒冷），тепло́（温暖），по́здно（晚了），ра́но（还早），пора́，вре́мя（是……的时候），тру́дно，легко́，ви́дно（能看见），ну́жно，на́до，должно́（应当），мо́жно（可以），нельзя́（不应该，不能）等。例如：

①Де́тям ве́село. 孩子们心情很高兴。

②Мне о́чень хо́лодно. 我觉得很冷。

③В ко́мнате стано́вится всё холод-не́е. 房间里越来越冷。

相应的副词则表示行为或状态的特征。试比较：

①Де́вушка хо́лодно посмотре́ла на воше́дшего. 姑娘冷冷地看了看走进来的人。

②Он отно́сится к ней гора́здо холод-не́е, чем ра́ньше. 他对她比以前冷淡多了。

③Лю́ди ве́село разгова́ривают. 人们在愉快地交谈着。

ⅲ.状态词在句中独自或与动词不定式一起做单部无人称句的主要成分。这是状态词和相应的其它词类的主要区别。试比较：

①Нам пора́ идти́. 我们该走了。（此例中 пора́ 为状态词。）

②Стои́т пора́ дожде́й. 正值雨季。（此例中 пора́ 为名词。）

# 8 前置词

前置词用来表示事物与事物、事物与动作或状态之间的某种联系。俄语中许多这类联系是通过名词格形式(见“名词格”一节)、副词(见“副词”一节)、连接词(见“连接词”一节)等来表示的。这样,哪些联系中要用前置词,哪些地方不用,实质上具有自身的约定性。这也是中国学生学习俄语的一个难点。

试比较下列词组中使用前置词及用其它表示法表示行为与时间关系的情况:

рабóтать цéлый день(干一整天活)〔形容词+名词四格〕

рабóтать с утрá до вéчера(从早到晚地干活)〔前置词+名词〕

прочитáть кни́гу за день(一天内读完一本书)〔前置词+名词〕

читáть по вечерáм(每晚读)〔前置词+名词〕

читáть вечерáми(每晚读)〔名词复数五格〕

читáть обы́чно вéчером(一般是晚上读)〔副词〕

читáть не тóлько у́тром, но и вéчером(и у́тром, и вéчером)不仅早上读,而且晚上也读〔连接词+副词〕

читáть ежеднéвно(每天读)〔副词〕

читáть кáждый день(每天读)〔代词+名词四格〕

值得特别注意的是,汉译俄中,许多从汉语角度看来很难确定用什么前置词的地方,实质上俄语表达时却离不开前置词。这正是中国学生学习俄语时须潜心体会的地方。请比较下列情况(中国学生易译为不用前置词的短语):

电影票 билéт в кинó

音乐会票 билéт на концéрт

火车(飞机)票 билéт на пóезд(самолёт)

家信 письмó и́з дому

校办工厂 завóд при университéте(шкóле)

发明专利(特许证) патéнт на изобретéние(比较:патентовáть изобретéние〈为发明申请专利〉)

拖延供货 задéржка в постáвке(比较:задержáть постáвку)

设备需求 спрос на обору́дование

劳动力需求 потрéбность в рабóчей си́ле

报纸广告 реклáма в газéтах

广播广告 рекла́ма по ра́дио

火灾保险 страхова́ние от огня́

疾病保险 страхова́ние на слу́чай боле́зни

设备保养 ухо́д за обору́дованием

经营责任 отве́тственность за эксплуата́цию

取暖(冷却)装置 устано́вки для обогре́ва(для охлажде́ния)

病假 о́тпуск по боле́зни

日常维修费用 расхо́ды на теку́щий ремо́нт

前置词中多数只要求一个格,其中少数(17 个)是原始前置词,绝大多数是派生前置词,而且随时代的发展还有不断增加的趋势。而要求两个格甚至三个格的原始前置词只有七个。另外,一些前置词产生同义、近义现象。

## (1)要求一个格的前置词

**原始前置词**

要求二格的:без(没有,不带,不用),до(到,达到,在……之前),для(为了,对于),из(由,从,由于),из-за(从……后,由于),из-под(从……下面,装过〈装……用的〉),от(自,从,由于),ра́ди(为了),у(在……旁边,在……处,有〈属于〉);

要求三格的:к(向,快到……);

要求四格的:че́рез(越过,穿过,经由),сквозь(透过,经过),про(关于);

要求五格的:ме́жду(在……之间),над(在……上方),пе́ред(在……面前,在……之前,面对);

要求六格的:при(在……跟前,附有,随身,当……在场时,在……情况下)。

**派生前置词**

(1)由副词派生的,常用的有:близ(在……近处),вблизи́(在……近旁),вдоль(沿……),вне(……之外),внутри́(在……里),внутрь(向……里),во́зле(在……旁边),вокру́г(在……周围),впереди́(在……前面),кро́ме(除……外),ми́мо(从……旁边),о́коло(在……旁),позади́(在……后面),по́сле(在……以后),посреди́(在……中间),про́тив(反对),среди́(在……中),относи́тельно(关于),вопреки́(不顾),вслед(随……之后),навстре́чу(迎着),согла́сно(根据)等。

(2)由名词派生的,常用的有:путём(用……方法),посре́дством(借助于),во вре́мя(在……时候),ввиду́(由于),в тече́ние(在……时间内),в отноше́нии(在……方面),в си́лу(由于),в це́лях(为了),всле́дствие(由于),насчёт(关于),по по́воду(由于), со стороны́(从……方面)等。

(3)由动词派生的,常用的有:спустя́(过了……之后),включа́я(包括),исключáя(除……之外),благодарá(由于,多亏)等。

(4)复合前置词,分带一个原始前置词的和带两个原始前置词的。常用的有:

带一个原始前置词的:нарядý с(与……同时),наравнé с(与……一样地),вплоть до(直到),глядя по(看……而定),исходя из(从……出发),не говоря о(更不用说),не взирáя на(不顾),несмотрá на(不顾),сýдя по(按……来看)等。

带两个原始前置词的:в связú с(由于),в завúсимости от(根据……而定),в отлúчие от(与……不同),по отношéнию к(对于……)等。

## (2)要求两个格和要求三个格的前置词

俄语中要求两个格的前置词有 в,на,за,о,под;要求三个格的前置词有 по 和 с。

**в 可以要求名词用第四格或第六格**

ⅰ.в 与名词第四格连用主要表示:

地点意义:向……内。如:

— Ты идёшь в магазúн? — Нет,в бýлочную. "你去商店吗?""不,去面包店。"

时间意义:在……的时候,在……的时间里。如:

①Это бы́ло в пя́тницу. 这是星期五的事儿。

②В тот момéнт,когдá вошлá Уля,мéжду Стахóвичем и Вáней шёл спор. 当乌丽娅进来的时候,斯塔霍维奇和瓦尼亚之间正进行一场争论。

③Я предлагáю не дáльше как в ночь на послезáвтра напáсть на тюрьмý. 我建议不晚于明天夜里进攻监狱。

④Как бы трýдно нам ни бы́ло — и в гóды граждáнской войны́,и в пéрвую пятилéтку и вторýю,и тепéрь, — всегдá мы выполня́ли наш долг с чéстью. 无论我们怎么困难,不论是在国内战争年代,还是在第一个和第二个五年计划期间,还是在现在,我们总是光荣地完成自己的职责。

⑤— Вáля,я говорю́ тебé в послéдний раз, — тúхо и хóлодно сказáла Уля. "瓦里亚,我对你讲最后一次。"乌丽娅平静而冷淡地说。

其它意义

进入某种状态。如:

Подáрки рождествá привелú ребя́т в востóрг. 圣诞礼物使孩子们欣喜若狂。

以某种方式或具有某种样式。如:

①Натáлия смóтрит в бинóкль на сцéну. 娜塔莉娅用望远镜观看表演。

②— Извинúте,вы не вúдите мою́ тетрáдь? — Какýю? — Тетрáдь в линéйку. — Вот онá. "对不起,您看见我的笔记本了吗?""什么样的?""横格的。""这就

是。”

用于某些惯用结构中。如：

①Нам на́до смотре́ть в лицо́（глаза́）тру́дностям. 我们应该正视困难。

②Скажи́те, пожа́луйста, ва́ше мне́ние в глаза́. 请当面说出您的看法。

ⅱ. в 与名词第六格连用主要表示：

地点意义：在……里面。试比较：

①Мой сын у́чится в шко́ле №3. 我儿子在第三中学上学。

②Яша хра́брый челове́к. Он служи́л в а́рмии. 亚莎是个勇敢的人。他在军队服过役。

③Ка́драм на́до научи́ться вести́ рабо́ту в ма́ссах. 干部应学会在群众中开展工作。

时间意义：在……时间里。试比较：

①Я родила́сь в 1968-ом году́. 我是 1968 年生人。

②В де́тстве Мари́на лиши́лась свои́х роди́телей. 玛丽娜在童年就失去了双亲。

③— Когда́ ты ко́нчишь рабо́ту? — В пя́том часу́. “你什么时候结束工作？”“在四点多钟〈指四点至五点钟之间〉”。

处于某种状况（或状态）

穿戴。如：

Вошёл в ко́мнату челове́к в чёрных очка́х. 一个戴墨镜的人走进屋。

身份。如：

Ба́бушка жила́ в рабо́тницах у поме́щика. 奶奶给地主当过佣人。

状况。如：

Она́ вся была́ в крови́. 她满身是血。

其它意义。试比较：

①Ко́ля силён в ру́сском языке́. 科里亚俄语很过硬。

②Инвали́ды нужда́ются в по́мощи со стороны́ всего́ о́бщества. 残疾人需要全社会的帮助。

③На́ша зада́ча состои́т в том, что́бы созда́ть социали́зм. 我们的任务是建设社会主义。

**на 可以要求名词用第四格或第六格**

ⅰ. на 与名词第四格连用可以表示：

地点意义：向……上（表面）。如：

①Она́ поста́вила ва́зу на стол. 她把花瓶放在桌子上。

②Он вéшает картúну на стéну. 他正在往墙上挂画。

на 与有些名词连用表示"向……里",与 в 意义相同。如:

Электрúчество идёт на завóды, на фáбрики, в магазúны, в шкóлы, на домá. 电输往各种工厂、商店、学校和各家各户。

名词与 на 连用还是与 в 连用,许多是约定俗成的。

时间意义:指明行为或状态发生的时间或(预期将)延续的期限。试比较:

①Он получúл óтпуск на мéсяц. 他得到一个月的休假。

②Концéрт перенесён на зáвтра. 音乐会改在明天举行。

③Часы́ спешáт на пять минýт. 表快 5 分钟。

④Он опоздáл на однý минýту. 他迟到了一分钟。

行为目的,事物的范围、方面(包括时间方面),事物间相对关系等意义。试比较:

①Магазúн закры́т на ремóнт. 商店停业维修。

②В ночь на 25-ое декабря́ родúтели украшáют ёлочки. 12 月 25 日前夜父母们装饰圣诞树。

③Онá разрéзала я́блоко на две чáсти. 她把苹果切成两半。

④Он потрáтил дéньги на кнúги. 他付了买书的钱。

⑤Сын похóж на отцá. 儿子长得像父亲。

⑥Слóво "стол" окáнчивается на соглáсный. 单词 стол 以辅音结尾。

⑦Передáйте э́то письмó дирéктору шкóлы с рук нá руки. 请把这封信直接交给校长。

ⅱ. на 与名词第六格连用主要表示:

地点意义:在……(表面)。试比较:

①Мáма сидúт на диване и читáет газéту. 妈妈坐在沙发上读报。

②Он лежúт на кровáти и слýшает шум на ýлице. 他躺在床上听着街上的喧嚣。

на 与有些名词连用表示"在……里",与 в 同义。试比较:

①Мой друг рабóтает на пóчте. 我朋友在邮局工作。

②По окончáнии университéта Мúша нашёл однý рабóту на рóдине. 大学毕业后米沙在家乡找到一份工作。

③Сегóдня вéчером профессорá вы́ступят на собрáнии. 今晚教授们将在会上发言。

与名词第六格连用,是 на 还是 в,许多是约定俗成的。详见本节(3)。

时间意义:在……(的时候)。на 此时只与少数几个名词连用,如 недéля, стáрость 等。试比较：

①Получка былá на той недéле в пя́тницу. 领工资是在那个星期的星期五。

②И за что бог наказáл меня́ на стáрости лет? 究竟主为什么要在我晚年时惩罚我呀?

③Они́ вы́шли и́з дому на рассвéте. 他们于拂晓时分出了家门。

④На бегу́ мáльчик мáшет мáтери рукóй. 小男孩边跑边向妈妈挥手。

方式、所处状况等意义。试比较：

①Сынóк научи́лся писáть на англи́йском языкé. 小儿子学会了用英语写作。

②В деревня́х для детéй сирóты живу́т на иждивéнии. 在儿童村孤儿受到抚养。

**за 可以要求名词用第四格或第五格**

ⅰ. за 与名词第四格连用可以表示：

地点意义：向……后面(外面,另一面)。如：

①Маши́на заворáчивает зá угол. 汽车向街角拐去。

②Ребя́та спря́тались за дéрево от отцá. 孩子们为了躲父亲藏到了树后。

时间意义：在某段时间里。试比较：

①Он прочитáл кни́гу за недéлю. 他用一周时间读完了一本书。

②Зá зиму я ни рáзу не простуди́лся. 一个冬天我一次也没有感冒。

③Он рабóтает день и ночь, чтóбы подготóвиться к экзáменам за мéсяц. 他日夜工作,为了在一个月内准备好去应试。

за 与 до 连用可以表示“在……之前”的时间里。如：

Они́ приéхали на вокзáл за час до отхóда пóезда. 他们在火车开出前一个小时到了火车站。

原因意义。试比较：

①От всей души́ благодарю́ вас за пóмощь. 衷心感谢您的帮助。

②Ему достáлось за шáлости от отцá. 他因淘气挨了父亲一顿揍。

③Мне сты́дно за тебя́. 我替你害羞。

赞同、替代等意义。试比较：

①Кто за, кто прóтив? 谁赞成? 谁反对?

②В э́ту суббóту я бу́ду дежу́рить за товáрища. 这个周六我要替同志值个班。

ⅱ. за 与名词第五格连用可以表示：

地点意义：在……后(外)。试比较：

①Егó роди́тели живу́т зá городом. 他的父母住在城郊。

②Пáра молоды́х стои́т за дéревом и целу́ет. 一对青年男女站在树后接吻。

时间意义：在某行为正进行时。试比较：

①За рабóтой он забывáет обо всём. 工作时他〈专心致志〉忘掉一切。

②Пáпа всегдá слýшает рáдио за зáвтраком. 爸爸总在吃早饭时听收音机广播。

③Жéнщины вéсело разговáривают за чáем. 吃茶点时，女人们愉快地交谈着。

次序意义：……紧接……。试比较：

①Читáть — моё увлечéние. Поэ́тому кáждые канúкулы чáсто я читáю кнúгу за кнúгой. 读书是我的爱好。所以每逢假期我常常是一本接一本地看书。

②Дéвушка ухáживает за больнóй старýшкой неизмéнно внимáтельно день за днём, год за гóдом. 姑娘始终如一地精心照料生病的老太太，日复一日，年复一年。（第一个 за 除外）

目的意义。试比较：

①Кáждое лéто пóсле дождя́ мы ходúли в лес за грибáми. 每年夏天一场雨过后我们就去林子里采蘑菇。

②Пóсле лéкции пáпа поéхал в дéтский сад за сы́ном. 下了课爸爸就去幼儿园接儿子。

③Он одúн живёт. Если вдруг заболéет, то нéкого послáть за дóктором. 他一个人生活，万一生了病，都没人可派去请大夫。

**о 可以要求名词用第四格或第六格**

ⅰ. о 与名词第四格连用表示与物体碰击。试比较：

①Ребёнок хóдит ещё плóхо, иногдá дáже спотыкáется о себя́. 小孩还不太会走路，有时甚至被自己绊倒。

②Онá оперлáсь о край столá и смотрéла в окнó. 她靠着桌子边站着，望着窗外。

③Все зáняты делáми, а он не удáрил пáлец о пáлец. 大家都忙着做事，他却一点事儿也没干。

ⅱ. о 与名词第六格连用表示言语、思维的对象。试比较：

①Китáйское правúтельство забóтится о дéтях. 中国政府关心儿童。

②Получúте э́ту кнúгу на пáмять о нáшей встрéче. 请收下这本书作为对我们相逢的留念。

**под 可以要求名词用第四格或第五格**

ⅰ. под 与名词第四格连用主要表示：

地点意义：向……下面。试比较：

①Сынóк скóро заснýл без подýшки. Мáма легкó подложúла ему под гóлову поду́шку. 儿子没枕枕头很快就睡着了。妈妈轻轻地往他脑袋底下塞了个枕头。

②Де́вушка сты́дно спря́тала свои́ но́ги под стол. 姑娘害羞地把双脚藏到了桌子下面。

状态意义：使……处于……状态（或作用）下。试比较：

①Он счита́л себя́ хра́брым и люби́л брать краса́вицу под свою́ защи́ту. 他曾认为自己是勇者，总爱把美人置于自己的保护之下。

②Он серьёзно простуди́лся，потому́ что вчера́ он попада́л под дождь. 他得了重感冒，因为昨天他被雨淋了。

时间意义：将近（快要到）……（的时候）。试比较：

①Хотя́ ему́ под шестьдеся́т，но он ка́жется ещё молоды́м. 他已年近花甲，但显得还很年轻。

②В ночь под Но́вый год пошёл снег. 在除夕之夜下起了雪。

③Мы прие́хали домо́й под ве́чер. 傍晚时分，我们到了家。

方式意义：伴随着……。试比较：

①Молодо́й певе́ц подбежа́л на сце́ну под горя́чие аплодисме́нты. 年轻的歌手在热烈的掌声中跑上舞台。

②Все танцу́ют под зву́ки орке́стра. 大家在乐队伴奏下跳舞。

ⅱ. под 与名词第五格连用主要表示：

地点意义：在……下面，在……附近。试比较：

①Она́ лю́бит гуля́ть под дождём без зо́нтика. 她喜欢不打伞在雨中散步。

②Но́вый дом，кото́рый мы купи́ли，нахо́дится под горо́й. 我们买的新房子位于山脚下。

③Бой шёл под са́мым го́родом. 战斗就在城边展开。

④Они́ реши́ли провести́ суббо́ту на да́че под Москво́й. 他们决定在莫斯科附近的别墅里度过这个周六。

状态意义：处在……状态（或作用）下。试比较：

①Под руково́дством Компа́ртии Кита́я кита́йский наро́д идёт от побе́ды к побе́де. 在中国共产党领导下中国人民从胜利走向胜利。

②Под мои́м влия́нием мла́дшая сестра́ то́же полюби́ла рисова́ть. 在我的影响下妹妹也爱上了画画。

**по 可以要求名词用第三格、第四格或第六格**

ⅰ. по 与名词第三格连用主要表示：

а. 地点意义：

沿着……。试比较：

①Ди́кие гу́си летя́т с самолётом по во́здуху. 大雁随着飞机在空中飞。

②Корабли́ и парохо́ды плыву́т по тече́нию и́ли про́тив тече́ния. 大小船只顺流或逆流行驶着。

③Гуля́ние по́ лесу поле́зно для здоро́вья. 在林中散步对健康有益。

打击的位置(对象)。试比较:

①Он рассерди́лся и уда́рил кулако́м по столу́. 他勃然大怒,用拳头捶了一下桌子。

②Ма́ма поби́ла сы́на по руке́, и он запла́кал. 妈妈打了儿子的手一下,他就哭了起来。

行为涉及的范围。试比较:

①По всей стране́ распространи́лась ра́достная весть. 喜讯传遍全国。

②Они́ вошли́ в кино́ и се́ли по свои́м места́м. 他们走进电影院坐在各自的位子上。

时间意义:每当……。试比较:

①Мы па́рой бе́гаем по утра́м. 每天早上我们俩一起跑步。

②Тепе́рь у нас два выходны́х дня — отдыха́ем по суббо́там и воскресе́ньям. 现在我们是双休日-每周六周日休息。

方面意义。试比较:

①У неё бога́тое зна́ние по литерату́ре. 她的文学知识十分丰富。

②Он преподаёт ру́сский язы́к, в то же вре́мя он специали́ст по Росси́и. 他教俄语,同时又是个俄罗斯问题专家。

③Мой бы́вший сосе́д — мирово́й чемпио́н по ша́хматам. 我原来的邻居是国际象棋冠军。

原因或根据。试比较:

①Он отсу́тствовал на собра́нии по боле́зни. 他因病没来开会。

②Я не ви́жу его́, но я сра́зу узна́л его́ по го́лосу. 我没看见他,但我立刻根据说话声辨认出他来。

③Прости́ли его́ по мо́лодости лет. 人们念他年轻原谅了他。

ⅱ. по 与名词第四格连用可以表示时间,一般与前置词 с 合用,意为:自……到……(包括该年、月、日在内)。试比较:

①С пе́рвого по деся́тое сентября́ подря́д десять дне́й шёл проливно́й до́ждь. 从九月一日到十日连续下了十天大雨。〔包括十日〕

②С 1949-го по 1973-ий год он рабо́тал в Пеки́не. 从 1949 年到 1973 年他在北京工作。〔包括 1973。〕

③Он прочитáл с пéрвой по деся́тую главý. 他从第一章读到第十章。〔包括第十章。〕

ⅲ. по 与名词第六格连用可以表示时间：……之后。试比较：

①Ничегó по нём не остáнется. 他身后不会留下任何东西。

②Приéхал он на другóй день по получéнии от меня́ письмá. 他收到我的信后的第二天就来了。

前置词 по 除上述用法外，还可与数词连用。数词与 по 连用时，有的用第三格，有的用第四格。详见"数词"一节。

**с 可以要求名词用第二格、第四格或第五格**

ⅰ. с 与名词第二格连用主要表示：

行为或状态起始的地点或时间。试比较：

①Сóлнце светúт я́рко. Он снял шáпку с головы́. 太阳明亮地照耀着。他从头上摘下帽子。

②Он пря́мо домóй вернýлся с рабóты. 他下班后直接回了家。

③Онú подружúлись с дéтства. 他们从小就交上了朋友。

④Этот ромáн был переведён с китáйского языкá на рýсский. 这本小说从中文被译成俄文。

原因或根据。试比较：

①Отéц скóро заснýл, вúдно, он действúтельно устáл с дорóги. 父亲很快就睡着了，看得出，他的确旅途疲劳得很。

②В Áфрике есть больны́е и дéти, котóрые умирáют с гóлоду. 在非洲现在仍有病人和儿童因饥饿而死。

③С соглáсия самогó больнóго врачú решúли дéлать емý операцию. 经病人本人同意医生们决定给他做手术。

ⅱ. с 与名词第四格连用可能表示大约数量或规模等。试比较：

①Я бýду рабóтать в дерéвне с год. 我要在农村工作约一年时间。

②Онú ужé отъéхали с киломéтр, вдруг замéтили, что ошúблись в направлéнии. 他们已经驶出近一公里，突然发现搞错了方向。

③Вéчером я читáла сы́ну скáзку «Дéвочка с пáльчик». 晚上我给儿子读了一篇童话《拇指姑娘》。

ⅲ. с 与名词第五格连用主要表示：

各种关系意义。试比较：

①В начáле весны́ чáсто идёт дождь со снéгом. 初春时节常有雨加雪。

②Мы с вáми вмéсте не рабóтали. 我们没在一起工作过。

③Жизнь у нас с ка́ждым днём улучша́ется. 我们的生活一天天好起来。

④С ним случи́лась беда́. 他发生了一件不幸的事。

特征意义。试比较:

①Де́тям нра́вятся кни́ги с карти́нками. 孩子们喜欢带图画的书。

②Я съел не́сколько пирожко́в с капу́стой на обе́д. 午饭我吃了几个白菜馅饼。

③Она́ была́ за́мужем за па́рнем с тала́нтом. 她嫁给了一个有才干的小伙子。

方式意义。试比较:

①Всю доро́гу ребя́та шли с пе́снями. 伙伴们唱着歌走了一路。

②Студе́нты слу́шают учи́теля с больши́м интере́сом. 同学们饶有兴趣地听着老师讲课。

③Ма́льчик не понима́ет, но он всё ещё чита́ет с удово́льствием. 小男孩还看不懂,但他仍旧津津有味地读着。

④Па́ша, иди́ мой твои́ ру́ки с мы́лом. 巴沙,去用肥皂洗洗手。

## (3)前置词的同义、近义现象

**表示处所意义的前置词**

в, на; с, из, от; че́рез, сквозь; о́коло, у, во́зле; перед, впереди́; за, позади́

**ⅰ. в, на**

在许多情况下,в、на 可以与同一名词连用,这时 в 表示:向该事物里面(第四格),或在该事物里面(第六格);而 на 表示:向该事物表面(第四格),或在该事物表面(第六格)。试比较:

①Он лёг в посте́ль. 他躺进被窝。

②Он лёг на посте́ль. 他躺到床上。

③Тепе́рь нельзя́ попла́вать в воде́, потому́ что там хо́лодно. 现在还不能在水里游泳,因为水太凉。

④Утки отдыха́ют на воде́. 鸭子在水面上休息。

应注意 в、на 与某些名词连用时的具体区别。下面举一些典型的例子进行说明:

**в (Москву́) — на (Москву́)**

与具体地名连用时,в 表示前往的具体地点,而 на 表示车、船、飞机等运行的方向。试比较:

①Я хочу́ купи́ть биле́т в Москву́. 我想买一张去莫斯科的票。

②Я хочу́ купи́ть биле́т на Москву́. 我想买一张去莫斯科方向的票。

**в пóезде — на пóезде**

与表示运输工具(如车、船、飞机)的名词连用时,в 表示在其中乘坐或处于某些运输工具中,而 на 表示行为方式,即乘……来或去某地。试比较:

①Этот разговóр мéжду ни́ми шёл в пóезде. 他们之间的这番对话发生在火车上。

②Роди́тели приéдут в Харби́н на пóезде. 父母将乘坐火车来哈尔滨。

**в урóке — на урóке**

в урóке 表示"在……课书里",на урóке 表示"在课堂上"。试比较:

①В слéдующем урóке ничегó интерéсного нет. 在下一课里一点有趣的东西都没有。

②На урóке ученики́ пи́шут диктáнт. 在课堂上学生们写听写。

**в воздухе — на воздухе**

в воздухе 表示"在空气中",воздух 指具体的大气;而 на воздухе 表示"在户外"。试比较:

①В вóздухе мнóго пы́ли и ды́ма. 空气中烟尘弥漫。

②Погуля́ть на вóздухе полéзно для здорóвья. 在户外散散步对身体有好处。

**во дворе — на дворе**

во дворе 指有栅栏围着的院落,而 на дворе 可以指户外活动的场所,包括院子、操场、冰场乃至大街上。试比较:

①Ребя́та бéгают во дворé. 孩子们在院子里跑。

②Тебé лýчше одéться побóльше. На дворé хóлодно. 你最好多穿点。外面冷。

另外,在确实要表示院子表面的情况时,应用 на дворе。如:На дворé растýт рáзные дерéвья. 院子里长着各种树。

**в кухню (кухне) — на кухню(кухне)**

与 кухня 连用时,用 в 表示将 кухня 作为一套住宅的一个房间来对待,类似 в спальню(спальне);用 на 则表示将 кухня 作为做饭的地方,里面有必要的炊事用具如炉灶、炊具等。试比较:

①Он поднялся́ по ступéнькам в кýхню. 他上台阶走进厨房。

②В кýхне тóже всё измени́лось до неузнавáемости. 厨房里的一切也都变得认不出来原样了。

③Он ми́гом ки́нулся на кýхню и умости́лся на своём стýльчике. 他一眨眼的工夫跑到厨房,坐在了自己的小椅子上。

④Фили́пп Петрóвич вся́кий раз пря́тался под пóлом на кýхне. 菲利浦 · 彼

得罗维奇每次都在厨房地板下藏身。

**в квартиру(квартире) — на квартиру(квартире)**

与 квартира 连用,用 в 表示生活的地方,用 на 表示具体的处所。试比较:

①Мы переéхали в нóвую квартúру. 我们迁进了新居。

②В дéтстве они жúли в рáзных квартúрах, но под однóй крьíшей, и он чáсто приходúл к ней игрáть. 童年时期他们住在不同的住宅里,但却在一栋楼里,所以他常上她那儿去玩。

③На э́ту квартúру онá носúла молокó. 她往这所住宅里送奶。

④Я на э́той квартúре всегó трéтий год живý. 我在这所住宅里总共不过住了二年多。

在表示处所意义时,一些名词要和 в 连用,一些名词则要和 на 连用。这些搭配有些是词义决定的,有些是约定俗成的,需要一一记忆。现比较如下:

| 与 в 连用的名词常用的有: | 与 на 连用的名词常用的有: |
|---|---|
| в кóсмосе 在宇宙中 | на Землé 在地球上 |
| в мúре 在世界上 | на земнóм шáре 在地球上 |
| в странé 在国家里 | на свéте 在世界上 |
| в óбласти 在……地区 | на Рóдине 在祖国 |
| в райóне 在……区 | на пóлюсе 在极地 |
| в цéнтре 在……中心 | на континéнте 在大陆上 |
| в прúгороде 在郊区 | на Африкáнском материкé 在非洲大陆上 |
| в квартáле 在街区里 | на óстрове(полуóстрове)在岛(半岛)上 |
| в аэропортý 在航空港 | на аэродрóме 在飞机场上 |
| в портý 在港口上 | на стáнции 在车站 |
| в гáвани 在港湾里 | на прúстани 在码头上 |
| в переýлке 在胡同里 | на перрóне 在站台上 |
| в тупикé 在死胡同里 | на проспéкте 在大街上 |
| в проéзде 在巷子里 | |
| в аллée 在林荫道上;在林间小路上 | на тропúнке 在小路上 |
| | на шоссé 在马路上 |
| в дóме óтдыха 在休养所 | на бульвáре 在林荫路上 |
| в санатóрии 在疗养院 | на нáбережной 在沿江大街上 |
| в тылý 在后方 | |

в степя́х Украи́ны 在乌克兰的草原上

в гора́х Кавка́за 在高加索的山里

во мно́гих стра́нах ми́ра 在世界很多国家

в леса́х Белору́ссии 在白俄罗斯森林里

во Фра́нции 在法国

в Чехослова́кии 在捷克斯洛伐克

в Сиби́ри 在西伯利亚

в Евро́пе 在欧洲

в Азии 在亚洲

в Сре́дней Азии 在中亚细亚

в Аме́рике 在美洲

в Австра́лии 在澳洲

в Крыму́ 在克里米亚

в но́вом кинотеа́тре 在新影剧院里

в Большо́м теа́тре Росси́и 在俄罗斯大剧院里

в Моско́вской консервато́рии 在莫斯科音乐学院里

в Истори́ческом музе́е 在历史博物馆里

в Третьяко́вской галере́е 在特烈基亚科夫美术博物馆里

в ци́рке 在马戏团里

на куро́рте 在疗养区

на да́че 在别墅

на фро́нте（фронта́х）在前线

на（в）Украи́не 在乌克兰

на Кавка́зе 在高加索

на Да́льнем Восто́ке 在远东

на о́зере Байка́л 在贝加尔湖上

на реке́ Во́лге 在伏尔加河上

на Ку́бе 在古巴

на Чёрном мо́ре 在黑海上

на ю́ге（се́вере，за́паде，восто́ке）在南方（北方，西方，东方）

на луга́х 在牧场上

на интере́сном фи́льме 在有趣的电影里

на прекра́сном спекта́кле 在美妙的戏剧中

на но́вом бале́те 在新芭蕾舞中

на конце́рте изве́стной певи́цы 在著名女歌唱家的音乐会上

на экску́рсии по истори́ческим места́м 在沿历史事件发生地的游览中

на пра́зднике поэ́зии 在诗歌节纪念会上

на дне рожде́ния 在生日庆贺会上

на но́вой вы́ставке карти́н молоды́х худо́жников 在新近举行的青年画家的画展上

на всеросси́йской нау́чной конфере́нции 在全俄科学大会上

в вýзе 高等学校里
в университéте 在综合大学里
в аудитóрии 在教室里
в грýппе 在班里
в шкóле(中、小)学里
в учреждéнии 在机关里
в цéхе 在车间里
в мастерскóй 在作坊(小型工厂)里
в ательé 在画室,在服装社
в купé 在客车包间里
в фойé 在休息室里
в прáчечной 在洗染坊
в буфéте 在茶点部

на лéкции 在讲演中
на студéнческом собрáнии 在大学生会议上
на факультéте 在系里
на кáфедре 在教研室
на предприя́тии 在企业中
на завóде(фáбрике)在工厂里
на радиостýдии 在无线电播音室里
на чердакé 在顶间里
на сцéне 在舞台上
на балкóне 在阳台上
на пóчте 在邮局里
на телегрáфе 在电报局里
на парохóде 在轮船上
на теплохóде 在内燃机船上
на сýдне 在船上
на кораблé 在军舰上

ⅱ. из, с, от

из(чего), с(чего), от(кого、чего)都相当于汉语"从……。"区别如下:

из 与 в 对应使用,с 与 на 对应使用。

当表示"向……",名词只与 в 连用时,表示"从……"应用 из;而当表示"向……",名词只与 на 连用时,表示"从……",则应用 с。试比较:

идти́ в лес 向森林走去
~в дерéвню 进村
~на фáбрику 进工厂
~на ýлицу 上街去

идти́ из лéса 从森林里出来
~ из дерéвни 出村
~ с фáбрики 出工厂
~ с ýлицы 从街上回来

①Вчерá мой брат звони́л тебé из инститýта, но ты не былá дóма. 昨天我哥从学院给你打电话,可你不在家。

②Недáвно мáма вы́писалась из больни́цы пóсле операции. 前不久妈妈手术后出院了。

③Я о́чень ра́да, что получи́ла письмо́ с ро́дины. 收到了家乡来信，我非常高兴。

④Пе́тя встал со сту́ла и взял кни́гу с по́лки. 别佳从椅子上站起来并从书架上取下一本书。

от 可以表示“从某人处”，如与 идти́, пойти́, прийти́ 搭配时，相对应的“向某人处”应用 к 表示。试比较：

| | |
|---|---|
| идти́ от роди́телей 从父母亲那儿回来<br>~ от дру́га 从朋友那儿回来 | идти́ к роди́телям 到父母亲那儿去<br>~ к дру́гу 到朋友那儿去 |

от 还可以表示“从某地”，即以某地为起点。这时它不表示“从……里面或表面”。试比较：

①Учи́тель написа́л но́вые слова́ и отошёл от доски́. 教师写完生词后从黑板旁走开。

②Ло́дка плыла́ от бе́рега к парохо́ду. 小船从岸边驶向轮船。

от 经常与 до 连用，表示某段距离的起点和终点。试比较：

①От на́шего общежи́тия до столо́вой не́сколько шаго́в. 由我们宿舍到饭厅总共几步路。

②Расстоя́ние от университе́та до ста́нции я прошёл пешко́м. 从学校到车站这段距离我是步行的。

**ⅲ. через, сквозь**

через(что)和 сквозь(что)都可表示“穿过”之意，其区别是所穿过的东西不同。

через 用于穿过某一空间没有什么障碍的时候。如：

①Че́рез ре́ку постро́или но́вый мост. 河上架了一座新桥。

②Ма́льчики перебежа́ли че́рез у́лицу. 小孩们跑过了大街。

③Наступа́вшие войска́ проходи́ли че́рез го́род. 进驻的大军穿过城市。

сквозь 用于表示突破某种障碍（穿过或透过）某种物体，这时常常要经过一定的努力。试比较：

①Вода́ просочи́лась сквозь потоло́к. 水透过了天花板。

②Сквозь тума́н ничего́ не́ было ви́дно. 透过雾什么也看不见。

③Охо́тник с трудо́м пробира́лся сквозь кусты́. 猎人非常困难地在树丛穿行。

④На со́лнце на́до смотре́ть сквозь тёмные стёкла, ина́че бу́дут боле́ть глаза́. 应该透过深色玻璃去看太阳，否则眼睛会痛。

**ⅳ. около, возле, у**

Около(кого-чего), возле(кого-чего), у(чего)都表示"在……附近(旁边)"(汉语译文可能相同)。其区别在于俄语的具体意义不同:用 около 时,某事物与另一事物的距离可能很近,也可能很远;用 возле 时,强调某事物在另一事物的侧面较近之处;而 у 用于"附近"之意,只与表事物名词连用,这时表示紧挨着,靠得很近。试比较:

①Учени́к стои́т о́коло доски́. 学生站在黑板旁边。

②Доро́га прохо́дит о́коло ле́са. 道路在森林旁穿过。

③Он живёт во́зле нас. 他住在我们旁边。

④Анто́н Анто́нович останови́л маши́ну во́зле своего́ до́ма. 安东·安乐诺维奇把车停在自己家门旁边。

⑤Оле́г стои́т у две́ри. 奥列格站在门旁。

⑥Дед Па́вел живёт у са́мого мо́ря. 巴维尔老爷爷紧靠着大海住。

注意:у 与表人名词或代词连用时,表示"在某人处",或"某人有"。试比较:

①Что у вас но́вого? 你们那里有什么新消息?

②Сын уже́ жена́т, но он с жено́й всё ещё живу́т у роди́телей. 儿子已经结婚了,但他和妻子依然住在父母家。

另外,у 与表动物名词和表事物名词连用时,也可能表示"有"的含义。试比较:

①У стола́ четы́ре но́жки. 桌子有四条腿。

②У осла́ дли́нные у́ши. 驴有一对长耳朵。

**Ⅴ. перед, впереди; за, позади**

перед(кем-чем)和 впереди(кого-чего)都表示"在……前面"。区别是:

перед 可以表示两个人(或事物)相向(面对面)的位置关系,或一个人(或事物)的行为或状态发生在另一个静止的人(或事物)面前。如:

①Авто́бус но́мер 22 остана́вливается пе́ред на́шим университе́том. 22 路汽车停在我们学校的对面。

②Пе́ред на́ми была́ бесконе́чная степь. 我们的前面曾是一片一望无际的草原。

③Тури́сты до́лго стоя́ли пе́ред па́мятником наро́дным геро́ям. 游客们在人民英雄纪念碑前长时间驻足。

впереди 则表示一个人(或事物)在另一个人(或事物)前面顺向的运动。试比较:

①Впереди́ нас иду́т де́ти. 孩子们走在我们前面。

②Оди́н за́яц уви́дел маши́ну, он сли́шком испуга́лся, и он то́лько знал, что бы́стро бежи́т впереди́ на́шей маши́ны. 一只兔子看见汽车，它吓坏了，只顾在我们车前飞跑。

за（кем-чем）和 позади（кого-чего）都可表示"在……后面"。区别是：

за 表示一个人或事物跟随另一个人或事物的运动，有时可表示"找某人"、"取某物"的目的意义。试比较：

①Ма́ма идёт бы́стро, и ма́льчик бежи́т за ней. 妈妈走得很快，于是小男孩跑着跟在妈妈后面。

②Прошёл день за днём. 日子一天天过去。

③Ка́ждое у́тро Ле́на хо́дит за хле́бом. 每天早上列娜都去买面包。

④За́втра я зае́ду за ва́ми. 明天我去接您。

позади 则表示一个人（或事物）在另一个人（或事物）之后的顺向运动。试比较：

①Кра́сная маши́на е́дет позади́ нас. 一辆红色汽车在我们后面行驶。

②Он вошёл в ко́мнату не торопя́сь позади́ всех. 他不慌不忙地在大家的后面进了屋。

注意：за 和 позади 都可用来表示两个静止事物的前后位置关系。此时两者意义基本相同，可以互换。试比较：

①Ме́сяц скры́лся за ту́чами. 月亮躲进乌云里。

②Мари́на сиди́т за столо́м и чита́ет. 玛丽娜坐在桌旁读书。

③Дере́вня нахо́дится позади́ горы́. 村庄座落在山后。

④Остано́вки стоя́т позади́ на́шей шко́лы, о́чень шу́мно. 汽车站就在我们学校后身，吵极了。

**表示时间意义的前置词**

в, на; в, за; во время, за; до, пе́ред, к; до, по; после, по, через, спустя

**ⅰ. в, на**

在表示时间意义时，按照习惯与一些词（或词组）连用时用 в，与另一些词（或词组）连用时用 на。而且词（或词组）的格形式也根据习惯有时用第四格，有时用第六格。

в 和 на 与名词搭配情况分别对照如下：

| в + 第四格 | в + 第六格 |
|---|---|
| в век техни́ческого прогре́сса 在技术进步的时代 | в 20-ом ве́ке 在 20 世纪 |
| в тот век 在那个年代 | в концé 19-ого ве́ка 在 19 世纪末期 |

в пе́рвую полови́ну ве́ка 在前半个世纪里
в тридца́тые го́ды 在30年代
в го́ды войны́ 在战争年代
в э́ти го́ды 在这些年里
в пе́рвый год рабо́ты 工作的第一年里
в после́дний год 在最后一年
в сле́дующий год 在明年;在下一年
в три го́да 在三年里
в час своего́ дежу́рства 在自己值班时
в тот зи́мний ме́сяц 在冬季的那个月份里
в бу́дни 在平日
в одно́ и то же вре́мя 在同一时间里
в свобо́дное вре́мя 在空闲时间里
в после́днее вре́мя 最近
в насто́ящее вре́мя 当前
в ближа́йшее вре́мя 近日
в пе́рвые дни моего́ пребыва́ния 在我逗留的头几天里
в день рожде́ния Пу́шкина 在普希金生日那天
в пе́рвый день 在第一天
в суббо́ту 在星期六
в после́дние су́тки 在最后一昼夜
в оди́н из таки́х вечеро́в 在一个这样的夜晚
в тот ве́чер 在那天晚上
в одну́ ночь 在一天夜里
в оди́н миг 在一瞬间
в оди́н моме́нт 一会儿
в одно́ мгнове́ние 刹那间
в э́ту секу́нду 在这一刻

в пе́рвой полови́не ве́ка 在前半个世纪里
в тридца́тых года́х 在30年代
в про́шлом году́ 在去年
в тридца́том году́ 在1930年
в четвёртом году́ пятиле́тки 在五年计划的第四年
в нача́ле 1954-ого года 在1954年年初
в э́том году́ 在这一年;今年
в пе́рвом часу́ 在十二点多钟
в сле́дующем ме́сяце 在下个月
в ма́е 在5月
в пе́рвых чи́слах ма́я 在5月初
в де́тстве 在童年时代
в ю́ности 在少年时代
в мо́лодости 在青年时代
в молодо́м во́зрасте 在青年时期
во второ́м семе́стре 在第二学期
в про́шлом 在过去
в бу́дущем 在将来

в свобо́дную мину́ту 在空闲时刻
в после́днюю мину́ту 在最后一刻
в войну́ 在战争时期
во всю доро́гу 在整个路途中
в моро́з 在严寒时
в дождь 下雨时

**на + 第四格**
на второ́й год 第二年
на друго́й год 第二年
на бу́дущий год 第二年
на слу́дующий год 第二年
на друго́й день 第二天
на сле́дующий день 第二天
на сле́дующие су́тки 在下一个昼夜
на тре́тий день по́сле собра́ния 会后第三天
на сле́дующее у́тро 第二天早上
на друго́е у́тро 第二天早上

**на + 第六格**
на пе́рвом году́ жи́зни 在生命的头一年里
на второ́м году́ слу́жбы в а́рмии 在参军的第二年里
на тре́тьем году́ обуче́ния 在教学的第三年里
на про́шлой неде́ле 上周
на сле́дующей неде́ле 下周
на про́шлом семе́стре 在上学期
на пе́рвой ( второ́й... после́дней) мину́те ма́тча 在比赛的头一(第二……最后一)分钟里
на заре́ 黎明时
на днях 近几天

注意:下列前置词结构的意义基本相同,可以互换:

в первую(вторую, третью, следующую) декаду июля — в первой(второй, третьей, следующей) декаде июля(在七月上〈中,下,下一〉旬)

Я верну́ тебе́ де́ньги в сле́дующую дека́ду(в сле́дующей дека́де). 我在下一旬把钱还给你。

в этот(тот) год — в этом(том) году(在这〈那〉一年里)

В э́тот год(в э́том году́) мы е́здили в Ленингра́д. 在这一年里我们去过列宁格勒。

в минувшую неделю — на минувшей неделе(在上一周)

Всё это случи́лось в мину́вшую неде́лю (на мину́вшей неде́ле). 所有这一切都是在上周发生的。

в Новый год — на Новый год(在新年这一天)(即1月1日)

Эту кни́гу мне подари́ли в Но́вый год(на Новый год). 这本书是新年这一天送给我的。

в старости — на старости лет(在晚年)

В ста́рости(на ста́рости лет)он ещё рабо́тает. 他年事已高,仍在工作。

不过,有时同一词组与 в 和 на 连用则具有不同的意义,适用于不同的场合。试比较:

①В понеде́льник он за́нят, но вы мо́жете прийти́ в друго́й день, в сре́ду или в пя́тницу. 星期一他没有空,不过你们可以改天来,在星期三或者星期五。

②Он прие́хал в Москву́ пе́рвого и́юля и уже́ на друго́й день пришёл к нам. 他是7月1日来莫斯科的,第二天他就来我们这儿了。

有时,同一词(如 раз)前有不同的定语,则要求不同的前置词。试比较:в тот (пе́рвый, про́шлый, сле́дующий, друго́й) раз (在那一〈第一,上一,下一,另一〉次), на этот раз(在这一次)。

另外, на + 第四格可以用来表示行为或行为结果延续的时间,这时不能用 в 替换。试比较:

①Тури́сты уе́хали за грани́цу на неде́лю. 游客们在境外逗留一周。

②Он поду́мал на мину́ту, пото́м пра́вильно отве́тил на вопро́с учи́теля. 他思索了一下,然后准确地答出了老师提出的问题。

**ⅱ. в, за**

в 和 за 都可以与某些表时间的词(第四格)连用,表示行为在某段时间内完成。如:

| | |
|---|---|
| в одну́ ночь 在一夜里 | за(одну́)ночь 一夜里 |
| в оди́н день 在一天里 | за(оди́н)день 一天里 |
| в два дня 在两天里 | за два дня 两天里 |
| в су́тки 一昼夜里 | за су́тки 在一昼夜里 |
| в оди́н ме́сяц 在一个月里 | за ме́сяц 一个月里 |
| в оди́н год 在一年内 | за год 一年里 |
| в два го́да 在二年内 | за два го́да 两年里 |
| в оди́н моме́нт 一会儿 | за два часа́ 两小时内 |
| в миг 一瞬间 | |

| | |
|---|---|
| в однý минýту 一分钟里 | за минýту 一分钟内 |
| во вторýю мировýю войнý 在第二次世界大战期间 | за всю войнý 在整个战争期间 |

两者的区别是：

用 в 时，强调在该段时间内行为的强度，因而可用来表示行为完成比预期的时间要短，或者行为十分紧张、迅速。如：

①Эту кни́гу он написáл в мéсяц. 他在一个月内写成这本书。

②В год они́ закóнчили э́ту рабóту. 他们用一年时间完成了此项工作。

③Емý пришлóсь уéхать из гóрода в 24 часá. 他不得不在 24 小时内离开城市。

④Годовóй план вы должны́ вы́полнить в 10 мéсяцев. 年度计划你们要在十个月内完成。

⑤Оди́н дом они построи́ли всегó в 100 дней. 他们盖成一座楼房仅用 100 天时间。

用 за 时，强调在该整段时间内完成了什么事。试比较：

①За лéто мáма попрáвилась. 过了一个夏天，妈妈康复了。

②За э́ти гóды у нас произошлó мнóго перемéн. 这些年间我们这里发生了许多变化。

③За три гóда он закóнчил свою́ учёбу в институ́те. 三年内他结束了学业。

④За 40 минýт я доéхала до шкóлы. 我用 40 分钟时间到了学校。

**注意**：в 与 час 连用一般用来表示"几点钟"，如 в два часа，意思是"两点钟时"，而不是"在两小时内"。要表示"在两小时内"，要用 в течéние двух часóв 或 за два часá，其中 в течéние двух часóв 多用于书面语。试比较：

Рабóту вы́полнили в течéние двух часóв（за два часá）. 工作两小时完成了。

例外的是，в 24 часá 等于 в сýтки 或 в течéние одни́х сýток（一昼夜，即 24 小时内），而不是"在 24 点钟时"。另外，два часá 前如有形容词则可以与 в 连用，表示"在两小时内"。试比较：

Закóнчить рабóту мы должны́ в ближáйшие 2 – 3 часá. 我们应在最近两三个钟头内结束工作。

**ⅲ. во время, за**

во время（чего）和 за（чем）与表示行为或现象的名词连用时，都可以表示"在……的时候"。如：

| | |
|---|---|
| во врéмя зáвтрака（обéда, ýжина）在吃 | за зáвтраком（обéдом, ýжином）在吃早 |

| | |
|---|---|
| 早饭(午饭,晚饭)时 | 饭(午饭,晚饭)时 |
| во вре́мя у́треннего (послеобе́денного, вече́рнего) ча́я 在早晨喝茶(在午后喝茶,在晚间喝茶)的时候 | за у́тренним (послеобе́денным, вече́рним) ча́-ем 在早晨喝茶(在午后喝茶,在晚间喝茶)的时候 |
| во вре́мя рабо́ты (бесе́ды, еды́) 在工作时(在谈话时,在吃东西时) | за рабо́той (бесе́дой, едо́й) 在工作时(在谈话时,在吃东西时) |

两者在某些情况下可以互换。试比较:

①За у́жином (Во вре́мя у́жина) мы смо́трим телеви́зор. 在吃晚饭时我们看电视。

②За ча́ем (Во вре́мя ча́я) мы успе́ли переговори́ть обо всём. 喝茶时我们把一切都谈到了。

во вре́мя 和 за 的区别,我们以 во вре́мя у́жина 和 за у́жином 为例来说明。за у́жином 表示句中主体本身在吃晚饭的同时做另一件事。如:

За у́жином они́ расска́зывают друг дру́гу свои́ но́вости. 吃晚饭时他们互相讲述自己知道的新闻。(他们边吃边讲。)

而 во вре́мя у́жина 指"在吃晚饭的时候",语义重心在于时间,不强调主体本身是否在吃晚饭。因而 во вре́мя у́жина 既可用于主体本身在吃晚饭的时候,也可用来表示在吃晚饭的时候所发生的其它情况。试比较:

①Во вре́мя у́жина оте́ц просмотре́л сего́дняшнюю газе́ту. 在吃晚饭时爸爸浏览了今天的报纸。

②Во вре́мя у́жина почтальо́н принёс нам письмо́. 吃晚饭时邮递员给我们送来了一封信。

③Во вре́мя у́жина на у́лице пошёл дождь. 晚饭时外面下起了雨。

上面三个例子中,只有例①中可以用 за у́жином 代替,而例②、例③中则不能用 за у́жином。

**Ⅳ. до, перед, к**

до (чего), перед (чем), к (чему) 都可以相当于汉语里的"在……之前"。其区别主要表现为俄语的实际意义不同。

до 可以表示行为或状态发生在某行为(某事件,某地点)之前的任何时间,即该行为或状态发生的时刻与某行为(某事件,某地点)之间的间隔无论多长都可以。例如:

①До отхо́да по́езда оста́лось полчаса́. 离开车时间还有半点钟。

②Де́тям до 14 лет вход воспреща́ется. 十四岁以下儿童禁止入场。

③Бáбушка привы́кла вставáть до петухóв. 奶奶习惯了在鸡叫前就起床。

④До революции не все знáли об э́том гóроде. 革命前不是所有的人都了解这个城市。

⑤Учи́тель вошёл в класс до звонкá. 老师在打铃前走进教室。

перед 表示行为或状态发生在临近某行为(现象,时间等)之前,其间时距较短。试比较:

①Пéред сýпом пóдали холóдные закýски. 上汤之前先端上了冷盘。

②Пéред обéдом к дóктору Белóву прибежáла Фаи́на. 在午饭前,法伊娜跑到别洛夫医生这儿来。

③Отéц вступи́л в пáртию пéред освобождéнием. 父亲临解放前入党了。

④Он приéхал пéред нáми. 他是在我们之前来的。

⑤Пéред двумя́ часáми зайди́ к нам в лаборатóрию. 你在两点钟之前到我们实验室来一趟。

к 表示行为或状态发生在"快要到(接近)的时候",与 к 连用的多是表示具体时刻、日期的名词。试比较:

①К вéчеру вéтер стих. 傍晚风静下来了。

②Онá пришлá к ýжину. 她在晚饭前来了。

③К утрý дождь прекрати́лся. 快到早晨时雨停了。

除上述三个前置词外,表时段的词和词组如 год, месяц, два года, три месяца 等与 назад(或 тому назад)连用,也表示"在……之前"。试比较:

①Год назáд мы бы́ли на Окé. 一年前我们去奥卡河畔了。

②Мы приéхали в Пеки́н три мéсяца назáд. 我们是三个月前到北京的。

③Это бы́ло мнóго лет томý назáд. 这是很多年以前的事情。

注意:与 назад 连用的表时间名词应是第四格,因而上述搭配 год назад, три месяца назад, много лет тому назад 中,год, три месяца, много лет 均是第四格形式。试比较:

①Он вернýлся минýту назáд. 他是一分钟前回来的。

②Недéлю назáд здесь произошлó вáжное собы́тие. 一周前这里发生了一个重要事件。

**V·до, по**

汉语的"到……为止",既可以用 до(чего)表达,也可以用 по(что)表达。其区别在于:用 до 时,不包括截止时间,即在该时间之前。如:

①Автóбусы стоя́т в пáрке до утрá. 公共汽车在车库里停到早晨。

②До войны́ он был кандидáтом техни́ческих наýк. 在战争前他是技术学副

博士。

③Мы здесь бу́дем до ию́ля. В пе́рвых чи́слах ию́ля мы уезжа́ем. 我们在这儿待到六月末。七月初我们就走。

④Заявле́ния принима́ются до пе́рвого ию́ня. Пе́рвого ию́ня приёма заявле́ния уже́ не бу́дет. 申请书接收到5月31日为止,6月1日便不再接收申请了。

用 по 时,截止时间包括在内。试比较:

①Срок де́йствия контра́кта с 1-го января́ 2000-го года по 1-ое января́ 2002-го го́да. 合同有效期是自2000年1月1日起至2002年1月1日止。

②Де́ти жи́ли в дере́вне по ию́ль ме́сяц, пе́рвого а́вгуста они́ уе́хали. 孩子们在乡下待到7月末,8月1日他们便离开了。

③По сего́дня (сего́дняшний день) мы получи́ли всего́ 150 чита́тельских пи́сем. 截至今天我们共收到150封读者来信。

④Мы бу́дем в Москве́ с пе́рвого ию́ня по двадца́тое ию́ля. 我们将于6月1日至7月20日在莫斯科。

有时,为强调包括截止日期在内,可加 включи́тельно 一词,以避免误解。这时,用 до 和 по 意义是相同的。试比较:С 1900 до 1987 года(по 1987 год)включи́тельно(自1900年起至1987年止〈1987年包括在内〉)。

**Ⅵ. после, по, через, спустя**

после(чего), по(чём), через(что), спустя(что)都可表示"在……之后"。其区别主要是各个前置词的搭配能力和使用范围不同。

после 搭配能力最强,它可以和表示时点、时段、行为、事件以至表人名词(或代词)搭配,所以其使用范围最广。例如:

①Собра́ние ко́нчилось по́сле трёх часо́в горя́чих спо́ров. 会议经过三个小时热烈争论之后结束。

②По́сле докла́да бу́дет кинофи́льм. 报告结束后将放映电影。

③По́сле ла́геря ребя́там до́ма ску́чно. 从夏令营回来后,孩子们在家觉得寂寞。

④По́сле ю́га здесь ка́жется хо́лодно. 在南方呆过之后就觉得这个地方冷了。

⑤По́сле таки́х слов ты мне не друг. 你既然说出这种话来,就不是我的朋友。

⑥По́сле шко́лы Ва́ся верну́лся домо́й. 放学后瓦夏回到了家。

⑦Он пришёл на собра́ние по́сле всех това́рищей. 全体同志都到会之后他才来。

по 只与一些动名词及个别名词连用,如:по оконча́нии(在……结束〈毕业〉以后), по выздоровле́нии(在痊愈之后), по вы́ходе(在出门以后), по прихо́де

(在来到以后),по приéзде(在到来之后),по смéрти(在死后)等。по 此时强调该行为结束后紧接着另一个行为,多用于书面语。试比较:

①По окончáнии институ́та он стал учи́телем. 学院毕业后他当了一名教师。

②По получéнии телегрáммы прóсим срáзу вы́слать делегáцию. 在收到电报后请立即派出代表团。

③Вскóре по выздоровлéнии он нáчал рабóтать. 他病痊愈后不久便开始工作了。

上述所有 по... 结构,都可由 после... 结构代替,但 после 并不强调另一行为是否紧接着该行为发生。

через 表示"经过某段时间之后",因而只与表时段的词或词组搭配。如:

①Чéрез нéсколько мину́т послы́шались шаги́. 几分钟后响起了脚步声。

②Чéрез недéлю насту́пят кани́кулы. 再过一周就要开始放假了。

③Ники́та свистну́л три рáза. Чéрез мину́ту появи́лся егó приятель. 尼基塔吹了三声口哨,过了不大一会儿他的朋友就来了。

④Чéрез час пóсле окончáния заня́тий мы пошли́ в кинó. 下课后过一小时我们去看电影。

**注意**:два часа 与 через 连用,即 через два часа,表示"两小时以后";два часа 与 после 连用,即 после двух часóв,表示"两点钟以后"。试比较:

①Приду́ чéрез час. 我一小时以后来。

②Приду́ пóсле чáса (двух часов). 我一点钟〈两点钟〉以后来。

另外,当 через 用于 через каждые три часа 一类搭配中时,不能用其它前置词替换。如:

Олимпи́йские и́гры провóдятся чéрез кáждые четы́ре гóда. 奥运会每四年举行一次。

再者,当数词-时间名词词组或表时间名词带动名词非一致定语时(如:три года работы),一般应与 после 连用。试比较:

①Пóсле двадцати́ мину́т óтдыха мы продолжáем путь. 休息二十分钟后我们继续赶路。

②Пóсле пяти́ лет совмéстной рабóты они́ дости́гли взаи́много понимáния. 五年的共事〈共事五年〉之后他们达到了相互理解。

③Брат приéхал домóй пóсле четырёх лет учёбы в столи́це. 在首都学习四年后哥哥回到了家。

只有少数动名词如 бег(跑),ходьбá(步行),полёт(飞行),ездá(乘车),及一般名词如 путь(路途),дорóга(旅行),рабóта(工作)用于此类结构中,可以与

через 连用,不过这种用法多出现在科技报刊等书面语体中。试比较:

①Че́рез два ча́са бе́га мы добрали́сь до ме́ста. 经过两小时的奔跑我们达到了目的地。

②Эмпири́зм в э́той о́бласти бу́дет вы́теснен нау́кой лишь че́рез мно́гие го́ды упо́рной иссле́довательской рабо́ты. 只有经过多年坚持不懈的研究工作,这方面的经验主义才会被科学所代替。

③Че́рез два́дцать часо́в полёта мы приземля́емся в столи́це Танза́нии. 经过20 小时的飞行,我们要在坦桑尼亚首都着陆。

спустя 多用于叙述过去事件的句子,因而动词多用过去时。试比较:

①Спустя́ два́дцать мину́т спекта́кль начался́. 过了二十分钟后话剧便开始了。

②Спустя́ два часа́ Андре́й верну́лся домо́й. 过了两小时安德烈回到了家。

спустя... 结构一般都可由 через... 结构替换,如例①可用 через двадцать минут,②可用 через два часа。不过,спустя 可以后置,而 через 不能。试比较:

Мы встре́тились с ним мно́го лет спустя́. 我和他相见是在许多年以后。

**表示目的意义的前置词**

**ⅰ. для(чего),на(что),за(что),за(чем),ради(чего)**

这些前置词都可以用来表示目的。区别是:

для 可表示为某人或某种利益而进行的行为,其搭配范围较广。例如:

①Я э́то сде́лал для дете́й. 这件事我是为孩子们做的。

②Кури́ть вре́дно для здоро́вья. 吸烟对健康有害。

③Костю́м сли́шком роско́шен для прогу́лки. 穿这套衣服散步过于阔气。

④Он о́пытен для свои́х лет. 就其年龄来说,他是够老道的。

на 表示目的意义时,主要用于一些习惯搭配中,如:прие́хать на учёбу(о́тдых,рабо́ту)(来学习〈休养,工作〉),пригласи́ть на обед(откры́тие вы́ставки)(请……来吃午饭〈参加展览会开幕式〉),подари́ть на па́мять(赠送……作纪念),рабо́тать(труди́ться)на(кого́)(为……工作〈劳动〉)等。试比较:

①Он упо́рно рабо́тает над до́ктором,одновре́менно упо́рно рабо́тает на семью́. 他一边功读博士,一边努力做工养家。

②В э́ту суббо́ту мы пое́дем всей шко́лой за́ город на о́тдых. 这个周六我们全校去郊游。

③Они́ за́няты дела́ми,и пришло́сь отда́ть младе́нца роди́телям на воспита́ние. 他们忙于事业,不得不把小孩交给父母教育。

④Она́ уе́хала за грани́цу,и отдала́ дневники́ на хране́ние у меня́. 她出国走了,把日记交给我保管。

за(что)表示目的时,一般与内含“保卫,斗争,拥护,赞同”等意义的动词搭配,因而搭配范围较窄。这些搭配中都不能用 для 或 на 替换。如:боро́ться за пра́вду (жизнь, Ро́дину)(为真理〈生存,祖国〉而斗争), сража́ться за свобо́ду (Ро́дину)(为自由〈祖国〉而战), поги́бнуть за Ро́дину(为祖国而牺牲), голосова́ть за сотру́дничество(投票赞成合作), стоя́ть за мир(维护和平), вы́сказать за предложе́ние(发言赞成建议), выступа́ть за ра́венство(维护平等)等。

另外, за 还可单独与名词搭配表示赞同、拥护等意义。试比较:

①Я за его́ предложе́ние. 我赞成他的建议。

②Бу́дем голосова́ть: кто за, кто про́тив? 现在表决:谁赞成?谁反对?

за(чем)与运动动词连用,表示该行为的目的是为“取得,获得,买”某件东西,或是为“请”某人。这时, за(чем)不能用 для、на 替换。试比较:

① — Куда́ ты ходи́ла? — Сходи́ла в магази́н за пи́вом. “你去哪儿了?”“我去趟商店买了啤酒”。

②Я прие́хал сюда́ не за тобо́й, а за кни́гой. 我来不是接你,而是来拿书。

(5) ради 在表示为某人或某种利益发生某行为时,与 для 意义相同,可以互换,但 ради 主要用在强调自我牺牲的场合,多具有庄重的意味。试比较:

①Ра́ди сы́на и му́жа я отказа́лась от пое́здки. 为了儿子和丈夫我放弃了旅行。

②Хра́брый во́ин не жале́л себя́ ра́ди спасе́ния други́х. 勇敢的战士舍己救人。

③Молодёжь прие́хала в столи́цу из ра́зных мест ра́ди о́бщей це́ли. 为了一个共同的目的,青年们从四面八方来到首都。

**ⅱ. на, для**

这两个前置词都可用来表示事物的用途。区别是:与 на 连用的名词一般是表示资金、钱、材料等的名词,而与 для 连用的名词一般指具体的事物。两者一般不能互换。试比较:

сре́дства на маши́ну 用来制造机器的经费

де́ньги на кни́ги 买书的钱

вре́мя на обе́д 用餐花去的时间

материа́л (отре́з материа́ла) на пальто́ 一块做大衣的布料

де́рево на ме́бель 做家具的木料

я́щик для пи́сем 信箱

краси́вая па́пка для бума́г 漂亮的纸夹

футля́р для очко́в 眼镜盒

ва́за для цвето́в 花盆

зал для физкульту́рных упражне́ний 体育训练大厅

бассе́йн для пла́вания 游泳池

шкаф для книг 书橱

但当与动名词连用时，на 和 для 可以互换。试比较：

сре́дства на поку́пку маши́ны — сре́дства для поку́пки маши́ны（用来买机器的经费）

де́ньги на пое́здку — де́ньги для пое́здки（旅行用的钱）

вре́мя на подгото́вку к экза́мену — вре́мя для подгото́вки к экза́мену（用来准备考试的时间）。

**表示原因意义的前置词** от，из，с，по，из-за，благодаря，за，ввиду，вследствие

ⅰ. **от（чего）**搭配能力最强，可以与表示情感、行为、自然现象和生理现象等意义的名词以及表示具体事物的名词连用，一般用于说明客观的不受主观支配的原因。例如：

①От бы́строго бе́га ло́шадь ско́ро уста́ла. 由于快速奔跑马很快就累了。

②Ле́на засну́ла от уста́лости，но ско́ро просну́лась от шу́ма. 列娜累得睡着了，但很快就被吵醒了。

③Трава́ пожелте́ла от со́лнца. 青草被太阳晒得枯黄了。

④Он чу́вствовал большу́ю уста́лость от напряжённого внима́ния. 由于太过紧张专注，他感到很疲倦。

⑤Ма́льчик стал бле́ден от стра́ха，да́же не мог сказа́ть. 小男孩吓得面色苍白，甚至说不出话来。

⑥Молода́я жена́ уви́дела，что муж выхо́дит с по́езда，она́ запла́кала от волне́ния. 年轻的妻子看见丈夫从火车上下来，她激动得哭了起来。

ⅱ. **из（чего）**主要与表示情感的名词连用，说明内在的心理原因。如：из ве́жливости（出于礼貌），из опасе́ния（由于担心），из жела́ния（出于……的愿望），из за́висти（由于羡慕），из ре́вности（由于嫉妒），из боя́зни（由于害怕），из стра́ха（由于恐惧），из жа́лости（出于怜悯），из не́нависти（由于仇恨）等。试比较：

①Ста́рый профе́ссор молча́л то́лько из ве́жливости. 老教授没有讲话只是出于礼貌。

②Он то́лько из делика́тности не говори́л ей об э́том. 他只是由于客气才没对她讲这件事。

**注意**：有时，能与 из 连用的表示情感的名词也能与 от 连用。其区别是：以 из（от）стра́ха 为例，из 强调由于内心的恐惧而不敢做或做了某事，от 则强调由于恐惧而产生的客观结果。试比较：

①Он это сде́лал из стра́ха. 他由于恐惧才干了这事。

②Соба́ки очень ча́сто ла́ют от стра́ха. 狗多数情况下是由于恐惧才吠叫的。

③Она пусти́ла его́ в дом из жа́лости. 她出于怜悯才把他放进屋里。

④От жáлости к э́тому несчáстному у неё сжимáлось сéрдце. 由于对这个不幸的人的怜悯，她的心直发紧。

ⅲ. с（**чего**）多与表情感的名词连用，具有口语色彩。如：с досáды（由于懊丧），со стыдá（由于羞惭），со зла（由于愤恨），со скýки（由于寂寞），с гóря（由于痛苦），с рáдости（由于高兴），со стрáху（由于恐惧），с испýгу（由于害怕），с гóлоду（由于饥饿），с морóза（由于寒冷）等。试比较：

①Мáленькая собáка дрожи́т с морóза. 小狗冻得发抖。

②Я óчень устáла с дорóги，поэ́тому ничегó не хотéлось есть. 我旅途很劳累，所以什么也不想吃。

ⅳ. по（**чему**）一般与抽象名词连用，搭配范围较窄，多用来说明引起不良后果的原因，一般用于事务性公文语体中。如：по недоразумéнию（由于误会），по глýпости и невéжеству（由于愚昧无知），по болéзни（由于疾病），по небрéжности（由于疏忽大意），по неóпытности（由于没有经验），по оши́бке（由于搞错），по винé（由于过错）等。试比较：

①Он разби́л вáзу по неосторóжности. 由于不小心，他打破了花瓶。

②По оши́бке я взял егó чемодáн. 我错拿了他的手提箱。

③Этот молодóй человéк чáсто ошибáется по рассéянности. 这个年轻人经常因为漫不经心而出错。

Ⅴ. **из-за**（**чего**）的搭配能力大致与 от 相同，主要用来表明说话人对引起不良后果的原因所持的不满以至谴责的态度。试比较：

①Из-за дождя́ он опоздáл. 因下雨他迟到了。

②Они́ поссóрились из-за пустякá. 他们因小事吵了起来。

③Юра пропусти́л урóки из-за болéзни. 尤拉因病缺了几堂课。

不过，из-за 还可以与表人名词及人称代词连用，表示对某人的责怪，这时不能用其它前置词替换。试比较：

①Из-за тебя́ все неприя́тности. 所有不愉快的事都怪你。

②Отéц горячи́тся из-за дóчери. 父亲因为女儿发火。

ⅵ. **благодаря** 与 из-за 相反，主要用来说明产生令人满意的结果的原因。试比较：

①Благодаря́ тебé я нашёл потéрянный ключ. 多亏你，我才找到丢失的钥匙。

②Благодаря́ óбщим уси́лиям рабóту закóнчили вóвремя. 由于大家共同努力，工作按时完成了。

ⅶ. **за**（**что**）主要和表示爱、憎、奖、惩等的动词搭配，用以表示该行为发生的原因和理由。如：полюби́ть... за ум（красотý）（因聪明〈美丽〉而爱上），ненави́-

деть... за тру́сость（преда́тельство, по́длость）（因……胆怯〈背叛，卑鄙〉而痛恨……），награди́ть за му́жество и отва́гу（выдаю́щиеся успе́хи）（因……英勇〈出色成绩〉而奖励……），наказа́ть... за преступле́ние（гру́бость, опозда́ние, обма́н）（因……犯罪〈粗鲁，迟到，欺骗〉而惩罚……）等。试比较：

①Оте́ц критику́ет сы́на за плохо́е поведе́ние. 父亲批评儿子的不良行为。

②Лю́ди уважа́ли его́ за обши́рные зна́ния. 人们因为他有渊博的知识而尊敬他。

③Как рад я за вас！我真为您高兴！

④Все высоко́ це́нят солда́т, кото́рые защити́ли люде́й от воды́, за их хра́брость. 在洪水中保护人民生命的战士们表现英勇，大家对此予以高度评价。

⑤Я благода́рен вам за всё, что вы сде́лали для меня́. 我对您为我所做的一切表示感谢。

ⅷ. **ввиду（чего）**和 **вследствие（чего）**与名词搭配表示原因时，主要用于书面语中。

ввиду 一般用来表示未来可预见到的原因。如：

①Ввиду́ плохо́й пого́ды прогу́лку отмени́ли. 因为天气不好，野游取消了。

②Ввиду́ предстоя́щих соревнова́ний спортсме́ны собрали́сь на трениро́вку. 由于比赛在即，运动员们开始集训。

вследствие 多表示已经引起某种结果的原因。试比较：

①Самолёты опа́здывали всле́дствие си́льного тума́на.〈多架〉飞机由于大雾晚点。

②Он си́льно похуде́л всле́дствие боле́зни. 他因病消瘦了。

但如不特别强调上述区别，则两者可换用。

**练习 34　选择填空**

1. Как-то Фёдор пришел ______ раньше обычного. Никого в комнате не было.
   а. в общежитие　　　　б. на общежитие
2. Он вошел, неся ______ фотографию сына, и, поставив ее на подоконник, низко поклонился стенам.
   а. в руках　　　　б. на руках
3. Смотрите, грузовик везет ______ зерно.
   а. в мельницу　　　　б. на мельницу
4. ______ плоскости лежит прямая линия.
   а. В поверхности　　　　б. На поверхности

5. Придав лицу значительное выражение, Корытов сел ______.

а. в свое кресло б. на свое кресло

6. Мы условились поехать ______ вместе с товарищами второй группы.

а. в Крым б. на Крым

7. Посмотрите мне ______.

а. в глаза б. на глаза

8. ______ картины река — спокойная, медленно несущая свои воды через бескрайние русские поля.

а. В центре б. На центре

9. Как вы ехали ______?

а. в Байкал б. на Байкал

10. Последние слова комсорга вызвали аплодисменты ______.

а. в задних рядах б. на задних рядях

11. ______ читатель видел строгий рисунок с не менее строгой надписью.

а. В следующей странице б. На следующей странице

12. ______ и покончим разговор.

а. В этом б. На этом

13. Разденьтесь до пояса. Я вас послушаю. ___(1)___ у вас чисто. Ну-ка, откройте рот. ___(2)___ покраснение. У вас ангина.

(1) а. В легких б. На легких

(2) а. В горле б. На горле

14. ______ было около двенадцати, до рассвета добрых четыре часа.

а. В его ручных часах б. На его ручных часах

15. Иван Иванович прожил его жизнь ______.

а. в Урале б. на Урале

16. Поезд уже подходит, идите скорей ______.

а. в перрон б. на перрон

17. Завтра мне надо рано поехать ______. Но я сплю очень крепко и боюсь, что не услышу будильник.

а. в аэропорт б. на аэропорт.

18. Уезжая ______, Сергей попросил друга: "Навещай почаще мою маму. Убеждай ее не беспокоиться обо мне".

а. в экспедицию б. на экспедицию

19. После экзаменов мы поехали ______.

а. в практику　　　　　　　　　　б. на практику

20. Нет ни одного тела ______, которое не испытывало бы с течением времени изменений.

а. в природе　　　　　　　　　　б. на природе

♨答案:

1. а, 2. а, 3. б, 4. б, 5. а, 6. а, 7. а, 8. а, 9. б, 10. а, 11. б, 12. б, 13(1) а, (2) а, 14. б, 15. б, 16. б, 17. а, 18. а, 19. б, 20. а.

### 练习 35　从前置词 из、с、от 中选出适当的填入句中

1. Отойдите ______ окна, вы простудитесь.
2. Было такое впечатление, что людей выводили ______ тюрьмы.
3. — Ты так загорела! Хорошо выглядишь!
   — Да ведь я только что ______ юга.
4. В гостинице Ольга нашла письмо ______ Серёжи.
5. — Ты прекрасно выглядишь.
   — Только что ______ отпуска.
6. Раздались аплодисменты, и он сошел ______ трибуны.
7. — Это ты себя пугаешь, — донеслось ______ зала.
   — Пугаю, чтоб потом не бояться.
8. — Вы ______ какого номера?
   — ______ двести четырнадцатого.
9. Домик, в который он привел меня, стоял недалеко ______ реки. ______ реки дул ветер.
10. Студент вернулся домой ______ лекций.

♨答案:

1. от, 2. из, 3. с, 4. от, 5. из, 6. с, 7. из, 8. из, из, 9. от, с, 10. с.

### 练习 36　从前置词 через、сквозь 中选择其一填入句中, 并请指出可用另一前置词时的意义差别

1. Дивизия шла по территории, занятой врагом, она шла ______ реки и степи, шла с боями.
2. Кое-где ______ соломенную крышу закапала вода на душистое сено.

3. Она рассматривала детские вещи ______ стекло витрины, расписанное морозом.
4. Ее тонкий, почти ребяческий голос прорывался ______ шум улицы.
5. Папа купил нам два красных флажка, и мы с этими флажками прошли мимо трибуны ______ всю площадь.
6. Беги, паровоз, спеши, паровоз, ______ горы, леса и поля...
7. Майя, Уля и Саша побежали ближней тропинкой ______ шоссе в город, в райком комсомола.
8. Кто-то большой, сильный шел ______ лес, не разбирая дороги.
9. Она ______ кашель продолжала тяжелый, страстный разговор.
10. ______ толпу к ней протискивался черноватый юноша.

♨答案:

1. через, 2. сквозь, 3. сквозь, 4. сквозь, 5. через, 6. через, 7. через, 8. сквозь (через), 9. сквозь, 10. Сквозь.

**练习 37　从前置词 около, у, возле 选出适当的填入句中,并请指出可用其它前置词时的意义差别**

1. Мой брат учится ______ преподавателя консерватории.
2. ______ камней у дома слесаря Сережи стоял Иван Иванович.
3. Тут нашел я двенадцать казаков, спящих один ______ другого.
4. Корытов задумчиво стоял ______ карты СССР, размечая линию фронта.
5. Старик уже вышел из конторы, и ______ него толпилось человек десять-пятнадцать.
6. ______ фабрики был маленький поселок, домов около семидесяти.
7. ______ витрины универмага стояла девушка.
8. Оля сидит ______ маминой кровати, трогая ее лицо пальцем.
9. Борис уселся ______ Саши, который задремал на диване.
10. Но что поделать, если всю жизнь он мечтал жить ______ моря и был уверен, что такая жизнь и есть выражение наивысшего счастья.

♨答案:

1. у, 2. Около, 3. возле, 4. у, 5. около, 6. Около (Возле), 7. У (Около), 8. возле (у, около), 9. возле, 10. у.

## 练习 38 选择填空

1. ______ публика стояла подолгу.

а. Перед картинами Репина б. Впереди картин Репина

2. Солдат уже доехал до цели. Он ехал ______.

а. перед своим войском б. впереди своего войска

3. ______, за 10 метров, светится костер.

а. Перед нами б. Впереди нас

4. Мы идем в кино. ______ идут дети.

а. Перед нами б. Впереди нас

5. Он все отставал, и дядя, шагах в двадцати ______, махал ему рукой.

а. перед ним б. впереди него

6. ______ мы увидели большую площадку.

а. Перед школой б. Впереди школы

7. Лиса бежит ______.

а. за зайцем б. позади зайца

8. Санин шел то рядом с Джемой, то несколько ______.

а. за ней б. позади нее

9. ______, ребята!

а. За мной б. Позади меня

10. Егор увидел новую опасность: ______ шли три великана...

а. за возом б. позади воза

♨答案:

1. а, 2. б, 3. а, 4. б, 5. б, 6. а, 7. а, 8. б, 9. а, 10. а.

## 练习 39 选择填空

1. ______ следующего дня Оля шепнула проснувшейся матери об этом.

а. На рассвете б. В рассвете

в. На рассвет г. В рассвет

2. На эту северную реку пришла она ______ с матерью.

а. на темную ночь б. в темную ночь

3. ______ за последние месяцы произошло столько событий, сколько раньше не произошло за длинные годы.

а. На ее жизни　　　б. В ее жизни

в. На ее жизнь　　　г. В ее жизнь

4. Экзамены будут проводиться ______ этого семестра.

а. на восемнадцатой неделе　　　б. в восемнадцатой неделе

в. на восемнадцатую неделю　　　г. в восемнадцатую неделю

5. Мы живем ______ научно-технической революции

а. на эпоху　　　б. в эпоху

в. на эпохе　　　г. эпохе

6. Он работает ______, пока вы у нас в России.

а. на все время　　　б. во все время

в. всё время

7. ______ Захар и Анна с Артемкой и Максимкой поехали в город.

а. На следующий же день　　　б. В следующий же день

8. ______ состоялся съезд писателей.

а. На эти дни　　　б. На этих днях

в. В этих днях

9. Однажды ______ я стоял на автобусной обстановке.

а. на летний вечер　　　б. в летний вечер

10. ______ у нас будет контрольная работа по грамматике.

а. На следующую неделю　　　б. На следующей неделе

в. В следующую неделю　　　г. В следующей неделе

11. ______ было уничтожено более сорока миллионов человек и столько же осталось инвалидами.

а. На вторую мировую войну

б. На второй мировой войне

в. Во вторую мировую войну

г. Во второй мировой войне

12. Что вы читали ______, пока мы не виделись?

а. на эту неделю　　　б. на этой неделе

в. в эту неделю　　　г. в этой неделе

13. Мне кажется, что тебя что-то беспокоит ______.

а. на последнее время　　　б. в последнее время

14. ______ мы продолжим экскурсию по центру города.

а. На воскресенье　　　б. В воскресенье

15. Причем ни ______ не следует забывать, что главное — отразить жизнь поселка.

а. на минуту　　б. в минуту

в. на минуте　　г. в минуте

16. ______ Афоня Яманов где-то задержался.

а. На тот вечер　　б. В тот вечер

17. Я бы делал эту работу не меньше часа, а он все сделал ______.

а. на минуту　　б. в минуту

18. ______ рабочий выполнил месячную норму выплавки металла.

а. На делелю　　б. На неделе

в. В неделю　　г. В неделе

19. ______ она захотела попробовать и работать.

а. На следующее утро　　б. В следующее утро

20. ______ дня они осмотрели все лаборатории при институте.

а. На второй половине　　б. Во второй половине

♨答案:

1. а, 2. б, 3. б, 4. а, 5. б, 6. в, 7. а, 8. б, 9. б, 10. б, 11. в, 12. б, 13. б, 14. б, 15. а, 16. б, 17. б, 18. в, 19. а, 20. б.

**练习 40　选择填空**

1. Работу мы выполнили ______.

а. в два часа　　б. за два часа　　в. на два часа

2. ______ они вернулись на свою родину.

а. В зимние каникулы　　б. На зимние каникулы　　в. За зимние каникулы

3. ______ восемнадцатого века на Васильевском острове развернулось большое строительство.

а. В тридцатые годы　　б. На тридцатые годы　　в. За тридцатые годы

4. ______ с 29 на 30 декабря старшина Мостовщиков выступил против него.

а. В ночь　　б. За ночь　　в. На ночь

5. Рабочие выполнили пятилетку ______.

а. в четыре года　　б. за четыре года　　в. на четыре года

6. ______ он привык к новым условиям работы.

а. В месяц　　б. За месяц　　в. На месяц

7. ______ уровень воды в реке поднялся на десять сантиметров.

а. В ночь б. За ночь в. На ночь

8. Вы не знаете, какая программа по телевидению ______?

а. в сегодня б. за сегодня в. на сегодня

9. От Санкт-Петербурга до Петродворца можно доехать ______.

а. в час б. за час в. на час

10. Экспедиция отправилась на север ______.

а. в целый год б. за целый год в. на целый год

11. Одолжите мне книгу ______.

а. в одну минуту б. за одну минуту в. на одну минуту

12. ______ почти не было попыток поставить на сцене пьесу на уральские темы.

а. Во всё это время б. За всё это время в. На всё это время

13. А бумага была-четыре листа, запас ______.

а. в неделю б. за неделю в. на неделю

14. Вот товарищ Юсупов не верит, что ______ не справишься.

а. в четыре дня б. за четыре дня в. на четыре дня

15. Мой товарищ по средней школе уехал ______ на работу за границу.

а. в два года б. за два года в. на два года

♨答案:

1. б, 2. б(а), 3. а, 4. а, 5. а(б), 6. б, 7. б, 8. в, 9. б, 10. в, 11. в, 12. б, 13. в, 14. б, 15. в.

## 练习 41 选择填空,并指出可以双解的情况

1. В декабре 1944 года ______ ему довелось побывать в Крыму.

а. во время краткого отпуска б. за кратким отпуском

2. ______ Ольга рассказала о своих встречах с друзьями.

а. Во время ужина б. За ужином

3. Его отец был ранен ______ Праги.

а. во время освобождения б. за освобождением

4. ______ он познакомил нас со своим планом работы.

а. Во время обеда б. За обедом

5. Его семья погибла ______.

а. во время бомбежки б. за бомбежкой

6. ______ ее родители отдали жизнь за свободу и освобождение народа.

а. Во время войны　　　б. За войной

7. ______ она еще занималась в аудитории.

а. Во время обеда　　　б. За обедом

♨答案：

1. а, 2. а, б, 3. а, 4. а, б, 5. а, 6. а, 7. а.

练习 42　选择填空

1. ______ я обычно совершаю небольшую прогулку.

а. До сна　　　б. Ко сну　　　в. Перед сном

2. ______ года жилплощадь в нашем институте увеличится на восемь тысяч квадратных метров.

а. До конца　　　б. К концу　　　в. Перед концом

3. ______ я должен выполнить эту задачу.

а. До понедельника　　　б. К понедельнику　　　в. Перед понедельником

4. ______ все небо покрыто тучами.

а. До дождя　　　б. К дождю　　　в. Перед дождем

5. ______ этого месяца он должен будет написать доклад.

а. До конца　　　б. К концу　　　в. Перед концом

6. ______ университета моего брата приняли в партию.

а. До окончания　　　б. К окончанию　　　в. Перед окончанием

7. ______ зал был перестроен, заново оборудован.

а. До собрания　　　б. К собранию　　　в. Перед собранием

8. Бывают деревья, которые живут ______.

а. до тысячи лет　　　б. к тысяче лет　　　в. перед тысячью лет

9. Эти его слова сохраняют актуальное значение и ______.

а. до сегодняшнего дня

б. к сегодняшнему дню

в. перед сегодняшним днем

10. ______ на север я никогда не видел снега.

а. До приезда　　　б. К приезду　　　в. Перед приездом

11. ______ здесь провели предварительную разведку.

а. Неделю назад　　　б. До недели　　　в. К неделе

12. Мне обещали принести билеты в Шанхай сегодня ______.

а. до 10 часов　　б. к 10 часам　　в. перед 10 часами

♨答案：

1. в, 2. б, 3. б, 4. в, 5. б, 6. в, 7. б, 8. а, 9. а, 10. а, 11. а, 12. б.

**练习 43　从前置词 после, по, через, спустя 中选择适当的与括号内的词搭配**

1.（неделя）на остановке я опять встретился с тем же молодым человеком, с которым я встретился в библиотеке.
2. Почти сразу（окончание）работы над рукописью "Счастье" Павленко взялся за новое большое произведение.
3.（два часа）горячих споров собрание закончилось.
4. На 8-ой неделе（война）Миша вернулся в институт.
5.（несколько времени）им удалось узнать, что она — врач.
6.（8 недель）после войны этот завод восстановил производство.
7.（два года）войны наша армия начала наступление по всем фронтам.
8.（восемь лет）войны мы победили японских захватчиков.
9. Принимайте лекарство（каждые четыре часа）.
10. Нужно проверять работу машины（равный промежуток）времени.
11. Примерно（час-полтора）вновь стали приходить родители с детьми.
12.（час）у них шел спор о вопросах экономической перестройки.

♨答案：

1. Через неделю/ Неделю спустя, 2. по окончании, 3. После двух часов, 4. после войны, 5. Через несколько времени, 6. Через 8 недель, 7. Через два года/После двух лет, 8. После восьми лет/Через восемь лет, 9. через каждые четыре часа, 10. через равный промежуток, 11. через час-полтора, 12. Через час/Час спустя.

**练习 44　从前置词 для, на, за, ради 中选择适当的与括号中的词搭配**

1. В трудное время товарищи часто приходят мне（помощь）.
2. В трудное время я часто обращался к нему（помощь）.
3. Его метод работы рекомендован（широкое распространение）.
4. Эта наша армия существует исключительно（освобождение）народа и действует последовательно и до конца в интересах народа.

5. (передвижение) груза иногда применяют мощные электрические краны.

6. Брат купил (зима) шубу.

7. Она долго копила деньги (телевизор).

8. Староста отправил трех студентов (билеты) на вокзал.

9. Справа от двери стоит стол (игра) в шахматы.

10. Я попросил еще 10 минут (обдумывание) ответа, но экзаменатор не дал.

11. Наша фабрика работает главным образом (сельский потребитель).

12. Существует машина, (перевозка) которой нужны три поезда.

13. Встречая Новый год, мы пили (здоровье) друзей, которых не было с нами.

14. Идите на почту, получите (я) почтовую посылку.

15. Мы слушаем лекции в большом зале (3000) человек.

16. Мой брат учится (врач).

17. При библиотеке нашего института выделены две комнаты (чтение).

18. Никогда не забывайте откладывать деньги (черный день).

19. Труд рабочих на заводе стал легче: многое(они) делает машина.

20. Наши спортсмены упорно боролись(первое место) в соревнованиях.

21. Мы всегда готовы по первому зову партии встать (защита) социалистической родины.

22. Умереть(свой народ) — большое счастье.

23. Иностранные граждане, проживающие в нашей стране, могут не беспокоиться (своя жизнь).

♨答案:

1. на помощь, 2. за помощью, 3. для широкого распространения, 4. ради освобождения, 5. Для передвижения, 6. на зиму, 7. на телевизор, 8. за билетами, 9. для игры, 10. на обдумывание, 11. на сельского потребителя, 12. для перевозки, 13. за здоровье, 14. за меня, 15. на 3000, 16. на врача, 17. для чтения, 18. на черный день, 19. за них, 20. за первое место, 21. на защиту, 22. за свой народ, 23. за свою жизнь

**练习 45　从前置词 от, из, с, по, из-за, благодаря, за, ввиду, вследствие 中选择适当的与括号中的词搭配**

1. Все тела(нагревание) расширяются.

2. Все живое на Земле существует только (солнечная энергия).

3. (приближение) дождливого времени крестьяне начали готовиться к борьбе с наводнением.
4. В ожидании опаздывающего поезда я (нечего) делать читал и перечитывал вчерашнюю газету.
5. Его (болезнь) освободили от должности министра.
6. В 1944 году (эти работы) он был награжден орденом Ленина.
7. Он не находил слов(возмущение).
8. Мне приходится иметь дело с людьми разных профессий (должность).
9. (волнение) на море пароход пришел поздно.
10. (поддержка) родственных предприятий наш завод перевыполнил производственный план.
11. Его критиковали (опоздание).
12. (состояние) здоровья ему не дали общественную работу.
13. Пар, происходящий (кипение) воды, приводит в движение машины.
14. Товарищи, тише! (вы)ничего не слышно.
15. Он отказался от подарков вовсе не (гордость), а (принцип).
16. (причина) плохой погоды экскурсия не состоялась.
17. В тот неурожайный год мой дедушка чуть не умер(голод).
18. (ухудшение) здоровья рабочих профсоюз решил развернуть занятия физкультурой и спортом.
19. (шум) ничего не слышно.
20. (свои ценные свойства) полупроводники широко применяются в различных областях науки и техники.
21. Никто не верил, чтобы он, такой честный и бескорыстный человек, действовал в данном случае(личные побуждения).
22. Я его не перебивал лишь(вежливость).
23. Узнав о приезде папы, мальчик запрыгал (радость).
24. (ты)я опоздал на работу.
25. (страх) она не сразу услышала, какой вопрос ей задали.

♨答案:

1. от нагревания, 2. благодаря солнечной энергии, 3. Ввиду приближения, 4. от нечего, 5. по болезни, 6. за эти работы, 7. от возмущения, 8. по должности, 9. Вследствие волнения, 10. Благодаря поддержке, 11. за опоздание, 12. По состоя-

нию,13. от кипения,14. Из-за вас,15. из гордости, из принципа,16. По причине,17. от (с) голода/с голоду,18. Ввиду ухудшения,19. Из-за шума,20. Благодаря своим ценным свойствам,21. из личных побуждений,22. из вежливости, 23. от радости/с радости,24. Из-за тебя,25. От страха/Со страху.

# 9 连接词，语气词，感叹词

## (1) 连接词

连接词用来连接同一个句子中的几个同等成分或复合句的几个分句，表示某种句法关系，有关连接同等成分的连接词，见“同等成分”一节；有关连接复合句的几个分句的连接词，见“复合句”一节。

## (2) 语气词

语气词用来给句子中某个词或整个句子增添某种语义色彩。语气词的具体含义一般在句中通过上下文来确定。

语气词可以带有下列语义色彩：

**疑问、肯定、否定意义**

表示疑问的有：ли，ра́зве，неуже́ли，да，что ли 等；表示肯定的有 да，так，точно，ещё бы 等；表示否定的有 не，нет 等。试比较：

①Ско́ро ли мы пое́дем？咱们很快就去吗？

②Ра́зве вы не бы́ли на экску́рсии？您难道没有去游览吗？

③Неуже́ли ты не подгото́вился к уро́ку？你真的没准备好功课吗？

④Он ушёл，да？他走了，是吗？

⑤Тебе́ не здоро́вится，что ли？你不舒服了怎么的？

⑥Ты чита́л эту кни́гу？— Да，чита́л. “你读过这本书吗？”“是，读过。”

⑦А！вот пёс，так пёс！— кри́кнул Карача́ев. “啊！这才叫真正的狗呢！”卡拉恰耶夫喊道。

⑧То́чно，вы угада́ли. 对，您猜着了。

⑨ — Ты друг，пе́ред тобо́ю могу́ я сме́ло ду́шу распахну́ть. — Ещё бы нет！Одна́ душа́，два те́ла！“你是朋友，在你面前我可以大胆地敞开心扉。”“怎么能不这样呢！咱们两人一条心嘛！”

⑩Мы не пойдём，а пое́дем. 我们不是走着去，而是坐车去。

⑪ — Вы рабо́таете？— Нет，учу́сь. “您是在上班吗？”“不，我在上学。”

**指示意义**

表示指示作用的有：вот，вон，это 等。试比较：

①Вот тут я живý. 我就在这儿住。

②Положи́ сýмку вон тудá. 把书包放那边吧。

（вот 和 вон 还可用来构成称名句，详见"称名句"一节。）

③Кто это сиди́т? 这是谁坐着呢？

④Берёза — это дéрево. 白桦，这是树。

**加强意义**

表示加强意义的有：просто，ведь，и，же（ж），дáже，уж 等。试比较：

①Здесь прóсто невозмóжно занимáться. 这儿简直无法学习。

②А я ведь был в кинó. 可我已经看过电影了。可我已经到电影院去过了。

③Об э́том и разговóра не мóжет быть. 这一点连谈都不要谈。

④Что же ты молчи́шь? 你怎么不说话？

⑤Я ж тебé говори́л об э́том. 我不是已经跟你说过这事儿了嘛。

⑥Мы дáже не замéтили，как прошлó врéмя. 我们甚至都没发现时间是怎么过去的。

⑦Это не так уж плóхо. 这还不算坏。

**确切意义**

表示确切意义的有：чуть не，именно，точно，ровно，почти 等。试比较：

①Он чуть не упáл. 他差点儿摔倒了。

②Именно сегóдня нýжно вы́полнить это задáние. 正是今天需要完成这个任务。

③Так тóчно！就是这样！

④Я приéду рóвно в два часá. 我两点整到。

⑤ — Ну каковó? Попóлнилась ли я? — Почти́ что ничегó. "怎么样？我发胖了吗？""儿乎是看不出来。"

**限制意义**

表示限制意义的有：только，лишь 等。试比较：

①Тóлько любóвь к Рóдине давáла ей си́лы для э́той рабóты. 只是对祖国的爱才给予她力量做这项工作。

②Отсýтствует лишь оди́н учени́к. 只一个学生缺席。

**比较意义**

表示比较意义的有：（как）будто，словно，ровно 等。试比较：

①Дóктор，мне сегóдня как бýдто лýчше. 医生，我今天好像好一些。

②Слы́шу это слóвно впервы́е. 这事儿我好像第一次听说。

③Забýдешь — и бóльше ничегó！Рóвно бы и нé было меня́. 你一旦忘了，就

什么也没有了！就像根本没有过我一样。

**褒贬意义**

表示褒贬意义的有：что за，как，вот так 等。试比较：

① — А вы что за командúр? — проговорúл он в нос. — Вы что за птúца, позвóльте спросúть? "您算什么指挥官？"他带着鼻音说道。"您是个什么家伙？请允许我问一句。"

②Как мне нездорóвится！我真不舒服！

③ — Ну，хозя́ин， — бýдто слы́шит Семён Матвéич， — вот так хозя́ин！"哎，东家。"好像谢苗·马特维伊奇听得见似的。"这算什么东家！"

**祈使意义**

表示祈使意义的有：дай(те)，давáй(те)，-ка，ну 等。许多情况下-ка 与 дай(те)，давай(те)结合。试比较：

①Дáй-ка я погляжý！让我看看！

②Тепéрь давáй поговорúм. 现在让咱们谈谈。

③Эй，брат，вставáй-ка — ты бóлен. 哎，老弟，起来吧，你病了。

④Да，хозя́ин тот，кто трýдится. Запóмните-ка это！是啊，主人就是那个劳动的人。要记住这一点哪！

⑤Ну подождú！哎，等等！

## (3)感叹词

感叹词用来表达某种情感和意愿。有些感叹词意义单一，如 эй(喂)，привéт(你好)等；有些意义多样，需根据具体情况确定，如 ой，ах 在不同场合下可以表示惊讶、恐惧、赞叹等几种含义。

**表达某种情感的感叹词**

这类感叹词所表示的情感可以有高兴、赞叹、恐惧、惋惜、责备、疑问、惊讶等。试比较：

①Ах，как здесь хорошó！啊！这儿多好啊！(高兴，赞叹)

②Ах! Это ужáсно！哎呀！这太可怕了！(恐惧)

③Ах! Я ничегó не знáю. 唉，我什么也不知道。(惋惜)

④Ах，зачéм ты это сдéлал？咳，你为什么做出这种事情？(责备)

⑤Ой，боюсь！哎呀！我害怕！(恐惧)

⑥Ой，бóльно！哎呀！疼啊！(惊呼)

⑦Ой，кто это？哟，这是谁呀？(疑问，惊讶)

⑧Эх，ты！Как же ты забы́л？唉，你呀！你怎么忘了呢？

⑨Ага́! Сам сознаёшься, что ты глуп. 啊哈！自己承认你蠢了！

⑩Ох, пошли́те за до́ктором! 噢，派人找医生吧！

⑪Ох, как я уста́л! 啊，我可真累！

⑫Ох ты, го́споди! 唉，你呀，主啊！

⑬Ох уж эти мне литера́торы, ох уж эти мне поэ́ты, — сказа́л грек. 希腊人说："瞧我这些作家，瞧我这些诗人哟。"

⑭Да здра́вствует 1 ма́я, ура́! 五一节万岁！乌拉！

⑮Спаси́бо! 谢谢！

⑯Увы́! Всё ги́бнет. 呀〈呜呼〉，一切都在灭亡。

⑰Тьфу! Како́е сча́стье! 呸！什么幸福！

⑱Ай, бо́же мой! 哎呀！我的天！

**表达某种意愿的感叹词**

这类感叹词多用来表示说话者的各种要求。如：

①打招呼 — Алло́!（哈罗！）Ау!（啊呜！）Эй!（喂！）

②请求援助 — Карау́л!（救命啊！）

③要求安静 — Тс!（Чш! Шш! Цыц!）（嘘！嗤！）

④要求演员再来个节目 — Бис! Бис!（再来一个！）

⑤要求对方接受某物 — На!（给你！）На́те!（拿去吧！）

⑥要求中止行为 — Стоп!（停止！站住！）

⑦要求进行行为 — Марш!（走！去！）

句法研究组词造句的规则。

句子按说话目的划分有陈述句（陈述事实）、疑问句（提出问题）和祈使句（表示意愿）。

句子的构成成分有主要成分（主语、谓语）和次要成分（补语、定语、同位语、状语）之分。所有句子成分都可能成为同等成分，但只有次要成分可以成为独立成分。另外，句子中还可能出现一种非句子成分即插入语。

句子按结构划分有简单句和复合句。简单句是只含有词之间句法联系的句子。根据句中主要成分的数量，简单句分为双部句和单部句。复合句则由简单句（借助连接词或无连接词）组合而成。带连接词的复合句分为并列复合句和主从复合句。不带连接词的复合句，称无连接词复合句。

另外，交际中当需要转述别人的话语时，还要将直接引语变为间接引语，这实质上是把两个或更多的句子变为复合句。

言语中，凡由于上下文或语境而省略了句子成分的句子（无论是单部句、双部句还是复合句），均称为不完全句。这些句子所省略的成分完全可以根据上下文或语境恢复。相应地，没有省略句子成分的句子是完全句。试比较：

① — Что в село́ привезли́? — Ору́жие.〔单部句，根据问话省略 в село́ привезли́〕"给村里运来了什么？""武器。"

② — Что это Ми́ша мне даёт? — Де́ньги.〔双部句，根据问话省略 Ми́ша тебе даёт〕"米沙给我的是什么？""钱。"

③Спустя́ вре́мя вы́шел он во двор. Я — за ним.〔双部句，根据上文后句省略 вы́шел во двор〕过了一会他来到院子里，我跟着他也出来了。

④В одно́й руке́ он держа́л у́дочку, а в друго́й — ры́бу.〔复合句，后一分句省略 держа́л〕他一只手拿着鱼竿，而另一只手拿的是鱼。）

⑤Ста́рый князь вспо́мнил о письме́ кня́зя Андрея. — Получи́л от кня́зя ны́нче, — сказа́л он кня́жне Ма́рье. — Не чита́ла? 〔根据语境省略 письмо〕老公爵想起了安德烈公爵的信。“今天从公爵那儿收到的,”他对女儿玛丽亚说,“没看吗?”

注意应把省略主语的双部句与单部句人称句(确定人句、不定人称句和泛指人称句)区别开来。

# 10 疑问句和祈使句的构成

## (1)疑问句的构成

ⅰ.疑问句由陈述句直接通过疑问语调构成。这时,逻辑重音要落在设问的词上,即该词要重读。根据设问词的位置,疑问句的语调有三个类型。试比较:

①当设问词在句末时,全句为上升型。如:Наташа,ты была вчера на концéрте? 娜塔莎,昨天你是听音乐会去了吗?

肯定回答:Да.(На концéрте.)否定回答:Нет,в теáтре.不是,是看剧去了。

②当设问词在句首时,全句为下降型。如:Наташа,ты́ была вчера на концерте? 娜塔莎,是你昨天听音乐会去了吗?

肯定回答:Да.(я.)否定回答:Нет,это Маша(была вчера на концерте).(不,是玛莎。)

③当设问词在句中时,全句为升降型。如:Натша,ты былá вчера на концерте? 娜塔莎,昨天音乐会你去听了吗?

肯定回答:Да.(была.)否定回答:Нет,не была.

ⅱ.疑问句还可以借助一定的词汇手段构成。这里有两种情况:

用疑问代词 что,кто,чей,котóрый,какóй 和疑问副词 как,где,когдá,кудá,откýда,почемý,зачéм 等对事实中某一部分发问,其中疑问代词可以带前置词。试比较:

①Когдá он приéхал? 他什么时候来的?

②Скóлько книг в вáшей библиотéке? 你们图书馆有多少书?

③Кудá ведёт эта дорóга? 这条路通向哪里?

④Зачéм мы здесь стоим? 我们干嘛站在这里?

⑤А что ты дéлал в моём садý? 你在我的花园里做什么来着?

⑥С кем случи́лась неприя́тность? 谁发生不幸了?

借助疑问语气词,ли,рáзве,неужéли 构成疑问句。ли 紧跟设问词,而该设问词一般在句首。如:

① — Да ещё звáли ли? — Недоверчиво спроси́л Серплин. — Звáли,звáли,— рассмея́лся Макси́мов. "难道还叫了吗?"谢力普林不信任地问。"叫了,叫了。"马克西莫夫笑着说。

②Написа́ли ли вы своё завеща́ние? 您写完您的遗嘱了吗?

ра́зве 和 неуже́ли 意义相近,除表示疑问外,还带有怀疑和惊讶的口气。试比较:

①Ра́зве он не инжене́р? 难道他不是工程师?

②Неуже́ли мы уви́дим океан? 难道我们会见到大洋?

③Неуже́ли в ва́ших края́х таки́е холо́дные зи́мы? 难道你们这个地方有这么冷的冬季?

### (2)祈使句的构成

祈使句可以表示要求、请求、邀请、建议、准许、命令、禁止、警告、催促等意义。

祈使句的主要成分可以是:

ⅰ.第二人称命令式形式。如:

①Скажи́ ма́ме, что я о́чень благодарю́ её, о́чень! 告诉妈妈,我非常感谢她,非常感谢。

②«Не бо́йтесь, он не куса́ется», — сказа́ла де́вочка. 女孩说:"不要害怕,它不咬人。"

ⅱ.其它人称形式用作命令式。Пусть(пускай)与单、复数第三人称陈述形式连用表示祈使意义。试比较:

①Пусть бу́дет чу́до! 就让奇迹出现吧!

②Пусть ста́ршие расска́жут об э́том! 让年长的人讲述这事吧!

复数第一人称陈述式形式可以表示包括说话人在内的许多人的共同行动,这种形式加语气词-те 可以表示礼貌的建议。试比较:

①Споём! 咱们唱吧!

①Пойдём домо́й! 咱们回家吧!

③Не будем петь! 咱们别唱了!

④Поговори́м о бу́рных днях Кавка́за, о сла́ве, о любви́! 让我们谈谈在高加索的那些充满激情的日子,谈谈荣誉,谈谈爱情吧!

⑤Бу́демте доброжела́тельны! 让我们仁慈些吧!

⑥Пойдёмте в кино́! 咱们去看电影吧!

Давай(давайте)可以与完成体或未完成体将来时第一人称复数形式及未完成体动词不定式连用,表示说话人与听话人共同的行动。这种形式多用于表示邀请或建议。试比较:

①Дава́йте расска́жем так, по поря́дку. 咱们按顺序讲吧!

②Дава́йте начнём рабо́тать! 咱们开始干活吧!

③Дава́йте быть друзья́ми! 让我们成为朋友吧!

④Давáйте бýдем дýмать вмéсте！咱们来一起想吧！

⑤Давáй(те) петь！咱们唱歌吧。

关于运动动词与表示具体行为目的的动词连用问题,详见“不定式体的选择”一节。

某些完成体动词过去时形式可以用于祈使意义。试比较：

①Поéхали！开车吧！

②Пошли́ с нáми 带我们去吧！

③А ну,взя́ли！喂,拿住！

④Кóнчили разговóрчики！别再闲聊了！

ⅲ.动词不定式形式。详见“不定式句”一节。

ⅳ.假定式形式。这类句子一般表示建议或愿望,口气较和缓。试比较：

①Ты бы посидéла с гостя́ми！你最好和客人们坐一坐！

②Ты бы послýшала,какáя в душé у меня́ мýзыка. 你最好听听,我心中的音乐是什么样的！

ⅴ.无动词形式。此类句子的结构成分可以是：

名词的不带前置词的第四格或第二格形式。试比较：

①Свет！点灯！

② — Горя́чей воды́！— комáндовал он. 他命令道:“拿点热水来！”

③Карéту мне,карéту！给我准备马,备马！

④Дежýрного генерáла скорéе！快请值班将军！

带前置词的名词间接格形式。试比较：

①По местáм！各就各位！

②За мной！跟我来！

③За дóктором！找大夫去！

④В ýгол！到角落去！

⑤Ко мне！到我这儿来！

⑥За Рóдину！Вперёд！为了祖国,前进！

副词。试比较：

①Домóй！回家去！

②Ти́ше！肃静！

③Сми́рно 立正！

④Сюдá！到这儿来！

⑤Быстрéе！快点儿！

⑥Прочь отсюда！从这儿滚开！

# 11 双部句

双部句是可以划分出主语和谓语两个主要成分的简单句。如：

① —Волóдя приéхал! — крúкнул ктó-то на дворé. "沃洛佳来了!"有人在外边喊了一声。〔——为主语，═══为谓语。〕

②Разговáривать с ним было наслаждéнием. 与他谈话是个享受。

## (1)双部句的主语

双部句的主语可以由以下词或词组充当：

ⅰ.名词或做名词用的形容词或形动词。如：

①Кóмната за магазúном показáлась Климý знакóмой. 克里木觉得商店后面的房间很熟悉。

②Всё прóшлое мне тóлько снúлось. 过去的一切对我只是梦。

③Днём к Семёну приходúли отдыхáющие. 白天到谢苗这儿来的是疗养的人。

ⅱ.代词。如：

①Мы пошлú по леснóй дорóге. 我们沿着森林的路走去。

②Все на лицó. 所有人都到了。

③Там ктó-то стучúт у порóга. 有人在门坎那儿敲打着。

④Все за одногó, одúн за всех. 大家为一人，一人为大家。

⑤Это бы́ло в семидесятых годáх. 这发生在七十年代。

⑥Кáждый из них по-своéму убивáл врéмя. 他们每个人都按自己的方式消磨时间。

ⅲ.动词不定式形式。如：

①Любúть — вот счáстье. 爱——这就是幸福。

②Жить на землé — э́то большóе удовóльствие. 活在世上就是最大的快乐。

ⅳ.数词。如：

①Трúдцать дéлится на пять без остáтка. 30 可以被 5 除尽。

②Приéхали сéмеро. 来了七个人。

ⅴ.不变化词类乃至句子。如：

①«Потóм» — слóво плохóе. "以后"是个不好的词。

②«Бра́во!» неслóсь со всех сторóн. “好！”喝彩声从四面八方传来。

ⅵ. 各类词组。如：

①Матвéй с отцóм помéдлили пéред избóй. 马特维依和父亲在房前放慢了脚步。

②На пáлубе бы́ло мнóго пассажи́ров. 甲板上有很多乘客。

③Натеклó мнóго воды́. 流了很多水。

④В дóме бы́ло всегó две кóмнаты. 房子里只有两个房间。

⑤Мы с тóбой, как ты говори́шь, мóлоды, мы хорóшие лю́ди. 正如你所说，我们还年轻，我们都是好人。

⑥Большинствó студéнтов ужé приéхали на сéссию. 大部分学生已到会了。

⑦Бóльше ста киломéтров оставáлось ещё впереди́. 前面还有100多公里呢。

⑧Около деся́тка книг прочи́тано зáлпом. 一下子读了十几本书。

⑨Обе дóчери нашли́сь. 两个女儿都找到了。

⑩За кáждым столóм сиди́т по одиннадцать рабóтниц. 每张桌后坐11名女工。

⑪Рéдко кто знáет егó в гóроде. 城里很少有人认识他。

⑫Мало ли кто побывáл здесь? 到过这儿的人还少吗？

⑪、⑫例中，主语为固定词组。

## (2)双部句的谓语

双部句的谓语分为简单谓语、合成谓语和复合谓语。

**简单谓语**

简单谓语可以由单个动词的所有形式，即陈述式（现在时，过去时，将来时）形式，命令式和假定式形式，不定式形式，截尾形式，以及相当于单个动词的动词+名词固定词组充当。

ⅰ. 陈述式。如：

①К бéрегу бегу́т Вáня и други́е мáльчики. 万尼亚和其它孩子跑向岸边。

②Эта часть зри́телей находи́лась на трибу́нах. 这部分观众在台上。

③Остáнемся ещё на оди́н день. 我们再留一天。

ⅱ. 命令式。如：

①«Расскáзывайте», — напоминáю я тихóнько. 我悄悄地提醒：“讲吧！”

②Как хóчешь, так и поступáй! 怎么想，就怎么做吧！

③Пусть всегдá бу́дет сóлнце! 让太阳永远照耀吧！

ⅲ. 假定式。如：

①Ты бы, Ва́ня, потанцева́л. 瓦尼亚，你跳一会舞吧！

②Хоть бы был дождь！下场雨该多好！

③Хоть бы сын вы́учился！儿子要是学会多好啊！

ⅳ. 不定式。如：

①Я схвати́л его́ за́ руку, а он крича́ть. 我抓住了他的手，可他却喊起来。

②Лю́ди — паха́ть, а мы рука́ми маха́ть. 人们耕田，而我们却不爱惜。

③Колхо́зный сто́рож заме́тил их и засвисте́л в свисто́к. Они от него́ бежа́ть. 集体农庄的更夫发现了他们，便吹起了哨子。他们马上跑开了。

④ — Так ты куса́ться, ока́янная！— "你竟敢咬人，该死的东西！"

不定式用做简单谓语，一般表示突然、意外发生的强烈行为。动词用未完成体形式。

ⅴ. 截尾形式，也称感叹性动词或瞬间行为动词。常用的有：стук（敲了敲），хлоп（啪地一声拍一下或打一下），толк（推或碰一下），прыг（一跳），ах（啊了一声），ца́п（夺，抓），хвать（一抓，一打）等。如：

①Татья́на ах, а он реве́ть. 塔吉亚娜啊了一声，而他却吼叫起来。

②За́яц наконе́ц встал, прыг-прыг к две́ри. 兔子最后站起来，向门口一跳一跳。

③Оди́н раз я дразни́л соба́ку, а она́ меня́ цап за́ ногу и укуси́ла. 一次，我逗一只狗，它向我的腿就是一爪子，又咬了我一口。

ⅵ. 动名词组。如：оказа́ть по́мощь = помо́чь；вы́бросить из головы́ = забы́ть；бро́сить взгляд = посмотре́ть；подня́ть на́ смех（кого-что）= смея́ться над（кем-чем）；одержа́ть побе́ду над（кем）= победи́ть（кого）；приня́ть реше́ние = реши́ть；приня́ть уча́стие = уча́ствовать；лома́ть го́лову（над чем）= ду́мать；прийти́ к убежде́нию = убеди́ться（确信）；дать оце́нку = оцени́ть（评价）等。试比较：

①Ока́зывал нам по́мощь он то́лько в са́мые тру́дные мину́ты. 他只是在最困难的时候才帮助我们。

②Уви́дев случи́вшееся, он бро́сил взгля́д на Пота́пова и потихо́ньку ушёл. 看到所发生的一切，他看了看巴达波夫，就悄悄地走了。

**注意**：动词 быть 既可独立使用做简单谓语，又可做静词性合成谓语的系词。

быть 做简单谓语时的意义为"有"，"在、到、去"等，而且现在时 есть 常省略（称为零位动词）。试比较：

①Мама говорит, что у меня́ не́ было па́пы. Но ра́зве так быва́ет? Раз есть ма́ма, до́лжен быть и па́па. 妈妈说我没有父亲。但难道会有这种事吗？既然有妈

妈,那就应该有爸爸。

②Весь го́род был на нога́х. 整个城市就在脚下。

③Ака́кий Ака́киевич был как во сне. 阿卡基·阿卡基也维奇好象在梦中。

④В э́том году́ бу́дет хоро́ший урожа́й. 今年会有好收成。

⑤Зверь — в двух шага́х от меня́. 野兽离我两步远。

⑥Здесь, в Крыму́, мы не пе́рвый раз. 我们不是第一次到克里木。

使用现在时形式 есть,多表示强调意义。例如:

①У меня́ ещё со́весть есть. 我良心还是有的。

②У нас, действи́тельно, есть таки́е бесчу́вственные лю́ди. 我们这儿确实有这种无情的人。

另外,简单谓语可以有繁化形式。试比较:

①По́мнить-то я по́мню, да что то́лку? 记我倒是记得,那有什么用呢?(同一动词的不定式和变位形式结合,可以加强词的意义。)

②Брать берёте, а на ме́сто не кладёте. 拿就拿吧,就是不要放回原位。(两个动词——前表动作,后表目的的同一体、时形式连用。)

③Нет, я пойду́ и скажу́ Левинсо́ну, что я не жела́ю е́здить на тако́й ло́шади. 不,我去对列维松说我不愿骑这样的马。

④Взяла́ да и говори́ть с ней переста́ла. 她不管三七二十一就不再同她说话了。

**合成谓语**

合成谓语分为动词性合成谓语和静词性合成谓语。合成谓语均由两部分构成。

**动词性合成谓语**

动词性合成谓语由助动词和动词不定式两部分构成。助动词通过变化形式表示时间、人称、性、数等语法意义,动词不定式则表示主要的词汇意义。

助动词除表示语法意义外,本身还有一定的词汇意义。助动词主要有:

(1)表示开始、继续或结束等意义,如:нача́ть(начина́ть),стать(开始),приня́ться(принима́ться)(着手),взя́ться(着手),продолжа́ть(继续),ко́нчить,прекрати́ть(停止,中止),переста́ть(不再,停止),бро́сить(放弃,戒掉)等。这类助动词后用未完成体动词不定式。例如:

①Гла́вный касси́р на́чал ходи́ть по ко́мнате. 主任出纳员开始在房间里走来走去。

②Заче́м бы я ста́ла лгать? 我干嘛要说谎呢?

③Он всегда́ рад бро́сить кури́ть, да не мо́жет. 他总是乐意戒烟,但却不能戒掉。

(2)表示可能、愿望、意志、思维过程、心理感受等意义,如:мочь,уста́ть(不耐烦),успе́ть(来得及),хоте́ть,жела́ть(希望),стреми́ться(力图),стара́ться(努力),реши́ть,пыта́ться(试图),про́бовать(尝试),ду́мать(打算),взду́мать(想要),собира́ться(准备),боя́ться(担心,害怕),люби́ть(喜爱),стесня́ться(羞于,不好意思),наде́яться(期望,指望)等。试比较:

①Из и́скры мо́жет разгоре́ться пожа́р. 一个火星可能燃起一场火灾。

②На сле́дующее у́тро Акури́на захоте́ла попро́бовать и писа́ть. 第二天早晨阿古丽娜连写作也想试试。

③С де́тства он лю́бит труди́ться. 他自小就爱劳动。

**注意**:动词的变位形式与不定式的组合,并不都是动词性合成谓语,其主要原因是这时与不定式连用的不是助动词,而是独立动词。试比较:

①Председа́тель про́сит всех прису́тствующих занима́ть места́. 主席请所有出席者就座。(这里 просит 为独立动词,занима́ть 充当补语。)

②Но я действи́тельно сам не пойду́ встре́тить его́ на вокза́л. 我确实不亲自到(去)火车站接他。(这里 пойду 是运动动词〈独立的词〉,встретить 表示行为目的,充当目的状语。)

静词性合成谓语

静词性合成谓语由系词和表语两部分构成。系词主要表示人称、数、时间和式等语法意义,而表语部分主要表示词汇意义。

系词主要有:

ⅰ. быть,являться。这两个词的词汇意义已不明显,主要用来表示时间、式、人称和数等语法意义。如:

①Коне́чно,мы бы́ли прия́тели. 当然,我们曾经是朋友。

②Всё ре́же был слы́шен го́лос незнако́мки. 听到陌生女人声音的次数越来越少。

③Пого́да бу́дет сла́вная. 天气将会非常好。

④Морфоло́гия явля́ется граммати́ческим уче́нием о сло́ве. 词法学是研究词的语法学说。

系词 быть 现在时 есть 在句中一般不用,这时被称为零位系词。试比较:

①Нау́ка — э́то пре́жде всего́ труд. 科学这首先就是劳动。

②Пе́сня — вырази́тель высо́ких чу́вств. 歌曲是崇高情感的表达者。

系词 есть 在公文、科技语体中常用于下定义。试比较:

①Геоло́гия есть нау́ка о строе́нии земли́. 地质学是关于地球构造的科学。

②Спорт есть здоро́вье. 运动就是健康。

③Прáвда есть поня́тие не абстрáктное. 真理不是抽象的概念。

在口语和文学作品中，系词 есть 用来强调主语的基本意义。试比较：

①Дóброе слóво есть подопóрье в трýдную минýту. 善意的话语是困难时刻的帮手。

②Жизнь есть гармóния，и жить — знáчит не нарушáть гармóнии. 生活就是和谐，活着就意味着不破坏和谐。

ⅱ. бывáть（常常是），оказáться（окáзываться）（原来是），казáться（показáться）（好像是），представля́ться（看起来像是），стать （станови́ться）（成为），сдéлаться（дéлаться）（变为），остáться（仍然是），считáться（被认为是）等。如：

①Незнакóмец оказáлся дрýгом. 陌生人原来是朋友。

②Дискýссия сдéлалась дéлом слóжным. 讨论成了复杂的事情。

③У нас в полкý я считáлся одни́м из лýчших стрелкóв. 在我们团队我被认为是最好的射手之一。

④И моё бýдущее представля́ется мне ещё безнадёжнее. 看来，我的未来更无望了。

⑤Внýтренняя жизнь мáльчика стáла совсéм инóй 男孩的内心生活变得完全是另一种样子。

⑥Дéти остаю́тся детьми́. 孩子就是孩子。

ⅲ. 一些表示运动或状态的动词，如：идти́，ходи́ть，бежáть，вернýться；сидéть，лежáть，стоя́ть，рабóтать，роди́ться，умерéть，служи́ть 等，可以与名词、形容词和形动词一格或五格形式充当的表语连用，它们虽保留自身的词汇意义，但句子重心却在表语上，试比较：

①Дед пришёл пéрвым. 祖父第一个来的。

②Стакáны с чáем стоя́т нетрóнутыми. 装茶水的杯子没有动过。

③Он служи́л юрискóнсультом на однóм из сáмых больши́х и значи́тельных завóдов Ленингрáда. 他在列宁格勒的一家最大、最重要的工厂里担任法律顾问。

表语可以由下列词或词组充当：

ⅰ. 名词、代词（不带前置词或带前置词）。如：

①Стари́к Потáпов корабéльный механи́к. 巴达波夫老人是船舶机械师。

②Защи́та лéса бýдет глáвной задáчей. 保护森林是主要的任务。

③Егó словá бы́ли лóжью. 它的话全是谎言。

④Кни́га — отцá. 书是父亲的。

⑤Больнóй — пóсле операции. 病人做完手术了。

⑥Нéбо — без еди́ного óблачка. 天空没有一丝云彩。

⑦Всё óзеро, вся рыба — вáши. 整个湖、所有的鱼都是你们的。

⑧Пóчерк — как у тебя́. 笔迹就象你的一样。

⑨Яблоко — в кулáк. 苹果有拳头大。

例④⑨中虽只有表语部分(系词为零位),但均须看作是静词性合成谓语。以下各类情况凡系词 есть 为零位时,都按此原则对待。

ⅱ. 数词。如:

①Нáша кóмната шестáя. 我们的房间是第六间。

②Егó нóмер — двáдцать оди́н. 他的号是 21。

③Он стоя́л вторы́м. 他站在第二个位置上。

有时,数词也可带前置词来充当表语。如:

①Морóз — под сóрок. 严寒达 40 度。

②Приём — до шести. 接待到六点。

ⅲ. 形容词、形动词。形容词可以用长尾形式、短尾形式和比较级形式,而形动词既可以用长尾形式,也可以用短尾形式。试比较:

①Ребёнок послýшный. 小孩听话。

②Брат с сестрóй соглáсны. 兄妹很和睦。

③Этот стари́к хýже. 这老人的情况恶化了。

④Эта кóмната в общежи́тии сáмая свéтлая. 宿舍的这个房间最明亮。

⑤Все э́ти тури́сты — устáвшие. 所有这些旅行者都很疲劳。

⑥Бедá непоправи́ма. 灾难是不可挽救的。

⑦Мáсса пи́сем пóслана. 一大堆信已寄出。

ⅳ. 副词、感叹词。试比较:

①Смех — хорошó для здорóвья. 笑对身体有益。

②Трýдности — э́то ничегó. 困难这不算什么。

③Подáльше от вас. Нет, вы, господá, ой-ой-ой! 离你们再远点儿。不,先生们,你们可真行啊!

④Говори́ть об э́том — тепéрь цыц. 对这件事,现在不许说。

ⅴ. 动词不定式。试比较:

①Нáше обязáтельство — дать отли́чную продýкцию. 我们的责任是生产优质产品。

②Пóдлинный гумани́зм — помогáть лю́дям. 真正的人道主义就是帮助人们。

**注意**:当主语和表语均由不定式充当时,一般在后者为表语。如:Пешкóм ходи́ть — дóлго жить. 走步是长寿之道。

语气词 это,это значит,какой 等与表语连用,起加强语气的作用,这可以作为判断不定式是主语还是表语的依据。试比较:

①Дисципли́на — э́то зна́чит контроли́ровать себя́. 纪律就意味着监督自己。(不定式为表语)

②Соверше́нство — э́то всегда́ быть образцо́м для други́х. 完美就是永远做别人的榜样。(不定式为表语)

③Ду́мать о бу́дущем — э́то зна́чит думать о бу́дущем свои́х дете́й. 考虑未来就是考虑自己孩子的未来。(不定式为主语)

④А како́е высо́кое наслажде́ние для меня́ гуля́ть по дере́вне и заходи́ть в и́збы к лю́дям. 在村子里散步,到人们木屋里串门,对我来说是多么大的享受啊。〔不定式 гулять,заходить 为主语。〕

另外,当 де́ло,цель,зада́ча,мечта́,обя́занность,реше́ние 等名词用于五格形式与 бы́ло(或 бу́дет)连用时,不定式无论在前还是在后,均为主语。试比较:

①Лета́ть бы́ло его́ мечто́й. 飞行是他的幻想。

②Его́ сча́стьем бы́ло найти́ себя́ в жи́зни. 在生活中找到自我是他的幸福。

③Води́ть комба́йн бу́дет нелёгким де́лом. 驾驶康拜因是件不容易的事情。

④Це́лью его́ бу́дет наказа́ть вино́вных. 他的目的就是要惩罚有罪过的人们。

ⅵ. 各类词组及固定结构。如:

①Фило́соф Хо́ма Брут был нра́ва весёлого. 哲学家霍玛·布鲁特性格活泼。

②Вот мой Оне́гин на свобо́де. 我的奥涅金自由了。

③Да он и не без де́ла. 可他不是没事可做。

④А ты ему́,ка́жется не о́чень по душе́ 你似乎还不很合他心意。

**复合谓语**

复合谓语均由合成谓语扩展而成,至少有三个组成部分。复合谓语可以由下列方式构成:

ⅰ. 动词合成谓语加主体不定式构成,如:

①Шу́бин хоте́л нача́ть рабо́тать,но лопа́та была́ сло́мана 舒滨想开始干活,但铁锹折断了。

②Ты не сме́ешь продолжа́ть наста́ивать на свои́х взгля́дах. 你没有权利继续坚持自己的观点。

③Он не посме́л отказа́ться вы́полнить зада́ние. 他没敢拒绝完成任务。

ⅱ. 动词性合成谓语加静词性部分。试比较:

①Шаги́ его́ уже́ переста́ли быть слы́шны. 他的脚步声已听不见了。

②Васи́лий Наза́рыч стара́лся каза́ться весёлым. 瓦西里·那扎雷奇尽量显得

高兴些。

③Вы ни пéред кем виновáты быть не мóжете. 您在任何人面前都不会是有过错的。

ⅲ. 静词性合成谓语加不定式。试比较：

①Ты с сестрóй дóлжен э́то поня́ть. 你同姐姐应该理解这事。

②Он намéрен поговори́ть с товáрищем. 他打算和同学谈谈。

③Я обя́зан быть снисходи́тельным с нéю. 我有责任体谅她。

④Никтó не умéет так постоя́нно хотéть быть люби́мым. 谁也不会永久地想成为被喜欢的人。

⑤Лю́ди не в состоя́нии бы́ли сдéлать ни шáгу дáльше. 人们不能继续再迈一步。

⑥Все они́ ужé готóвы бы́ли продолжáть рабóтать. 他们所有人已准备继续工作。

除上述三种情况外，许多时候复合谓语的组成部分超过三个。试比较：

①Пóсле обéда все должны́ бы́ли быть готóвыми продолжáть рабóтать. 午饭后所有人应该准备继续工作。

②Из-за такóй погóды рабóчие вы́нуждены бы́ли брóсить пытáться рабóтать. 由于这种天气工人们不得不放弃工作的企图。

# 12 主语和谓语的协调一致关系

许多情况下，谓语与主语要在数、性、人称等形式上协调一致。有时，主语有明显的形态标志可以做依据。如：

①Го́род стро́ится. 城市在建设中。（单数、第三人称、阳性）

②Мы втроём сошли́ с горы́. 我们三人从山上下来。（复数、第一人称）

有时，谓语用一定的形式只是约定俗成的。试比较：

①Послу́шать его́ пи́сьма зна́чило бы сде́лать для себя́ неприя́тность. 听他的信就意味着给自己制造烦恼。

②На ста́нции служи́ло оди́ннадцать челове́к. 在车站工作着 11 个人。

有时，主、谓之间的协调一致关系并无体现。试比较：

①Хо́лодно，а он без ша́пки. 天冷，但他却不带帽子。

②Рабо́та не под си́лу. 工作力不从心。

③Рабо́чие ру́ки всегда́ кста́ти. 人手总是很应时。

主谓语有协调一致关系（包括约定俗成）的情形如下：

ⅰ. 主语为名词（或做名词用的形容词或形动词）时，谓语在数、人称、性（甚至在格上）与主语协调一致。试比较：

①Озорни́к сиде́л за па́ртой. 小淘气坐在课桌后。

②Дурале́й появи́лся то́лько у́тром. 杜拉列依只在早上出现。

③Ста́нция «Садо́вое кольцо́» была́ укра́шена в про́шлом году́.《环形花园》车站是去年装修的。

④Хоро́шее всегда́ зажига́ет жела́ние лу́чшего. 美好的东西总是激起对更美好的东西的追求。

⑤Танцу́ющие тесни́лись и толка́ли друг дру́га. 跳舞的人们拥挤着，相互碰撞着。

**注意**：当只有阳性形式（即无相对应的阴性形式）的表人名词表示女人做主语时，谓语（动词过去时及表语）可以用阴性形式。试比较：

①Секрета́рь вот вот уе́хала. 秘书就这么走了。

②Бухга́лтер о́чень серьёзна. 会计很认真。

特别当主语名词带有确指性别的形容词或代词时，谓语要与主语在性上协调一致，试比较：

①Нáша врач сдéлала оперáцию. 我们的女医生做了手术。

②Неóпытная рéктор строгá. 没经验的女校长很严厉。

ⅱ. 人称代词做主语，谓语动词在数、人称、性上与主语协调一致。试比较：

①Онá заволновáлась, когдá раздáлся звонóк. 当铃声响起时，她很激动。

②Я сéрдцем никогдá не лгу. 我内心从不说谎。

③На зарé вы её не будúте. 早上您不要叫他。

④Я не спалá всю э́ту ночь. 我一整夜没睡。

人称代词 вы 指一个人时，可以表示礼貌、尊敬，也可以表示关系较为疏远，与之连用的动词和形容词短尾用复数形式，而形容词长尾和名词用单数形式。试比较：

①Любúмая！ Менá вы не любúли. 亲爱的！ 您没爱过我。

②Вы бы́ли прáвы пéредо мной. 您在我面前是对的。

③Вы нéжная и удивúтельная. 您性情温柔，人又特别好。

④Я знаю: вы не та. 我知道你不是那个人。

疑问代词 кто 无论指男指女，谓语均应为阳性形式。试比较：

①Ребя́та, кто пéрвым вы́ступит с рéчью？ 同学们，谁第一个发言？

②Кто был вáшим вожáтым？ 谁是你们辅导员？

③Кто из Сибúри приехал？ Поднимúте рýку. 谁来自西伯利亚？ 请举手。

④Дéвочки, кто взял мою кнúгу？ 小姑娘们，谁拿走了我的书？

⑤Кто из дéвушек ещё не вернýлся？ 姑娘中谁还没回来？

关于 кто(及 что)在复合句中做联系用语时，谓语数的使用情况，详见 19.(2)。

指示代词 это 做主语时，如表语是具体名词，系词 быть 过去时应与表语的数、性协调一致；如表语是抽象名词，则系词 быть 过去时可以用中性(было)，而抽象名词可以用五格形式。试比较：

①Это был сúльный по внéшности мужчúна. 这是个外表很强壮的男子。

②Это былá крáйне необходúмая для решéния проблема. 这是个极需解决的问题。

③Это бы́ли чудéсные скáзки. 这是些奇妙的故事。

④Это бы́ло для них неприя́тностью. 这对他们来说是不愉快的事。

**注意**：当主语和表语均为名词(或代词)时，系词过去时既可与表语协调一致，也可以和主语协调一致，但倾向于和主语一致。试比较：

①Рáньше нам вы́ход в кóсмос не был (бы́ло) рядовóе дéло. 以前，对我们来说去宇宙空间不是件平常的事情。

②Сва́дьба была́ ра́достное событие. 婚礼是高兴的事情。

ⅲ. 定量数词表示抽象数目做主语时，谓语用单数形式（现在时和将来时用第三人称单数，过去时用中性）。如：

Семь у игроко́в называ́ется кочерго́й. 玩牌人把“7”叫“火钩子”。

集合数词（дво́е... де́сятеро）表人单独用做主语时，谓语既可用单数，也可用复数。试比较：

①Дво́е ещё остава́лось（остава́лись）в за́ле. 两个人还留在礼堂。

②Пя́теро пла́вало（пла́вали）о́коло ло́дки. 五个人在船旁游泳。

当这些集合数词与 все、эти、те 等词复数形式连用时，谓语则必须用复数。试比较：

①Те дво́е прие́хали как тури́сты. 那两个人是作为旅游者而来的。

②Эти ше́стеро больны́х вы́писались. 这六个病人出院了。

③Прие́хали остальны́е се́меро. 剩下的七个人来了。

集合数词 оба（обе）单独使用表人做主语时，谓语必须用复数。试比较：

Оба бы́ли за́няты, ка́жется, серьёзным разгово́ром. 两个人看来忙于进行一场严肃的谈话。

ⅳ. 无变化词类（动词不定式、副词、感叹词）

动词不定式做主语时，谓语动词现在时、将来时用单数第三人称，过去时用中性。试比较：

①У нас счита́ется в поря́дке веще́й помога́ть това́рищам. 帮助同志在我们这儿被认为是理所当然的。

②Говори́ть с ним бы́ло бесполе́зно. 同他谈话是无益的。

③Написа́ть его́ биогра́фию бы́ло делом（бу́дет де́лом）его́ друзе́й. 为他写传记是〈将是〉他朋友们的事情。

④Лежа́ть так бли́зко к нему́ бы́ло（бу́дет）невыноси́мо. 躺得离他这么近，是〈将是〉不能忍受的。

例③中系词 быть 过去时，还可和一格名词表语协调一致。再比较：

①По прие́зде на ста́нцию пе́рвая забо́та была́ поскоре́е переоде́ться. 来到车站之后的第一件操心事便是尽快换衣服。

③Како́й бы это у́жас был ти́гру — уви́деть свой след на снегу́! 对于老虎来说，在雪地上见到自己的脚印，这会是多么可怕的事情啊！

另外，例④中主、谓语的词序是固定的，如 невыноси́мо 移至动词不定式前，则做状态词用，这时，与动词不定式结合紧密，将一起做主要成分，全句成为单部无人称句。试比较：

①Бы́ло невыноси́мо лежа́ть так бли́зко к нему́. 不能忍受躺得离他这么近。〔单部无人称句〕

②Шуме́ть в за́ле запрещено́. 在大厅里喧哗是禁止的(双部句)

③В райо́не Байка́ла запрещено́ применя́ть для защи́ты расте́ний хими́ческие сре́дства. 在贝加尔地区禁止用化学药剂进行植物保护。〔单部无人称句〕

有时,句中通过词汇和语调使句子结构固定,这时词序便不能对句子结构产生影响。试比较:

Путеше́ствовать по Кавка́зу — это прекра́сно. →Это прекра́сно — путеше́ствовать по Кавка́зу. 在高加索旅行可美极了。〔均为双部句〕

副词、感叹词等无变化词类做主语时,谓语形式同动词不定式做主语时一样。试比较:

①За́втра не бу́дет похо́же на сего́дня. 明天不会像今天一样。

②Опя́ть слы́шится «Бу-Бу-Бу». 又听到《布 - 布 - 布》的声音。

V. 各类词组做主语

当"名词一格 + С + 名词五格"做主语时,谓语用复数。这时,如谓语用单数,则"С + 名词五格"为补语。谓语用复数时,"名词一格 + С + 名词五格"可译为"……和……";谓语用单数时,可译为"……带着(领着)……"。试比较:

①База́ров с Арка́дием уе́хали на друго́й день. 巴扎罗夫和阿尔卡基第二天就走了。

②Врач с Ва́ней пошёл по лесно́й доро́жке. 医生带着万尼亚走上林间小路。

当名词一格改为代词 я、ты 时,谓语应用相应的人称形式。试比较:

①Я с Ва́ней пошёл по лесно́й доро́жке. 我同万尼亚走上林间小路。

②Ты с ним встре́тишь меня́? 你同他接我吗?

当句子中使用 вме́сте、совме́стно 时,谓语倾向于用单数。如:

Жил он вме́сте со свои́ми роди́телями на да́че це́лое ле́то. 整个夏天他同自己的父母住在别墅。

当数词(及具有数量意义的名词)与名词构成词组做主语时,情况较为复杂,应具体情况具体对待。

由 один(одна, одно)与名词结合或末位是 один(одна, одно)的合成数词与名词结合充当主语时,谓语应用相应性的单数形式。试比较:

①Одна́ знако́мая де́вушка попроси́ла у вас пласти́нки. 一位您认识的姑娘向您要唱片。

② — Ско́лько пришло́ ученико́в на заня́тия? — Яви́лся два́дцать оди́н ма́льчик. ——多少学生来上课? ——只来 21 个男孩。

不过,例②一类句中谓语也可以用复数形式,这时,强调主体的分散行动。如:

На вы́ставку при́сланы пятьдеся́т оди́н челове́к. 派五十一个人去展览会。

其它定量数词、不定量数词及具有数量意义的词与名词结合做主语时,谓语有时必须或倾向于用单数形式,有时则必须或倾向于用复数。

必须或倾向于用单数的情况:

与非动物名词结合,特别是当表示时间意义时。试比较:

①До нача́ла фи́льма оста́лось два часа́. 离电影开始还有两小时。

②По э́тому вопро́су насчи́тывается 23 подо́бных приме́ра. 这个问题总计有23个类似的例子。

③У нас бы́ло не́сколько возмо́жных реше́ний. 我们曾有过几种可能的解决方法。

④Ско́лько забо́т с детьми́ бы́ло у на́шей ма́тери! 我们的母亲在孩子身上有多少操心事啊!

⑤До до́ма оказа́лось два́дцать шаго́в. 到家门只有20步。

⑥Ма́сса дел бу́дет у меня́ за́втра. 我明天有一大堆事情。

另外,пол-(一半,半个,……的一半)与名词二格形式结合(成为一个词)做主语时,也依照此规则。与非动物名词连用时,谓语用单数形式(用复数的情况见下面)。试比较:

①В паке́т вошло́ полкилогра́мма. 包里放进去了半公斤的东西。

②Полдо́ма ремонти́руется. 半栋房子在维修。

当强调数量意义特别是大约数量及表示年龄时,句中有时带有 только、лишь、всего 等词,表示数量受到限制。试比较:

①В до́ме бы́ло всего две ко́мнаты. 房子里只有两个房间。

②В го́роде ка́ждый год стро́ится до полусо́тни новостро́ек. 每年城里都建近50座新房舍。

③Ожида́ли трои́х, а яви́лось то́лько дво́е. 等的是三个人,可来的只有两个。

④Тепе́рь име́ется лишь два ша́нса на успе́х. 现在成功的机会只有两个。

⑤Ему́ сту́кнуло со́рок лет. 他满40岁了。

当表示存在意义,即某处有什么人,有什么事物时。试比较:

①В ко́мнату вошло́ не́сколько челове́к. 房间里进来了几个人。

②Че́рез два́дцать мину́т в ка́мере оста́лось шестна́дцать челове́к. 过了二十分钟,小屋里还剩下十六个人。

③Не́сколько книг лежа́ло на столе́. 有几本书放在桌子上。

当表示消极被动意义时,句中往往用被动形动词短尾形式做谓语。试比较:

①Большинство́ учеников́ было́ отпра́влено в пионе́рский ла́герь. 大多数学生被送往少先队夏令营。

②Ряд рабо́тников награждён ордена́ми и меда́лями. 一批工作人员被授予勋章和纪念章。

③На сле́дующий день большинство́ пи́сем бу́дет отпра́влено к чита́телям. 第二天大部分信件将寄给读者。

④На заседа́нии был разрешён ряд ва́жных вопро́сов воспита́ния. 在会上解决了一系列有关教育的重要问题。

在"人称代词二格(或名词)+动词+много(мало)(двое, трое...)(меньше, больше)"结构中。试比较:

①Наро́ду ко мне хо́дит мно́го. 到我这儿来的人很多。

②Нас дво́е е́хало. 我们二人去了。

③С года́ми бо́льше люде́й мечта́ло стать космона́втами. 随着时间的流逝,更多的人幻想成为宇航员。

④Во дворе́, во́зле крыльца́, стоя́ло нема́ло лошаде́й. 有不少马匹在院子里,在井旁边。

⑤Игра́ло сра́зу три гармо́ники, не бо́льше. 是马上有三架手风琴同时演奏,只少不多。

⑥В этом райо́не тепе́рь откро́ется бо́льше школ, чем ра́ньше. 在这个地区现在开设的学校比以前多。

⑦Больны́х записа́лось всё бо́льше и бо́льше. 挂号的病人越来越多了。

当 сотня、масса、тысяча、миллион、миллиард 等词与名词构成词组做主语时,谓语用单数,过去时用相应的性形式。试比较:

①Со́тня глаз смотре́ла на него́ сни́зу. 上百双眼睛从下面望着他。

②Миллио́н листо́в ру́кописей сохрани́лся. 百万页手稿保存下来。

③Миллио́н челове́к прожива́ет(прожива́л) в на́шем го́роде. 我们城里住着〈住过〉百万人口。

必须或倾向于用复数的情况:

与表人名词连用,特别当数词是 2、3、4 等较小的数字时。试比较:

①К нам пришли́ неда́вно в го́сти два танки́ста. 不久前有两个坦克手,到我们这儿做客。

②Три де́вушки окружа́ли её. 三个姑娘围着她。

③Пять студе́нтов на́шей гру́ппы при́няли уча́стие в кро́ссе. 我们班的五名学生参加了越野赛。

пол-与表人名词连用做主语，谓语用复数。试比较：

Полкла́сса не вы́учили уро́ков. 半个班的〈全班半数〉学生没有学会功课。

表示主体的主动、分散意义时。试比较：

①Большинство́ чита́телей прочита́ли его́ произведе́ния. 大部分读者读完了他的作品。

②Не́сколько больны́х прие́хали на осмо́тр. 几个病人来检查。

③На съезд съе́хались с две ты́сячи депута́тов. 大约两千多名代表来参加代表大会。

当数词名词词组有限定语 все、эти、остальные 等词时，此时这类词实质上表示已知的主体。试比较：

①Все тро́е прису́тствующих вы́ступили. 所有三个出席者发了言。

②Здесь ночева́ли остальны́е пять тури́стов. 剩下的五个旅游者在这里住下。

③Неда́вно постро́енные две постро́йки уцеле́ли во вре́мя пожа́ра. 不久前建成的两座建筑在大火中保全下来。

④Две пожилы́е же́нщины кури́ли и разгова́ривали под дождём. 两个上年纪的妇女在雨中吸烟、交谈着。

⑤Кру́пные три грузовика́ разъехались в ра́зные сто́роны. 三个大型货车朝不同的方向开走了。

оба（обе）由于只能表示已知的主体，因而与名词连用做主语时，谓语要用复数。试比较：

①Обе бы́ли за́няты，ка́жется，серьёзным разгово́ром. 似乎二人都忙于严肃的交谈。

②Оба зда́ния восстанови́ли свой бы́вший вид по́сле пожа́ра. 火灾后两个大楼都恢复了原来的面目。

当表语是复数表人名词，系词 быть 过去时应与表语协调一致（表语用一格、五格均可）。试比较：

①Большинство́ делега́тов бы́ли студе́нты. 大部分代表都是大学生。

②Гла́вная часть прису́тствующих бы́ли учёными. 大部分出席者是学者。

③Заме́тная часть произведе́ний бы́ли пу́шкиными. 引人注目的一部分作品是普希金的。

当主语和谓语之间有其它句子成分或从属句时。试比较：

①Дво́е бойцо́в，по́сланных в разве́дку（кото́рых посла́ли в разве́дку），не верну́лись. 两个被派去侦察的战士没有回来。

②Де́сять челове́к，ожида́вших о́череди（кото́рые ожида́ли о́череди），уже́ при́няты. 十名排队等候的人已被接待了。

③Не́сколько книг, ку́пленных мно́ю, лежа́ли на столе́. 我买的几本书放在桌子上。

④Ма́лое число́ книг, на́йденных мно́ю (кото́рые я нашёл) под шкафа́ми, бы́ли прочи́таны мной наизу́сть. 书架下面找到的一小部分书已被我读熟。

## 练习 46 将下列句中的谓语用于适当的形式

1. В Омске шел снег. Это (быть-прош. вр.) первая неожиданность.
2. Григоренко вышел на улицу. Это (быть-прош. вр.) широкоплечий человек с юными глазами.
3. Это (быть-прош. вр.) необычные собрания.
4. Это (быть-прош. вр.) сложным делом.
5. Но течение там (быть-прош. вр.) один метр в секунду.
6. Когда ему (быть-прош. вр.) 31 год, он стал профессором математики.
7. В музее (быть-прош. вр.) много народу и особенно школьников: начались школьные каникулы.
8. В 1974 году (исполниться-прош. вр.) 250 лет со дня основания Академии Наук.
9. Мы приехали туда после обеда, пили чаю и потом все четверо (отправиться-прош. вр.) на охоту.
10. Около тысячи книг ежегодно (приходить-наст. вр.) из Стокгольма в Москву, в Библиотеку им. В. И. Ленина.
11. Писем (приходить-прош. вр.) все больше и больше.
12. Там проходил семинар “Современный мир”. На этом семинаре (выступить-прош. вр.) много студентов.
13. Я буду встречать Новый год дома. К нам вчера (приехать-прош. вр.) Андрей с Таней и Леной.
14. Оля (стоять-прош. вр.) с ребятами из своей группы.
15. — Я с вами, с вами (поехать-буд. вр.) -торопливо проговорила она.
16. Никто не (замечать-прош. вр.), что за ними внимательно наблюдает еще один человек.
17. Два зеленых берега, сходясь далеко впереди, (создавать-прош. вр.) широкую панораму лесов.
18. Выпускники университетов, как правило, получают распределение на работу

в научно-исследовательские институты. Часть из них (идти-наст. вр.) работать преподавателями высшей или средней школы.

19. Время больших путешествий. Половина людей (ехать-наст. вр.) туда, половина обратно. Остальные стоят в очереди за билетами.
20. За последние годы среди членов родительских комитетов (увеличиться-прош. вр.) число коммунистов, стало больше мужчин, людей с производства.

♨答案：

1. была, 2. был, 3. были, 4. было, 5. было, 6. был, 7. было, 8. исполнилось, 9. отправились, 10. приходит, 11. приходило, 12. выступило, 13. приехали, 14. стояла, 15. поеду, 16. замечал, 17. создавали, 18. идет, 19. едет, 20. увеличилось

**练习 47　说明下列句中谓语的意义特点，并指出是否还可以用其它形式**

1. На экскурсию отправились пятьдесят один человек.
2. У одной мамы было две девочки.
3. Мальчику бросились в глаза две книги.
4. Война продолжалась 1418 дней. Самыми тяжелыми были несколько дней в ноябре 41 года под Москвой.
5. Темной, безлунной, дождливой ночью Крамин переправился через Неву со своими бойцами. Во время переправы немецкими снарядами было убито девятнадцать человек из его взвода.
6. В селе множество собак встретило нас громким лаем.
7. Ольгу Михайловну ждали еще сто девять тяжелораненых.
8. Наше село стоит у реки Иля. В двухстах восьмидесяти дворах живут тысяча двести человек.
9. В течение учебного года около 150 отцов и матерей работали в родительских комитетах, 300 человек выступали перед ребятами с беседами, 7 человек постоянно руководили кружками, 35 участвовали в организации походов и экскурсий.
10. Во время Великой Отечественной войны 1941-1945 годов погибло более полумиллиона человек.
11. Человек двадцать уже сидело за карточными столами.
12. Более трех поколений школьников сменилось за время моей работы.
13. С ним разговаривали двое каких-то незнакомых.

14. Медленно, лениво прошли мимо два милиционера.
15. Сотня лошадей стояла на колхозном дворе.
16. Можно было, конечно, попытаться бежать или спрятаться-но раненые! Они лежали в домах. Большинство из них не могли даже двигаться.
17. Большинство из нас ходит на расстояние до полутора километров.
18. Вместе с ним ушли неизвестно куда еще несколько молодых человек.
19. В Орле жило несколько пленных французских офицеров.
20. На экскурсию в Ленинград приехало несколько групп подготовительного факультета.

♨答案：

1. отправился, 2. были, 3. бросилось, 4. —, 5. были убиты, 6. —, 7. ждало, 8. живет, 9. —, 10. погибли, 11. сидели, 12. сменились, 13. разговаривало, 14. —, 15. —, 16. могло, 17. ходят, 18. ушло, 19. жили, 20. приехали

练习48 选择填空，指出什么情况下可以用另一种形式，意义上有无差别

1. В человеке должно быть все(прекрасно, прекрасны): и лицо, и одежда, и душа, и мысли.
2. А моя комната! Чего здесь только нет! Книги, журналы, альбомы с марками-всё это(лежит, лежат) в шкафу, на письменном столе, на журнальном столике.
3. Ни жизнь, ни власть — ничто меня не(веселит, веселят).
4. Всё у него в доме: и музыка, и мебель, и кушания, и вина-не(могло, могли) назваться первостепенным.
5. Мне сразу(стал приятен и нужен, стали приятны и нужны) стол, кровать, окна.
6. На завтрак(был, были) творог, кофе с молоком, сыр.
7. В зале медицинского института(слышен был, слышны были) смех, шутки, песни, с трудом можно разобрать отдельные слова.
8. Всем студентам(выдается, выдаются) студенческий билет и зачетная книжка.
9. В голосе девушки(слышалась, слышались) и доброта, и сочувствие, и интерес.
10. То брат, то сестра(навещает, навещают) меня.
11. Не лето, а весна больше(нравится, нравятся) мне.

12. (Придет,Придут) врач или медсестра.
13. Не брат,так сестра(придет,придут).
14. (Пошел,Пошла) не Надя,а Максим.
15. Виктор,а не Маша(был,была) у меня.
16. Мои друзья,а не Ваня(был,были) у старика.
17. Я и ты(составлю,составишь,составим) программу концерта.
18. Ты и он (пойдешь,пойдете) за билетами.
19. Завтра я и Володя(отправлюсь,отправимся) в лес за грибами.
20. Ни она,ни ты(не можешь,не может,не можете)выйти из комнаты.
21. И я,и он(остаюсь,остается,остаемся).
22. Я знаю русский и родной(язык,языки).
23. Студент хорошо изучил(язык,языки) чешский и польский.
24. Начались экзамены на первом и втором(курсе,курсах).
25. Были выстроены(кирпичный,кирпичные) дом и сарай.
26. (Всей своей,Всеми своими) жизнью и работой Некрасов доказал свою любовь к родине.
27. (Дорогая,Дорогие) мама и папа уехали в город.
28. Библиотека насчитывает около полутора тысяч книг на русском и узбекском (языке,языках).
29. (Мой старший,Мои старшие) брат и сестра окончили институт.
30. Подготовка специалистов с высшим образованием проводится по дневной, вечерней и заочной(форме,формам) обучения.
31. В нашем доме жили две девочки, ученицы четвертого и седьмого(класса, классов).
32. 7 ноября в Москве на Красной площади военный и спортивный(парад,парады),демонстрация трудящихся.
33. Заводы и фабрики,колхозы и совхозы организуют для школьников экскурсии,которые помогают им лучше узнать современное промышленное и сельскохозяйственное(производство,производства).
34. Мост — это не только(собранный,собранные) вместе бетон и сталь,это еще и человеческая воля.

♨答案:

1. прекрасно,2. лежит,3. веселит,4. могло,5. стал приятен и нужен,стали

приятны и нужны, 6. был, были, 7. слышен был, слышны были, 8. выдается, выдаются, 9. слышалась, слышались, 10. навещает, 11. нравится, 12. Придет, 13. придет, 14. Пошла, 15. был, 16. были, 17. составим, 18. пойдете, 19. отправимся, 20. не можете, 21. остаемся, 22. язык, языки, 23. языки, 24. курсе, курсах, 25. кирпичный, кирпичные, 26. Всей своей, 27. Дорогая, дорогие, 28. языке, языках, 29. Мой старший, Мои старшие, 30. формам, 31. классов, 32. парады, 33. производство, 34. собранные

### 练习 49 将括号中名词用于适当形式(带或不带前置词)以便适合同等谓语的要求

1. Бабушка следила и воспитывала(моя младшая сестра).
2. Отец влиял и руководил(вся семья).
3. Младшая сестра слушала и подчинялась(брат).
4. Мать радовалась и восхищалась(дети).
5. Старший брат читает и рассказывает сестре(сказка).
6. Родители охотно выслушивали и давали указания(дети).
7. Все не любили и смеялись(братья Петровы).
8. Боец отвел и сел(лошадь).
9. Мотоцикл свернул и поехал(узкая дорожка).
10. Семья работает совместно и помогает(школа).

♨答案:

1. Бабушка следила за моей младшей сестрой и воспитывала ее. 2. Отец влиял на всю семью и руководил ею. 3. Младшая сестра слушала брата и подчинялась ему. 4. Мать радовалась детям и восхищалась ими. 5. Старший брат читает и рассказывает сказку сестре. 6. Родители охотно выслушивали детей и давали им указания. 7. Все не любили братьев Петровых и смеялись над ними. 8. Боец отвел лошадь и сел на нее. 9. Мотоцикл свернул на узкую дорожку и поехал по ней. 10. Семья работает совместно со школой и помогает ей.

# 13 单部句

单部句是只需要有或只可能有一个主要成分的简单句。如：

①Сосна́. Две берёзы. 松树。两棵白桦树。

②Старика́ отнесли́ в спа́льню. 老人被带进卧室。

③Уже́ стемне́ло. 天已黑了。

④Доро́гу уже́ нельзя́ бы́ло разобра́ть. 路已经看不出来了。

例①、②中，只需要一个主要成分。这类句子很容易和双部句混淆。例①这类句（称名句）用来描写自然景物等静态画面，不需要动词做谓语。例②这类句（不定人称句）用于强调行为本身而不需要主体，故而不需要加主语，而且有的句子也很难加上主语。例③、④都是无人称句，不可能有、也加不上主语，即使有表示主体的词，也必须用第三格形式。这里，单部句的主要成分可能与双部句的主语或谓语在形式上偶合，但一般不把"Весна."一类简单句的主要成分称为主语，也不把"Вас ждут."一类简单句的主要成分称为谓语，而只是将它们统称为主要成分。

单部句一般分为确定人称句、不定人称句、泛指人称句、无人称句和称名句。

## (1) 确定人称句

确定人称句的主要成分由能够明确指出行为主体的动词人称形式充当，它们是陈述式现在时和将来时第一人称、第二人称形式与第一人称、第二人称命令式形式。如：

①Прошу́ на меня́ не серди́ться. 请不要生我的气。

②Пойдём, стари́к! 走吧，老头！

③Смотри́, не упади́ в ре́ку! 当心，别掉到河里。

确定人称句一般用于口语、由于句中只有表行为的动词部分（没有表示主体的人称代词），这便突出了行为本身。

**注意**：下列由复数第一人称命令式充当主要成分的确定人称句，是没有相对应的带人称代词 мы 的双部句。试比较：

①Споёмте! 咱们唱歌吧！

②Дава́й(те) спать! 咱们睡吧！

③Дава́й(те) подождём! 咱们等一会儿吧！

由第一人称、第二人称陈述式形式和第二人称命令式形式充当主要成分的单部句，可以有相应带人称代词的双部句。其区别是：

双部句可用来突出主体或强调主体的确定性。试比较：

①Сдаду́т экза́мены они́. 一定会通过考试的是他们。

②Ты меня́ подожди́ о́коло до́ма. 你一定要在门口等我。

双部句还可以使命令口气和缓，或使命令口气更加严厉。试比较：

①Вы сади́тесь в ло́дку. Пое́хали! 您们坐到船上，开船！

②Ты не уйдёшь бо́льше из до́ма! 你再也不要离开房子！

③Пое́дешь ты! 你走！（严厉的命令）

### （2）不定人称句

不定人称句的主要成分由陈述式现在时和将来时复数第三人称形式或过去时复数形式充当，表示由不确定的主体或不明确指出的主体发出的行为。如：

①Хорошо́ в деревня́х хлеб пеку́т. 农村面包烤制得很好。

②Здесь вам мо́гут рассказа́ть мно́го интере́сного. 这里人们可以给你讲很多有趣的东西。

③Это стихотворе́ние в про́зе. Со вре́менем к нему́ напи́шут му́зыку. 这是散文诗，随着时间的推移会把它谱成曲的。

④На рассве́те его́ разбуди́ли насто́йчивым сту́ком в окно́. 黎明时分，一个劲的敲窗子的声音把他惊醒。

不定人称句主要用于下列场合：

ⅰ. 突出行为本身。如：

①Часть вое́нных перегрузи́ли. На па́лубе успоко́ились. 转移了一部分军人，甲板上平静下来。

②В ла́гере живу́т незабыва́емой счастли́вой жи́знью. 在夏令营里过着令人难忘的幸福生活。

ⅱ. 不知主体是谁。试比较：

①Постуча́ли в дверь. 有人敲门。

②В ко́мнату вошли́. 有人进了屋。

③Крича́ли далеко́, но крик оглуша́л, вызыва́я шум в голове́. 远处有人叫喊，但喊声却震耳欲聋，使脑瓜嗡嗡作响。

ⅲ. 不愿说出主体或有意回避主体。试比较：

①Уже́ в гора́х ему́ сказа́ли, что путь на Сен-Гота́рд закры́т. 在山里就已经有人告诉他去圣郭塔尔德的路封闭了。

②Нас снача́ла сюда́ и пуска́ть не хоте́ли, мы уже́ тут встреча́лись с подо́бными штýками. 开始就有人不想放我们来这里,这种事情在这儿我们已经领教过了。

③Комý говоря́т! Тебé говоря́т! 对谁说呢! 对你说呢!

## (3)泛指人称句

泛指人称句表示行为主体可能是任何人。泛指人称句的主要成分多用动词陈述式或命令式单数第二人称。其它人称使用较少,而且多用于谚语、格言中。试比较:

①Слезáми гóрю не помóжешь. 哭不能解忧。

②Разли́тую вóду не соберёшь. 泼出去的水是收不回来的。

③Не спеши́ языкóм, торопи́сь дéлом. 少说多做。

④В лес дров не вóзят. 木材是不往森林里运的。

⑤Что имéем, не храни́м, потеря́вши — плáчем. 有的时候不爱惜,丢了之后哭鼻子。

## (4)无人称句

无人称句表示没有主体或不受主体制约的行为或状态。无人称句的主要成分可以由没有人称意义的动词变位形式(现在时〈将来时〉借用单数第三人称形式,过去时借用中性形式)。不定式形式、状态词及被动形动词短尾中性形式等充当。具体如下:

ⅰ. 只有无人称意义的动词变位形式。这类动词有:светáет(светáло)(天亮), рассветáет(рассвелó)(破晓), темнéет(темнéло)(天黑), смеркáется (смеркнýлось)(天黑,黄昏), холодáет (похолодáло)(天冷起来), дожди́т(下雨), мороси́т(下毛毛雨);(кого) зноби́т(зноби́ло)(感觉发冷),(кого) рвёт(рвáло)(呕吐),(кого) тошни́т(тошни́ло)(恶心);(кому) нездорóвится(不舒服),(комy) удáстся(удалóсь)(+инф.)(不得不),(не) спи́тся (спалóсь)(睡不着〈睡得着〉),(не) сиди́тся(坐不住〈坐得住〉)等。试比较:

①Морóзило сильнеé, чем с утрá. 天比早上还冷。

②Не вам одни́м плóхо спи́тся, а и мне тóже стáло не спáться. 不单是你们睡得不好,我也开始失眠了。

③Рáнним утром больнóго опя́ть зноби́ло. 大清早病人又发冷了。

ⅱ. 可用于无人称意义的动词变位形式。这类动词有:дýет(有风), шуми́т(嗡嗡叫),(кого) несёт(鬼使神差),(кого) тя́нет(к чему)(被……吸引),(во ртý) гори́т(口渴得冒烟),(в головé) стучи́т(〈脑袋里〉咚咚直敲),(в желýдке) рéжет

(〈胃里〉刺痛), разби́ло(击碎), сорва́ло(掀掉), переверну́ло(掀翻), уничто́жило(消灭,毁灭), уби́ло(打死)等。试比较:

①Ду́ет от окна́. 窗口有风。

②Меня́ тя́нет ко сну. 我困了。

③Бу́рей разби́ло ло́дку. 小船被风暴击碎了。

④Пожа́ром уничто́жило весь дом. 火灾毁了整座房子。

⑤На у́лице свеже́ет. 街上变得凉快起来。

⑥Про́сто мне не здоро́вится э́то вре́мя. 我只不过这段时间不太舒服。

⑦Ве́тром свали́ло де́рево. 大树被风吹倒了。

⑧Ло́дку кача́ет. 船摇晃着。

⑨Челове́ка уби́ло мо́лнией. 一个人被雷击而死。

此类动词用于无人称意义时,表示自然现象、生理状态及某种不可知的力量所造成的后果,说话者此时注意的是客观事实本身。而当强调行为主体时,还应用双部句。试比较:

①Во́здух свеже́ет. 空气变得凉爽起来。

②Ве́тер свали́л де́рево. 风吹倒了大树。

③Во́лны кача́ют ло́дку. 波浪摇动着小船。

④Мо́лния уби́ла челове́ка. 雷击死了一个人。

ⅲ. 不定式形式(也称不定式句)在不同情况下可能产生不同的意义。

肯定陈述句可以表示"必然、必须及愿望"等意义。试比较:

①Нам тепе́рь стоя́ть в ремо́нте, а у тебя́ маршру́т ино́й. 我们现在站下来修理,而你要走另一条路线。

②Отку́да ж знать тебе́ о том, что он мой лу́чший друг. 你从哪儿能知道,他是我最好的朋友。

③Ежемину́тно говоря́ себе: "Тепе́рь уйти́", он не уходи́л, чего́-то дожида́ясь. 他虽然时时告诫自己:"现在得走了",但他却没走,好象在等待什么。

否定陈述句可以表示"不可能"。试比较:

①Друзе́й не счесть у нас. 我们的朋友数也数不清。

②Мы лю́бим друг дру́га, но сва́дьбе не быть. 我们相爱,但结婚却是不可能的。

③Тебя́ не узна́ть. 简直认不出你了。

Не́кого, не́чего, не́где, не́куда, не́когда 等可以和不定式连用,表示"没有谁,没有什么,没有什么地方,没有什么时间……可以……"等意义。试比较:

①Не́ с кем поговори́ть. 没人可交谈。

②Не́ о чем спо́рить. 没什么可争论的。

③До́ма не́кому объясни́ть ма́льчику зада́чу. 家中无人给男孩讲题。

④Не́зачем вспомина́ть о про́шлом. 没必要回忆过去。

**注意**：与“не́кого（не́чего，не́где...）+不定式”这一结构相对应的肯定结构是“есть кто（что，где...）+不定式”。试比较：

①Есть с кем поговори́ть. 有人可交谈。

②Есть о чём спо́рить. 有东西可争论。

不定式祈使句可以表示绝对的命令。试比较：

①— Молча́ть！— загреме́л лесни́к и шагну́л два ра́за. “住口！”守林人大吼了一声连迈了两步。

②— Не сметь！— шёпотом сказа́ла де́вочка. 姑娘小声说：“你敢！”

③Не возража́ть！不要反对！

不定式祈使句还可用于号召，表示某种要求或禁止等意义。试比较：

①Быть приме́ром в труде́！要在劳动中做榜样！

②Рабо́тать образцо́во с пе́рвых дней но́вого го́да. 新年开始就要模范地工作。

③Не кури́ть！Не сори́ть！不要吸烟！不要乱扔脏东西！

④Не пла́кать же мужчи́не от боли！男人疼了也别哭！

不定式疑问句除表示疑问外，还可表示疑惑不决等心理状态。试比较：

①Ну，стари́к，не вы́йти нам из гото́вой я́мы？喂，老头，我们不能从挖好的陷阱里走出去吗？

②Что мне рассказа́ть вам？Сказа́ть о на́шем про́шлом. 我能给你讲什么呢？给你说说我们的过去吧。

③Куда́ же е́хать-то？— сказа́л Васи́лий. “可往哪儿去呀？”瓦西里说。

有时，这类疑问句可作为修辞疑问句出现，这时表示相应的“не́кого（не́чего，не́где...）+不定式”的意义。试比较：

①О чём же писа́ть?!（Не́ о чем писа́ть.）（有什么可写的?!）

②Что же мне де́лать?!（Не́чего мне де́лать.）我可干什么好啊?!〈我可怎么办哪?!〉）

不定式句与语气词 бы 连用，当行为由说话者本人发出时，句子可表示愿望、意愿等意义。试比较：

①Ох，горя́чего бы чего́ пое́сть. 噢，吃点什么热的才好。

②Посиде́ть бы на берегу́ реки́. 在河边坐坐该多好。

当行为由对方发出时，句子表示劝告或请求意义。试比较：

①Вам бы здесь до о́сени пожи́ть！您在这儿住到秋天吧！

②Тебе́ хоть бы одни́м гла́зом на Москву́ взглянуть！你哪怕看莫斯科一眼也好！

③Вам бы посове́товаться с врачо́м. 您去请医生诊断一下吧！

ⅳ. 状态词（状态词的类别详见 7.（4））。试比较：

①Смотри́те, ведь уж ста́ло по́здно, хо́лодно. 瞧，天已晚了，又冷。

②Что же мне было так бо́льно и так тру́дно？我那时为什么如此痛苦和困难呢？

状态词无人称句的时间通过 быть 表示，状态的转换通过 ста́ло，стано́вится，де́лается 等表示。试比较：

①В лесу́ холодно（было холодно，будет холодно）. 森林里很冷。〈曾很冷，将会很冷。〉

②На у́лице ста́ло（стано́вится，де́лается）жа́рко. 街上变得〈逐渐变得〉很热。

有些状态词可以和不定式连用，一起做主要成分。这些状态词是：на́до（应当），ну́жно（需要），должно́（应该），мо́жно（可以），необходи́мо（必须），нельзя́（不应该，不能），вре́мя（该，是……的时候），лень（懒得），охо́та（愿意）等。试比较：

①В кла́ссе ну́жно убра́ть. 教室里需要收拾。

②Мо́жно ста́ло пойти́ домо́й спать. 可以回家去睡觉了。

③Ему́ лень поду́мать. 他懒得考虑一下。

④Охо́та оста́ться до́ма. 愿意留在家中。

有些状态词可以直接带补语，它们是：на́до（что），ну́жно（что），бо́льно（ру́ку，но́гу）（〈手，脚〉痛），ви́дно（что）（看得见），слы́шно（что）（听得见），жаль（чего），дово́льно чего 足够，достаточно（чего）足够，стыдно（за кого，что）等。试比较：

①Де́тям на́до любви́，внима́ния. 孩子们需要关爱。

②Ему́ ну́жно лекарство 他需要药。

③Мне необходи́мо друзе́й. 我需要朋友。

④Дово́льно разгово́ров！够了，别谈了！

⑤Де́нег доста́точно！钱足够了！

⑥Мне сты́дно за плохо́е поведе́ние това́рища. 我为同学的不良行为感到羞耻。

ⅴ. 被动形动词短尾中性形式。常用的有：забы́то（忘记了），у́брано（收拾好），наку́рено（抽得满是烟），решено́（决定下来），испо́лнено（完成），при́брано

（收拾一下），прика́зано（命令），пору́чено（委托），суждено́（注定），велено́（让，叫）等。试比较：

①Про батаре́ю Ту́шина бы́ло забы́то. 图申炮兵连已被忘记。

②Уж по́слано в пого́ню. 已派人去追赶了。

③Посиде́ли в до́мике，где бы́ло наку́рено. 在抽得满是烟的小屋里坐了坐。

④По́сле коро́ткого совеща́ния решено́ бы́ло идти́ обра́тно. 暂短的会议之后决定返回。

⑤На ста́нции и в ваго́нах запрещено́ бы́ло зажига́ть свет. 在站内和车厢里禁止燃灯。

⑥Агре́ссорам суждено́ потерпе́ть пораже́ние. 侵略者注定要遭到失败。

⑦Не велено́ говори́ть，не велено́，молчи́！没让说话，没让，住口！

ⅵ. 否定词及否定结构（即否定无人称句）。否定词有 нет（не было，не будет）。否定结构由否定语气词 не 与动词单数第三人称（过去时为中性）形式或被动形动词中性形式与名词第二格形式构成。如：не оказа́лось（врача́）（不见了〈医生〉），не оста́лось（сомне́ний）（没有了〈怀疑〉），не сохрани́лось（докуме́нтов）（没保留下来〈文件〉）；не дости́гнуто（соглаше́ния）（没有达成〈协议〉），не полу́чено（све́дений）（没有得到〈消息〉，）не вы́учено（ни одного́ сло́ва）（没有学会〈一个词〉）等。试比较：

①У тебя́ нет вы́хода. 你没有出路。

②По вечера́м на у́лице не быва́ет ни души́. 每晚街上都一个人也没有。

③Вокру́т до́ма не оказа́лось ни огра́ды，ни дере́вьев. 房子周围没有围墙，也没有树木。

④Не оста́лось ни мале́йшей наде́жды. 一点希望也没留下。

⑤На днях не полу́чено ни одного́ письма́. 近日一封信也没收到。

这里要注意否定无人称句与双部否定句的区别。试比较：

①Не нашло́сь ме́ста. 没有找到座位。

②Ме́сто не нашло́сь. 座位没有找到。

③Не напи́сано ни одно́й стро́чки. 一行也没写。

④Одна́ стро́чка не напи́сана. 只一行没有写。

否定无人称句中事物是未定的，并不清楚它是否存在，有可能是根本不存在的。例①可以用在不对号入座的情况下，由于某种原因没有找到座位（也可能根本就已经没有了空座位）。例②可以用在对号入座的情况下，由于某种原因自己的座位没有找到。例③指的是纸上的字不足一行或根本没写，而例④指的是只剩一行没有写完。

## (5)称名句

称名句主要表示事物或现象的存在,主要成分由名词(代词及数词)一格形式充当。称名句只有肯定形式,并且只用于现在时。按作用,称名句可以有:

ⅰ.指称事物和现象,用来描述四周环境、时间及状态。试比较:

①Ты́сяча девятьсо́т девятна́дцатый год. Го́лод и хо́лод. 1919 年。饥饿,严寒。

②Весна́. Ночь. Тишина́. 春天。夜。一片寂静。

ⅱ.指示事物或现象的存在,一般借助于 вот 或 вон。试比较:

①Вот руче́й. 就是这条小溪。(近处的事物,可能与预先想到或提到的偶合。)

②Вон гора́. 那就是山。(远处的事物。)

ⅲ.评价现实中存在的事物或现象,常带有 какой, ну, вот так, что за 等语气词。试比较:

①Како́й чи́стый во́здух! 多么清新的空气啊!

②Ну и пого́да. 瞧这天气啊!

③Вот так и лес! В нём так ду́шно. 这叫什么森林啊!里边那么闷。

④Что за эти ма́льчики, таки́е непослу́шные! 这是些什么孩子啊,真不听话!

这里要注意区别用做话题的名词一格。这种名词一格并不表示现实的存在,而只是为了提起听话人或读者的注意,其后跟着进行具体叙述的句子,一般在句中要有对应的词。试比较:

①Доброта́ — она́ превы́ше всех благ. 善良,它超过一切财富。

②Жигули́ на Во́лге... Прекра́сны они́ во все времена́. 伏尔加河畔的日古丽……它们世世代代都美丽。

③Морчо́нко — тот был челове́к, золото́й челове́к. 莫尔乔克这才叫人,真正出色的人。

# 14 次要成分

句子的次要成分分为定语、同位语、补语和状语。

## (1)定语

定语表示事物的性质、特征,用来修饰名词或名词化的词,回答 какой, который, чей 等问题。定语分为一致定语和非一致定语。

**一致定语**

一致定语由可以同名词在性、数、格上一致的形容词、代词、形动词等充当。试比较:чёрное мóре(黑海),свой дом(自己的房子),постróенная площáдка(已建成的操场),послéдний день(最后一天)

**非一致定语**

非一致定语在性、数、格上与被说明的名词没有一致关系。非一致定语可以由不带前置词或带前置词的名词、物主代词(его, ее, их)、形容词比较级、副词、动词不定式充当。试比较:

стихи́ поэ́та 诗人的诗歌

люби́тель спóрта 运动爱好者

лóдка с пáрусами 帆船

дéло о наслéдстве 有关继承的事

пусты́ня без дна и края 无边无际的沙漠

егó глазá 他的眼睛

собы́тия крупнée и важнée э́того. 比这更重大的事件

ездá пешкóм 步行

желáние учи́ться 学习的愿望

шкаф налéво 左边的柜子

спосóбность запоминáть 记忆的能力

## (2)同位语

同位语的作用相当于定语,由名词充当,一般与被说明词同格。

ⅰ. 同位语可以表达各类事物的名称。如:

газéта «Труд»劳动报

кре́йсер «Авро́ра»阿夫乐尔巡洋舰

магази́н «Комсомо́л»共青团商店

гора́ Ура́л 乌拉尔山

река́ Дон 顿河

село́ Кра́сные звёзды 红星村

о́зеро Байка́л 贝加尔湖

изда́тельство «Ру́сский язы́к»俄语出版社

**注意**:表示地理名称的同位语不必用引号,而其它事物所带的同位语应带引号。

ⅱ.同位语可以表达各类事物的性质、特征及状况。试比较:

стари́к-оте́ц 老父亲

поэ́т-нова́тор 创新诗人

наро́д-победи́тель 胜利的人民

же́нщина врач 女医生

чу́до-де́рево 神奇树

ю́ноша-во́ин 少年战士

студе́нт-зао́чник 函授大学生

хозя́ин-рыба́к 渔夫主人

выступле́ние-ко́нкурс 表演赛

**注意**:同位语与被说明的名词均为普通名词时,其间应加连字符。表地名的专有名词在前时,也应加连字符。试比较:Байка́л-о́зеро(贝尔加湖),Москва́-река́(莫斯科河)等。

但当两者只有种属关系时,可不用连字符。试比较:ме́сяц янва́рь(一月份),де́рево ли́па(椴树),пти́ца жа́воронок(百灵鸟)等。

上述(1)、(2)项中同位语除带引号者外,均应当与被说明词同时变格。试比较:

①В го́ды войны́ строи́телям бето́нщикам пришло́сь стать солда́тами-танки́стами. 在战争年代混凝土工人建设者不得不成为坦克兵战士。

②Остальны́е се́меро вчера́ бы́ли на ста́нции-Комсомо́льской. 其余的七个人昨天在共青团员车站。

③Во вре́мя испыта́ния та́нкера «Ленингра́д» судострои́тели спусти́ли на во́ду ещё одно́ тако́е су́дно-«Клайпе́да». 在实验列宁格勒号油轮时船舶建设者又把另一条同样的船－克拉依别达号放下水。

④Всем им сра́зу понра́вилась програ́мма «Вре́мя». 他们所有人都立刻喜欢上《时间》这个节目。

但当带引号的同位语单独使用时，它应按普通名词一样使用，即应有格的变化。试比较：

① — Каки́ми река́ми увлека́етесь? — «Обью и Енисе́ем». "您钟爱哪些河流呢?""鄂毕河和叶尼塞河。"

② — Где вы прочита́ли э́ту но́вость? — в «Вече́рней Москве́». "您在哪儿读到这条新闻的?""在《莫斯科晚报》上。"

ⅲ. 由 как 引导的同位语表示事物的作用或性质，同位语要与被说明词同时变格。试比较：

①Мать всегда́ с благода́рностью вспомина́ет това́рища Семёна как своего́ сы́на. 母亲总是以感激的心情回忆像自己儿子一样的谢苗同志。

②Он был глубоко́ тро́нут «Воскресе́нием» как други́ми произведе́ниями Льва Толсто́го. 他被《复活》深深感动就象被列夫托尔斯泰的其它作品感动一样。

ⅳ. 人名、动物名作为专有名词在普通名词后时，应看作是同位语，如：де́вочка Оля（奥丽亚姑娘），моя́ сосе́дка Петре́нко（我的邻居彼特莲卡），соба́ка Шу́рик（小狗舒里克）等。这类同位语应与被说明词同时变格，如：У вы́хода он столкну́лся с председа́телем местко́ма Григо́рьевым. 在出口处他碰见了工会委员会主席格里戈里耶夫。

人名、动物名还可用在"... по и́мени ...","... по про́звишу ...","... под назва́нием ...","... под и́менем ...","... по кли́чке ..."等结构中，这时它们作为同位语则不变格。试比较：

Бы́л в гостя́х у юноши по имени Влади́мира «Кра́сное со́лнышко». 在一个名叫红太阳符拉基米尔的青年那儿做过客。

уви́деть студе́нта по про́звишу «Спарта́к»看见一个绰号叫斯巴达克的学生

побы́ть в стране́ под назва́нием «Литва́»到一个叫立陶宛的国家

люби́ть ко́шку по кли́чке «Медве́дь»喜欢一只名叫熊的猫

## (3) 补语

补语表示行为、状态、特征等所涉及的客体，可以由名词、代词、名词化的形容词及形动词、数词、动词不定式和各类词组充当，可以带补语的有动词、名词、形容词、副词和状态词等。

**动词所带的补语**

动词所带的补语分为直接补语和间接补语。

ⅰ. 直接补语

直接补语由不带前置词的名词（或相当于名词的其它词）第四格形式充当。

当表示行为所涉及的部分客体或一定数量意义时，名词用第二格形式也看作是直接补语。另外，当及物动词被否定时，名词可能转用第二格形式，这时该二格形式仍是直接补语。试比较：

①Забу́дем бы́вшее меж на́ми！忘记我们之间过去的事情吧！

②Когда́ мать нака́зывала меня́，мне бы́ло жа́лко её. 当母亲罚我时，我很可怜她。

③Де́нег на доро́гу пошлю́. 我要寄些路上用的钱。

④Я не пишу́ ни свое́й биогра́фии，ни свои́х достиже́ний. 我既不写自传，也不写自己的成就。

**注意**：能要求不带前置词的名词第四格做直接补语的，还有某些状态词（详见13.（4）ⅳ）。试比较：

⑤Нам жаль э́того старика́，жа́лко его́ бе́дного про́шлого. 我们可怜这个老人，对他贫穷的过去感到惋惜。（与 жаль，жалко 连用的若是抽象名词，应用第二格，也应看作是直接补语。）

另外，当行为客体由前置词 по 加名词第三格形式表达时，该"по＋名词第三格"应看作是直接补语。试比较：

⑥Мать дала́ ка́ждому по три я́блока. 母亲给每人三个苹果。

⑦Это был сон о бу́дущей войне́. 这是关于未来战争的梦。

⑧Он жил с ба́бкой，хотя́ где-то бы́ли и роди́тели，мать с отцо́м. 虽然在不知什么地方有父母双亲，他却同祖母一起生活。

ⅱ. 间接补语

间接补语为除直接补语之外的所有其它补语。间接补语可以由不带前置词或带前置词的名词间接格形式和动词不定式充当。试比较：

①Жа́жда сла́вы си́льно волнова́ла э́ту молоду́ю и пы́лкую де́вушку. 对荣誉的渴望使这个年青热情的姑娘激动不已。

②Ему́ пошёл восемна́дцатый год. 他已过 17 岁了。

③Уби́тый мно́ю медве́дь был чёрно-бе́лого цве́та. 我打死的熊是黑白颜色。

④Что напи́сано перо́м，того́ не вы́рубить топоро́м. 笔写上的，斧子是砍不掉的。

⑤Я хоте́ла попроси́ть вас спусти́ться вниз. 我想请您下来。

⑥Я взбежа́л по ма́ленькой ле́стнице，кото́рая вела́ в спа́льню. 我跑上通向卧室的小梯子。

动词不定式做补语，关键在于它表示客体意义。要注意区别做其它句子成分的动词不定式。试比较：

①Ему́ не хо́чется идти. 他不想走。（идти 做动词性合成谓语的一部分，详见 11.（2））

②Обы́чай е́здить к сосе́дям не на́ми вы́думан. 走邻居的习俗不是我们构想出来的。（ездить 做非一致定语，修饰 обы́чай）

③Мы прие́хали любова́ться приро́дой. 我们是来欣赏大自然的。（любова́ться 与运动动词连用表示目的，做目的状语）

**其它词类所带的补语**

其它词类，即名词、形容词、副词及部分状态词所带补语，不再有直接补语和间接补语之分。

名词中能带补语的主要是动名词。动名词所带补语的格（带或不带前置词），可能与相应的动词所要求的相同。试比较：

жа́жда（жа́ждать）сча́стья 渴望幸福

по́мощь（помога́ть）шко́ле 帮助学校

владе́ние（владе́ть）языко́м 掌握语言

увлече́ние（увлека́ться）му́зыкой 迷恋音乐

отка́з（отказа́ться）от приглаше́ния 拒绝邀请

стремле́ние（стреми́ться）к зна́ниям 竭力追求知识

подгото́вка（подгото́вить）к экза́менам 准备应考

рабо́та（рабо́тать）над кни́гой 著书

除此，还有两种不同的情况：

由及物动词所构成的动名词，其客体补语改用二格。试比较：

завоева́ть Арктику（征服北极地带）→завоева́ние Арктики

прове́рить реше́ние（对决议进行审查）→прове́рка реше́ния

спасти́ жизнь больному（挽救病人的生命）→спасе́ние жи́зни больно́му

присво́ить зва́ние учёному（向科学家授衔）→присвое́ние зва́ния учёному

当此类词组中出现主体时，表示主体的名词用五格形式（也看作补语）。试比较：

завоева́ние Анта́рктики челове́чеством 人类征服南极地带

прове́рка тетра́дей учи́телем 教师批阅作业本。

注意：当与动名词连用的名词二格形式表示行为主体时，表示行为主体的名词应看作非一致定语。试比较：

①Послы́шалось пе́ние птиц. 听到了鸟的叫声。

②Объясне́ние преподава́теля поня́тно всем студе́нтам. 所有学生都明白老师的讲解。

某些表示思想感情的动词在构成动名词后，要求加前置词 к 的补语。试比较：

доверя́ть това́рищу（信任同志）→дове́рие к това́рищу

зави́довать успе́хам дру́га（〈羡慕〉忌妒朋友的成绩）→за́висть к успе́хам дру́га

люби́ть ро́дину（爱家乡）→любо́вь к ро́дине

ненави́деть ложь（痛恨谎言）→не́нависть ко лжи

уважа́ть роди́телей（尊敬父母）→уваже́ние к роди́телям

презира́ть смерть（蔑视死亡）→презре́ние к сме́рти

сочу́вствовать това́рищу（同情同志）→сочу́вствие к това́рищу

某些形容词可以要求一定格形式的名词做补语。试比较：

досто́йный уваже́ния 值得尊敬的

по́лный ве́ры 充满信心的

ве́рный своему́ сло́ву 忠于自己诺言的

больно́й гри́ппом 患流感的

знако́мый с рабо́той 熟悉工作的

**注意**：带补语的形容词在句中做表语时，应用短尾形式（详见 3.（2））。

性质形容词比较级形式所要求的名词二格形式也可看作补语。试比较：

①Он счита́л，что сон доро́же всего́，а ребёнок добре́е всех. 他认为睡眠最宝贵，小孩最善良。

②Учени́к вы́ше учи́теля подошёл к доске́. 比老师个子高的学生走到黑板跟前。

（3）副词和状态词中一部分可以带补语。副词如：ря́дом с（кем，чем），далеко́ от（кого，чего）等。试比较：

①В танцева́льном за́ле Игорь сиде́л ря́дом с офице́ром. 在舞厅里伊果尔同军官并排坐着。

②Недалеко́ от ти́хого-ти́хого мо́ря жил тако́й чуда́к. 离非常平静的大海不远的地方住着那么个怪人。

状态词要求补语的情况参见 7.（4）。

## （4）状语

状语表示行为或状态发生的时间、地点、原因、条件、目的、程度等情况。状语常由副词、名词（带前置词或不带前置词）间接格形式，动词不定式、副动词以及各类词组充当。可以带状语的通常是动词、副词、形容词等。状语一般按意义分类，即表示什么意义便是什么状语。

**时间状语**

回答 когда́, с каки́х пор(从何时起), до каки́х пор(到何时止)等问题。如：

①Отец реши́л когда-нибу́дь поговори́ть с ним на досу́ге. 父亲决定在闲暇的什么时候同他谈谈。

②В тот стра́шный час вы поступи́ли благоро́дно. 在那可怕的时刻您表现得很高尚。

③Я сего́дня уви́дел в пу́ще след во́лка. 我今天在密林中见到了狼的足迹。

④Хозя́йка, беспоко́йная по ноча́м, тепе́рь облегчи́лась. 每逢夜里便心绪不安的女主人现在心情放松了。

**地点状语**

回答 где, куда́, отку́да 等问题。如：

①Стою́ оди́н среди́ равни́ны го́лой. 我一个人站在光秃的平原上。

②Махну́ть бы на всё руко́й, вы́скочить под дождь, и пойти́ куда́ глаза́ глядя́т. 最好对一切置之不理，跳到雨中，信步而行。

③В глубине́ души́ храни́лось го́рдое терпе́нье. 在内心深处埋藏着自豪的耐力。

④Жура́вль высоко́ и высоко́ лета́ет и отно́сит ветеро́к в даль. 仙鹤高高地飞翔着，并把风儿带到了远方。

**原因状语**

回答 почему́, отчего́(由于什么), всле́дствие чего́(因为什么), заче́м, по како́й причи́не(由于什么原因)等问题。如：

①В по́лдень просыпа́юсь от жа́жды. 中午由于口渴醒了过来。

②Машини́ст нака́зан за отка́з везти́ солда́т на ме́сто, где идёт забасто́вка. 司机被罚是由于拒绝把士兵运到罢工地点。

③Сто́ило ли буди́ть тебя́ из-за тако́й ме́лочи? 因为这点小事把你叫醒值得吗？

④Ввиду́ недоста́тка вре́мени не бу́дем отклоня́ться от те́мы разгово́ра. 由于时间不够我们别离开话题。

⑤К сча́стью, по причи́не неуда́чной охо́ты, на́ши ко́ни не уста́ли. 幸运的是由于狩猎不得手，我们的马并没有疲劳。

**条件状语**

回答 в како́м слу́чае(在什么情况下) при како́м усло́вии(在什么条件下)的问题。如：

①В слу́чае серьёзных столкнове́ний, на у́зкой у́лице вдоль стен домо́в стоит ряд милиционéров. 在发生严重冲突的情况下，在狭窄的街道上沿楼房的墙壁站了一排警察。

②Как ни трýдно имéть дéло с плóхо напечáтанной кни́гой，но всё-таки при большóм стара́нии им возмóжно поня́ть смысл напи́санного. 无论劣质出版的书读起来如何困难，但他们只要多加努力，还是可以理解所写东西的涵义的。

③При нали́чии запáсов продовольствия мóжно продержáться в горáх нéсколько дней. 在有粮食储备的条件下是可以在山里坚持几天的。

**目的状语**

回答 для чегó，зачéм，с какóй цéлью 的问题。如：

①Он придýмал э́ти словá в пóмощь своемý гóрю. 他想出这些话来减轻自己的苦恼。

②Рáди э́того стóит съéздить к немý. 为这事值得去他那儿一趟。

③Вéчером к ней зашёл Ти́флис и остáлся у неё ýжинать. 晚上吉夫里斯到了他那儿并留在那儿吃了晚饭。

**程度状语**

回答 до какóй стéпени（到什么程度），в какóй стéпени（在多大程度上）的问题。如：

①Я бы сам к вам приéхал，да стыди́лся óчень. 我本想亲自来，但觉得很不好意思。

②Персонáл больни́цы，довóльно многочи́сленный，ужé был на мéсте. 相当多的医院工作人员已经就位。

③Одногó слóва достáточно я́сно. 一句话足够清楚了。

**度量状语**

回答 скóлько врéмени（多长时间），как дóлго（多久），за скóлько врéмени（за какóй срок）（用多长时间），на какóе врéмя（为期多长），во скóлько（多少倍）等问题。如：

①Хозя́йки подóлгу，часáми дýмали о свои́х хозя́йственных делáх у кáменных колóдцев. 在石井旁边女主人们长时间地一连几个小时地考虑着自己的家务事。

②Всю недéлю Макáр ходи́л по домáм и обстоя́тельно учи́л людéй добрý и терпéнию. 整个一星期玛卡尔挨家挨户地走，认真地教导人们行善事和学会忍耐。

③Кýпленное желéзо вéсило нéсколько пудóв. 买来的铁器重好几普特。

④Будь краси́вой，как мать，и вдвóе счастли́ва. 如果你象母亲那么漂亮，就会加倍地感到幸福。

⑤В этот день проéхали тысячу киломéтров. 这一天走了一千公里。

⑥На э́тот раз он взял о́тпуск на це́лый год. 这回他获得了整整一年的假期。

**行为方式状语**

回答 как，каки́м о́бразом（用什么方式）的问题。如：

①Шукши́ны всей семьёй по выходны́м дням е́здили на да́чу. 舒可申全家每逢休息日去别墅。

②Ва́лько ре́зко по́днял го́лову и не́которое вре́мя внима́тельно изуча́л лицо́ Оле́га. 瓦里果猛然抬起头，认真地审视了一会儿奥列格的面部。

③А мне на ре́дкость жизнь красна́. 生活对我是异常的美好。

④С трудо́м Григо́рий натяну́л на себя́ пальто́. 戈利果利费力地把大衣拉到自己身上。

⑤Евсе́й ме́дленно на́чал есть，гля́дя на Агра́фену. 叶夫赛依眼望着阿戈拉费娜，慢慢地开始吃东西。

⑥Ва́ня сиде́л на скаме́йке и，не спуска́я глаз с избы́，терпели́во ждал，не пока́жется ли нача́льник. 万尼亚坐在长凳上，从小房那儿目不转睛、耐心地等待着，看首长是否会露面。

**让步状语**

回答 не смотря́ на что（尽管怎么的），вопреки́ чему́（不管怎么的）的问题。如：

①Несмотря́ на уста́лость，на неуда́чи，инжене́р находи́л вре́мя для задуше́вных бесе́д с на́ми. 尽管劳累、不顺利，工程师们仍找时间同我们倾心地交谈过。

②Каза́к мой，вопреки́ приказа́нию，спал кре́пким сном. 我的哥萨克士兵违犯命令酣睡着。

③При всей ва́шей по́мощи я не мог вы́полнить рабо́ту в срок. 尽管您全力帮助了我，可我仍不能按期完成工作。

④Име́я все да́нные к тому́，чтобы хорошо́ учи́ться，он ча́сто получа́л тро́йки. 尽管有好好学习的一切条件，可他还是经常得三分。

# 15 同等成分

与同一个句子成分有关，回答同一个问题的几个并列的句子成分，叫做同等成分。同等成分之间应用逗号隔开或带连接词。试比较：

①Солда́ты и офице́ры меня́ принима́ли о́чень раду́шно. 士兵和军官们非常热情地接待了我。

②Он снял тру́бку с телефо́на и соедини́лся с больни́цей. 他摘下电话，接通了医院。

③Во всём Карамзи́н явля́ется не то́лько преобразова́телем, но и начина́телем, творцо́м. 卡拉姆津在各方面不仅是一位革新家，而且是一位创始人，一位创造者。

④Везде встреча́ли они све́жий, здоро́вый и поле́зный наро́д. 他们到处碰到的都是些精力充沛的、身体健康的、有用的人们。

⑤Все по-ра́зному и непра́вильно оцени́ли его смуще́ние. 大家从各自不同的角度错误估计了他的困窘。

⑥Они скака́ли друг перед дру́гом то на одно́й, то на друго́й ноге́. 他们面对面地单脚跳，时而用这只脚，时而用另一只脚。

所有句子成分，即主语、谓语、定语、补语和状语，都可能成为同等成分。

**注意**：下列情况不是同等成分：

ⅰ. 不回答同一问题。试比较：

①Это удаётся не всем и не всегда́. 这不是所有人总能办到的。（всем→кому? всегда→как?）

②Мо́жет быть, са́мой гла́вной семе́йной нау́ке — воспита́нию дете́й — никто́ и никогда́ нас не учи́ли. 大概，有关家庭最重要的科学 – 儿童教育 – 任何时候任何人都没教过我们。（никто → кто́никогда → когда?）

③Фёдоров стал объясня́ть, что и как нужно делать понача́лу. 菲奥多罗夫开始解释开头要干些什么、怎么干。

ⅱ. 不处于并列关系中，不能加连接词 и。试比较：

①Ма́ленькая станцио́нная ко́мната была́ нато́плена. 车站的小屋烧得很暖和。（станцио́нная ко́мната 是各式各样房屋的一种，指一种事物；ма́ленькая 说明 станцио́нная ко́мната 这一事物的特征，而不是与 станцио́нная 并列去说明 ко́мната,所以,ма́ленькая 与 станцио́нная 不是同等成分。)

②Он дово́льно до́лго топта́лся в пере́дней. 他在前厅呆的时间相当久。(дово́льно 说明 до́лго топта́лся,与 до́лго 不是并列关系,因而不是同等成分。)

同等一致定语一般由同一类型的形容词(或代词、顺序数词)充当。如:

чи́стая и аккура́тная ко́мната(干净整齐的房间)

мой и твой оте́ц(我父亲和你父亲)

второ́й и тре́тий эта́ж(二层楼和三层楼)

非同类词做一致定语往往不是同等成分,试比较:

на́ша люби́мая ро́дина(我们亲爱的故乡)(наша — 物主代词,любимая — 性质形容词)

гро́мкий соба́чий лай(响亮的狗叫声)(громкий — 性质形容词,собачий — 关系形容词)

пе́рвый ле́тний день(第一个夏日)(первый — 顺序数词,летний — 关系形容词)

另外,同类词也可能不做同等成分,其原因在于它们不处于同等地位上。试比较:

кру́глые бе́лые ка́мни(圆圆的白石头)

све́тлое коро́ткое пальто́(浅色的短大衣)

## (1)同等成分的连接词

同等成分使用的连接词有:联合连接词、对别连接词和区分连接词。

**联合连接词**

联合连接词表示联合关系。这类连接词有:и(和),да(да 与 и 意义相同,用于口语),не только... но и...(不仅……而且),как... так и(既……又……);и...и...(既……又……),ни...ни...(既不……也不……)等。试比较:

①Дорога становилась всё тяжелее и снежистее. 路上积雪越来越多,行走越来越艰难。

②Рабо́та да ру́ки — надёжные в лю́дях пору́ки. 双手能干,做人不难。

③Кри́тик — это толкова́тель произведе́ния и поучи́тель не только чита́теля, но и худо́жника. 评论家不仅是作品的诠释者,而且还是读者和艺术家的教育者。

④Как мы, так и наш обо́з, шли без помеша́тельства и дово́льно ско́ро. 我们以及我们的行李车都走得很顺利,而且相当快。

и...и...,ни...ни...不仅可以连用两个,而且可以连续使用多个。试比较:

①Ковпáк слóжен и разнообрáзен. Всё в нём есть — и велúчие, и простотá, и хúтрость, и наúвность. 科夫帕克是个复杂的人。伟大和平凡,狡黠和天真集于一身。

②Ни тéма разговóра, ни сáмый разговóр не понрáвились господúну Голя́дкину. 无论是话题,还是谈话本身,格里亚德金老爷都不喜欢。

③За снéжным тумáном не вúдно ни пóля, ни телегрáфных столбóв, ни лéса. 透过纷纷大雪既看不见田野,也看不见电线杆、森林。

**对别连接词**

对别连接词表示对别关系,即事物的对立或对比。这类连接词有:а(而),но(但是),однако(然而),зато(可是),хотя и... но(虽然……但是)等。试比较:

①Орýжие писáтеля — слóво, убеждéние, а не материáльная сúла. 作家的武器是语言,是信仰,而不是有形的力量。

②Учéние без умéния не пóльза, а бедá. 不善于学习,不是有益而是有害。

③Инженéр Васúльев был прекрáсным специалúстом, дéлал всё óчень тóчно, но никогдá не выходúл за предéлы своúх прямы́х обя́занностей. 瓦西里耶夫工程师是位出色的专家,所有事情都做得非常精确,但却从不超出自己的职责范围。

однако 具有明显的对立意义。试比较:У меня тысячи причин плакать, однако же, я не плачу. 我有许许多多哭的原因,可我不哭。

зато 在对立意义之外尚有补偿意义。试比较:Московское метро не самое большое в мире, зато самое загруженное. 莫斯科地铁虽不是世界上最大的,却是客运最繁忙的。此类句子中一般先举出事物的不足,然后通过 зато 指出该事物的某个方面的优点,用以补偿其不足。再比较:Дорога, правда, была убийственна до самого Харькова, но зато разнообразная. 旅途直至哈尔科夫确实非常艰难,但不单调乏味。

хотя и... но 具有明显的对比、让步意义。试比较:На небе, хотя и слабо, но светились звёзды. 天上星光虽然微弱,但仍闪烁着。

**区分连接词**

区分连接词表示区分关系,即事物现象或行为不同时存在或发生,两者取一或交替。这类连接词有:или(或者),либо(意义同 или,多用于口语),то... то...(时而……时而),не то... не то(不知是……还是),то ли... то ли...(不知是……还是)等。其中 или 和 либо 均可以重复使用,即 или... или..., либо... либо...。试比较:

①На вид она казáлась лет двадцатú двух или двадцатú трёх. 她样子像是二

十二三岁的人。

②Вечера́ми Тара́с Семёнович ли́бо чита́л вслух каку́ю-нибудь кни́гу, ли́бо расска́зывал ска́зки. 一到晚上，塔拉斯·谢苗诺维奇或者是朗读一本什么书，或者是讲故事。

③Ого́нь вспы́хивал то дли́нными, то коро́ткими языка́ми, то станови́лся я́рким, то ту́склым. 火一闪一闪，火舌时长时短，火光时明时暗。

④Ро́вной синево́й зали́то всё небо, одно́ лишь о́блачко на нём — не то плывёт, не то та́ет. 整个天空一片蔚蓝，空中只有一小片云彩，不知是飘移，还是渐渐消散。

⑤Быва́ет и у некраси́вых людей — то ли в выраже́нии лица́, то ли в похо́дке — кака́я-то своя́ осо́бенность. 即使不漂亮的人也有某种特点，它或者存在于面部表情上，或者表现在走路的姿势上。

## (2)同等成分与其它句子成分之间的协调一致关系

**谓语与同等主语**

当同等主语是联合关系时，如谓语在主语后，则谓语多用复数；如谓语在主语前，则谓语既可用复数，也可以在数、性上与同等主语中第一个名词协调一致。试比较：

①Мать и Си́зов останови́лись. 母亲和西佐夫停了下来。

②Дива́н и крова́ть стоя́ли у стены́. 沙发和床在墙根前。

③К бе́регу бежа́ли(бежа́л)Ва́ня и Ко́ля. 跑向岸边的是瓦尼亚和科里亚。

④В лесу́ слы́шится(слы́шатся)шум и шаги́. 森林中传来喧闹声和脚步声。

当 ни...ни 连接两个同性的单数名词在谓语前时，谓语可以用复数形式，也可以用单数形式；而若连接两个非同一性形式的单数名词时，谓语则应用复数形式。试比较：

①Ни трамва́й, ни автомоби́ль не преграждáет(преграждáют)доро́ги поезда́м Моско́вского метро́. 不论是电车还是小汽车都挡不住莫斯科地铁火车行驶的路。

②Ни пе́рвый, ни второ́й, ни тре́тий из попа́вшихся мне пу́тников не знал(зна́ли), где нахо́дится избу́шка ста́рого лесника́. 我碰见的第一个、第二个和第三个行路人都不知道老护林人的小木屋在哪儿。

③Ни трава́, ни лист де́рева не шевели́лись. 不论是草还是树叶，都一动不动。

④Ни хи́щный зверь, ни зла́я пти́ца нам не опа́сны с этих пор. 从这时起，无论是猛兽还是恶禽对我们来说都不再危险了。

当同等主语是对别关系或区分关系时，谓语多用单数形式。试比较：

①Не врач，так медсестра́ придёт. 不是大夫来，就是护士来。

②Ти́хая ра́дость и́ли грусть пробега́ет по лицу́ ма́тери. 母亲的脸上掠过一丝平静的快乐或者忧伤。

③В су́мерках шёл не то дождь со сне́гом，не то снег с дождём. 黄昏中下着不知是雨夹雪，还是雪夹雨。

④Впереди́ плывёт краснова́тый тума́н и́ли дым. 前面飘浮着淡红的雾或烟。

当同等主语在前，而要强调谓语行为与所有主体有关时，谓语则用复数。试比较：

①Дробь и́ли звук бли́зкого вы́стрела заста́вили живо́тных вскочи́ть на́ ноги. 不远处射击的霰弹或枪声迫使动物们站起身来。

②То гро́мкий смех，то пе́сня раздава́лись в ко́мнатах ста́рого до́ма. 在老房子的房间里，一会儿听到响亮的笑声，一会儿又听到歌声。

而如主语中有复数名词时，谓语要用复数。试比较：

Ве́тер и́ли пти́цы возьму́т тебя́ в полёт. 风或者是鸟儿们会带你去飞行。

当由 не... а（或... а не...）连接的同等主语位于谓语前时，谓语要与实际发出行为的主体在数、性上协调一致。试比较：

①Не мы，а твоя́ со́весть уби́ла тебя́. 不是我们，而是你的良知使你痛不欲生。

②Не ра́дость，а го́ре пришло́ в дом. 不是快乐，而是痛苦来到了家里。

③Мои́ друзья́，а не Ива́н бы́ли у меня́. 是我的朋友们，而不是伊万，到我这儿来过。

而当由 не... а（或... а не...）连接的同等主语在谓语后时，谓语要与邻近的名词的数、性一致。试比较：

①Пошёл не Макси́м，а На́дя. 去的不是马克西姆，而是娜佳。

②Челове́честву ну́жно служе́ние，а не же́ртвы. 人类需要的是服务，而不是牺牲。

由人称代词 я，ты，он 借助连接词 и，ни 等与其它词（人称代词或名词）结合成同等主语时，谓语用相应人称复数形式。试比较：

①Я и он придём. 我和他来。

②Ни я，ни он не придём. 我和他谁也不来。

③Брат и я е́дем. 哥哥和我都走。

这里，人称的确定是从说话者角度出发的。所以，当主语中有 я（不论是否还有其它人称）时，谓语应为第一人称；如主语中无 ты（无 я，但可以有 он）时，谓语应为第二人称；如主语有 он（无 я 也无 ты）时，谓语应为第三人称。试比较：①Я и ты пойдём. 我和你去。

②Ты и он пойдёте. 你和他去。

③Он и его брат пойду́т. 他和他弟弟去。

④Ни я, ни ты (ни вы) не е́дем. 我和你(你们,您)都不走。

⑤И я и он(они) остаёмся. 我和他(他们)都留下。

**名词与同等定语**

ⅰ. 有时,带有同等一致定语的名词既可用单数,也可用复数。试比较:ру́сский и кита́йский язы́к(языки́)(俄语和汉语)

ⅱ. 带有同等一致定语的名词多用单数的情况:

同等一致定语由对别连接词或区分连接词连接时。试比较:

ка́менный и́ли деревя́нный дом(石砌或木制的房子)

изуча́ть не по́льский, а венге́рский язы́к(研究的不是波兰语,而是匈牙利语)

если не э́тот, то друго́й отве́т(如果不是这个答案,便是另一个答案)

то большо́й, то ма́льнький уло́в ры́бы(有时大、有时小的捕鱼量)

如名词为抽象名词时,试比较:

лёгкая и тяжёлая промы́шленность(轻工业和重工业)

экономи́ческое и культу́рное сотру́дничество(经济和文化合作)

у́мственный и физи́ческий труд(脑力劳动和体力劳动)

сре́днее и вы́сшее образова́ние(中等和高等教育)

由顺序数词或代词充当同等定语时,试比较:

пе́рвая и втора́я полови́на дня(头半天和下半天,上午和下午)

описа́ть ту и друѓую ре́ку(描述一下这条河和那条河)

同等一致定语表示一个事物相对应的几个方面或共用一个专门术语时,试比较:

представи́тели ста́ршего и мла́дшего поколе́ния(年长一代和年轻一代的代表人物)

оконча́ния имени́тельного и вини́тельного падежа́(第一格和第四格词尾)

ве́рхнее и ни́жнее тече́ние реки́(河的上游和下游)

iii. 带有同等一致定语的名词多用复数的情况:

名词表示的事物之间各自独立时,试比较:

кита́йская и росси́йская делега́ции(中国代表团和俄罗斯代表团)

сосе́дний и отдалённый райо́ны(邻近地区和边远地区)

учени́цы четвёртого и пя́того кла́ссов(四年级和五年级的女学生)

当强调事物的数量(即同时存在几个)时,试比较:

истори́ческий и филосо́фский факульте́ты(历史系和哲学系)

моя́ и ва́ша гру́ппы(我班和你们班)

пе́рвый и второ́й иску́сственные спу́тники Земли́(第一颗和第二颗人造地球卫星)

当名词在前时,试比较:

языки́ кита́йский и ру́сский(汉语和俄语)

места́ пе́рвое и второ́е(第一位和第二位)

фо́рмы наклоне́ний изъяви́тельного, усло́вного и повели́тельного(陈述式、条件式和命令式形式)

**一致定语与同等主导词**

许多情况下,一致定语用单数只说明邻近的名词,用复数则说明全部同等主导词。试比较:

грома́дный сад и да́ча(一个很大的花园和一所别墅)— грома́дные сад и да́ча(一个很大的花园和一所大别墅)

ма́ленький брат и сестра́(小弟弟和妹妹〈姐姐〉)(妹妹或姐姐年龄并不一定小)— маленькие брат и сестра(小弟弟和小妹妹)

当一致定语用单数即足以说明全部同等主导词而不致引起误解时,俄语中习惯上还是用单数。试比较:

ка́ждый студе́нт и студе́нтка(每个学生〈每个男学生和每个女学生〉)

каждый заво́д и фа́брика(每个工厂)

на́ша нау́ка и те́хника(我们的科学技术)

ди́кий гусь и у́тка(大雁和野鸭)

мой брат и сестра́(我的弟弟和妹妹)

росси́йская печа́ть, ра́дио и телеви́дение(俄罗斯的报刊、广播和电视)

необыкнове́нный шум и го́вор(非同寻常的吵闹声和谈话声)

**补语与同等谓语**

当同等谓语要求同一个格形式时,名词补语可以用在同等谓语之后,成为同等谓语的共同补语。试比较:

①Слёзы очи́стили и освежи́ли её ду́шу. 眼泪使她的心灵得到了净化。

②Ава́рцы наро́д свобо́дный. Они не зна́ют и не те́рпят над собой никако́й вла́сти. 阿瓦尔人是自由人。他们从不承认也不容许任何政权凌驾于他们之上。

当同等谓语的行为是先后经过一定时间发生的时候,名词补语放在第一个动词谓语后,第二个动词谓语后用相应的人称代词充填补语位。试比较:

①Он взял большо́й кусо́к чёрного хле́ба, посы́пал его пе́рцем и сжева́л. 他

拿了一大块黑面包，撒上一些胡椒粉，嚼着吃了。

②Ле́вин схвати́л портре́т, с си́лой бро́сил его на́ пол. 列文抓起画像，用力地把它摔在地板上。

当同等谓语各个动词要求不只一个补语或要求不同格形式的补语时，第一个动词后用名词，其它动词后用人称代词，切不能将名词放在同等谓语后做共同补语。试比较：

①Мать разложи́ла плато́к и приняла́сь накла́дывать в него́ комки́ земли́. 母亲把头巾铺开，动手往上面放土块。

②Я включи́л конфо́рку, поста́вил на неё кастрю́льку с водо́й. 我打开炉盖，把装了水的小锅放在炉子上。

## (3) 总括词

ⅰ. 总括词起概括同等成分所列举事物的作用，与同等成分的句法功能相同。

总括词通常由代词及代副词充当，如：всё, все, никто, ничто, всюду, везде, нигде, никогда, никуда 等。有时某些具有概括意义的名词也可以做总括词。

ⅱ. 总括词与同等成分一起使用时，有下列四种标点形式：

总括词在同等成分前面时，在第一个同等成分之前加冒号或破折号。如：

①Всё ему нра́вится в ней, реши́тельно всё: и характер, и се́рдце, и ум. 他喜欢她身上的一切：性格，心灵，头脑，全都喜欢，无一例外。

②Поднима́ется бе́лый олимпи́йский флаг, на кото́ром пять коле́ц — голубо́е, чёрное, красное, жёлтое и зелёное. 白色奥林匹克旗帜正在升起，旗上有蓝黑红黄绿五个圆环。

总括词在同等成分后面时，在最后一个同等成分之后加破折号。试比较：

①Село́, це́рковь, бли́жний лес — всё исче́зло в сне́жной мгле, крутя́щейся в во́здухе. 村子、教堂、附近的树林——这一切都隐没在漫天飞舞的雪障之中。

②На лугу́, на хлеба́х — везде́ тяжёлыми ка́плями лежа́ла роса́. 草地上，庄稼上——到处都是沉甸甸的露水珠。

当总括词和同等成分之后还有其它句子成分时，不仅要在总括词和同等成分之间加冒号，而且还要在最后一个同等成分与其它句子成分之间加破折号。试比较：

①Все предме́ты дома́шнего обихо́да: ведро́, совки́, ухва́ты, котёлки — бы́ли ей удиви́тельно по руке́. 所有的日常用具：桶、簸箕、炉叉和锅，她用起来都十分顺手。

②Всё у нас разгра́били: пла́тье, бельё, ве́щи, посу́ду — ничего́ не оста́вили. 把我们所有的东西：衣服、家用布品、什物、餐具都抢走了，什么东西都没留下。

如果总括词（在前）和同等成分（在后）之间有插入语，如：как-то（例如），а и́менно（即，就是说），наприме́р（例如），то есть（即，就是）等时，原加在总括词和同等成分之间的冒号应移至插入语后面，而原来的位置上换用逗号。试比较：

①В отря́де набрало́сь ещё мно́го похо́дного инвентаря́, как-то: котлы́, ча́йники, топоры́, попере́чная пила́. 队伍里已有很多行军用的器具，如：锅，壶，斧，截锯。

②Все поро́ды дере́вьев смоли́стых, наприме́р: сосна́, ель, пи́хта и проч., называ́ются красноле́сьем. 含有树脂的树种，如松树，云杉，冷杉等，称作针叶树。

有时，在同等成分（在前）和总括词（在后）之间有表示总结性意义的插入语，如：сло́вом（总之），одни́м сло́вом（一句话，总之），коро́че говоря́（简言之）等，这时原总括词前的破折号移至该插入语前，而插入语与总括词之间点逗号。试比较：

Размышлять, анализировать, делать выводы — словом, думать — остаётся такой же тяжёлой работой, как и прежде. 思考，分析，得出结论——总之，考虑问题，一如从前，是一项艰巨的工作。

# 16 独立次要成分

句中，某个次要成分可以在意义和语法上被突出和强调，成为独立成分。书面上用逗号(有时用破折号)将其与其它句子成分隔开，语调上往往采用适当的停顿、加强重音、减慢语速等手段表达出来。

## (1) 独立定语

**独立一致定语**

一致定语在下列条件下独立：

i. 动词短语和扩展的形容词位于主导词之后时，一般独立。试比较：

①Воспитáтель, не имéющий авторитéта, не мóжет быть воспитáтелем. 一个没有威信的教育者是不能成为一个教育者的。

②Рукá Корнéя, держáвшая чáшку, задрожáла. 科尔涅伊端着茶碗的手颤抖起来。

③Вчерá она принеслá тóлстую тетрáдку, испи́санную стихáми. 昨天她带来一个写满诗句的厚本子。

④Он óчень чáсто укáзывал мне на преувеличéния, допускáемые мнóго в расскáзах. 他常给我指出我在短篇小说中所犯的夸张毛病。

⑤И тут услы́шал он стон, едвá внятный. 正在这时他听见了一声微弱得勉强能听得见的呻吟声。

⑥Былá на столé черни́льница, сéрая от пы́ли. 桌子上放着一个落满灰尘的墨水瓶。

非扩展的形容词在主导词之后连用两个或更多时，一般独立。试比较：

①Невéста, молодáя и высóкая, былá одéта в голубóй сарафáн. 新娘年纪轻、个子高，身穿一件天蓝色无袖长衣。

②Страх, томи́тельный и ужáсный, дости́г крáйнего напряжéния. 令人痛苦、使人震惊的恐惧达到了极点。

但如主导词(即被说明词)本身在意义上不能独立，即离开一致定语便不能表达必要的概念时，后置的一致定语(无论扩展还是不扩展)就不再独立。试比较：

①Инна человéк самостоя́тельный. 英娜是个自食其力的人。(Инна человек 不通。)

②На ста́нции сиде́л в углу́ прое́зжий с ви́дом терпели́вым. 过路人坐在车站的角落里，默默等待着。（проезжий с видом 不能成立。）

③Я па́мятник себе́ воздви́г нерукотво́рный. 我为自己建立了一座非人手所能建造的纪念碑。（说话者要表达的不是纪念碑本身，而是纪念碑的特点。）

后置的两个（或更多）一致定语，只有当主导词前还有一个一致定语时才必须独立。试比较：

①Прие́хал молодо́й челове́к, молчали́вый, нело́вкий и да́же засте́нчивый. 来了一个年轻人，他沉默寡言，笨手笨脚，甚至有些羞羞答答。

② Была́ глубо́кая ночь — тёмная, о́блачная, безлу́нная и ве́тренная. 深夜—— 一个昏暗的、乌云密布的、月黑风高之夜。

**注意**：有时形容词及形动词短语可以与动词构成静词性合成谓语，这时便不再独立。试比较：

①Мать её рабо́тала ткачи́хой, уходи́ла на фа́брику у́тром, приходи́ла к ве́черу уста́лая. 她母亲是个纺织工人，早晨赶着去厂里上班，晚上疲惫不堪地回来。

②Вот и бу́дете лежа́ть недобри́тый, с полови́ной бороды́. 您就这样，脸没刮完，留着一半胡须躺着吧。

ⅱ. 位于主导词前的一致定语在产生原因、让步等状语意义时，应独立。试比较：

①Злые от неуда́чи, охо́тники верну́лись на па́секу. 因不顺利而恼火的猎人们回到了蜂场。

②Ли́чно мя́гкий в свое́й мане́ре, Васи́лий был стро́гим в свои́х при́нципах. 尽管瓦西里举止温和，可在行动准则上却一丝不苟。

ⅲ. 当一致定语和主导词被句子其它成分隔断时，应独立。试比较：

①Инспе́ктор входи́л в фойе́, торже́ственный и пара́дный. 视察员走进剧院休息室，气宇轩昂，衣着华丽。

②Де́вочка лику́ет и смеётся, охва́ченная сча́стьем бытия́. 小姑娘心中充满了生活的幸福感，心花怒放，笑容满面。

ⅳ. 说明人称代词时，一致定语无论在前还是在后，都要独立。试比较：

①По́сле трениро́вки, пы́льные и уста́лые, они спеша́т в душ. 训练之后他们浑身尘土，又很疲劳，都赶着去淋浴。

②В бу́дничные дни по́сле уро́ков мы, ма́ленькие, разбега́лись по па́рку. 平日课后我们这些小孩在公园里到处乱跑。

而说明不定代词（кто-то，кто-нибудь，что-то，что-нибудь 等）的一致定语往往与其共同表达一个事物，则不再独立。试比较：

①В её тепе́решней весёлости было что-то де́тское, наи́вное. 在她现在的愉快心情中有某种孩子般的质朴的东西。

②Они возбужда́ли у меня́ како́е-то больщо́е чу́вство, всегда́ беспоко́йно хоте́лось сде́лать что́-нибудь хоро́шее для них. 他们使我产生了一种强烈的感情，总是急切地想为他们做点有益的事情。

不过，当强调不定代词（如 что-то）所表达的东西作为事物存在时，不定代词与一致定语要用逗号隔开，有时中间夹有其它成分，从而使一致定语独立。试比较：

①В теле́ге лежа́ло что-то, накры́тое полотно́м. 大车里放着什么东西，是用布盖着的。

②Иногда́ у неё кро́ется что-то в глаза́х и слова́х, похо́жее на секре́т. 有时在她的眼神和言谈之中似乎隐藏着某种秘密。

**独立非一致定语**

非一致定语在下列情况下独立：

ⅰ. 当非一致定语在句中起到类似表语的作用时（参见 11.（2）的表语部分），应当独立。试比较：

①Дво́рник был молодо́й ма́лый, лет двадцати́ пяти́, с чрезвыча́йно старообра́зным лицо́м. 客栈老板是个年轻的小伙子，25 岁左右，脸色显得分外苍老。

②Не́которые расска́зы, в ви́де миниатю́р, ста́вились на сце́не. 某些短篇小说以小型文艺作品的形式搬上了舞台。

ⅱ. 非一致定语与独立一致定语共同使用时，也要独立，无论非一致定语在独立一致定语前面还是后面。试比较：

①У него́ есть фрак, си́ний, с золоты́ми пу́говицами. 他有一件燕尾服，是蓝色的，缀着金色纽扣。

②Это был молодо́й челове́к, лет двадцати́, угрева́тый, лохма́тый. 这是个青年人，20 岁左右，脸上有粉刺，头发乱蓬蓬。

ⅲ. 人称代词及专有名词所带的非一致定语，要独立。试比较：

①Он, в испу́ге, маха́л то́лько руко́ю, призыва́я к себе на по́мощь. 惊恐之中，他只是招手呼救。

②Навстре́чу шла Ири́на, в бе́лом пла́тье, как всегда́, с непокры́той голово́й. 伊琳娜迎面走来，穿一身白色连衣裙，像往常一样没戴头巾。

ⅳ. 由形容词比较级或动词不定式充当的非一致定语，在主导词前已有一致定语的情况下要独立。试比较：

①Коро́ткая борода́, немно́го темне́е воло́с, слегка́ оттеня́ла гу́бы и подборо́док. 比头发颜色还稍深一些的短胡须,使嘴唇和下巴显得突出。

②Мере́сьев всей си́лой свое́й во́ли устреми́лся к одно́й це́ли — научи́ться ходи́ть. 梅列西耶夫的全部毅力集中到一个目的上——学会走路。

当主导词前没有一致定语时,可不独立。试比较:

①Ве́рнер попроси́л меня́ отсчита́ть ему деся́точек каки́х-нибудь расска́зов посмешне́е. 威尔纳请我给他选出十篇更逗乐的短篇小说。

②На друго́й день был полу́чен прика́з сверну́ть рабо́ту го́спиталя и эвакуи́роваться на ле́вый бе́рег Во́лги. 第二天接到命令:医院工作暂停,后撤到伏尔加河左岸。

### (2) 独立同位语

同位语在下列情况下独立:

ⅰ. 当同位语位于主导词后面,起到补充的确切说明作用时,要独立。此类同位语往往表示事物的特征,人的姓名、性别、年龄、民族、职业、身份及社会地位等情况。试比较:

①На сле́дующий день я прие́хал в Бе́лую це́рковь и останови́лся у стари́нного прия́теля отца́, нача́льника почто́вой конто́ры. 第二天我来到白教堂,站在父亲的老朋友——邮政所所长旁边。

②Мать, ткачи́ха, соревну́ется с до́черью, на соревнова́ние вы́звала её дочь, но мать, рабо́тница более о́пытная, победи́ла дочь. 当纺织工的母亲和女儿竞赛,挑战是女儿提出的,但母亲操作经验更丰富,战胜了女儿。

ⅱ. 当同位语取得原因、让步等状语意义时,要独立。试比较:

①Прекра́сный врач, Че́хов забо́тливо и уме́ло лечи́л люде́й. 因为契诃夫是一个极好的医生,他关切地、用高超的医道为人们治病。〔原因意义〕

②Просла́вленный разве́дчик, Тра́вкин остава́лся ти́хим и скро́мным ю́ношей. 特拉夫金虽是个出名的侦察员,可他仍旧是文静谦逊的青年。〔让步意义〕

ⅲ. 同位语说明人称代词或者在专有名词之后时,要独立(同位语在专有名词之前需取得状语意义方可独立,参见本节(2))。这时,有些句中同位语表示确切意义,有些句子带有原因、让步等意义。试比较:

①Улыбну́лся он, пло́тник. 他这个木匠笑了。

②Казако́в родна́я степь убаю́кала ско́ро и кре́пко, то́лько мне, чужаку, всё ещё не спало́сь. 家乡的草原使哥萨克很快入眠酣睡,只有我这个外乡人仍然不能成眠。

③Стари́к ка́ждый раз прино́сит пода́рки дереве́нским де́тям и свое́й сосе́дке

На́сте — многоде́тной, но не ста́рой ещё же́нщине. 老人每次都带些礼物给乡下的孩子们和邻居娜斯佳——她已有好几个孩子，但还不算老。

ⅳ. 带 как 的同位语当具有原因意义时，可以独立。试比较：

①Он, как челове́к с о́чень до́брым се́рдцем, серди́лся ре́дко. 他因为心地善良，很少生气。

②Матве́я Кузьми́на похорони́ли, как офице́ра, с во́инскими по́честями. 马特维·库兹明是按军队礼仪下葬的，因为他是军官。

③Мне, как начина́ющему актёру, необходи́ма была́ по́мощь, указа́ния. 我因为是一个刚起步的演员，十分需要得到帮助和指导。

带 по и́мени, по фами́лии, по про́звищу, ро́дом 等的同位语具有补充确切意义时，可以独立。试比较：

①На его ме́сто был приглашён но́вый учи́тель, по фами́лии Бутке́вич. 请了一位新教师来代替他，他姓布特克维奇。

②В ку́хне рабо́тает дорого́й по́вар Ива́н Ива́нович, по про́звищу Медвежо́нок. 在厨房忙活的是可亲的厨师伊万·伊万诺维奇，绰号小熊。

**注意**：带 как 的同位语应与其所说明的名词或人称代词同格，而带 по и́мени, по фами́лии, по про́звищу, ро́дом 等的同位语永远用第一格形式。

### (3) 独立状语

副动词、副动词短语、某些前置词结构充当的状语可以独立，有时副词根据需要也可以独立。

ⅰ. 副动词和副动词短语在具有次要行为意义时应当独立，无论其位置在动词谓语前还是后。试比较：

①Приближа́ясь к ро́ще, Ли́за пошла́ ти́ше. 丽莎走近小树林时，放慢了脚步。

②Нельзя́ лома́ть но́рмы, не поду́мавши. 不能不经考虑就打破常规。

③Офице́р, опира́ясь на па́лку и прихра́мывая, шёл впереди́. 军官拄着拐杖，稍微有点瘸地走在前面。

④Постоя́в мину́т два́дцать на остано́вке и не дожда́вшись трамва́я, я, по приме́ру други́х, отпра́вился пешко́м. 我在车站站了20来分钟，没有等到电车，就像其他人一样步行走了。

⑤Чепурнико́в и сел на пол, трево́жно бе́гая по ко́мнате глаза́ми. 切普尔尼科夫在地板上坐下，两眼不安地扫视着房间。

副动词和副动词短语在许多情况下可以相当于主从复合句中的从属句，关于两者互换的问题,参见6.。

ⅱ.副动词和副动词短语在下列条件下不独立:

作用相当于副词,表示行为的方式方法,与动词关系紧密,形成一个语义段。试比较:

①Он шёл не остана́вливаясь. 他一步不停地走。

②Оля не смогла́ да́же вы́прямиться и продолжа́ла сиде́ть скрю́чившись. 奥丽亚甚至都直不起腰来,仍旧蜷缩着坐在那里。

③«Дело» прекращено́: бы́ло при́знано, что я уби́л защища́ясь. "案子"终结了:判定我是自卫杀人。

与副词构成同等成分时,一般不独立。试比较:

①Она сказа́ла восто́рженно и задыха́ясь: вы свобо́дны. 她兴高采烈而又气喘吁吁地说:"您自由了。"

②Всё это он сде́лал споко́йно и не торопя́сь. 这一切他都是平静地、不慌不忙地做完的。

已转化为副词的副动词或已成为固定词组的副动词短语,不再独立。这类副动词和副动词短语有:не спеша́(不慌不忙地),сто́я(站立着),мо́лча(默默地),шутя́(不费力地),лёжа(躺着),си́дя(坐着),кра́дучись(悄悄地);сломя́ го́лову(拼命地),сложа́ ру́ки(闲着),спустя́ рукава́(马马虎),засучи́в рукава́(鼓起劲来),не переводя́ ду́ха(一口气地),не поклада́я рук(不住手地)等。试比较:

①Ка́менщик взял кирпи́ч, приме́рил и мо́лча положи́л наза́д. 瓦工拿起一块砖,比量一下之后,一声不响地放回原处。

②Укоря́л он меня́ всю доро́гу за то, что мы рабо́таем спустя́ рукава́. 一路上他一直数落我,说我们干活儿敷衍了事。

③Всю жизнь труди́лся Илья́ не поклада́я рук. 伊利亚一生都不停地劳动。

ⅲ.某些前置词结构可以独立,其中表示让步意义的 несмотря на...(尽管,虽然)在任何情况下都独立。试比较:

①Я благополу́чно доплы́л до Ту́на, несмотря́ на си́льное волне́ние о́зера. 尽管湖上风浪很大,我还是顺利地乘船到了图恩(瑞士城市)。

②Несмотря́ на постоя́нную серьёзность, по лицу́ Че́рникова иногда́ пробега́ла улы́бка. 虽然切尔尼科夫一贯态度严肃,但他脸上也会偶尔掠过微笑。

下列前置词结构可独立,也可不独立。扩展的程度越大,即结构越复杂,独立的可能性越大;其位置越接近句首,独立的必要性越大。当其位于句末或说话者不十分强调时,可不独立。

这类前置词结构有:

表示原因意义的：благодаря́（чему）（由于……，多亏……），согла́сно（чему）（依照），ввиду́（чего）（因为），всле́дствие（чего）（因为），в си́лу（чего）（由于，因为），по причи́не（чего）（由于……的原因），по слу́чаю（чего）（因为），за неиме́нием（чего）（由于缺少……）等。

表示条件意义的：при нали́чии（чего）（在有……的条件下），при отсу́тствии（чего）（在缺少……的情况下），при усло́вии（чего）（在……的条件下），в слу́чае（чего）（如果发生……时）等。

表示让步意义的：вопреки́（чему）（与……相反，不管），невзира́я на（что）（不管，不顾）等。

试比较：

①Вреди́тели фрукто́вых дере́вьев，благодаря́ своевре́менно при́нятым ме́рам，бы́ли бы́стро уничто́жены. 果树的害虫，由于〈多亏〉及时采取措施被迅速地消灭了。

②По слу́чаю волне́ния на мо́ре，парохо́д пришёл по́здно. 轮船因海上起浪晚点了。

③Согла́сно реше́нию о́бщего собра́ния，все уча́щиеся при́няли уча́стие в озеле́нии шко́льного двора́. 根据全体大会决议，所有学生都参加了绿化校园劳动。

④Здоро́вье рабо́чих стано́вится прочне́е благодаря́ систе́ме о́тпусков. 由于实行假日制，工人的健康状况好多了。（此例中前置词结构因在句末而不独立。）

⑤Оде́жда моя́，вопреки́ моро́зу，была́ вся мокра́. 虽然天寒地冻，我的衣服却湿透了。

（4）有时在说话者特别强调的情况下，副词和一般的前置词结构等也可以独立。试比较：

①Он стал стона́ть，гро́мко и театра́льно. 他开始装模作样地大声呻吟起来。

②Она мы́лась，пото́м стара́тельно，до красноты́，тёрла полоте́нцем лицо́ и ру́ки. 她洗了脸，之后又用毛巾用力地擦，把脸和手都擦红了。

## （4）独立前置词结构（补语）

某些起补语作用的前置词结构可以独立，如：кро́ме（кого，чего）（除了），вме́сто（кого，чего）（代替），поми́мо（кого，чего）（除了），за исключе́нием（кого，чего）（除……之外），исключа́я（кого，чего）（除……之外），сверх（чего）（除……之外），включа́я（кого，что）（包括……在内），не счита́я（кого，чего）（不算）等。试比较：

①Всем бы́ло поня́тно, кро́ме Крини́цкого. Он ничего́ не смы́слил в те́хнике. 除了克利尼茨基,大家都明白了,他对技术一点也不懂。

②Расска́з о́чень понра́вился мне, за исключе́нием не́которых дета́лей. 除某些细节外,整篇故事我都很喜欢。

③Со все́ми на парохо́де, не исключа́я и молчали́вого буфе́тчика, Сму́рый говори́л отры́висто. 斯穆雷和船上所有的人说话都是断断续续的,对沉默的食堂服务员也不例外。

④Обе́д, сверх обыкнове́ния, прохо́дит благополу́чно. 和往常不同,这顿午饭吃得很顺利。

⑤Состоя́ние Ла́птевых, счита́я одни́ то́лько де́ньги и це́нные бума́ги, равня́лось шести́ миллио́нам рубле́й. 拉普捷夫家族的财产,仅现金和有价证券就有六百万卢布。

不过,前置词 кро́ме, вме́сто 等,当只与单个的名词(或代词)连用(即不够扩展),而说话者又不强调时,也可以不独立。试比较:

①<u>Вме́сто тебя́</u> сде́лаю я. 由我来替你做。

②<u>Кро́ме учителе́й</u> на экза́мене был дире́ктор шко́лы. 除教师外,考试时校长也在。

### (5)独立确切与说明成分

这是一类对句子另一成分起确切与说明作用的句子成分,其位置在句子另一成分后面,要独立,其间用逗号或破折号、冒号及连接词 то есть, или, а именно, именно 等。试比较:

①Наш ла́герь тут недалеко́, сра́зу за ре́чкой. 我们的营地离这里不远,过了小河就是。

②Пе́тя яви́лся ко мне о́чень ра́но, в шесто́м часу́. 别佳到我这儿来得很早,是早晨5点多钟。

③По соглаше́нию с крестья́нами, в ука́занные дни, весно́й и о́сенью, их допуска́ли в лес. 根据与农民达成的协议, 在指定日期, 春天和秋天, 允许他们进入森林。

④Его не удивля́ло, что генера́л так риско́ванно прие́хал сюда́, на пере́дний край. 将军如此冒险地来到这里, 来到前沿, 没有使他感到惊奇。

⑤У Гончаро́ва есть изуми́тельная спосо́бность: останови́ть лету́чее явле́ние жизни. 冈察洛夫有一种惊人的能力:善于捕捉稍纵即逝的生活现象。

⑥От э́тих воспомина́ний и сла́дко и го́рько и чего́ бо́льше — ра́дости или печáли — не разобрáть. 这些回忆带来的有甜也有苦，什么成分多一些：是高兴，还是痛苦——没法确定。

⑦Сáмый процéсс усвоéния знáний заключáет в себé и рассýдочную дéятельность，то есть составлéние суждéний и умозаключéний. 掌握知识的过程本身就包括理性活动，即形成判断和推理。

⑧Услóвия средь́ неоргани́ческой，органи́ческой и надоргани́ческой，или социáльной，неодинáковы. 无机界、有机界和超乎有机界之上的领域，或者说社会领域，三者条件是不相同的。

⑨В бýдние дни，и́менно в пя́тницу мы решáем，что бýдем дéлать в выходны́е. 我们在平日，就是星期五，要决定休息日做些什么。

## 17 插入语

插入语可以由词、词的组合以及简单句充当，表示说话人对句子内容的主观态度或评价。

插入语在句中不做句子成分，一般用逗号或破折号将它与句子其它成分隔开，在语流中音调低，速度快。

插入语在句中位置十分灵活，即可在句首、句中或句末，可以随说话人主观意愿自由进入句子或脱离句子。

注意：词或词的组合是否是插入语，关键要看它在句中是否充当句子成分。只有可以自由脱离句子而句子的结构不受影响的，才可能成为插入语。试比较：

①Мно́го изме́рил земли́ э́тот челове́к, мно́го, должно́ быть, он ви́дел и слы́шал. 这个人到过很多地方，想必见闻一定很广。（должно быть 为插入语）

②Я о́чень понима́ю, что вам должно́ быть ску́чно слу́шать э́ти их излия́ния. 我非常理解，让您听他们这些倾诉是很乏味的。（должно быть 为无人称句的主要成分，不是插入语）

插入语的结构十分复杂，但其表达的意义基本上有下面几种：

ⅰ. 起强调作用，用来引起听话人的注意。这类插入语有：повторя́ю（再说一遍），подчёркиваю（再强调一遍），что ещё важне́е（更重要的是），предста́вьте себе́（请设想一下），пове́рьте（请相信），мо́жете себе́ предста́вить（您可以设想），наприме́р（例如），к приме́ру（例如）等。

有时这类词只是由于说话者在思想表达上遇到困难或在寻求更准确的表达方式而加进句子里去的，因而并不都具有实在的意义。例如：так сказа́ть（这么说吧），понима́ете（您明白），скажу́ вам（我跟您说），на́до сказа́ть（应当说），в о́бщем（总体上说），со́бственно говоря́（其实）等。试比较：

①На него́ поде́йствовал све́жий во́здух и, так сказа́ть, раскача́л его́. 新鲜空气对他起了作用，这么说吧，使他振奋起来。

②В о́бщем, зада́ча литерату́ры — облагоро́дить челове́ка. 总的来说，文学的任务是使人的精神境界变得更高尚。

ⅱ. 主观上的各种评价及情感上的各种反映。例如：к сча́стью（幸而），к несча́стью（不幸），к сожале́нию（遗憾），к удивле́нию（令人吃惊），чего́ до́брого（一旦），наве́рное（大概），пожа́луй（大概），ка́жется（好像），ви́димо（看来），по-видимому(看来),вероя́тно(可能),мо́жет быть(可能),должно́ быть(想必),ви́дно(显然),без сомне́ния(不用怀疑),коне́чно(当然),разуме́ется(当然),само́ собо́й разуме́ется(很自然),действи́тельно(真的),предполо́жим(假定说),допу́стим(假定),возмо́жно(可能),говоря́ по со́вести(凭良心说),пря́мо скажу́(直说),признаю́сь(说实在的),в су́щности говоря́(实际上)等。试比较:

①В далёкое путеше́ствие мы, к сожале́нию, не могли́ взять мно́го соба́к. 真遗憾,由于长途跋涉我们不能带很多狗。

②Пье́са э́та, коне́чно, па́мятна нашим чита́телям. 当然,这个剧是我们的读者难以忘怀的。

③Мо́жет быть, вы у меня́ немно́го передохнёте после доро́ги? 或许,您走累了,在我这里稍微休息一下?

ⅲ. 表明言语的风格或方式。例如:лу́чше сказа́ть(比较正确地说),ина́че говоря́(换句话说),гру́бо говоря́(大概地说),е́сли мо́жно так вы́разиться(如果可以这样表达的话),верне́е(сказать)(更确切地说),коро́че говоря́(简言之),(одни́м) сло́вом(一句话),други́ми слова́ми(换句话说),про́ще сказа́ть(简略地说)等。试比较:

①Мно́го прекра́сного в живо́й действи́тельности, или, лу́чше сказа́ть, всё прекра́сное заключа́ется то́лько в живо́й действи́тельности. 许多美好的事物存在于活生生的现实中,或者,不如说,一切美好的事物只蕴含在活生生的现实中。

②Лишь тепе́рь, во времена́ синте́тики мы научи́лись цени́ть настоя́щую шерсть, настоя́щие шелка́ и меха́, настоя́щую льняну́ю ткань, сло́вом, всё настоя́щее. 只是现在,在合成材料时代,我们才学会了珍视真毛、真丝、真毛皮、真正的亚麻织物,一言以蔽之,珍视一切真正的东西。

ⅳ. 表示说话内容在言语中的地位或相互关系。例如:во-пе́рвых(首先,第一),во-вторы́х(其次,第二),кро́ме того́(除此之外),сле́довательно(所以,那末),ста́ло быть(因而),напро́тив(相反),наоборо́т(相反)等。试比较:

①Очень пло́хо, что три дня вы боле́ли на нога́х: во-пе́рвых, у вас мо́гут быть осложне́ния; во-вторы́х, вы могли́ зарази́ть гри́ппом други́х люде́й. 您已经病了三天却还没有休息,这很不好:第一,您的病情有可能加重;第二,您能把流感传染给别人。

②Слёзы не облегча́ли го́ря, наоборо́т, утяжеля́ли его. 眼泪并没有减轻悲痛,相反,更加重了痛苦。

ⅴ. 表明说话内容的来源。例如:по(чьим) слова́м(据……讲),по-мо́ему(按我的意思),говоря́т(据说),как говоря́т(听人说),как изве́стно(众所周知),как считáют(有人认为),с тóчки зрéния (когó)(根据……的观点),как полагáю(据我估计)等。试比较:

①По егó словáм, я растрáтил себя́ по мелочáм. 照他的话说,我把自己的精力都耗费在一些微不足道的小事上面了。

②Что же вы тут нахóдите смешнóго? По-мóему, письмó э́то чрезвычáйно трóгательно. 您认为这里有什么可笑的吗?依我看,这封信非常令人感动。

③Говоря́т, Лаврéцкий посети́л тот отдалённый монасты́рь, кудá скры́лась Ли́за. 据说,拉弗列茨基拜访了丽莎去隐居的那个遥远的修道院。

ⅵ. 表明行为或状态达到的程度或与时间的关系。例如:по крáйней мéре(至少),в той и́ли инóй стéпени(在某种程度上),в значи́тельной стéпени(在相当程度上),по обыкновéнию(按习惯),по обы́чаю(按习惯),бывáет(常常是),случáется(常发生),как всегдá(和往常一样)等。试比较:

①Николáй Евгрáфыч знал, что женá вернётся домóй не скóро, по крáйней мéре, часóв в пять. 尼古拉·叶夫格拉菲奇知道妻子不会很快就回家,最早也要到5点左右。

②Когдá он объяви́л о своём намéрении отцý, тот, по обыкновéнию, смолчáл. 当他向父亲宣布自己的打算时,父亲和往常一样,什么话也没有说。

③Бóцман, случáлось, возвращáлся с бéрега пья́ный вдрызг. 水手长有时从岸上回船烂醉如泥。

# 18 并列复合句

并列复合句的组成部分由并列连接词连接。并列连接词有三类：一、联合连接词，如：и（и...и...），да（да...да...），ни...ни...，тоже，также 等；二、对别连接词，如：а，же，но，да，однако，зато，а то，а не то，не то 等；三、区分连接词，如：или（или...или），либо（либо...либо），ли...ли（ли...или），то...то，то ли...то ли，не то...не то 等。还有一类表示接续（即补充说明）意义的连接词是由前两类并列连接词演变而来的，如：да и，и даже，и притом，к тому же 等。

## （1）带联合连接词的并列复合句

**и**

ⅰ. 时间关系：同时或先后关系

在表示同时关系时，и 往往可以不译。试比较：

①Ночь былá тумáнная, и сквозь тумáн таи́нственно пробивáлся лу́нный свет. 夜间多雾，月亮穿过雾幕，洒下神秘的光。

②Анна улыбáлась, и её улы́бка передавáлась емý. 安娜微笑着，她的笑也感染了他。

当同时意义减弱而主要表示相同意义时，и 可以译为“也”。试比较：

Они́ смотрéли друг дрýгу в глазá. Взгляд Кравцóва был холóдно-самоувéренный, и взгляд Дани́лова был холóдно-самоувéренный. 他们对望着。克拉弗佐夫的目光是冷静自信的，达尼洛夫的目光也是冷静自信的。

当句首有整个复合句各组成部分共同的状语成分时，и 之前的逗号可以略去。试比较：

①Во всех и́збах свети́лись огоньки́ и топи́лись пéчи. 所有农舍都亮起了灯火，炉灶也都燃起火来。

②Недáвно шёл дождь и ещё более освежи́л вóздух. 不久前下了一场雨，空气更加清新了。

上述句子中，谓语动词用同一时间形式。

在表示先后关系时，и 有时可以不译，有时可译为：“于是”、“便”等。试比较：

①Колёса кáтят совсéм без шýму, и след позади́ тóлько мáслится. 车轮无声前进，过后留下闪着油光的车辙。

②Я назвáл себя, и мы разговорúлись. 我通了姓名,于是我们就交谈起来。

③Сóлнце зашлó, и в лесý сразу потемнéло. 太阳落山了,林子里立刻暗了下来。

先后关系中,谓语动词多用完成体形式,如例②、③;例①中用的是历史现在时形式,因而是未完成体。

ⅱ.原因－结果关系

此类复合句中,и 前部分表示原因,и 后部分表示结果。试比较:

①Грýстные словá отцá расстрóили Пóлю, и онá гóрько заплáкала. 父亲忧伤的话使波利娅很难过,她痛哭起来。

②Мысли мешáлись в егó головé, и словá не имéли никакóй свя́зи. 他思维一片混乱,所以说话也前言不搭后语了。

③За дóлгие гóды ему пришлóсь порабóтать во мнóгих местáх, и знал он немнóго профéссий. 多年来他在很多地方都干过,因而熟悉了几种职业。

④Дорóга былá в ухáбах, и грузовúк сúльно тряслó. 路上坑坑洼洼,因而卡车颠得很厉害。

ⅲ.条件－结果关系

此类复合句中,и 前部分表示条件,其中多用带条件意义的命令式形式。и 后部分中常用完成体将来时形式,表示可能或不可能发生某种结果。试比较:

①Поглядú сам в пéчку, и увúдишь, что там ничегó нет. 你要是自己往炉子里看一看,就会看到那里什么都没有。

②Я чýвствую в гóлосе жены́ вы́зов. Скажú «нет» — и нарвёшься на неприя́тность. 在妻子的声音中我感到了挑衅的意味。你要是说声"不",那就会碰上不愉快的事。

③Купúл бы я лодку, постáвил бы пáрус — и катáй себé вниз по Лéне до сáмого Якýтска. 要是我买到一条船,张起帆,我就能沿着勒拿河快速顺流而下,直达雅库茨克。

还有一类情况,前部分提供了时间、行为等条件,и 后部分表示该条件已经引起或必将引起的结果。试比较:

①Миг ещё — и нет волшéбной скáзки. 转瞬间魔幻的神话世界就不见了。

②Дорóги ужé плывýт: ещё нéсколько дней — и движéние приостанóвится. 路上的水漫流,再过几天交通就要中断。

③Зúна чýвствует, что ещё кáпельку — и Тёма сдáстся. 济娜感到,再稍微施加一点压力,乔玛就会依从。

(4)对比、对立关系

此类复合句中前后部分的内容处于对比、对立关系中，и 后多出现 всё же，всё-таки，однáко 等。试比较：

①Меня промýчили мéсяц，и до сих пор подпи́ска о невы́езде не снятá. 我被折磨了一个月，可至今不离境具结还没撤销。

②В кóмнате бы́ли откры́ты все óкна с прáвой стороны́，и всё-таки бы́ло дýшно. 房间里已把右面窗户全打开了，可仍然闷热。

③Я не мог себé дáже предстáвить，что бýду учáствовать в "Лесе"，и всё же это произошлó. 我甚至不能想象，我将加入到"森林队"里，但这一切还是发生了。

④Этого все и ожидáли，и однáко настроéние было испóрчено. 人们都期待着这一结果，不过心情还是被破坏了。

**да**

да 做联合连接词只用于两个行为或现象同时发生的时候，其意义与 и 基本相同，主要用于口语。试比较：

①Он пил чай，да бýлку прикýсывал. 他一面喝茶，一面小块小块地咬白面包吃。

②В нéбо взлетáли ракéты，да и́зредка прорезáли пóле трáссы пулемётных очередéй. 信号弹升向天空，机枪点射的弹迹也不时穿过战场。

**и...и...（да...да...）；ни...ни...**

и...и...（да...да...）既可以连接肯定句，也可以连接否定句，而 ни...ни...只用来连接否定句。这些叠用连接词都表示并存的现象或同时发生的行为（ни...ни...表示否定的列举）。试比较：

①Уже и снег нáчал сéяться с нéба，и вéтви дерéвьев убрáлись и́неем. 雪花开始从天上飘落，树枝披上了银装。

②Лéночка и не разви́та，и не умнá，и она не сия́ет никаки́ми осóбенными добродéтелями. 列诺奇卡既不成熟，也不聪明，而且她也没有任何特殊的美德。

③В садý бы́ло ти́хо，тóлько пти́ца иногдá ворочáлась и опя́ть засыпáла в ли́повых вéтвях，да нéжно и печáльно óхали древéсные лягýшки，да плескáлась ры́ба в прудý. 花园里一片静悄悄，只有小鸟在椴树枝头蹦来跳去，时而又静静睡下，再有几只雨蛙轻柔而凄凉地叹息，还有鱼儿在池塘里嬉戏。

④Мы жи́ли с ним в сáмых дружелю́бных отношéниях. Ни он нас не трóгал，ни мы его не обижáли. 我们和他相处得十分友好。他从不触犯我们，我们也没欺侮过他。

⑤Ни стрéлы не летáли，ни пýшки не гремéли. 箭矢不飞，大炮不响。

**注意**：да...да 只用于第二句及其后的句子开头，但不可用于第一句，而且具有口语色彩。

**тоже, также**

Тоже 和 также 均表示后者与前者相同或类似。这两个连接词都不用于第二句句首,而用于相类比的词之后。试比较:

①Ната́ша говори́ла шёпотом, дед то́же говори́л вполго́лоса. 娜塔莎说话悄声细语,老爷爷说话的声音也很小。

②Мы вы́строились в лине́йке, все остальны́е кла́ссы то́же постро́ились. 我们排成一列横队,其它班级也都站好了。

③То́ля лю́бит свою́ специа́льность, лю́бит он та́кже писа́ть пье́сы и игра́ть в них смешны́е ро́ли. 托利亚喜欢自己的专业,他也喜欢写剧本,并在剧本中扮演滑稽角色。

除上述连接词外,属于联合连接词的还可以有双重连接词 не только... но и...。试比较:

①Петро́ про́дал ры́бу и не то́лько возмести́л свои́ убы́тки, но у него́ и оста́лись свобо́дные де́ньги. 彼得罗卖了鱼,不仅补偿了自己的损失,而且还剩下一些闲钱。

②Он бы не то́лько мог созда́ть из со́бственных сни́мков це́лую ле́топись войны́, но ему́ и к э́той ле́тописи не пона́добилось бы а́втора те́кста. 他不仅可以利用自己拍摄的照片创作出一部完整的战争画卷,而且他也无需别人为此画卷撰写文字说明。

## (2)带对别连接词的并列复合句

**а**

ⅰ. 对比－对照关系

此类复合句中,前后两部分的内容处于对比－对照关系中。试比较:

①Я на́черно напишу́, а Алексеев перепи́шет. 我打草稿,由阿列克谢耶夫誊写。

②Ребя́та пошли́ по и́збам, а дво́е при лошадя́х оста́лись. 孩子们各自回家了,而这两个人留下来看马。

③Есть челове́ка два-три в го́роде, с ни́ми он разгова́ривает, а бо́льше не́ с кем. 城里有两三个人,他同他们有交往,除此别无他人。

④За день доро́га си́льно подта́ивала, а к но́чи всё подмерза́ло. 白天路上融化得很厉害,到夜里又都冻上了。

ⅱ. 对比－让步关系

此类复合句中，前部分表述一个事实，后部分则表述与预期相反的事实。试比较：

①Ме́сяц-то хоть не взошёл ещё，а всё же ви́дно мале́нько. 虽然月亮尚未升起，毕竟是能看得见一点亮儿。

②На у́лице уже света́ло，а друзья́ всё не могли́ наговори́ться. 天已破晓，可是朋友们还是谈兴未尽。

③Наро́ду много，а рабо́тать не́кому. 人倒不少，可是干活儿却没人。

④Но что бы ни говори́ли，а ведь это действи́тельно был челове́к выдаю́щийся. 但不管人们说什么，可这毕竟真是一位优秀人物。

ⅲ. 对比－不协调关系

此类复合句中，后部分的内容与前部分处于不相协调的对比关系中。试比较：

①Го́род за после́дние го́ды си́льно измени́лся，а при́городы оста́лись в пре́жнем ви́де. 近年来城市变化很大，而郊区却依然如故。

②Лицо у Гриши худоща́вое，глаза́ ушли́ глубоко́，а нос，наоборот，чересчур выдался. 格里沙面孔瘦削，眼睛深凹，可鼻子却相反过分突出。

**же**

连接词 же 表示对比——对照关系，意义与 а 近似，但 же 的作用最突出强调与其连用的词。试比较：

①Они́ сде́лали своё，бу́дем же де́лать и мы. 他们做了自己的事，我们也来做我们要干的事。

②Вы всё зна́ете и понима́ете，я же путём сло́ва сказа́ть не уме́ю. 您什么都知道，什么都懂，而我呢，就连说话都说不清楚。

③Колёса не́которых станко́в враща́лись с быстрото́й 20 оборо́тов в секу́нду，движе́ние же други́х было так ме́дленно，что почти́ не замеча́лось гла́зом. 有几台机床的轮子以每秒 20 转的速度旋转，其它机床则慢得用肉眼看不出来它们在转动。

连接词 же 与 а 一般都可互换，只是 а 不如 же 那么强调与其连用的词。试比较：

Веселе́е и гро́мче всех смея́лся сам студе́нт，он же скоре́е всех и переста́л. 大学生本人比谁笑得都高兴，都响亮，可他比所有人笑容收得也快。— Веселе́е и гро́мче всех смея́лся сам студе́нт，а он скоре́е всех и переста́л.

**но**

ⅰ. 对立－让步关系

此类复合句中，连接词 но 使前后两部分内容处于对立－让步关系中。试比较：

①От уста́лости са́ми закрыва́лись глаза, но почему́-то не спало́сь. 累得眼睛自己闭上,可不知怎么的却睡不着。

②Сара́й то́лько что загоре́лся, но подступи́ться к нему́ уже нет возмо́жности. 板棚刚刚起火，但是已经无法靠近了。

③Предосторо́жности при́няты, но убере́чься от волне́ний всё-таки нельзя́. 事先已采取了预防措施，但仍不能在动乱中得以保全。

④Я мог собра́ть любу́ю маши́ну, хорошо́ знал мото́р, но с тео́рией мне приходи́лось ту́го. 我能组装任何机器，发动机也很懂，但是理论方面我觉得很困难。

连接词 но 所表示的让步关系与连接词 а 表示的让步关系的不同处在于：连接词 а 突出的是对比，即把两个事物、行为或现象进行对照，而连接词 но 强调两个事实内容的对立，这种对立有时只是说话者的主观态度的体现。因而当对立关系可以改变为对照、对比关系时，но 可以改用 а，反之也一样。试比较：

①Она́ меня́ люби́ла, (но→а) я её не люби́л.

②Прошло́ не так уж мно́го лет, (а→но) всё тут си́льно перемени́лось.

ⅱ. 对立－限制关系

此类复合句中，后部分内容与前部分内容对立，并对前部分内容的实现起某种限制作用。试比较：

①Больно́й засну́л споко́йно, но че́рез полчаса́ ка́шель разбуди́л его́. 病人安静地睡着了，但是过了半小时便咳嗽醒了。

②Мне ка́жется, что я рассужда́ю пра́вильно, но зада́ча не получа́ется. 我觉得我推算得对，可是题却解不出来。

③Бронепо́езд понёсся к ста́нции, но на поворо́те в лес бы́ли разо́браны шпалы. 装甲机车向火车站驶去，可是在通往森林的拐角处枕木被拆走了。（向前行驶受到遏制）

④Зи́на хоте́ла что-то сказа́ть в защи́ту Миха́йла Ива́ныча, но Марты́н оборва́л её. 济娜想说点什么替米哈伊尔 伊万内奇辩护，可是马丁粗暴地打断了她的话。（辩护这一想法再不能继续）

⑤Я хоте́л отвеча́ть ему́, но го́лос измени́л мне. 我想回答他，可是嗓子却不听我使唤了。（没有发生预期的结果）

ⅲ. 对立－补偿关系

此类复合句中，两部分的内容具有某种对立关系，前部分的内容是说话者认为缺欠或不足的方面，而后部分的内容表述了对该缺欠或不足进行补偿的方面。试比较：

①Ещё óчень мнóгое наýкой не достúгнуто，но всё это лишь вопрóс врéмени. 许多东西尚未经科学阐明，然而这只是时间问题。

②Экзáмен трýдный，но при терпéнии и усúдчивом трудé мóжно вы́держать. 考试很难，但只要有耐心，能坐住板凳，是可以考好的。

③Катю́ше бы́ло мнóго делá по дóму，но она успевáла всё передéлать и в свобóдные минýты читáла. 喀秋莎有许多家务事，可她不仅来得及做完，还有空看书。

④На зарé шёл дождь，но пóсле восхóда сóлнца тýчи разошли́сь. 早晨下着雨，可是太阳一出，乌云就消散了。

**да**

да 用做对别连接词意义与 но 相同，但多用于口语。试比较：

①Нáдо бы что-нибудь сказáть，да слов нет. 本应该说点什么，可是不知说什么。

②Я сам бы с охóтой рабóтал，да пáпа совéтует учи́ться. 我本人倒是很愿意去做工，可我爸爸要我去学习。

**однако**

однако 用做对别连接词可以表示对立－让步关系和对立－限制关系，这时与 но 同义，不过 однако 多用于书面语中。试比较：

①Андрéй ещё нóчью сложи́л вéщи，однáко вы́ехать ему удалóсь тóлько в вóсемь часóв. 安德烈夜里就把东西收拾好了，但到早 8 点才走成。

②Не оди́н Ньютон наблюдáл пáдающие с дéрева я́блоки — однáко не угáдывали же други́е закóнов тяготéния. 看到从树上落下苹果的不只是牛顿一人，但别人却没有从中琢磨出引力定律。

③Кня́зю это óчень не понрáвилось，однáко он реши́лся подождáть，что дáльше бýдет. 这事很不合公爵的意，但他决定等一等，看以后会怎么样。

④Погода была ветреная，однако ветер не совсем попутный. 那天是个大风天气，可是却不全是顺风。

**注意**：当复合句后部分表示与前部分内容预期相反的情况时，однако、но、а 可以换用。однако、но 表示对立－让步关系，а 表示对比－让步关系。（参见前面 3.(1)一节）。试比较：

①Бы́ло ещё рáно，однáко лю́ди ужé не спáли. 时间还早，可人们已经不再睡了。

②Бы́ло ещё рáно，но лю́ди уже не спáли.（译文同前句）

③Бы́ло ещё ра́но，а лю́ди уже́ не спа́ли. 时间还早，而人们已经不再睡了。

**зато**

连接词 зато 主要表示对立－补偿关系，有时为了加强补偿意义，可以与 но 连用。试比较：

①Здесь не па́хло сире́нью，зато па́хло по́лем，зелене́ли молоды́е рожь и пшени́ца. 这里虽已不再有丁香的芬芳，却有生机勃勃的田野，绿意盎然的黑麦和小麦。

②К бе́регу реки́ лы́жники напра́вились да́льним путём，че́рез лес，зато́ получи́ли они огро́мное удово́льствие. 滑雪者绕远道，穿过森林才到了河边，不过他们也获得了极大的乐趣。

③Покупа́телей э́тих произведе́ний обыкнове́нно немно́го，но зато́ зри́телей — ку́ча. 买这些作品的人通常不多，然而看的人却是一大群。

**а то，а не то，не то**

这三个对别连接词都表示条件－结果关系，多用于口语，意义基本相同，都可译为"要不然（的话）"，可以互换。试比较：

① — Пей，пей скоре́й，а то（а не то，не то）в шко́лу опозда́ешь！ — торо́пит стару́ха Ва́сю. "喝呀，快点喝呀，要不上学你就要迟到！"老太太催促瓦夏。

②Сего́дня воскрсе́нье，и обе́д у меня́，должно́ быть，бу́дет поря́дочный，а не то（а то，не то）бы я вас не пригласи́л. 今天是星期天，我家的午饭大概不错，否则我想不会邀请你们了。

③ — На́до гляде́ть в о́ба，— сказа́л он себе́，не то（а то，а не то）как раз пропадёшь. "应该多留点神"，他嘱咐自己，"不然的话，就可能完蛋！"

## （3）带区分连接词的并列复合句

**или，либо**

или 或 либо 均可单用或连用，表示两个（或更多的）事实互相排斥（即现实中只能存在其一）。两个连接词可以互换，但 либо 多用于书面语。试比较：

①Он сам вы́ступит со свои́м докла́дом на конфере́нции，или его докла́д бу́дет по́дан на конфере́нцию в пи́сьменном ви́де. 他将亲自在会议上作报告，或者把报告以书面形式提交会议。

②Как же мо́жно выводи́ть такое заключе́ние? Или вы почли́ неве́рно，или я дурно́ редакти́ровал свою мысль. 怎么能得出这样的结论？或是您看错了，或是我没有能很好地表述自己的思想。

③То́нкий голосо́к Муму́ никогда́ не раздава́лся даром：ли́бо чужо́й бли́зко подходи́л к забо́ру, ли́бо где-нибудь поднима́лся шум подозри́тельный. 细声细气的木木(狗的名字)从不乱叫：或者是生人走近围墙，或者什么地方有可疑的响动。

**ли...ли(ли...или)**

ли...ли(ли...или)用来列举可能发生的事实,而且这些事实是相互排斥的。ли...ли(ли...или)常用于较复杂的结构(如对别关系、条件或让步关系)中。另外,ли用于句中,而или用于句首。试比较:

①Оттого́ ли лю́ди глу́пы, что они бе́дны, или они бе́дны оттого́, что они глу́пы? 人是因穷困而愚昧呢，还是因愚昧而穷困?

②Рабо́тал Брю́сов всегда́: сиде́л ли он до́ма за столо́м, шёл ли он по у́лице,... в голове́ кипе́ла рабо́та. 勃留索夫总是在工作。不论在家坐在桌旁,还是走在街上,……脑子里都紧张地进行着工作。〔条件或让步关系〕

③Взгляну́ ли вдаль, взгляну́ ли на тебя́, — и в се́рдце свет како́й-то загори́тся. 只要我望一望远方,或者是看一看你,我的心里便会升起某种光亮。〔条件关系〕

④Облива́ют ли го́ры со́лнечные лучи́, лежи́т ли густо́й тума́н на них, или опоя́сывают облака́ — во всех э́тих убо́рах они прекра́сны. 不管是阳光照耀，还是浓雾笼罩或者白云萦绕，披上这些装束的群山显得美丽壮观。

**то...то**

то...то用来表示事实交替出现。试比较:

①Мой мураве́й то, взяв листо́к, потя́нет, то припадёт он, то привста́нет. 我的蚂蚁夹着小树叶，时而拖拉，时而伏下，时而微微立起。

②То па́дал как бу́дто тума́н, то вдруг припуска́л косо́й кру́пный дождь. 一会儿好似下雾，一会儿突然斜雨倾盆。

③День был тёмный, хотя и ве́треный. То набега́ли облака́, то выгля́дывало со́лнце и пригрева́ло доро́гу. 天气暖和，虽然有风。一会儿云彩蔽日，一会儿太阳钻出云层，照得路上暖洋洋的。

**то ли...то ли...,не то...не то...**

这两组连接词都表示对不同可能性的推测,这些可能性的存在是相互排斥的。试比较:

①Я ничего́ не узнава́л. То ли я не жил на этой у́лице, то ли от неё оста́лось одно назва́ние. 我什么都没认出来。或者是因为我没在这条街上住过，或者是这条街只剩下了名字。

②Мо́жно бы́ло хара́ктер ему́ лома́ть. Но тут, я ду́маю, па́лка о двух конца́х:

то ли человéк в конéчном счёте прáвильно поймёт, то ли уйдёт в себя́, стáнет безвóльным. 本来可以逼他改变性格，但我认为，这样做可能有好坏两种结果：或者他最终能正确理解，或者变得更孤僻，成为一个意志薄弱的人。

③Автомоби́ль вы́шел из соревновáний, не то тóрмоз сломáлся, не то мотóр оказáлся неисправным. 汽车退出了比赛，不知是刹车坏了，还是发动机出了故障。

④Среди́ нóчи меня́ разбуди́л какóй-то шум за двéрью. Не то рáно встáла бáбушка, не то пóздно вернýлся отéц. 夜间我被门外的嘈杂声吵醒。不知是奶奶早起的声音，还是父亲晚回的声音。

## (4)带接续意义连接词的并列复合句

да и, и дáже, и притом, к тому же 等以及 и, а, да, но 与代词 этот(это...)或重复使用的名词连用，都可以表示接续关系，即表示其后部分对前部分的补充和追加说明。试比较：

① — Вы успéли уéхать до дождя́? — Нет, к сожалéнию, все промóкли, да и настроéние испóртилось. 您们来得及在下雨前离开了吗？没有，很倒霉，我们都被雨淋湿了，而且好心情也给破坏了。

②Он говори́л и́скренно, с сокрушённым сéрдцем, и дáже слёзы вы́ступили у негó на глазáх. 他说得真挚、痛心，甚至还流了眼泪。

③Жарá былá смéртная, бóльше 35°в тени́, и притóм ни малéйшего ветеркá нет. 天气极其炎热，背荫处也在35度以上，而且一点儿风都没有。

④Головá егó кружи́лась, и к томý же паля́щая жáжда томи́ла егó. 他头直发晕，而且火烧火燎的干渴使他难以忍受。

⑤Всё кругóм дышáло удиви́тельною, глубóкою тишинóю, и тишинá эта мýчила дýши своéю непоня́тностью. 四周一片令人惊奇的寂静，这种难以捉摸的寂静使人心里难受。

⑥Настоя́щему рыбакý необходи́мо изучéние нрáвов рыб, а э́то сáмое трýдное и тёмное дéло. 真正的渔民必须研究鱼的习性，而这是最困难的尚未弄清的事情。

⑦Изрáиль избрáл медици́ну, но э́то былá устýпка горя́чему желáнию роди́телей. 依兹赖尔选择了医学，但这是对父母热切愿望的让步。

⑧Все языки́ стремя́тся к тóчности, а тóчность трéбует крáткости, сжáтости. 所有的语言都力求准确，而准确则要求简明扼要。

⑨Я сты́длив от прирóды, но стыдли́вость моя́ ещё увели́чивалась убеждéнием в мо́ей уро́дливости. 我生来腼腆,而由于认为自己长得丑陋就更加腼腆了。

**练习 50　判断下列句中连接词 и,а,но 所表示的意义关系**

1. Ребята пришли на стадион, и началась тренировка.
2. Сильный ветер, мороз, и на улицу не хочется выходить.
3. Из дома регулярно приходили письма, и мы были спокойны.
4. Тронешь их, и они зазвенят.
5. Были открыты все окна с правой стороны, и все-таки было душно.
6. Их встретили приветливо, угостили ужином и чаем, и у усталых, замерзших людей потеплело на душе.
7. Ее очень ценили на работе, и она без труда устроила меня в ту же лабораторию.
8. Он очень веселый, и мы часто ходим с ним по длинному коридору и болтаем о том о сем.
9. К концу дня дождь перестал, и ветер начал заметно стихать.
10. За моей спиной был лес, а впереди простиралось поле.
11. В основе их отношений было доверие, а оно возникает не сразу.
12. Был уже октябрь, а солнце грело по-летнему.
13. Этот ученик уже пожилой человек, а работоспособность его огромна.
14. Эдисону было уже 83 года, а он взялся за исследование свойств каучука.
15. Глаза ее читали, а мысли были далеко.
16. Готовь сани летом, а телегу-зимой.
17. Ему бы плакать в его положении, а он радуется.
18. Операция ожидалась несложная, а она боялась решиться на нее.
19. На нее стали обращать внимание, а это казалось совершенно необъяснимым.
20. Она поручила домашнее хозяйство старшей дочери, но та делала все так небрежно, что пришлось все снова взять на себя.
21. Он снова проснулся, но ночь еще не прошла.
22. Мы дружили с Антоном больше двух лет, но никогда я не был у него дома.
23. Меня всегда интересовала жизнь замечательных людей, но все же больше всего я люблю писать о людях простых и безвестных.
24. Он осторожно открыл дверь, но все же она скрипнула.

25. Потапову постелили в кабинете на диване, но он не мог уснуть.
26. Ему хотелось сказать ей, что он тоже не спит, но не решился окликнуть ее.
27. Все заметили неестественность его поведения, но она ничего не замечала.
28. Прошло не более полчаса, но Мечику казалось, что он стоит уже очень долго.
29. Мечик плохо понимал, зачем его послали вперед, но ему велели ехать, и он подчинялся.
30. Он хотел было что-то сказать ему, но толстяк уже исчез.
31. Помню, большие белые тучи плыли мимо тихо и высоко, и жаркий летний день лежал неподвижно на безмолвной земле.
32. Тысяча лет — это много только по сравнению с длительностью жизни человека, а человеческая жизнь — ничтожное мгновенье по сравнению с жизнью земного шара и цивилизованного мира.
33. Владимир ехал, ехал, а полю не было конца.
34. Как начальник я не одобряю вашего поступка, но на вашем месте я поступил бы точно так же.
35. Античная философия необычайно глубоко подходила к вопросам природы, и все же она является совершенно младенческой по сравнению с нашей наукой.
36. Сентиментальные настроения, разумеется, характерны для человека, но так же характерно стремление скрывать это состояние души.
37. Слышит душа многое, а пересказать или написать ничего не умею.
38. Сирень цветет, и есть множество людей, у которых возбуждается одно только желание — сорвать цветы и унести с собой.
39. Эпос Пушкина включает в себя непосредственные речи автора и всплески лиризма, но вместе с тем налицо и великое пристрастие Пушкина к объективности.
40. Тускло светились у домов редкие фонари, а небо полно было звёзд.
41. Мороза не было, но валил с неба крупный мокрый снег.
42. Теплом веяло ему в лицо, и это напоминало апрель.
43. Они меня не всегда понимают, а я их подчас понять не могу.
44. День катился к вечеру, и деревянская улица заполнилась людьми.
45. Пароход начал было погружаться, но пробитое отверстие успели заткнуть.

（参考答案略）

练习51 选择填空(注意可能用不同连接词的情况)

1. Мой друг учился на подготовительном факультете, (и, а, но) я работаю на машиностроительном заводе.
2. Сдайте экзамены досрочно, (и, а, но) вы уедете в мае.
3. Позвоните мне вечером, (и, а, но) я вам дам номер телефона кафедры.
4. Юра делает мне домашнее задание по русскому, (и, а, но) я ему решаю задачи.
5. Брат похож на мать, (и, а, но) сестра вся в отца.
6. В лесу стемнело, (и, а, но) подул с востока холодный ветер.
7. Я был последним ребенком в этой семье, (и, а, но) мой брат Костя-первым.
8. Ему казалось, что он знал все происходящее в городе, (и, а, но) на самом деле там шла жизнь, о которой он и понятия не имел.
9. Он поднял голову и засмеялся, (и, а, но) она стала почему-то серьезной.
10. Он хотел уехать, (и, а, но) из-за болезни отца остался в городе.
11. До реки было совсем недалеко, (и, а, но) мы шли почти два часа.
12. Было уже совсем темно, (и, а, но) он еще не приехал.
13. Голос ее задрожал, (и, а, но) она сдержалась и только гневно посмотрела на него.
14. Сегодня праздничный день, (и, а, но) поэтому на улице много нарядно одетых людей.
15. Один за другим шли автобусы, (и, а, но) в каждом автобусе ехали пионеры.
16. Небо было пасмурно, (и, а, но) дождя уже не было.
17. Душно стало в доме, (и, а, но) я вышел на воздух освежиться.
18. Я не согласился с его оценкой, (и, а, но) это несколько раздрожало Льва Николаевича.
19. В лесу уже было тихо, (и, а, но) ни одна птичка не шевелилась.
20. Для матери все дети равны, (и, а, но) все же Сашу я вроде больше любила, гордилась им.
21. Молод ты, (и, а, но) я уже износился.
22. Время перевалило за полночь, (и, а, но) Пугачев с утра еще не пил, не ел.
23. Репетиция была назначена на семь часов вечера, (и, а, но) за час до начала в зале уже были в сборе все любители.

24. Ночью выпал снежок,(и,а,но) село казалось умытым.
25. Путники остановились у ручья,(и,а,но) пить не стали: вода была ледяная.
26. Известный шведский химик Берцелиус с трудом сдал экзамены в университет,(и,а,но) в университете он увлекся опытами.
27. Человек должен трудиться,работать в поте лица,(и,а,но) в этом одном заключается смысл и цель его жизни.
28. У школьников уже начались каникулы,(и,а,но) студенты еще сдают экзамены.
29. С утра было пасмурно,(и,а,но) к полудню все же выглянуло солнце.
30. Он было запел,(и,а,но),увидев посторонних,вдруг замолчал.
31. Я прочитал многие из произведений Н. В. Гоголя,(и,а,но) все же к экзамену не мог считать себя готовым.
32. Его боялись,(и,а,но) он добрый.
33. В гостях хорошо,(и,а,но) дома лучше.
34. Береги платье снову,(и,а,но) честь смолоду.
35. Он поступил правильно,(и,а,но)некоторым это не понравилось.
36. Ночь подходила к концу,(и,а,но) никто не отходил от костра.
37. На экзамене студенту часто мешает волнение,(и,а,но) потому он может допустить случайные ошибки,вызванные этим волнением.
38. Все были необыкновенно шутливы и веселы,(и,а,но) мне самому стало очень весело.
39. У народа своя медицина,своя позиция,своя житейская мудрость,свой великолепный язык,(и,а,но) при этом-заметьте — ни одного имени,ни одного автора.
40. Соревнования приближались к концу,(и,а,но) напряжение зрителей возрастало с каждым следующим мгновением.
41. Игорь тоже принялся за работу,(и,а,но) дело у него всё не шло на лад.
42. Некоторые люди утверждают, что им хватает и четырех часов сна в сутки,(и,а,но) большинству этого явно недостаточно.
43. В мире существует только один Китай,(и,а,но) Тайвань — не отъемлемая часть его территории.
44. Чернышевский был свободен от всяких прихотей в жизни, не так, как мы все; (и, а, но) главное, он и не замечал, как выработал в себе эту свобо-

ду.

45. Самая сложная работа состоит из простых операций, (и, а, но) умственный труд не исключение.

46. Умирающая хотела что-то ещё сказать, (и, а, но) речь её стала уже мешаться.

47. Было ещё совсем светло, (и, а, но) мигалки уже горели.

48. Никогда никому не завидовал, (и, а, но) завидую людям будущего, тем, кто будет жить лет через тридцать, сорок после нас.

49. Детство — важнейший период человеческой жизни, не подготовка к будущей жизни, (и, а, но) настоящая, яркая, неповторимая жизнь.

50. Приезжающие в столицу впервые сначала удивляются ускоренному ритму жизни москвичей. Но через некоторое время быстрый поток захватывает каждого, (и, а, но) многие перестают удивляться.

51. Во время волнения вода около берега имеет поступательное движение, (и, а, но) вдали от берегов частицы воды движутся только колебательно.

52. Она бросилась к реке, (и, а, но) её неожиданно кто-то удержал за плечо.

53. Человек семидесяти пяти лет, жизнь его висит на волоске, (и, а, но) он сам сажает сирень.

54. Ошибка обычно лучше полного молчания. Ведь на любом экзамене испытываются не только знания, но и сам человек, (и, а, но) воля к победе всегда вызывает уважение.

55. Мне нравятся короткие рассказы, (и, а, но) этот слишком краток.

56. Солнышко вышло из-за леса, день красный, (и, а, но) в лесу ещё холодок.

57. Мы инстинктивно знаем ужасно много, (и, а, но) все наши сознательные знания так жалки и ничтожны в сравнении с мировой мудростью.

58. Небезынтересно, что гигантский спортивный комплекс изначально рассматривался как планово-убыточный, (и, а, но), как это ни парадоксально, убыточным он никогда не был.

59. Пробежал глазами письмо и увидел, что оно получилось деловым и холодноватым, (и, а, но) мне хотелось написать тебе что-то теплое и нежное.

60. Ольга Павловна едва не упала в обморок, (и, а, но) страх придал ей сил.

♨答案：

1. а, 2. и, 3. и, 4. а, 5. а, 6. и, 7. а, 8. а 或 но, 9. а, 10. но, 11. но, 12. но 或 а, 13.

но,14. и,15. и,16. но,17. и,18. и,19. и,20. и 或 а 或 но,21. а,22. но 或 а,23. и 或 но 或 а,24. и,25. но,26. и,27. и,28. а,29. а 或 но,30. но,31. но,32. а,33. а,34. а,35. но,36. но,37. и,38. и,39. и 或 но,40. и 或 но,41. но,42. но,43. а,44. но,45. и,46. но,47. а,48. но,49. а,50. и,51. но,52. но,53. а,54. и,55. но,56. а,57. но,58. но,59. а,60. но

**练习 52　选择填空**

1. Вчера была прекрасная погода,(а,но) сегодня все небо покрыто тучами и дует холодный ветер.
2. Все небо было покрыто черными тучами,(а,но) дождя не было.
3. В Москве сейчас два часа дня,(а,но) на Камчатке-одиннадцать часов вечера.
4. Москва была основана в XII веке,(а,но) Ленинград — в начале XIII века.
5. Москве более 800 лет,(а,но) выглядит она совсем молодой.
6. Самая длинная река России — Лена(4400 км.),(а,но) самая короткая-Нева (74 км.)
7. На севере и на востоке Россия имеет морские границы,(а,но) на западе и на юге,— в основном,сухопутные.
8. В Москве сейчас весна,(а,но) у нас на родине уже лето.
9. В Москве живет около 8 миллионов человек,(а,но) в нашем городе только больше миллиона человек.
10. У вас все дети с семи лет должны ходить в школу,(а,но) у нас с восьми.
11. Я нажал на кнопку,(а,но) лифт продолжал стоять на месте.
12. Он проснулся поздно,(а,но) все-таки успел на лекцию.
13. Ира вас долго ждала,(а,но) не сердилась.
14. Он часто дает обещания,(а,но)редко их выполняет.
15. Дверь быстро открылась,(а,но) за дверью никого не было.
16. Погода была отличная,(а,но)я не мог уйти из дома.
17. Мне фильм понравился,(а,но) Вере он показался скучным.
18. Раньше он очень увлекался шахматами,(а,но)сейчас он все свободное время отдает живописи.
19. Ученье-свет,(а,но)неученье — тьма.
20. Ум хорошо,(а,но) два лучше.
21. Не спеши языком,(а,но)спеши делом.

22. Не красна изба углами, (а, но) красна пирогами.
23. По одежде встречают, (а, но) по уму провожают.
24. Я получил от родителей уже три письма, (а, но) он получил от родителей только одно.
25. Я получил от родителей уже три письма, (а, но) до сих пор еще не ответил.
26. Я хотел купить магнитофон, (а, но) денег еще не хватало.
27. Перед ним лежит раскрытая книга, (а, но) он ее не читает.
28. В молекуле кислорода содержится два атома, (а, но) в молекуле озона-три.
29. Мне кажется, у него большие способности к музыке, (а, но) он до сих пор не занимался ею как следует.
30. Он хорошо занимался в течение семестра, (а, но) на экзамене он очень волновался и не мог сразу ответить на вопрос.
31. Мы хотели осмотреть все соборы Кремля, (а, но) времени осталось мало, и нам пришлось отложить экскурсию на другой день.
32. Бывший Советский Союз протянулся с запада на восток более чем на 9 тысяч километров, (а, но) с севера на юг-почти на 5 тысяч километров.
33. Любому человеку трудно избежать ошибок, (а, но) надо добиваться того, чтобы совершать их как можно меньше.
34. Прошел уже месяц, с тех пор написал письмо брату, (а, но) я еще не получил ответа.
35. Он неутомимо искал этих встреч, (а, но) она по крайней мере их не избегала..
36. Мы хорошо знаем из физики, что черный цвет поглощает большую часть солнечных лучей, (а, но) белый цвет, наоборот, большую часть их отражает.
37. У него запали бледные щёки, (а, но) губы выдались.
38. Болен он был уже тяжело, (а, но) сил, жизненного и актерского блеска было в нем еще много.
39. Вы всё боитесь поссориться с Алексеевым, (а, но) тот и использовал вашу податливость.
40. Есть у меня в настоящее время только один план, (а, но) и этот план писан вилами на воде.
41. Позади оставался долгий и трудный день, (а, но) он не чувствовал усталости.

42. Новорожденный ребенок дышит с частотой один раз в секунду, (а, но) в возрасте 15 лет дыхание происходит уже около 20 раз в минуту.
43. Препоны между людьми... падут. (А, Но) тем не менее каждая личность будет личностью.
44. Когда голова находится в вертикальном положении, давление на волоски со всех сторон одинаковое, (а, но) при наклоне в ту или иную сторону оно меняется.
45. Полк стоял в батальонных колоннах на расстоянии трехсот шагов, (а, но), несмотря на это, все люди находились под влиянием одного и того же настроения.
46. Одно дело — знать, что отпечатки пальцев исключительно индивидуальны, (а, но) совсем другое дело — научно обобщить эту информацию.
47. Я согласен, что жанр пародии — важный жанр, (а, но) мне думается все же, что не надо переоценивать его значение.
48. До последних дней своей жизни она оставалась и величавой и красивой, (а, но) время не было милосердно к ней.

♨答案:

1. а, 2. но, 3. а, 4. а, 5. но, 6. а, 7. а, 8. а, 9. а, 10. а, 11. но, 12. но, 13. но, 14. но, 15. но, 16. но, 17. а, 18. а, 19. а, 20. а, 21. а, 22. а, 23. а, 24. а, 25. но, 26. но, 27. но, 28. а, 29. но, 30. но, 31. но, 32. а, 33. но, 34. но, 35. а, 36. а, 37. а, 38. но, 39. а, 40. но, 41. но, 42. а, 43. но, 44. а, 45. но, 46. а, 47. но, 48. но

# 19 主从复合句

主从复合句的各组成部分是借助主从连接词或联系用语连接的。组成部分中一个在语法上处于主导地位，称为主句(主句中往往有指示词)，另一个处于从属地位，叫做从属句(从属句中要用连接词或联系用语)。

主句中所用的指示词通常是：то, тот(та, те), такой, таков, так, там, туда, оттуда, тогда, везде, всегда, всё(一切), все(一切人), столько, каждый, всякий 等。

从属句中所用的连接词一般是：что, как, чтобы, ли, будто, если, хотя, потому что, так как, так что 等。

从属句中所用的联系用语常常是：что, кто, как, когда, где, куда, откуда, какой, каков, сколько, чей, который 等。

连接词与联系用语的区别在于：连接词在句中只起连接作用，不做句子成分；联系用语则不仅充当连接手段，同时还在从属句中充当句子成分，有形式变化的词(如 что, кто, какой, который 等)还要根据需要变化。

有些指示词和连接词或联系用语有一定的对应关系：

тот(те), ка́ждый, вся́кий — кто

то — что

тако́й — како́й

тако́в — како́в

так — как

там — где

тогда́ — когда́

отту́да — отку́да

туда́ — куда́

сто́лько — ско́лько

根据从属句的结构特征及与主句的意义关系，从属句可分为：说明从属句，限定从属句，状语从属句，接续从属句。

## (1)说明从属句

说明从属句一般与主句中表示言语、思维、感觉、评价、存在等意义的词发生联系。主句中被说明的词可以是动词、名词、形容词短尾形式、谓语副词等。此类句中所用的连接词和联系用语有：что，чтобы，ли，как，кто，когда，где，куда，откуда，какой，чей，сколько 等。如：

①Он слы́шал，как пропе́ли пу́ли над его голово́й. 他听见，子弹在他头上呼啸而过。

②Ма́ша боя́лась，что её во́зраст явля́ется поме́хой для слу́жбы в а́рмии. 玛莎担心她的年龄不符合参军条件。

③Общее мне́ние о нём было，что он о́чень недалёк. 大家都认为他天资不高。

④Ольге ста́ло я́сно，что её уси́лия переде́лать Серге́я бесплóдны. 奥莉加开始明白，她想改变谢尔盖的努力是徒劳的。

⑤Ре́дко，что́бы весь день бы́ло па́смурно. 全天都是阴沉沉的情况很少。

**连接词 что**

①Он почу́вствовал，что от волне́ния преувели́чил опа́сность. 他感到，由于激动把危险说得过于严重了。

②Де́ло в том，что слова́ Рудина так и остаю́тся слова́ми и никогда́ не ста́нут посту́пком. 问题是罗亭的话只是说说而已，从未付诸行动。

③Я уве́рен，что мы найдём в го́роде письмена́ древне́е двух с полови́ной ты́сяч лет. 我相信，我们一定会在城里找到 2500 年以前的文献。

④Глаза́ её бы́ли тако́го сво́йства，что слёзы не мути́ли их я́сности. 她的眼睛有这么个特性，泪水也不能使其混浊。

⑤Очеви́дно，что большу́ю роль в формирова́нии гражда́нского мышле́ния ли́чности игра́ет её повседне́вное социа́льное окруже́ние. 显然，一个公民日常接触的社会环境对其个性思维的形成具有较大作用。

**连接词 чтобы**

连接词 чтобы 引起的说明从属句表示实际上尚未发生的事情，可用来表示希望、假定、祈使等意义。这时主句和从属句的行为分别属于不同的主体，从句中的谓语要用过去时形式。试比较：

①Переводчик до́лжен стреми́ться к тому́，что́бы ка́ждая фра́за，переведённая им，звуча́ла по-ру́сски，подчиня́ясь ло́гике и эсте́тике ру́сского языка́. 译者应力求他译出的每个句子听起来像俄语，应服从俄语的逻辑与美感。

②Я ника́к не мог ожида́ть，что́бы в тако́й молодо́й же́нщине бы́ло сто́лько жите́йской му́дрости. 我怎么也没有料到，这样年轻的一个女子竟然懂得这么多的生活道理。

③По его лицу́ незаме́тно, что́бы у него́ боле́ли зу́бы. 他脸上不露声色，旁人看不出他牙疼。

④На́добно, что́бы они́ бы́ли хоро́шими мастера́ми своего́ де́ла. 应该使他们都成为本行的能手。

这里要注意 чтобы 与 что 引起的说明从属句的区别。试比较：

①Он сказа́л, что́бы все смотре́ли э́тот фи́льм. 他说让所有人都看这部电影。

②Он сказа́л, что все смотре́ли э́тот фи́льм. 他说所有的人都看了这部电影。

前者可以表达一种愿望，后者则是叙述一件事。所以，当与诸如有意愿、命令、希望等意义的动词 жела́ть, попроси́ть, тре́бовать 等连用时，应用 что́бы。如：

Лев Степа́нович тре́бовал, чтобы племя́нник его оста́лся в Москве́. 列夫·斯捷潘诺维奇要求他侄儿留在莫斯科。

当与表示“担心”、“害怕”等意义的动词连用时，则应用 чтобы не，这里 не 并不表示否定意义。试比较：

Боюсь, чтобы до́лгая разлу́ка совсе́м нас не разнако́мила. 我担心长时间的分离会使我们的交往完全断绝。

**连接词 как**

连接词 как 引起的说明从属句，主要和表示感知等意义的动词如 видеть, смотреть, слушать, чувствовать, наблюдать 等连用，表示现实中发生的事情。当 как 主要起连接作用，而行为方式意义较弱时，可以用 что 代替。试比较：

①По ноча́м слы́шно бы́ло, как (что) трещи́т, ло́паясь, лёд. 每天夜里都能听到冰层迸裂发出的噼啪响声。

②Чу́вствую, как (что) всё у меня́ внутри́ дрожи́т от волне́ния и сча́стья. 我感到由于兴奋和幸福内心在发颤。

但是当 как 具有明显的方式意义时，不能用 что 代替。试比较：

①Ми́ша не по́мнил, как он очути́лся в по́гребе. 米沙记不得他是怎样来到地窖里的。

②Ба́бушка наду́лась и изобрази́ла, как Никола́й Анто́ныч говори́т о себе́. 老太太噘起嘴并模仿尼古拉·安东内奇是怎么谈到自己的。

**连接词 ли**

连接词 ли 引起的说明从属句表示一种疑问，设问词放在句首并带有逻辑重音，连接词 ли 紧跟其后。如：

①Я спроси́л его́, ме́жду про́чим, не зна́ет ли он чего-нибудь о капита́не. 顺便说一句，我问过他是否知道大尉的什么情况。

②Скажи́, что это за дета́ли, не типогра́фский ли шрифт случа́йно? 请问，

这是些什么零件，恐怕是印刷铅字吧？

③Садя́сь к ча́йному столу́, он снача́ла забо́тливо про́бовал стул, доста́точно ли кре́пок? 他在喝茶的桌前坐下时，总要先摇一摇椅子看是不是结实。

**关系代词和关系副词**

可用于说明从属句的联系用语，包括所有的关系代词和关系副词。它们既起连接作用，又做从属句中的句中成分。关系代词的形式变化取决于它们在从属句中的地位。试比较：

①Вы не уме́ете различа́ть, кто ва́ши настоя́щие друзья́. 你们不会辨别谁是你们真正的朋友。

②Он, шата́ясь из угла́ в у́гол, не зна́ет, чем развле́чься. 他从这个角落晃到那个角落，不知什么可供消遣。

③Пойдём, соста́вим спи́сок, что тебе́ купи́ть в го́роде. 咱们走吧，开个单子，看进城都给你买些什么。

④И до́лго слы́шно бы́ло, с каки́м тре́ском доми́лся медве́дь сквозь за́росли ельника. 熊穿行于云杉树丛时发出的树林断裂声，长时间都能听见。

⑤Позво́льте спроси́ть, где вы ко́нчили курс? 请问您在哪儿修完的全部课程？

⑥Соверше́нно спу́тались. Стои́м и спо́рим, куда течёт Во́лга. 我们彻底迷路了。于是停下来争论伏尔加河朝什么方向流。

要注意区分联系用语与连接词。试比较：

①Я о́чень беспоко́юсь, <u>что</u> опозда́ю. 我很担心迟到。〔что 是连接词，因为它在从属句中不充当句子成分。〕

②Я о́чень беспоко́юсь, <u>что</u> он бу́дет говори́ть. 他要说些什么，我非常不安。〔此句中 что 是联系用语，因为它既连接主句和从属句，又在从属句中充当补语。〕

**指示词 то 的使用**

带说明从属句的主从复合句，其主句中常使用指示词 то。то 的格形式随其在主句中的地位发生变化。то 在句中有时必须使用，有时则可用可不用。

ⅰ. 必须使用 то 的情况：

属于主句的结构成分或充当主句与从属句的媒介时。如：

①Са́мый суще́ственный недоста́ток жи́вописи и скульпту́ры состои́т в том, что они́ мо́гут изобража́ть то́лько оди́н моме́нт. 绘画和雕塑最大的不足之处在于只能表现一个瞬间。

②Как вы смо́трите на то, что́бы лови́ть ры́бу зимо́й? 您对冬季捕鱼一事怎么看？

③Внеза́пную сла́бость свою́ он относи́л и к тому́, что бы́л го́лоден. 他认为身子突然发虚也同饿了有关。

④Мы се́ли в стороне́ на ка́мни и слегка́ закуси́ли тем, что захвати́ли с собо́й ещё у́тром. 我们坐到一旁的石头上,稍微吃一点我们早上随身带的东西。

⑤Наконе́ц он останови́лся на том, что сам пое́дет в дере́вню. 最后他决定亲自到乡下去一趟。

对比两种情境时。试比较:

①Умственный взор мой обращён не на то, что я оставля́ю, а на то, что ожида́ет меня. 我的思想不是集中在过去的事上,而是集中到未来的事情上。

②Цель манёвров заключа́ется не в том, что́бы определи́ть, кто кого́ победи́т, а в том, что́бы нагля́дно ви́деть, как в изве́стных усло́виях наилу́чшим о́бразом поступи́ть. 演习的目的不在于判定谁胜谁负,而在于直观认定在已知条件下如何以最佳方式行动。

从属句与主句的另外一个成分做同等成分时。试比较:

①Спаси́бо за ва́ши забо́ты и за то, что не да́ли вы́пустить спекта́кль халту́рно. 谢谢您的关照,也谢谢您不容许马马虎虎地演出戏剧。

②Эти ци́фры пока́зывают не только маши́ны ра́зных поколе́ний, но и то, како́е бы́строе разви́тие получи́ла электро́нно-вычисли́тельная те́хника за после́дние со́рок лет! 这些数字不仅介绍了各代计算机,而且也说明了近四十年来电子计算机技术获得了多么快速的发展。

ⅱ. 可用可不用 то 的情况:

当需要强调从属句内容的时候,可用 то,否则 то 可以去掉。试比较:

①Я понаде́ялся на себя́, думал (о том), что суме́ю перевоспита́ть её, измени́ть её взгля́д на жизнь. 我指望过我自己,我曾想我能改造她,改变她对人生的看法。

②Бы́ло соображе́ние (о том), что в слу́чае его сме́рти Алексе́ев мо́жет быть назна́чен на его́ ме́сто. 有人猜测,如果他去世,阿列克谢耶夫有可能被指定继任他的位置。

③Не́бо посере́ло, было похо́же (на то), что пойдёт дождь или снег. 天空灰蒙蒙的,像是要下雨或下雪。

## (2)限定从属句

限定从属句修饰和限定主句中的名词或做名词用的其它词(即<u>名词限定从属句</u>)或代词(即<u>代词限定从属句</u>),用以揭示事物的性质及特征。连接限定从属句和主句的手段必须是联系用语。

**名词限定从属句**

名词限定从属句是说明主句中的名词或名词化了的其它词，指出该名词所表示的事物的特征，可借助联系用语 который，какой，чей，что，кто，куда，где，когда，откуда，каков 等与主句连接。主句中可有指示词 тот，такой 等与从属句相呼应，并起修饰及强调作用。限定从属句紧跟句中被说明的成分。如：

①Человек, кото́рый хо́чет сде́латься писателем, ра́ньше всего́ до́лжен стать хоро́шим чита́телем. 想当一名好作家的人首先必须成为一名好读者。

②Я не могу́ подня́ть тот труд, о котором вы говори́те. 我承担不了您说的那种劳动。

③Озеров ощути́л ту отве́тственность, кака́я лежи́т на нём за исхо́д бо́я. 奥泽罗夫意识到身上担有战斗胜败的责任。

④Профе́ссор хоте́л найти́ ассисте́нта, кто говори́л бы на неме́цком языке́. 教授想找一个会说德语的助教。

⑤Мы вошли́ в све́тлую ко́мнату, чьи о́кна выходи́ли на пло́щадь. 我们走进一间窗户对着广场的明亮的房间。

⑥У спа́льного ваго́на, где мы стоя́ли в ожида́нии поса́дки, собрала́сь небольша́я толпа́. 在我们等候检票的卧铺车厢口聚集了一小群人。

**который**

который 的性、数与主句中被说明的名词或名词化的词一致，而格形式却取决于它在从属句中的作用。如：

①Окно́ небоскрёба обы́чно состоя́ло из двух полови́н, кото́рые передвига́лись вверх и вниз. 摩天大楼的窗户通常由两半组成，它们可以上下移动。

②Я вы́писал в осо́бую тетра́дь не́которые тёмные места́, истолкование кото́рых я наде́юсь получи́ть от вас. 我把一些不大清楚的地方记在专用笔记本上，希望您给予解释。

③Он услы́шал шум, похо́жий на плеск водопа́да, ма́сса воды́ кото́рого то увели́чивается, то уменьша́ется. 他听到一种类似瀑布的溅落声响，水量忽大忽小。

**какой**

какой 的用法基本同 кото́рый，除了修饰限定意义外，还有性质或类比意义。какой 的性、数通常要和主句中被说明的名词一致，而格取决于它在从属句中所起的作用。如：

①Суда́ с вечера за́няли те места́, каки́е Ушако́в назна́чил им заня́ть для бóя. 战舰从傍晚起就占据了乌沙科夫指定他们占据的那些作战地点。

②В ю́ности я ненасы́тно чита́л все кни́ги, каки́е попада́ли в ру́ки мои́. 少年时代我贪婪地读了所有弄到手的书。

какой 的数有时可能与被说明的词不一致,如果被说明的词是单数,而 какой 用复数时,则表示该类事物。试比较:

Вчера́ был холо́дный <u>день</u>, <u>каких</u> никогда́ не встреча́ли ра́ньше. 昨天是个大冷天,这样的大冷天过去可从没遇见过。

要注意区分 который 和 какой,它们在限定事物特征时意义不同。试比较:

①Она́ купи́ла пла́тье, кото́рое сто́ит 50 рубле́й. 她买了件价值 50 卢布的连衣裙。〔который 表示该事物本身,即她买的这件连衣裙价值 50 卢布,商店里当然可能还有其它价钱的连衣裙。〕

②Она́ купи́ла пла́тье, каки́е но́сят все э́тим ле́том. 她买了件今年夏天大家都穿的那种连衣裙。〔какие 表示她买的连衣裙属于今天夏天大家都穿的那一类。"大家都穿"便是这件连衣裙的特征和属性。〕

**кто**

кто 与主句中表人的名词发生联系,此时相当于 который,常可互换。从属句中谓语的数取决于主句中被 кто 说明的词。如该词是单数,从属句中的谓语用单数;如该词是复数,则从属句中的谓语既可用单数,在形式上与主语 кто 一致,也可用复数,在意义上与主句中的名词一致。试比较:

①Челове́к, о ком вы говори́те, рабо́тал в на́шем институ́те. 你们谈论的那个人曾在我们学院工作过。

②Мы оказа́лись после́дними, кому́ удало́сь доста́ть биле́ты на э́тот конце́рт. 我们是最后弄到这场音乐会门票的人。

③По бе́регу реки́ живу́т <u>жи́тели</u>, <u>кто</u> отли́чно <u>зна́ют</u> на́ши леса́. 岸边住着些居民,他们非常熟悉我们的森林。

④Я ещё не встреча́л <u>таки́х люде́й</u>, <u>кто оказа́лись</u> про́тив моего́ до́брого сосе́да. 我还没遇上跟我心地善良的邻居作对的人。

**что**

что 在名词限定从属句中作用与 который 相同,但它只能是一格或不带前置词的四格。一格时,谓语的性、数与主句中 что 所说明的名词一致。如:

①Заду́мчивая улы́бка, что всегда́ так кра́сила его́, мя́гко свети́лась на его худо́м лице́. 他那深沉的总是使他显得更加漂亮的微笑,柔和地浮上他消瘦的面庞。

②Купе́ц на я́рмарку привёз поло́тна, что надобны для всех. 商人把大家都

需要的亚麻布运到集市。

③Просты́м, но убеди́тельным словом Кли́мов рассе́ивал вся́кую муть, весь тума́н, что оста́лся от слов Прижа́нича. 科里莫夫一席简洁而令人信服的话驱散了一切迷雾，澄清了普里扎尼奇话中留下的混乱。

**чей**

чей 相当于 который 用于名词后面时的第二格形式，表示领属意义，其性、数、格和从属句中被说明的名词一致。如：

①Мужчи́на, чей портре́т виси́т на стене́, был ре́ктором университе́та. 这位男士曾是大学校长，他的像片还挂在墙上。

②Зате́м ста́ли ве́село петь де́вушки, с чьих лиц не сходи́ли улы́бки. 之后姑娘们开始快乐地唱起来，她们的脸上一直带着笑容。

③Писа́тель, чьи́ми кни́гами ты восхища́ешься, написа́л но́вый рома́н. 他的书你非常赞赏的那位作家，又写了一部新小说。

**когда, где, куда, откуда**

когда 引起的限定从属句说明主句中有时间意义的名词，如：время，утро，вечер，день，год 等。где，куда，откуда 说明主句中具有地点意义的名词，如：место，город 等。它们在从属句中做状语，有时可用带前置词的 который 的间接格替换。试比较：

①Все мечта́ния Пье́ра теперь стреми́лись к тому́ вре́мени, когда́ он бу́дет свобо́ден. 皮埃尔的全部幻想如今就是渴望自己获得自由的时刻的到来。

②Стари́к о́тпер я́щик пи́сьменного стола́, где（в котором）лежа́ли ря́дом моне́ты и меда́ли. 老人打开写字台的抽屉，里面并排放着硬币和奖章。

③Чо́хов веле́л солда́там подтяну́ть пу́шки и обрати́ть ство́лами в сто́рону, отку́да（из которой）доноси́лись вы́стрелы. 乔霍夫命令士兵们把大炮拖过来，把炮口调向射击声传来的方向。

④В комнате, куда́（в кото́рую）мы вошли́, ме́бель была́ немно́го полу́чше и расста́влена с бо́льшим вку́сом. 在我们走进去的那个房间里家具稍好些，摆设得也讲究些。

**代词限定从属句**

代词限定从属句说明主句中独立做句子成分的代词，如指示代词 тот，то，такой，таков；限定代词 всё，все，каждый，любой，всякий。从属句中通常用联系用语 кто，что，который，какой，каков 等与主句连接。

**кто（который）**

当限定从属句说明表人的代词时，常用 кто（который）与主句连接。如：

①С кем хлеб-соль во́дишь, на того́ и похо́дишь. 近朱者赤，近墨者黑。

②Я тот, кото́рому внима́ла ты в полуно́чной тишине́. 我就是你在夜静更深时听他讲话的那个人。

③Тот, кото́рый был в полушу́бке, подошёл к столу́. 穿着短羊皮大衣的人走到桌子旁。

④Кто испыта́л наслажде́ние тво́рчества, для того́ уже все други́е наслажде́ния не существу́ют. 谁尝到过创作的快乐,别的快乐对他来说就都不存在了。

⑤Стару́ха начала́ разгля́дывать всех, кто пришёлся с нею за одни́м столо́м. 老太婆开始仔细观察碰巧与她同桌的每一个人。

⑥Ка́ждый, кому́ приходи́лось быва́ть в музе́е Гугу́н, восхища́ется храня́щимися там сокро́вищами дре́вней культу́ры. 每一个到过故宫博物馆的人，对其保存的古代文化宝库都赞赏不已。

**что**

当限定从属句说明表示事物的代词时,常用 что 与主句连接。如：

①То, что я ощуща́л, бы́ло так но́во и так сла́дко. 我所感受到的是那样的新鲜，那样地甜蜜。

②Я помести́л в э́той кни́ге то́лько то, что относи́лось к пребыва́нию Печо́рина на Кавка́з. 在这本书里，我只写进了有关毕巧林在高加索逗留的一段故事。

③На́до сказа́ть всё, что мо́жет служи́ть ему́ во вред. 应当把一切可能于他不利的话全都说出来。

④Я подтвержда́ю то, чему́ был свиде́тель. 我证实亲眼看见的事实。

⑤Чего́ ма́ло, то в дико́винку. 物以稀为贵。

⑥Что случи́лось, того́ уж не попра́вишь. 发生了的事是无法挽回的。

**какой (каков)**

当限定从属句用来说明特征时，通常用 какой(каков)与主句连接，主句中常有 такой(таков)与其呼应。如：

①Она́ во мно́гом оста́лась тако́й же, како́й он её по́мнил. 她基本上还是他记得的那个样子。

②Поляки́ посчита́ли необходи́мым восстанови́ть ста́рую часть го́рода то́чно тако́й, како́й она была́. 波兰人认为必须把老城区重建成同从前一模一样。

③Какова́ зага́дка, такова́ и отга́дка. 有什么样的谜，就有什么样的谜底。

④Како́в поп, таков и прихо́д. 有其主必有其仆。

要注意区分限定从属句和说明从属句。试比较：

①Нас интересу́ет вопро́с, что за́дал оди́н студе́нт. 一个学生提的问题使我们

感兴趣。〔что 是联系用语，可用 кото́рый 代替，从属句修饰 вопро́с，为限定从属句。〕

②Нас интересу́ет вопро́с，что о́бщество развива́ет дете́й. 使我们感兴趣的问题是交往会使孩子们得到发展。〔что 是连接词，不能用 кото́рый 代替，从属句进一步阐述 вопро́с 的内容，是说明从属句。〕

### (3)状语从属句

状语从属句根据它说明主句所起的作用分为：处所状语从属句，时间状语从属句，条件状语从属句，原因状语从属句，目的状语从属句，让步状语从属句，结果状语从属句，行为方法、度量及程度状语从属句，比较状语从属句。主句与从属句借助连接词或联系用语连接。

**处所状语从属句**

处所状语从属句表示主句行为发生的地点或方向。从属句中用联系用语 где，куда，откуда，主句中常用 там，туда，оттуда 与之呼应。如：

①Там，где не́бо безо́блачно，во́здух всегда́ соде́ржит водяны́е пары́. 天空无云处，空气中总含有水汽。

②Они́ стоя́т на трибу́нах и смо́трят туда́，отку́да должны́ вы́йти спортсме́ны из ра́зных стран. 他们站在看台上注视着各国运动员应走出来的方向。

③Не зна́я го́рода，полки́ пу́тались в темноте́，попада́ли не туда́，куда́ им на́до. 团队不熟悉城市，黑夜里走迷了路，老走不到该去的地方。

④Отку́да ве́тер，отту́да и сча́стье. 风从哪儿来，福气也从哪儿来。

**时间状语从属句**

时间状语从属句说明主句行为发生的时间。从属句常用 когда（当……），пока（当……），с тех пор как（从……时起），после того как（在……之后），как только（刚……之后），до того как（在……之前），прежде чем（在……之前），перед тем как（当……之前）等连接词，其中 когда，пока 在主句中还可以有呼应的指示词。

**连接词 когда**

**连接词 когда 可以表示主句与从属句的行为同时发生，或主句的行为发生在从属句的行为之后。如：**

①Бы́ли уже густы́е су́мерки，когда́ подъе́хали они́ к го́роду. **当他们驶到城下，已经暮色苍茫了。**

②Пра́вильные мы́сли и у́мные реше́ния приходи́ли то́лько сейча́с，но́чью，когда́ уже́ ничего́ нельзя́ было попра́вить. **只是到了现在，夜间了，事情已经无法**

补救，才想到一些正确的主意和聪明的解决办法。

③Когдá онá окóнчит учи́лище，то должнá выполня́ть рабóту，котóрую рáньше выполня́ли тóлько мужчи́ны. 当她在职业中学毕业之后，她就应当完成以前只有男人们才做的工作。

④Наýм тóже не спал в то врéмя，когдá Аки́м покидáл укрáдкой дом Ефрéма. 纳乌姆在阿基姆偷偷离开叶夫列姆的家时也没有睡觉。

**连接词 пока**

连接词 пока 表示主句和从属句的行为同时发生，这时与 когда 同义，可以由 когда 替换（但要注意，能用 когда 的地方，пока 却不一定能用）。另外，从属句一定是肯定句。如：

①Покá я читáл письмó，Сергéй поглощáл яи́чницу. 在我看信的时候，谢尔盖正大口吃煎鸡蛋。

②Покá（Когдá）земля́ прикры́та дёрном，онá мóжет ещё сопротивля́ться водé. 当土地有草皮覆盖时，还能抗住水冲刷。

③Нáдо попрáвить дéло，пока（когда）врéмя не ушлó. 事情应该趁为时不晚时加以挽救。

当从属句是否定句时（пока... не...），不能由 когда 替换，但译成汉语常用肯定句"……直到……（为止）"，主句中可用 до тех пор 与之呼应。如：

①Тебé бы лýчше подождáть в гóроде，покá мéсто в больни́це не очи́стилось. 医院床位没空出以前，你最好是在城里等一等。

②Он говори́л о мýзыке до поры́，пока адвокáт Мáков не прервáл его. 在律师马科夫打断了他的话之前，他一直大谈音乐。

③Покá меня́ глазá не убеди́ли，до тех пор всё не бýду вéрить я. 只要我不是亲眼所见，我就一直不会相信。

④Спóрили до тех пор，покá Анна не напóмнила，что ужé два часá нóчи，а зáвтра рабóчий день. 大家一直争论着，直到安娜提醒说现在已经半夜两点啦，明天还要上班呢，这才停止下来。

**连接词 с тех пор как，после того как，как только**

连接词 с тех пор как 和 после того как 表示从属句的行为发生之后才发生主句的行为，как только 则表示从属句的行为发生之后紧接着发生主句的行为。如：

①Отцý，с тех пор，как вы дом поки́нули，стáло хуже. 自你们离家后，父亲的身体变坏了。

②Вскóре пóсле тогó，как часы́ проби́ли пóлночь，послы́шались торопли́вые шаги́. 在时钟报过午夜不久，便听到了一阵急促的脚步声。

③Как то́лько пога́сла вече́рняя заря́, звёзды на́чали ме́ркнуть. 晚霞刚一消失，星星便开始闪现微弱的亮光。

④Оте́ц и мать объяви́ли реши́тельное наме́рение е́хать в город неме́дленно, как то́лько ля́жет зи́мний путь. 父亲和母亲宣布了他们毅然决然的打算：路一封冻，便立即动身进城。

**连接词 до того как，прежде чем，перед тем как**

连接词 до того как，прежде чем，перед тем как 等表示从属句的行为发生在主句的行为之后。如：

①До того́ как начну́тся кани́кулы，мы должны́ сдать два экза́мена. 放假前我们有两门课考试。

②Прошла́ це́лая неде́ля，пре́жде чем мать собрала́ их в доро́гу. 整整过了一星期母亲才把他们的行装准备好。

③Туля́кову пришло́сь терпели́во разжева́ть вопро́с, пре́жде чем он доби́лся толко́вого отве́та. 图利亚科夫在得到清楚的回答以前，不得不耐心反复地把问题讲解透彻。

当从属句和主句的行为主体是一个时，从属句中可用不定式。试比较：

①Мно́гому ещё тебе́ самому́ поучи́ться на́до, пре́жде чем идти́ в се́льские учителя́. 在去做乡村教师之前，你自己尚需学很多东西。

②Пе́ред тем как предоста́вить Пе́тьке сло́во, Алексе́й реши́л дать тон собра́нию. 阿列克谢决定在让彼奇卡发言之前先给会议定个调子。

**表示时间关系的固定结构**

ⅰ. не успе́л(-а，-и)...（还没〈刚刚〉……就……）

не успел 接动词完成体不定式形式，как 则与动词完成体过去时形式连用。

该结构可以在两种语境下使用，相应地就可能有两种（一个为否定，一个为肯定）译法。以这个句子为例：Не успе́л я написа́ть одно́ предложе́ние，как он вы́звал меня́. 当只写完一个句子的一部分时，可译为："我还没来得及写完一个句子，他就把我叫走了。"而当已写完一个句子时，可译为："我刚写完一个句子，他就把我叫走了。"

试比较以下①②应译为否定形式的例子和③④应译为肯定形式的例子：

①Не успе́ли мы сде́лать и двухсо́т шаго́в, как сно́ва наткну́лись на следы́ ти́гра. 我们没走出二百步，又意外发现了老虎的脚印。

②Не успе́л я распла́титься со ста́рым мои́м ямщико́м, как Ду́ня возврати́лась с самова́ром. 我没来得及跟我的老车夫算完车钱，冬尼娅就捧着茶炊回来了。

③Не успéл я сдать послéдний госудáрственный экзáмен, как прибежáл к Мейерхольду на консультацию. 我刚考过最后一门课的国家考试，就立刻到梅耶尔霍利德那里去咨询。

④Не успéло просветлéть нéбо, как головá колóнны далекó вы́тянулась. 天刚放晴，纵队先头就已远远地一线排开。

可以译为肯定形式的句子，与 едва успéл(-ла,-ли)...(как)或 тóлько успéл(-ла,-ли)...(как)的结构意义相当。试比较：

①Едвá успéли поýжинать с новичкóм, как появи́лся Огорóдников. 刚和新手一起吃完晚饭，奥格罗德尼科夫就来了。

②Когдá мы вернýлись домóй, никогó нé было. Тóлько успéли раздéться, как зазвони́л телефóн. 我们回家时，家中一个人也没有。我们刚脱去外衣，电话铃就响了。

ⅱ. не(прошлó)...как(还没〈刚〉……就……)

此结构与 не успéл...как 类似，表示还没有或刚刚达到名词所指的度量就发生了某事。

句中 не(прошлó)接表度量名词第二格形式，как 多与完成体过去时连用。试比较：

①Не прошлó двух минýт, как он позвони́л мне. 还没过两分钟〈刚过了两分钟〉，他就给我打来了电话。

②Не прошлó двух недéль, как ценá срáзу поднялáсь на два рубля́ с мешкá хлéба. 没过两周，〈刚过两周〉每袋粮食一下子就上涨了两卢布。

③Они́ не отошли́ от бéрега и двадцати́ шагóв, как уви́дели, что навстрéчу им торóпится Алёшка. 他们从岸边还没走出去二十步〈刚走出二十步〉远，就看见阿廖什卡迎面匆匆赶来。

上述ⅰ.ⅱ.两种结构中，都可以使用现在时或将来时。试比较：

①Не успéешь ответить на егó вопрóс — как тут нóвый. 他那问题还没等你答完，新问题就出来了。

②Ахнуть не успéешь, как стáрость придёт. 还没等你叹息一声，人就老了。

③Не прохóдит и пяти́ минýт, как дéти опя́ть хохóчут и ми́рно бесéдуют. 没过上五分钟，孩子们又哈哈大笑，并且心平气和地说起话来。

**条件状语从属句**

条件状语从属句表示主句行为发生的条件或前提。从属句中常用连接词 если(бы)(如果)，раз(既然)等，主句中常用 то、тогда 与 если(бы)呼应。

**连接词 если**

带连接词 если 的从属句所表示的条件是真实的,可能实现的。例如:

①Обяза́тельно звони́те, е́сли пона́добится. 如果需要的话,请一定打电话来。

②Если се́мя попадёт в благоприя́тные усло́вия, зароди́тся но́вое расте́ние. 如果种子遇到适宜条件，就会长出新的植物。

③Ме́стное сло́во мо́жет обогати́ть язы́к, если оно́ о́бразно, благозву́чно и поня́тно. 方言词能丰富语言，如果它生动、悦耳和易懂的话。

**连接词 раз**

带连接词 раз 的从属句所表示的条件,是实际存在的,是真实的或已经实现的。试比较:

①Раз решено́ зимова́ть в лесу́, то благоустра́иваться на́до про́чно и обстоя́тельно. 既然决定在森林里过冬，那么所使用的各种设备都要结实可靠。

②Раз ты оста́лся, откро́ю все ка́рты. 你既然已经留下来，我就把全部情况都告诉你。

③Коростелёв умне́е всех и лу́чше всех, раз его поста́вили на́до все́ми. 既然给克罗斯捷廖夫分配的职务在众人之上，那么他一定比大家聪明、优秀。

**连接词 если бы**

带连接词 если бы 的从属句所表示的条件,是虚拟的,是不可能实现的。试比较:

①Если бы вы мину́т че́рез два́дцать сюда́ яви́лись, могли́ бы меня́ не заста́ть. 你若是再晚来 20 多分钟，就可能碰不上我了。

②Мышле́ние бы́ло бы не ну́жно, если бы бы́ли гото́вые и́стины. 如果有现成的真理,那就用不着思考了。

③Если бы э́ту пропа́вшую ты́сячу рубле́й положи́ть в банк, то в год проце́нту накопи́лось бы са́мое ма́лое — со́рок рубле́й. 如果把这丢失的 1000 卢布存入银行,那么每年至少能积蓄 40 卢布利息。

если бы не 加名词第一格,表示"若不是……就……"等意义。试比较:

①Если бы не случа́йный грузови́к, замерза́ть бы мне среди́ сне́жного по́ля. 如果没有偶然路过的卡车，我就会在雪原冻死了。

②Если бы не настоя́тельное жела́ние ма́тери, он оста́вил бы институ́т ещё на тре́тьем ку́рсе. 如果不是母亲坚持希望他读下去，他早在大学三年级时就辍学了。

表示条件关系的成语化复合句

**ⅰ. сто́ит(сто́ило)..., как(что́бы)(一……就……;只要……就……)**

сто́ит(сто́ило)后加完成体动词不定式表示条件,第二部分如用 как 连接,具有结果意味,而如用 чтобы 连接,则表示预期可能发生的结果。试比较:

①Сто́ит сверну́ть впра́во, как уви́деть торже́ственное зда́ние. 朝右一拐，就会看到一座雄伟的建筑物。

②Сто́ило ему́ вы́разить жела́ние, что́бы Ната́ша вска́кивала и бежа́ла исполня́ть его́. 他只要表示出愿望，娜塔莎就会跳起来跑去完成。

**ii. доста́точно..., как (что́бы)... (只要……就……)**

доста́точно 后加完成体动词不定式表示条件-结果关系，与 сто́ит... как 结构同义。试比较：

①И доста́точно ему́ бы́ло проб́ыть здесь мину́т пять, как ему́ начина́ло каза́ться, что его сейча́с уда́рят по но́су. 只要他在这儿呆上大约五分钟，就立刻能感觉到人们马上就要把拳头打到他鼻子上。

②Ему́ доста́точно взгляну́ть в спи́сок, чтобы запо́мнить фами́лии всех ученико́в. 他只须看一眼名单，就能把全部学生的姓名记住。

**原因状语从属句**

原因状语从属句说明主句行为发生的原因。常用的连接词有：потому́ что（因为），так как（因为）；还有一些连接词多用于书面语：и́бо, благодаря́ тому́ что, из-за того́ что, оттого́ что, всле́дствие того́ что, в связи́ с тем что, в результа́те того́ что 等，它们都可以译为"因为"。

**连接词 потому что**

带连接词 потому что 的从属句必须放在主句后面。потому что 还可分解成 потому, что。这时 потому 带逻辑重音，起强调原因的作用。试比较：

①Он не мог подойти́ к терра́се, потому́ что не́ было ни одно́й прямо́й доро́жки. 他无法走近凉台，因为没有直通的路。

②Де́ти и юродивые иногда действи́тельно говоря́т му́дро, но не потому́, что у́мны, а потому, что и́скренни. 儿童和痴呆人说话的确有时明白事理，但不是因为他们聪明而是因为他们纯真。

**连接词 так как**

带连接词 так как 的从属句可位于主句前，也可以位于主句后。试比较：

①Так как пошёл си́льный снег, доро́га покры́лась бе́лой пелено́й. 因为下了一场大雪，路面覆盖了白茫茫的一片。

②Рабо́таю с переры́вами, так как прихо́дится принима́ть посети́телей. 我的工作不时被打断，因为不得不接待来客。

**连接词 ибо**

带连接词 ибо 的从属句须放在主句后。例如：

Тороплю́сь зако́нчить письмо́ моё, и́бо положи́тельно не име́ю мину́ты свобóдной. 我急于写完这封信，因为我再也没有一点空闲时间了。

**连接词 благодаря тому что, из-за того что**

连接词 благодаря тому что 多表示好的原因，可译为“多亏……”，而 из-за того что 多表示不利的原因。试比较：

①Благодаря́ тому́ что был применён нóвый мéтод, нóрмы перевы́полнились. 多亏采用了新方法，才超额完成了定额。

②Благодаря́ тому́, что óрган слу́ха пáрный, звýки мóгут достигáть прáвого и лéвого ýха неодноврéменно. 由于听觉器官是成对的，因此声音并不是同时到达右耳和左耳。

③Из-за того что лéто бы́ло óчень жáркое и сухóе, понáдобилось поливáть кáждое дéрево. 由于夏天炎热、干燥，每棵树都需要浇灌。

这类复合连接词都可以分解为两部分，以用于强调原因，如例②。

**目的状语从属句**

目的状语从属句用来说明主句中行为进行的目的，用连接词 чтобы, для того чтобы 连接。

**连接词 чтобы**

用 чтобы 时，如果主句和从属句的行为主体是同一个，从属句中谓语动词用不定式形式；如果从属句的行为与主句的行为不是同一主体，从属句中谓语动词用过去时形式；另外，无人称句中也要用过去时。试比较：

①Хорóший учи́тель пытáется поня́ть кáждого ребёнка, чтóбы помóчь емý преодолéть свои́ слáбые стóроны. 好的教师会试着去理解每一个孩子，以便帮助他克服自己的弱点。

②Приходи́лось си́льно напрягáть гóлос, чтобы слы́шали зáдние ряды́. 为了使后面几排听见，不得不拼命扯着嗓子喊。

③Пришёл дóктор и велéл переверну́ть рáненого, чтóбы посмотрéть, не вы́шла ли пýля сзáди. 医生来了，嘱咐把伤员翻过来，看子弹是否从背后穿出。

当主句中的主体用间接格名词或代词表示时，从属句中也可直接用动词不定式表示动作。如：

①Оригинáл пьéсы нам ну́жен, чтóбы расписáть рóли и раздáть их. 我们需要剧本原稿，以便把各个角色分写开，分发出去。

②У когó мы́слимое дéло, чтóбы в оди́н мéсяц пострóить такóй мост? 谁能设想用一个月的工夫就建成这样一座桥呢？

**连接词 для того чтбы**

连接词 для того чтобы 用来加强目的意义，而且有时可以分解为两部分。试

比较:

①Не для тогó нас дóля свелá опя́ть, чтоб снóва расстава́ться. 命运使我们再次相逢,不是为了重新别离。

②Неужéли ты хóдишь тудá тóлько для тогó, чтóбы победи́ть всех проти́вников? 难道你去那儿只是为了战胜所有的对手吗?

**让步状语从属句**

让步状语从属句表示主句所叙述的现象与从属句表示的现象相矛盾。常用的连接词有:хотя...(но 或 однако)(虽然……〈但是〉),несмотря на то что...(всё же 或 всё-таки)(尽管……〈但……还是……〉),пусть(пускай)(尽管〈即使〉……)。

**连接词 хотя**

连接词 хотя 引起的从属句可位于主句前,也可位于主句后。当位于主句前时,主句开头可用 но 或 однако 与其呼应。如:

①Хотя́ нé было никакóй надéжды, послáли егó за доктором. 虽然没有任何希望,但还是派他去请医生了。

②Мари́я продолжáла смотрéть на него, хотя по глазáм её ви́дно бы́ло, что мы́сли её полетéли дáльше. 玛利亚继续望着他,虽然从她的眼神可以看出,她的思想已经飞远了。

③Хотя бы́ло совершéнно темнó, но в темнотé угáдывалось, что дерéвня полнá людей. 虽然一片漆黑,但是黑暗中可以感觉到,村子里全是人。

④Хотя́ он вы́рос на сéвере, но он не умéет катáться на конькáх. 虽然他在北方长大,但却不会滑冰。

**连接词 несмотря на то что**

带连接词 несмотря на то что 的从属句具有书面语色彩。这种从属句可位于主句之前,也可在其后。在其前时,主句句首一般不加 но 或 однако,而加 всё же 或 всё-таки 加强让步意义。试比较:

①Рабóта кипéла, несмотря́ на то, что ужé наступи́ла ночь. 虽然夜晚已经来临,工作仍在热火朝天地进行。

②Несмотря́ на то что мнóго трýдностей стоя́ло пéред ним, он всё же согласи́лся. 尽管他面前有很多困难,但他还是同意了。

③Несмотря́ на то что егó критиковáли, всё-таки он прав. 别看他挨批评了,但他仍旧是对的。

④Несмотря́ на то что его наси́льно оставля́ли ночевáть, он устоя́л всё-таки в своём намéрении éхать и уéхал. 尽管硬要留他过夜,可他还是坚持要走,于是

就走了。

**连接词 пусть(пускай)**

пусть(пускай)引起的从属句常用于口语中,通常强调主句和从属句之间尖锐的对立。从属句常位于主句前,但也可位于其后。如:

①Пусть веснá у нас позднée и корóче, но вот дождáлись наконéц. 尽管我们这里春天来得又晚,时间又短,但终究还是盼到了。

②Нáша пéсня должнá быть сюжéтной. Пусть сюжéт бýдет сáмым простым, но он должен быть. 我们的歌曲必须有主题。哪怕主题很简单,但必须有。

③Пускáй они мёртвы, но éсли их пóдвиг в бой друзéй зовёт, — они живýт. 他们纵然死去,但他们的功勋如能呼唤朋友们去战斗,他们就依然活着。

**联系用语 + ……ни**

用联系用语加 ни 连接的让步从属句表达概括意义的让步关系。ни 起加强语气的作用,但无否定意义。试比较:

①Всегó знать нельзя, конечно. Как бы обши́рен ум ни был, всегó тудá не помести́шь. 当然,无所不知是做不到的,无论才智有多么广博,也休想把全部东西都装进去。

②Человéк дóлжен труди́ться, рабóтать в пóте лицá, кем бы он ни́ был. 一个人,无论他是谁,都应该辛勤地劳动和工作。

③К какóй бы óтрасли ни относи́лись китáйские произведéния, неизмéнно нóсят отпечáток высóкой худóжественности. 无论在哪一方面,中国艺术作品总是具有高度艺术性。

④Скóлько бы ни смотрéть на мóре — оно никогдá не надоéст. 不管你观看大海多少次,它总是让你百看不厌。

**结果状语从属句**

结果状语从属句表示主句所述行为的结果,用连接词 так что 连接,永远位于主句之后,如:

①Снег вы́пал в два арши́на, так что лóшадь утонýла в нём. 雪下得有两俄尺深,所以马都陷在雪里了。

②В толпé опя́ть рáзом всё заговори́ло, так что в пéрвую минýту невозмóжно было разобрáть словá. 人群中一下子又全都说起话来,因此起初听不清说的是什么。

**行为方法、度量和程度状语从属句**

此类从属句表示主句中行为的方式方法、程度和度量。从属句中使用 что, чтобы, как, будто, словно, сколько 等,主句中可用 так, столько 等与其呼应。指

示词 так(до того)可以和连接词 что, чтобы, как,(как)будто, словно 呼应,表示不同的含义。

**так...что**

此类句表示现实存在的事实,除有程度意义之外,还兼有结果的意味。如:

①Книга так плоха́, что и попра́вить её трудно. 书写得太差，以致修改很困难。

②Тума́н был так густ, что в не́скольких шага́х нельзя́ бы́ло рассмотре́ть челове́ка. 雾浓得几步之内就看不清人了。

③Запи́ска была́ так размы́та водо́й, что едва́ мо́жно бы́ло проче́сть не́сколько фраз и слов. 便条的字迹被水浸得模糊不清，只能勉强辨认出只言片语。

**так...чтобы**

此类句除表示程度意义外,还兼有目的意味。试比较:

Он говори́л так я́сно, что́бы все его́ по́няли. 他说得清清楚楚,好让所有人都明白他的意思。

当主句中用 не так, не такой,(не)достаточно, слишком 等词时,从属句兼有结果意味。试比较:

①Я не так хорошо́ знаю эту пробле́му, что́бы выска́зывать по ней своё мне́ние. 我对这一问题的了解还不到对其发表自己意见的程度。

②Фильм не тако́й уда́чный, что́бы смотре́ть его второ́й раз. 电影不够成功，不值得再看第二遍。

③Я доста́точно бога́т, что́бы испо́лнить любо́е, даже са́мое сме́лое твоё жела́ние. 我富有得可以完成你任何一个甚至是最大胆的愿望。

④Зада́ча не доста́точно сложна́, что́бы нельзя́ было реши́ть её за полча́са. 习题还没有复杂到半小时都解不出的程度。

⑤Он, коне́чно, сли́шком рассу́дочен и умён для того́, чтобы ве́рить в чу́до. 他当然是太偏重理性、也太聪明，因而他不会相信奇迹。

⑥Зна́ний не хвата́ло, что́бы понима́ть сло́жные вопро́сы хи́трых нау́к. 要理解各门高深科学的复杂问题，知识是不够用的。

**так...как**

此类句表示主句的行为或性质与从属句的行为或性质在程度上相当。试比较:

①Жизнь устро́илась и́менно так, как Васи́лий Петро́вич иногда́ вта́йне мечта́л. 生活正是如同瓦西里・彼得罗维奇有时暗中设想的那样安排的。

②Тре́нер не так мо́лод, как Бирю́ку снача́ла показа́лось. 教练并不像比留克

最初感觉那样年轻。

**так...(как)будто,так...словно**

此类句通过形象的比较来说明主句的行为发生的程度。试比较：

①Он вы́глядит так, бу́дто к ним нагря́нула ку́ча госте́й из го́рода. 看他的样子，像是有一大群客人突然从城里到他们这儿来了。

②Это бы́ло так давно́, как бу́дто не́ было. 这发生的太久远了，就仿佛从未曾发生过似的。

③Че́рез мгнове́ние мы мча́лись с тако́й ско́ростью, сло́вно в маши́не был устано́влен реакти́вный дви́гатель. 转瞬间我们飞驰起来，好像汽车装上了喷气式发动机一样。

**столько...сколько**

此类句中指示词 столько 和连接词 сколько 一般搭对使用。试比较：

①Мы должны́ взять сто́лько проду́ктов, ско́лько пона́добится на неде́лю. 我们应该带上够一星期用的食品。

②За ночь 600 ко́мнатных расте́ний выделя́ют сто́лько же углеки́слого га́за, ско́лько выделя́ет его́ за э́то вре́мя оди́н челове́к. 放置在室内的 600 株植物一夜时间释放的二氧化碳，与一个人在同样时间内释放的二氧化碳相等。

**固定结构 чем...тем**

该结构表示两个行为、状态、性质特征等在程度变化上的相互制约关系。试比较：

①Чем интенси́внее есте́ственный отбо́р, тем быстре́е эволю́ция. 自然淘汰越是强烈，进化过程就越迅速。

②Чем ши́ре социа́льный о́пыт литера́тора, тем вы́ше его то́чка зре́ния, тем бо́лее широ́к его интеллектуа́льный кругозо́р. 文学家的社会经验越广，他的见解就越高明，他的眼界就越宽阔。

**比较状语从属句**

此类句通过比较的方式来说明主句中的某一成分。常用的连接词有：как, как будто, точно, словно, ...чем 等。

连接词 как, как будто, точно, словно 表示一种"比喻"，主句中不需用指示词。试比较：

①Ходи́л он тяжело́, как хо́дят гру́зчики, надо́рванные рабо́той. 他迈着沉重的脚步走着，像干活累得筋疲力尽的搬运工走路一样。

②Я припо́мнил его жизнь, неуда́чи и ра́дости, как бу́дто бы они́ бы́ли мо-и́ми. 我记起了他的一生，他经历过的挫折和欢乐就如同我亲身经历过的一样。

③Вся́кие слу́хи о нём за́мерли, то́чно он исче́з с лица́ земли́. 他杳无音信，似乎从地球上消失了。

④Ка́менные плиты́ все сдви́нуты, сло́вно кто их подта́лкивает сни́зу. 石板都移动了，好像有人从下面轻轻推动似的。

主句中用比较级，从属句中用 чем，表示两个行为、状态、性质、特征之间进行比较。试比较：

①Это хоро́шая карти́на. То́лько это лу́чше рассказа́лось, чем напи́шется кра́сками на полотне́. 这是一幅好画。不过这内容叙述出来比用颜料在画布上画出来要好些。

②Иногда́ "откры́ть" тала́нтливого фи́зика и дать ему́ возмо́жность плодотво́рно рабо́тать поле́знее для нау́ки, чем постро́ить ускори́тель. "发现"有才华的物理学家并使其富有成效地工作，对科学事业的益处有时候比建造一个加速器更大。

## (4)接续从属句

接续从属句表示对主句的内容进行追加补充和说明。从属句不是用来说明主句的某一成分，而是与整个主句发生联系。主句和从属句之间用 что 连接，что 的格（带或不带前置词）根据其在从属句中的作用而定。如：

①Гле́бов оста́вил ка́федру, что случи́лось че́рез год по́сле моего́ отъе́зда за грани́цу. 格列博夫放弃授课生涯，这是在我出国一年以后的事。

②Одна́жды он пришёл ко мне в до́бром расположе́нии ду́ха, чего́ с ним давно́ не быва́ло. 一次他到我这儿来时心情特别好，他已经很久没有这样了。

③Вчера́ я опозда́л на заня́тия, из-за чего́ меня́ критикова́ли. 昨天我上课迟到了，因为这个我挨了批评。

④Преподава́тель на́чал ле́кцию с шу́тки, к чему́ его́ слу́шатели давно́ привы́кли. 教员讲课以说笑话开始，对此他的学生早已习惯了。

⑤Преподава́тель прекра́сно зна́ет свой предме́т, благодаря́ чему́ его́ студе́нты хорошо́ овладе́ли материа́лом. 老师精通自己的学科，因此他的学生对材料掌握得很好。

⑥Я двух дней не в состоянии прожить ни с кем в одной комнате, о чём знаю из опыта. 我不能跟任何人在一间屋子里同住两天，这一点我凭经验知道的。

# 20 无连接词复合句

无连接词复合句，即不借助任何连接词或联系用语而构成的复合句，其组成部分之间的关系是通过语调、句序以及谓语形式来表达的。

无连接词复合句组成部分之间大致有下列几种意义关系：

**列举意义**

此类复合句用来列举同时发生或依次发生的事实或现象。表示事实或现象同时发生时，动词谓语一般用未完成体形式或零位系词形式；表示事实或现象依次发生时，动词谓语通常用完成体形式。此类句书面上用逗号或分号将各组成部分隔开。试比较：

①Внутри́ до́ма всё пообвали́лось, печь лежи́т грудо́ю кирпиче́й, полы́ взло́маны. 房子内部全都倒塌了，炉灶成了一堆乱砖，地板也破裂了。

②После полу́дня во́здух проясни́лся, о́блачное не́бо посине́ло, со́лнце обозна́чилось, снег стал я́рче и желте́е. 过午，天放晴了，多云的天空呈现出蓝色，太阳显现出来，积雪变得更耀眼了，更黄了。

③Две́ри закры́лись, лифт на́чал поднима́ться. 门关上了，电梯开始上升。

**对比、对别意义**

此类复合句各组成部分句法结构平行，词序形式一般相同，句子的时间、式形式也有共同性。书面上，组成部分之间可用逗号和破折号。试比较：

①Молоды́м — везде́ у нас доро́га, старика́м — везде́ у нас почёт. 年轻人在我们这里处处有前程，老年人在我们这里到处受尊敬。

②Про́шлое его — неизве́стно. В настоя́щем — недово́льный челове́к, кото́рый всё подверга́ет злой кри́тике. 他过去怎么样不清楚，现在他是个心怀不满的人，对一切都加以否定。

③Истреби́тели уже не прикрыва́ли нас, они поверну́ли обра́тно. 歼击机已不再掩护我们，他们返航了。

④Это не бы́ли гро́мкие имена́, это бы́ли тру́женики литерату́ры. 这不是一些名声很响的人，这是一些勤勤恳恳的文学工作者。

①、②例为对比意义，③④例为对别意义。

**时间意义**

此类复合句中，前一部分表示后一部分事实或现象发生的时间，动词谓语一般用过去时形式。当句中时间为现在时或将来时时,句子可能带有条件意义,但仍以时间意义为主。书面上,组成部分间多用破折号。试比较:

①Холодно бы́ло — теплá хотéли,жарá наступи́ла — прохлáды захотéли. 冷的时候想要温暖,炎热降临时又想要凉爽。

②Ехали сюдá — рожь тóлько начинáла желтéть. Тепéрь уезжáю обрáтно — эту рожь лю́ди едя́т и нóвая зеленéет. 来这儿的时候,黑麦刚开始泛黄。现在我要离开回去了,这黑麦人们已经吃上,新麦在泛绿。

③ — Давáй вы́пьем пéред щáми. — Принесýт — вы́пьем. “喝汤之前咱们来一杯吧。”“等拿来咱们就喝。”

④Любóвь да совéт,так и гóря нет. 相亲又相爱,不会有灾难。

**条件意义**

此类复合句中可以使用假定式、命令式、陈述式及不定式,组合部分间可用破折号及逗号。试比较:

①Знал бы я ,для чегó ты винá спрáшивал, — не дал бы я тебé. 我要是知道你为什么要喝酒,我就不会给你了。

②Не будь тогдá óколо меня́ Белáвина,я не знáю, что бы со мной бы́ло. 如果我旁边没有别拉维娜,我都不知道,我会出什么事。

③Не сиди́, сложá руки, так не бýдет и скýки. 你要是忙起来,就不会觉得寂寞无聊。

④Понáдобится пóмощь — прошý не стесня́ться. 需要帮忙的话,请不要客气。

⑤Умри́ я сегóдня,что с вáми бýдет? 我今天死了,你们会怎么样呢?

⑥Обожжёшься на молоке — станешь дуть на воду. 喝牛奶烫了嘴,再喝凉水也要吹一吹。

⑦Волкóв боя́ться — в лес не ходи́ть. 怕狼就别进森林。

**让步意义**

此类复合句通过动词的式、体、时的相互关系表达让步意义,组成部分间用逗号或破折号。如表示虚拟的让步关系,一般用命令式表示虚拟的条件部分,而用完成体将来时形式表示可能或不可能发生某种情况。试比较:

①Будь кáменный человéк,и тот в чýвство придёт,как вас послýшает. 就算是石头人,听到您的诉说也不会无动于衷的。

②Будь женá хоть áнгел, всё-таки на неё посы́плются всевозмóжные обвинéния. 即使妻子是天使,各种各样的责难仍然要落在她头上。

而如果表示现实让步关系,则用陈述式相应时间形式。试比较:

①Шестна́дцать лет служу́, тако́го со мной не́ было. 我虽然干了 16 年,但这种事我身上没发生过。

②Мно́жество мотоцикли́стов мча́лись за ним по ра́зным доро́гам — его нигде́ не́ было. 虽然大批摩托车手奔驰在各条路上寻找他，可是什么地方也没找到他。

**原因 – 结果意义**

此类复合句由两部分构成,其间用冒号或破折号以及逗号连接。此类句有两种情况:

(1)后一部分表示前一部分事实或现象产生的原因。试比较:

①Прикрути́ ого́нь: больно глаза́м. 把灯拧小些，太刺眼了。

②Журнали́сты до́лго не могли́ с ним встре́титься:рабо́ты-то у него мно́го. 记者们很长时间都不能和他会面,因为他的工作太忙了。

③Я не хочу́ говори́ть с ва́ми — вы гру́бы. 我不想同您讲话,您没有礼貌。

(2)后一部分表示前一部分事实或现象引起的结果。试比较:

①Хвалы́ прима́нчивы, как их не пожела́ть? 赞扬是吸引人的，怎能不希望得到称赞呢!

②Ма́ша сиде́ла бо́ком к ла́мпе: свет золоти́л её щеку́. 玛莎侧身对着灯坐，所以灯光把她的面颊映成了金色。

③Доро́гу прихвати́ло холодко́м, е́хать было хорошо́. 路有点冻了，很好行车。

④Ре́льсы непра́вильно иду́т — переложи́ть на́до. 路轨不正，要重新铺。

**揭示说明意义**

此类复合句中,后一部分可以揭示说明前一部分中动词、名词、副词、形容词的具体内容,两部分之间多用冒号,有时可用破折号。

(1)揭示动词具体内容,此时动词可能是直接表示说、写、想、看、听等意义,也可能是间接表示此类意义。试比较:

①Кто-то ве́рно сказа́л: чужа́я беда́ не даст ума́. 有人说得很对：不经一堑，难长一智。

②И тепе́рь я зна́ю: есть ве́щи, кото́рые не ку́пишь ни за каки́е де́ньги. 现在我知道:有些东西是用多少钱都买不来的。

③Чу́ется мне — не уви́дим мы друг друга. 我预感到，我们彼此再见不到了。

④Я взял терпе́ние, ду́маю:де́лать не́чего, бу́ду опя́ть дожида́ться, чем это ко́нчится. 我耐心地等待,心想：没有办法，等着看这事如何了结吧。

⑤Содрóгнулся он — и обозрéлся кругóм: мóре крутúлось стрáшно. 她打了一个冷战，然后环顾四周：大海在可怕地翻腾。

⑥Не замечáла ты: сегóдня мúмо нас какóй-то господúн прохóдит трéтий раз? 你没发现吗，今天有个先生从我们面前走过去三次了？

⑦Он попрóбовал авторýчку — она писáла хорошо. 他试了试钢笔，很好使。

⑧Шаров взглянýл на часы́: стрéлка показáла двáдцать пять минýт трéтье-го. 沙罗夫看了一下表：指针指着 2 点 25 分。

⑨Я вы́брался на ýлицу — пустá. На нéбо глянýл — ни мéсяца, ни звёзд. 我走到大街上，街上空荡荡。我向天空望去，既没有月亮，也没有星星。

(2)揭示说明名词具体内容，此类名词往往具有一定的概括性。试比较：

①У Тúмки былá однá страсть — он любúл птиц. 季姆卡只有一个嗜好——他爱鸟。

②У нас в Ялте торжествó: откры́лся магазúн Кюба. 我们雅尔塔这里有件大事：丘巴商店开业了。

③А у Сóни было предчýвствие: сегóдня непремéнно что-то случúтся. 索妮娅有种预感：今天一定会有什么事发生。

④Полýчено сообщéние: Алексéева с постá верхóвного главнокомáндующего убрáли. 得到通知：阿列克谢耶夫被撤销了最高统帅的职务。

另外，相当于此类名词的还可以有(только)одно，вот что 及某些形容词中性形式。试比较：

①О нём знáли однó: он был морякóм. 人们对他只了解一点：他当过海员。

②Тóлько однó несомнéнно: курúть у них нельзя́. 只有一点勿庸置疑：就是在他们那里不许吸烟。

③А я тебé за твою добротý вот что скажý: попáлся тебé человéк хорóший. 因为你善良，我才对你说：你遇见好人了。

④Пришлó печáльное: Пётр ýмер во всей сúле своéй твóрческой дéятельности. 传来一个不好的消息：彼得在全力进行创造性活动的时候死去了。

(3)揭示说明副词具体内容。试比较：

①Ну, прáво, сказáть смешнó: я бéгал за нéю, тóчно какáя-нибудь ня́нька. 哎，说起来真可笑：我跟着她跑来跑去，就像个小保姆一样。

②Здесь бы́ло хорошó: на всём былá виднá рукá Степáнки. 这里情况很好：随处都可以看到斯捷潘卡的劳动结晶。

③Мы договорúлись так: онú бýдут встречáть нас у метрó. 我们是这样商定

的：他们将在地铁站前接我们。

(4)揭示形容词及代词 такой，таков 的具体内容。试比较：

①Погóда у нас чудéсная：всё время 2-3 грáдуса морóза，без вéтра. 我们这儿天气好极了：总是零下 2—3 度，没有风。

②Сад óколо нáшего дóма был разнорóдный：вúшни，я́блони рослú вперемéжку с рябúнами и берёзами. 我家旁边花园里的品种很多：樱桃树、苹果树和花楸、白桦混杂在一起。

③Мой совéт такóй：принимáй их предложéния. 我的建议是接受他们的方案。

**追述或评价意义**

此类复合句中，后一部分是前一部分的追加说明或评价。前一部分结构和要表达的意思都比较完整，后一部分是前一部分的补充。后一部分中往往有代词(代副词)对前一部分的整体或部分起概括作用。两部分之间多用破折号和逗号。试比较：

①Мы до сих пор не умéем тóчно сосчитáть самúх себя в масштáбах мúра — на э́то мóщностей информациóнной цивилизáции пока не хватáет. 直到现在我们还无法在全世界范围内准确地计算出到底有多少人——目前信息文明的能力还做不到这一点。

②Опáсность грозúла им серьёзная — в э́том Гýсев не сомневáлся. 他们面临的危险是严重的——古谢夫对此并不怀疑。

③Его потянýло в лес — там мечтáется простóрней. 他向往到森林中去，那里可以更加海阔天空地幻想。

④ Душú у вас нет，у вас самолю́бие вмéсто душú — вот что я вам скажý. 您没有心肝，您只有自尊心，这就是我要对您说的。

**练习 53　将下列句子译成汉语，注意句中的指示词，联系用语或连接词**

1. Мы долго говорили о том, что видели на выставке.
2. Старик был не так уж прост, как ей казалось раньше.
3. Я отдал товарищу все, что у меня было.
4. Такие большие игры, какие были вокруг нас, я видел впервые.
5. Это то самое дерево, которое мы посадили вместе.
6. У моего товарища был такой вид, что я не решился с ним заговорить.
7. Мне хочется знать, с кем мы пойдем в музей.

8. Борис позвал всех, кому хотелось кататься на лодке.
9. Того, над чем в молодости я думал и работал, я никогда не забуду.
10. Товарищ, на которого я всегда надеюсь, очень помог мне.
11. Берег реки, на котором находилась деревня, был очень живописен.
12. На небе показалась луна, свет которой освещал землю.
13. В небольшой комнате, в которую мы вошли, стояла красивая мебель.
14. Свет от лампы был такой яркий, что глазам было больно.
15. Ты вспомнишь родину такой, какой ты в детстве увидел.
16. Каждый, кто честен, встань с нами вместе в наши ряды, друзья.
17. Я ведь только один из многих тех, которым ты жизнь спасла.
18. Каковы сами, таковы и сани.
19. Хорошо может видеть людей и землю только тот, кто их любит.
20. На вечере будет выступать писатель, чью новую книгу все сейчас так горячо обсуждают.
21. Ветер дул порывами и с такой силой, что стоять на ногах было почти невозможно.
22. Герой-это тот, кто творит жизнь вопреки смерти, кто побеждает смерть.
23. Все в доме было таким, каким он хотел его видеть.
24. Этот артист-тот самый, чье выступление нам так понравилось в прошлый раз.
25. Теперь я шел не туда, куда мне было надо.
26. Комната так велика,что в ней могут жить двадцать два человека.
27. Ей надо в театр ходить, раз она в театральном училище учится.
28. Если человек не имеет своего места в жизни, не имеет прочных корней, на него трудно положиться.
29. Как же он мог открыть дверь,когда у него ключа не было?
30. Зачем спорить, если этот вопрос давно уже решен?
31. Раз ты ужинать с нами не хочешь, то выпей хотя бы чая.
32. Когда он проснулся, было, конечно, позднее утро, потому что солнце стояло довольно высоко.
33. Я уверен, что от станции мы шли не более сорока минут, потому что я следил по часам.
34. Благодаря тому что машинист вовремя заметил опасность, удалось избежать железнодорожной катастрофы.

35. Так как начальник говорил о нем что-то доброе, хорошее, оба работника казались очень довольными.
36. Если мальчик был бы на год старше, он выступил бы на соревновании.
37. Если вы подробно опишете внешность этого человека, я его узнаю при встрече.
38. Едва я оставался один, сразу наваливалась тоска-тоска по дому, по деревне.
39. Картину эту я помню с тех пор, как помню самого себя.
40. Через четверть часа после того, как она покинула меня, ко мне в окно постучали.
41. За это время, пока меня здесь не было, в деревне выросло двухэтажное здание из белого кирпича.
42. Эти простые слова запали вчера в душу, как падает с высоты камень на зеркальную поверхность воды.
43. По мере того как поднималось солнце, день теплел и светлел.
44. Когда Елизавета Сергеевна заговорила, его лицо вспыхнуло восторгом.
45. Доктор не любил нашего хозяйства, чего отнюдь и не скрывал.
46. Женя взял ветку и разгреб костер, чтобы тот горел веселей.
47. А теперь так привыкла, что и с места не тронусь, как придут нам сказать, что вам приносят газеты.
48. Мне стало ясно видно, что лицо у него в слезах.
49. Все, что полагалось в дорогу, было собрано и сложено в чемодан.
50. Но только жалко, что вы так поздно дали мне этот чудесный урок.
51. Комната имела такой вид, будто ее обстреляли из пулемета.
52. Мне везде дорога, где только ветер дует и море шумит.
53. Оттуда, куда он указал пальцем, валил дым.
54. Мать остановила его вопрос движением руки и продолжала так, точно она сидела перед лицом самой справедливости.
55. В них было много молодого задора(激情), вследствие чего каждое дело казалось по плечу.
56. Брату нужно сдавать вступительные экзамены в институт, за чем он приехал в город.
57. В лесу уже становилось темно, для чего и пришлось возвратиться домой.
58. От фонарей было светло, так что мы могли рассмотреть афишу.
59. Мы не падали духом, несмотря на то, что нам было трудно.

60. Я настолько хорошо помню каждую картину, что если вы хотите, могу пересчитать их по пальцам.
61. Его взволновала мысль, что высказала она перед своим уходом.
62. Его взволновала мысль, что она больше не вернется.
63. Если бы к завтрашнему утру дождь кончился, мы поехали бы за город.
64. Они опасались, как бы опять не пошел снег.
65. Пусть не все верно в этой статье, но в ней много ценных наблюдений.
66. Через мгновенье мы мчались с такой скоростью, словно в машине был установлен реактивный двигатель.
67. Он говорил долго и много, что с ним редко случалось.
68. Наступили теплые и ясные дни, чем все дети были очень довольны.
69. Москва откроется вашему взгляду такой, какая она есть, будьте только внимательны и доброжелательны.
70. После того как были взвешены все доводы за и против, предложение было принято.
71. И всюду, как убедился, высоко ценится умение делать свое дело мастерски.
72. Гений — это не то же самое, что талант.
73. Для того, чтобы считаться талантливым, человеку достаточно особенно хорошо выполнять какую-то определенную работу.
74. Волосы его были гораздо светлее, чем Даша их представляла.
75. В их жизни искусство занимало ровно столько места, сколько оставалось от их профессиональной работы, которой каждый из них был увлечен.
76. Мы так привыкли к ее красоте, что порой перестаем замечать ее. Но стоит уехать из нее на полгода, на месяц, на неделю, как она вырастать в твоей памяти утром, днем, вечером.
77. Бабушка надулась и изобразила, как Николай Антоныч говорит о себе.
78. Нужно знать язык жестов и телодвижений, поскольку жесты и мимика лица являются точными индикаторами внутреннего состояния собеседника, его мыслей и желаний.
79. Необходимо четкое осознание того, что на своем месте именно ты несешь главную ответственнось за дело, которому отдаешь молодые годы.
80. Композиторы всегда выбирают для опер такие сюжеты, где есть борьба страстей и большие чувства.
81. Я пошла туда, откуда музыка, смех и шум неслись.

82. Когда, устанавливая единицы времени — час, минуту, секунду, — делили сутки на равные части, предполагали, что Земля вращается равномерно.
83. Если бы папаша мог читать на лицах, он прочёл бы на бледном личике своей дочки восторг.
84. Школы обычно бывают расположены так, что детям не надо переходить улицу.
85. Кто не сделает строгой ревизии своего мышления, не оценит критически уровень своего мастерства, тот рискует отстать.
86. Действительно появились — прежде всего те, которые помогли считать, поскольку измерения и счет давались человеческому мозгу труднее всего.
87. Задолго до того, как были установлены стандарные единицы измерения, человек измерял один предмет, сопоставляя его с другим.
88. Они пробирались в комнаты, где, как они чуяли, лежали тонны зерна.
89. Удачливым охотником становился тот, кто быстрее бегал, был сильным и выносливым, у кого были крепкие ловкие руки.
90. Оказывается, рост передается по наследству, так что по родителям и даже более далеким предкам можно определить, какого роста будут мальчик или девочка, когда станут взрослыми.

（参考答案略）

**练习 54　给下列句子填上适当的连接词或联系用语**

1. Мы возвратились домой, ______ уже было темно.
2. Я слышал, ______ за окном разговаривали, смеялись и пели.
3. ______ стало светло, мы вышли из деревни.
4. Надо было ждать, ______ утихнет ветер.
5. Студенты подробно рассказали, ______ они готовятся к предстоящей практике.
6. Придется ждать, ______ он говорит по телефону.
7. Я все-таки не понял, ______ составлять эти схемы.
8. Меня радовала мысль, ______ скоро наша разлука кончится.
9. Вдали, ______ садилось солнце, небо было красное.
10. Руководитель группы позвонил, ______ отъезд задержали.
11. Туристы шли, ______ хотели.
12. Родители нам пишут, ______ в каникулы мы отправили детей к ним.

13. Декан сказал секретарю, ______ староста группы явился на совещание.
14. Поднялась буря, ______ пароход не мог выйти в открытое море.
15. Мать боится, ______ ребенок не простудился.
16. Было так темно, ______ ничего не было видно.
17. Успех во многом зависит от того, ______ будет выполнять работу.
18. Мы хотели читать по-русски так же хорошо, ______ он читает по-английски.
19. Я думал не только о том, ______ сказать, но и о том, ______ сказать.
20. Было так тепло, ______ уже наступила весна.
21. Я сомневаюсь, был ______ он здесь.
22. Мы так обрадовались друг другу, ______ не виделись много лет.
23. Надо, ______ вы встретили делегацию на аэродроме.
24. ______ больше я читал, ______ больше мне нравилась книга.
25. Трудно сказать, изменится ______ что-нибудь.
26. ______ дождя не будет, то мы пойдем гулять.
27. ______ ты начал дело, то нужно довести его до конца.
28. Мы все поняли, ______ он не сказал о своем успехе.
29. ______ мы приближались к дому, мы услышали музыку.
30. Теперь Макар пришел к убеждению, ______ и старики говорят иногда правду.
31. Я только в войну увидел и понял, ______ такое Россия.
32. ______ вы согласились, нельзя вам отказываться.
33. ______ мы подъехали к дому, нам навстречу вышли люди.
34. ______ ночь темна, то звезды светят ярче.
35. Люди не любят, ______ у человека нет в руках дела.
36. ______ никого нет дома, я останусь и буду ждать.
37. Все было так необычно, ______ бывает иногда в романах.
38. Я буду работать, ______ у меня есть силы.
39. Я не оставлю этой книги, ______ не кончу ее.
40. Идти туда, ______ влечет тебя свободный ум.
41. Мы будем гулять, ______ зайдет солнце.
42. Без слов стало ясно, ______ пришли они грустные.
43. Поговорим и отдохнем, ______ есть время.
44. Мы всегда с грустью вспоминаем, ______ прекрасна и романтична была на-

ша юность.

45. ______ мы ни были, всюду шло мирное строительство.
46. Задача заключается в том, ______ добиться экономии ресурсов.
47. ______ ни посмотришь, везде бесконечный морской простор.
48. Нужно было сломать старый дом, ______ на его месте построить новый.
49. Мальчик учится отлично, ______ у него хорошие способности.
50. Едва показалось солнце, ______ туристы отправились в путь.
51. Вода в реке сильно поднялась, ______ целую неделю шли дожди.
52. ______ произошло в следующее мгновение, Миша не успел сообразить.
53. Она старалась угадать, ______ из них ей злодеем будет.
54. Не успел я задать вопрос, ______ все ученики закричали, заглушая ответы друг друга.
55. Читатели часто спрашивают людей пишущих, долго ______ они собирают материал для своих книг.
56. По радио уже передали, ______ поезд прибывает на первую платформу.
57. Я не мог понять, ______ заставило ее все высказать брату.
58. Не притворяйся, ______ ты ничего не знаешь.
59. Уходя в театр, мать напомнила бабушке, ______ она уложила детей не позднее восьми часов.
60. Было так темно, ______ Валя с трудом различала дорогу.
61. ______ начать доклад, профессор обратился к аудитории со словами привета.
62. Природу нужно беречь, ______ мы бережем самую жизнь человека.
63. Неравнодушен я к ней только ______ она ко мне равнодушна.
64. ______ вы пришли в кино за полчаса до начала сеанса, вы обязательно купили бы билеты.
65. Не глядя на нас, она очень серьезно и обстоятельно рассказала нам, ______ сгорело домов в селе.
66. ______ получишь телеграмму от Никиты, сразу же позвони мне.
67. Школьники младших классов могут оставаться в школе в течение дня, ______ родители на работе.
68. Мы следили за уходившим поездом, ______(он) скрылся из виду.
69. Мы стояли под деревом, ______ перестал дождь.
70. ______ я пишу статью, купаться не пойду.
71. ______ начать работу, нам надо хорошо разработать план.

72. ______ я приехал в город, я учился в деревне.
73. ______ остановился поезд, нам навстречу уже бежали встречающие.
74. Никогда раньше не строили у нас столько, ______ строят сейчас.
75. Я не так хорошо знаю эту проблему, ______ высказывать по ней свое мнение.
76. Во время обучения маленьких детей языку бывает так, ______ они много играют, бегают, рисуют, но мало говорят.
77. Школы обычно бывают расположены так, ______ детям не надо переходить улицу.
78. Впечатление от пьесы или фильма по телевизору никогда не будет таким, ______ от хорошей книги.
79. Еще и в октябре пригревало так, ______ можно было ходить в рубашке.
80. Все произошло так, ______ и должно было произойти.
81. Я вернулся с таким чувством, ______ видел хороший сон.
82. Я настоял на том, ______ надо заехать нам туда сейчас же.
83. Профессор, спасибо вам за то, ______ вы заставили меня думать и тревожиться.
84. Вам я обязан всем, ______ сегодня имею, вашему участию к судьбе незнакомого человека.
85. Я поглядел на ваши руки-мне показалось, ______ они деревянные.
86. Мне очень трудно рассказывать, но мне хочется, чтобы вся страна узнала, ______ ведут себя там люди.
87. — Спросите, ______ ему от меня нужно,— устало ответил летчик.
88. Что бы ни произошло, нужно было, ______ информация поступила, ______ в армии знали, что готовят против нас враги.
89. Я вспоминаю вас и ваши слова и то, ______ вы учили меня.
90. Я подумал, ______ ему есть чему радоваться.
91. Невозможно, конечно, передать музыку словами, ______ был богат наш язык.
92. ______ (я) повторял, она все не могла запомнить.
93. ______(ты) приходил к нему, всегда застанешь его за чтением.
94. ______ встречал его, все ему сочувствовали.
95. Книжные знания, ______ обширны они были, являются односторонними и неполными.

96. ______(я) просил его, он все же не остался у нас обедать.
97. ______ я окончу институт, я поеду работать в родную деревню.
98. ______ он уехал, прошло три года.
99. До того дня жизнь казалась мне настолько простой и ясной, ______ я редко в чем-нибудь сомневался.
100. Мать раскрывала дневник и глядела на злосчастную отметку так, ______ читала трагическое известие.
101. Народу собралось столько, ______ в клубе на этот раз тесно.
102. Он посмотрел на нее с любовью и грустью и что-то сказал, но так тихо, ______ я не расслышал.
103. У меня было такое ощущение, ______ я вышел впервые после болезни посмотреть на солнце.
104. Мы втроем начали беседовать, ______ век были знакомы.
105. Она вела себя так, ______ ничего не изменилось.
106. Они обрадовались встрече, ______ не виделись много лет.
107. Они задержались на три дня больше, ______ предполагалось по плану.
108. Промышленность не может существовать без каменного угля, ______ человек не может жить без хлеба.
109. На мои слова брат не обращал никакого внимания, ______ не ему я это сказал.
110. В нашей стране наука и техника развиваются стремительно, ______ никогда раньше в истории человечества.
111. Он был ______ упорнее, ______ труднее была работа.
112. ______ должен скоро защищать свою дипломную работу, он спешит закончить ее.
113. В комнате его ждала новая неожиданность, ______ он просто не поверил своим глазам.
114. По-моему, жить в центре удобно, ______ здесь всё рядом.
115. Он спал тут же, на полу, ______ места для другой кровати в комнате не было.
116. Завод наш от станции далековато, ______ домой, к матери, ходить часто не сможем.
117. Но сочинения может и не быть, ______ ребята ответят на простые вопросы.

118. Вечером, ______ есть время, предпочитаю читать журналы и газеты.
119. ______ говорить об истории русской литературы, то творчество Пушкина-это целая эпоха.
120. Иди к доске, ______ уж ты разговорился, и приготовься отвечать.
121. А ведь ______ она хотела, то обязательно бы сказала: "Приходи! Приходи, пожалуйста! Я буду ждать тебя."
122. ______ в такой мороз еще и ветер, человек не мог бы здесь жить.
123. ______ не это, не произошло бы, наверно, все то, о чем я хочу рассказать.
124. ______ взялся за эту работу, то должен довести ее до конца.
125. ______ вы согласились, значит, нельзя отказываться.
126. ______ не было одной ошибки, оценка было бы отличной.
127. ______ работать по 12 часов в день, план можно выполнить за десять дней.
128. ______ он знал об этом, от меня он бы не скрывал.
129. Давайте отдохнем, ______ вы устали.
130. Лучше всяких лекарств было для него возвращение на завод-это только тот поймет, ______ сам испытал такое.
131. Это было удивительное явление, ______ уже никогда не видел после.
132. Павлов-ученый, ______ гордится народ.
133. Я шел и думал о том, ______ же из меня получится врач, если я не умею написать "воспаление" по-латыни.
134. Государство не может всего охватить, и вот на помощь ему являются те, ______ понимает культурные потребности общества.
135. Скажите, ______ литература больше всего интересует этих людей.
136. В науке главное — сконцентрировать свой мозг, творческие усилия, все способности на том, ______ найти правильное решение.
137. Новая сборная байдарка отличается от старой тем, ______ все деревянные детали на ней заменили более легкими алюминиевыми.
138. ______ осуществлялись социально-экономические перемены, они свидетельствуют о том, что экономическая реформа никогда не может заключаться в капитализации страны.
139. Книга написана слишком хорошо, ______ вам понравиться.
140. Испарение воды с предмета охлаждает его. ______ воздух содержит много

водяных паров, влага с мокрого термометра улетучивается медленно.

141. В вогоне в десять раз больше народу, ______ это было бы нормально.

142. Но научное значение касается не отдельных фактов, а какой-л. их совокупности, ______ факты берутся в их взаимной связи.

143. ______ использовать преимущество автомобиля перед другими видами транспорта, предстоит построить большую сеть городских и международных скоростных дорог большой пропускной способности.

144. Люди XXI века, очевидно, больше, чем мы сейчас, будут передвигаться по городу пешком, ______ весьма полезно для здоровья.

145. Отбросы заводов и фабрик, сточные воды, ядовитые отбросанные газы составляют сильное загрязнение, ______ вредит и окружающей среде, и здоровью жителей.

146. ______ скорость звука в различных тканях неодинакова, при помощи ультразвука можно точно исследовать внутренние органы человека.

147. Уже двух таких открытий, как материалистическое понимание истории и прибавочная стоимость, было бы достаточно, ______ имя Маркса стало бессмертным.

148. ______ развитие черной металлургии идет высокими темпами, у нас все еще ощущается недостаток в металле.

149. Моряк настойчиво продолжал тушить пожар, ______ огонь обжигал его руки и лицо.

150. ______ люди не знали, как добыть металлы, они делали себе топоры и другие предметы из камня.

151. ______ узнали, из чего и как можно получить металлы, то научились делать из них ножи, топоры, пилы и всевозможные машины, которые значительно облегчали труд человека.

152. Проверяя себя, Лосев стал возвращаться к картине и все смотрел на флюгер, ______толкнул девицу, которая стояла с блокнотом в руках.

153. Задолго ______ мы приблизились к озеру, мы заметили, что растительность стала беднее.

154. С каждым днем тропинка становилась все хуже и хуже. Видно было, ______ по ней давно уже не ходили люди.

155. Мы живем в такой век, ______ все дороги открыты молодежи.

156. Главное, ______ спать достаточное количество времени и, проснувшись,

чувствовать себя отдохнувшим и посвежевшим.

157. Температура земной поверхности может понизиться ______, ______ в атмосфере Земли накапливается пыль.

158. Режим дня — один из основных моментов здорового образа жизни, ______ здоровье зависит от приспособления к режиму и условиям.

159. ______ вы излишне удалитесь от экрана, то придется напрягать зрение, чиобы рассмотреть детали изображения.

160. День открытых дверей бывает каждый год во всех институтах страны для того, ______ юноши и девушки могли правильно выбрать свою будущую профессию.

161. Затем он измеряет, испытывает, ставит эксперименты, чтобы установить, работает ______ гипотеза.

162. Но теория не считается доказанной, ______ становится очевидным, что нет другой теории, способной объяснить известные факты.

163. Путешествия потеряли бы половину своего смысла, ______ о них нельзя было рассказать.

164. Они сдерживали эмоции и в ходе подготовки вели себя так, ______ в корабле должен лететь не Юрий Гагарин, а очередной "Иван Иванович".

165. Человек в основе своей всегда устремлен к хорошему. Надо только вовремя уметь поддержать и поправить того, ______ стал уходить от этого устремления.

166. Из-за него мы не выполнили задачу, ______ он должен отвечать за это.

167. В жару простудные болезни и встречаются часто. Это объясняется тем, ______ человек пьет много холодной воды, легко одевается.

168. ______ на Руси в конце Х века приняли христианство. Новый год стали встречать 1 сентября, в самом начале осени.

169. Современная проблема чистоты атмосферного воздуха не связана с защитой человечества от вредных газов, ______ индустриальное газовыделение намного превосходит газовое дыхание Земли.

170. Он посмотрел на него рассеянным взглядом, ______ только что проснулся.

171. Снег от солнца стал сверкать так сильно, ______ глаза начали болеть.

172. Ученые, обнаружив в составе метеоритов неизвестные на Земле элементы, пришли к выводу, ______ эти элементы не могут существовать в условиях

земной атмосферы.

173. Реклама промышленных товаров, ______ и создается на основе общих законов, все же имеет существенные особенности.

174. Сообщение о товаре должно быть интересным и привлекающим внимание, ______ покупатели выбрали именно то, что предлагаете вы.

175. Отдых в течение рабочего дня определяется характером труда, тем, ______ органы или системы в первую очередь вовлечены в рабочий процесс.

176. ______ форму вы ни облекли свой отказ, вы имеете полное право охранять свое время и защищать свои интересы и собственность.

177. Деловой контакт зависит не ______ от того, что вы говорите, ______ от того, как вы себя держите.

178. По незнакомой реке плыть похитрее будет, ______ по самому дикому лесу пробираться.

179. Это необходимо для того, ______ члены общества получили достаточно свободного времени, необходимого для получения всестороннего образования.

180. Срочно отправьте строительные материалы на участки водой, ______ река не станет.

181. ______ кислород из воздуха постоянно забирается живыми существами для дыхания, его запасы тем не менее, никогда не иссякают.

182. Из ворот вышла Александра Ивановна, ведя за собой ту самую девочку, ______ резвые ноги так часто пересекали Тане дорогу.

183. Отношения к службе у меня те же, ______ у иного школьника к уроку.

184. Томилин полуслеп, он видит все вещи не такими, ______ они есть.

185. Окна вымыты и вытерты до того чисто, ______ при свете солнца кажутся зеркальными.

186. У нее был слишком горячий нрав, ______ спокойно переносить такое разглядывание.

187. Учебные заведения предполагается разделить на коммерческие и некоммерческие, ______ и определит меру помощи государства.

188. Страсть к науке складывается из стремления проникнуть в тайны природы, ______ похоже на стремление скульптора увидеть в мраморе те новые прекрасные формы.

189. Возникают малоприятные ситуации, ______ незадолго до начала обеда на-

чинают поступать данные о невозможности участия в нем того или иного приглашенного.

190. Наступила та таинственная минута, ______ одно событие переходит в другое, ______ причина сменяется следствием, ______ рождается случай.

191. В педагогике, психологии и физиологии накапливается все больше данных о том, что возможности детей дошкольного возраста значительно выше, ______ предполагалось до сих пор.

192. Она с беспокойством посмотрела на меня. Я отошел немножко в сторону, из предосторожности, ______ меня не выслали.

193. У того, кто не поэт по натуре, ______ придуманная им мысль будет глубока, истинна, даже свята, — произведение все-таки выйдет мелочное, ложное, фальшивое.

194. Люди всегда будут стремиться к вершинам, ______ даже с риском для жизни и здоровья.

195. В поэме было точно названо место действия, ______ не спутаешь.

196. Удобно то, что в мастерских масса всяких материй, ______ очень легко подобрать все, что угодно.

197. Почти всегда какая-н. ничтожная оплошность нарушает процесс развития в самом его начале, ______ самое легкое движение воздуха расстраивает все расчеты химика.

198. Мне давно уже хотелось найти такой уголок, ______ бы все было под рукой: и охота, и рыбалка, и грибы, и ягоды.

199. Многие считают, ______ нужна массовая физкультура и не нужен спорт спортсменов в больших рекордах.

200. Сам ученый придавал большое значение этому разделу физики, поскольку ясно сознавал, ______ значение могут иметь эти работы для будущего.

201. Я долго был убежден, ______ нашел для каждого несчастного одинокого человека радостный выход в люди, в свет.

202. Я натоял на том, что надо заехать нам туда сейчас же, ______ прислала телеграмму Болотина.

203. Рощин вылез на берег там, ______ он и наметил, около полузатопленной баржи.

204. Поехать прямо туда, ______ можно было встретиться с Алексеем, она чувствовала, что не имела права.

♨答案:

1. когда, 2. что 或 как, 3. Как только 或 Когда, 4. пока не, 5. как, 6. пока, 7. как 或 зачем, 8. что, 9. куда, 10. чтобы 或 что, 11. куда, 12. чтобы, 13. что 或 чтобы, 14. так что, 15. чтобы, 16. что, 17. кто, 18. как, 19. что, как, 20. будто 或 как будто 或 словно, 21. ли, 22. будто 或 как будто 或 словно, 23. чтобы, 24. Чем, тем, 25. ли, 26. Если, 27. Раз, 28. почему 或 что, 29. Когда, 30. что, 31. что, 32. Раз, 33. Прежде чем 或 Когда 或 После того как, 34. Если, 35. когда, 36. Раз, 37. как, 38. пока, 39. пока, 40. куда, 41. пока не 或 когда 或 после того как, 42. почему 或 что, 43. пока, 44. как, 45. Где бы, 46. чтобы, 47. Куда, 48. чтобы, 49. потому что 或 благодаря тому что 或 так как, 50. как, 51. так как 或 потому что, 52. Что, 53. который, 54. как, 55. ли, 56. что, 57. что, 58. будто, 59. чтобы, 60. что, 61. Прежде чем, 62. как, 63. потому, что, 64. Если бы, 65. Сколько, 66. Как только/когда, 67. пока/когда, 68. пока он не, 69. пока не, 70. Пока/Когда, 71. Прежде чем(Перед тем как)/Чтобы, 72. До того как, 73. Прежде чем, 74. сколько, 75. чтобы, 76. что, 77. что, 78. как, 79. что, 80. как, 81. как будто, 82. что, 83. что, 84. что, 85. (как) будто, 86. как, 87. что, 88. чтобы, чтобы, 89. как/чему, 90. что, 91. как бы ни, 92. Сколько я ни, 93. Когда бы ты ни, 94. Кто ни, 95. как бы ни, 96. Сколько я ни, 97. Когда, после того как, 98. С тех пор как, 99. что, 100. словно, 101. что, 102. что, 103. будто, 104. (как) будто/словно, 105 (как) будто/словно, 106. словно/(как) будто, 107. чем, 108. как, 109. словно (как) будто, 110. как, 111. тем, чем, 112. Так как, 113. так что, 114. потому что/так как, 115. так как/потому что, 116. так что/поэтому, 117. если, 118. если, 119. Если, 120. раз, 121. если бы, 122. Если бы, 123. Если бы, 124. Раз, 125. Раз, 126. Если бы, 127. Если, 128. Если бы, 129. раз, 130. кто, 131. какого, 132. какими, 133. какой, 134. кто, 135. какая, 136. чтобы, 137. что, 138. Где бы ни, 139. чтобы, 140. Если, 141. чем, 142. когда, 143. Для того, чтобы, 144. что, 145. что, 146. Так как, 147. чтобы, 148. Несмотря на то, что, 149. хотя, 150. Пока, 151. Когда, 152. пока не, 153. до того, как, 154. что, 155. когда, 156. чтобы, 157. вследствие того, что, 158. потому что, 159. Если, 160. чтобы, 161. ли, 162. пока не, 163. если бы, 164. будто, 165. кто, 166. так что, 167. что, 168. Когда, 169. поскольку, 170. будто, 171. что, 172. что, 173. хотя, 174. чтобы, 175. какие, 176. В какую бы, 177. столько... сколько, 178. чем, 179. чтобы, 180. пока, 181. Несмотря на то, что, 182. чьи, 183. какие, 184. каковы, 185. что, 186. чтобы, 187. что, 188. что, 189. ко-

гда, 190. когда... когда... когда, 191. чем, 192. как бы, 193. пусть, 194. пусть, 195. так что, 196. так что, 197. подобно тому как, 198. где, 199. что, 200. какое, 201. будто, 202. откуда, 203. где, 204. где.

**练习 55　将下列句子译成汉语**

1. Сегодня приема нет и вообще у директора совещание, и неизвестно, когда оно кончится.
2. Дед любит Сибирь, тайгу, свою деревню, где прожил почти всю жизнь.
3. Везде, куда Алеша приходил, он должен был работать, чтобы иметь деньги и еду.
4. Где играли дети, оттуда доносились веселые крики и смех.
5. Я получил письмо оттуда, откуда я недавно приехал.
6. Оказывается, когда едешь на машине, нужно ехать туда, куда показывают знаки, а совсем не туда, куда тебе нужно.
7. Инженер вернулся оттуда, куда мы поедем в командировку.
8. Мы должны вкладывать средства туда, где больше всего они нужны.
9. Нигде, куда бы Нина ни заходила, она не узнала адрес подруги.
10. Куда ни посмотришь, везде ведется строительство.
11. Он слишком аккуратен, чтобы допустить ошибку.
12. Сейчас достаточно тепло, чтобы ходить без пальто.
13. Они сидели слишком далеко, чтобы слышать наш разговор.
14. Он достаточно здоров, чтобы его послали работать в таких тяжелых условиях.
15. Она никуда не поехала, хотя сначала думала поехать в дом отдыха.
16. Пусть на Данияре старая шинель и дырявые сапоги, но я-то ведь знал, что душой он богаче всех нас.
17. Пусть он ошибся, но ведь и мы кое в чем неправы.
18. Несмотря на то что Семен занят, он отлично справляется с общественной работой.
19. Пока он болел, товарищи успели закончить проект дорожной развязки.
20. В то время как товарищи пели, Витя занимался своим делом.
21. Как только открылась дверь, и в кабинет вошел Коршунов, ученый, Ленин встал и пошел ему навстречу.
22. Половина молодежи ответила, что читает для того, чтобы больше знать.

23. Мать махала мне рукой, чтобы я остался.
24. Он сошел с поезда не на вокзале в городе, а именно здесь, чтобы дойти до города пешком.
25. Я остался в классе, чтобы он объяснил мне эту задачу.
26. Мы остановились, где дорога поворачивала вправо.
27. Как ни важна для экономики черная металлургия, одних черных металлов еще не достаточно.
28. Первое, что ученый делает, приступая к проблеме, — устанавливает, что уже известно, и старается установить новые факты.
29. Хотя все грани одной снежинки похожи друг на друга, едва ли можно встретить две одинаковые снежинки.
30. Многие думают, что раз рыба живет в воде и имеет холодную кровь, то у нее должны отсутствовать различные внутренние органы или какие-либо чувства.
31. Оставим дальний Север и перенесемся на юг, где деревья никогда не сбрасывают своего заленого наряда.
32. Но даже и тогда, когда человек размышляет "про себя", свои мысли он неизбежно оформляет с помощью слов.
33. Он никогда первый не высказывает своего мнения, всегда дожидается, пока не выскажется кто-нибудь другой.
34. В шестидесятые годы Калининский проспект проложили там, где когда-то стояли старомосковские усадьбы — сердце старой Москвы.
35. Утомление сначала бывает частичным. И тогда достаточно прервать работу, выполнить несколько физических упражнений или сменить выполняемые операции на другие, чтобы успешно трудиться дальше.
36. И часто переутомление возникает не столько из-за нарушения в организации труда, сколько от сложных взаимоотношений в трудовом коллективе и дома.
37. Вместе с тем мне хотелось работать так, чтобы можно было бы, совершенствуясь профессионально, быть уверенной в том, что тобою не только сказано что-то в области теории, но и сделано что-то полезное в практической работе.
38. Чтобы уменьшить нагрузку на память и чтобы создать лучшие условия для мыслительной работы мозга, необходимо при заучивании повторять мате-

риал целиком, связывая таким образом все его части в единое целое.

♨答案:

1. 今天不接待(不会客),经理一般都开会,也不知道会议什么时候结束。
2. 祖父喜欢西伯利亚,喜欢原始森林,喜欢自己住了差不多一辈子的村子。
3. 阿廖沙所到之处,(他)都得工作,以便有钱花、有饭吃。
4. 从孩子们玩耍的地方传来欢快的叫喊声和笑声。
5. 我收到了一封从我不久前回来的地方寄来的信。
6. 原来,当你坐上小汽车的时候,你得按信号指示的方向走,而根本不是上你要去的地方去。
7. 工程师从我们要去出差的地方回来了。
8. 我们应该把资金投到最需要的地方去。
9. 尼娜不论到哪儿,她都没能打听到女友的地址。
10. 无论你朝哪儿看,到处都在进行建设。
11. 他特别仔细,根本不会犯错。
12. 现在天暖和了,可以不穿大衣了。(现在天已经暖和到不用穿大衣的程度了。)
13. 他们坐得很远,听不见咱们的谈话。
14. 他很健康,可以派他到这种艰苦条件下工作。
15. 她哪儿也没去,虽然开头她曾打算到疗养院去。
16. 尽管达尼亚尔身穿旧军大衣,脚蹬破皮靴,但我却知道,他在心灵上比我们大家都富有。
17. 尽管他是错误的,可我们也有地方不对。
18. 尽管谢苗很忙,他还是出色地完成了社会工作。
19. 在他生病期间,同志们把立体交叉路的设计方案搞完了。
20. 在同志们唱歌的时候,维佳在干自己的事情。
21. 门一开,科学家柯尔舒诺夫走进办公室,列宁站起身来向他迎面走去。
22. 一半的青年人回答说读书是为了多懂得些知识。
23. 母亲挥了挥手要我留下来。
24. 他不是在城里的车站下的火车,而是在这儿,以便步行走回家去。
25. 我在教室里留下来,好让他给我把这道题讲明白。
26. 我们在道路朝右转弯的地方停住了。
27. 尽管黑色金属对经济很重要,但只有黑色金属还远远不够。
28. 着手一个问题时,科学家要做的第一件事就是确认哪些东西是已知的,并努力找出新的事实。

29. 虽然每一片雪花的棱角都是相似的，但也未必能遇到两片完全一样的雪花。
30. 许多人认为，既然鱼生活在水中，其血液是凉的，那么鱼身上就不应有各种内脏器官或者某一些器官。
31. 现在我们离开遥远的北方，再到南方去看看，那里的树木从不脱下自己的绿色盛装。
32. 甚至当一个人独自深思时，也不可避免地用词句来形成自己的思想。
33. 他从不首先发表自己的意见，总是等其他什么人先说完。
34. 60年代，在原莫斯科市中心建成了加里宁大街，那里以前曾经是旧莫斯科的许多庄园。
35. 开始时疲劳往往是身体局部的，此时只要暂停工作，做几节操或把正在做的工作变成别的，然后就可以继续以前的工作了。
36. 经常出现过度疲劳与其说是工作安排混乱，不如说是因为工作单位和家中复杂的人际关系所致。
37. 同时我想尽可能完善我的职业工作，对你不仅在理论上阐述的，而且也在实际工作中所作的有益的事情充满信心。
38. 为了减轻记忆负担并为大脑思维工作创造最佳条件，要熟记一篇材料时，必须把材料的所有部分结合成一个统一的整体，然后去复习整个材料。

**练习56　用 который 的适当形式(可能带前置词)填空**

1. Я рассказал о причинах, ______, на мой взгляд, порождают хлебные затруднения в стране.
2. Есть такой родник в горах, ______ круглый год течет в озеро горячая вода.
3. Его поражало искусство, ______ местные охотники били белок.
4. Великий ученый, ______ изучал многие науки, в каждой из них сказал новое слово.
5. Молодой музыкант, о таланте ______ много говорят, сегодня дает концерт.
6. Поля, ______ движутся тракторы, принадлежат колхозу.
7. Я хотела бы иметь такого друга, ______ могла бы доверять все.
8. Человек, ______ сознает свои ошибки и исправляет их, никогда авторитета не теряет.
9. Мы посетили школу, ______ окончили несколько лет назад.
10. Студенты, ______ вы хотите видеть, живут недалеко.
11. Наша деревня стоит на горе, ______ протекает река.
12. У меня в комнате два окна, между ______ стоит стол.

13. Я сделал моему другу подарок, ______ он был очень доволен.
14. Известия, ______ мы говорили, нас очень интересовали.
15. Дом отдыха, ______ отдыхал мой отец, находится на берегу.
16. Спойте ту песню, ______ такие хорошие слова.
17. Открытия, ______ сделал Ломоносов, до сих пор не потеряли своего значения.
18. Ломоносов писал стихи, ______ выражал глубокую веру в русский народ, прославлял науки.
19. В 1755 году в Москве открылся первый университет, ______ Ломоносов сам составил ряд учебников.
20. Ломоносов создал много научных терминов, большинство ______ сохранилось в современном русском языке.
21. Наш народ чтит память великого ученого, многие идеи ______ вошли в жизнь.
22. Тысячи молодых ученых развивают дальше науку, ______ Ломоносов отдал свою жизнь.
23. Гора, ______ мы поднимались, была очень высокой.
24. В доме отдыха у нас была комната, окна ______ выходили в сад.
25. У меня не выходит из головы рассказ, название ______ я никак ве могу припомнить.
26. Мы вышли в поле, ______ росла густая пшеница.
27. Скоро в сухих степях и пустынях, ______ наш народ строит каналы, зацветут сады, зашумят леса.
28. Любовь к наблюдению над жизнью животных приучала любить этот мир, ______ невозможен процесс творчества.
29. Постарайтесь быть реалистичнее, когда вы описываете себе или близким ситуацию, ______ оказались.
30. История-это наука, целью ______ является изучение развития человеческого общества.
31. Имени его не назову-только при этом условии он согласился передать мне письмо, ______ я не хочу рассказать.
32. А теперь вы, рослый худой человек, ______— так я думал-нет в душе ни капли сочувствия.
33. К экзамену я готовился мало, дополнительной литературы не читал, а из ко-

нспектов лекций, ______ я занимался, в памяти остались лишь обрывки.

34. Он любит поговорить о прошлом, вспомнить войну, ______ прошел, но подвигами своими никогда не хвастается.

35. Поздней осенью к деду в гости приехал его знакомый, ______ они вместе служили в армии.

36. Там он познакомился и подружился с поваром Смурым, ______ было много книг...

37. Комната, ______ вступил Иван Иванович, была совершенно темна.

38. Реклама — это самые разные мероприятия, цель ______ — оповестить о чем-л., сделать популярным и привлекательным то, о чем оповещается.

39. Украинские полки, ______ надоело воевать на чужой земле, заволновались и снялись с фронта.

40. Поясняет: будет важный вопрос, ______ зависит его карьера.

41. Акции — это ценные бумаги, ______ коммерческие компании продают населению, чтобы собрать деньги.

42. Труд — это такие же, как я, рабочие, в общении ______ проходит твоя жизнь, ______ ты научишься и ______ учишь сама.

43. Кислород нам нужен для получения энергии, ______ организм может функционировать.

44. Причины, ______ люди курят, довольно сложны и проявляются по-разному у разных людей.

45. Отправляясь в мир науки, важно не свернуть с полдороги, не пасть духом перед теми трудностями, ______ часто невозможно даже предусмотреть.

46. Никакое обучение не в силах что-л. изменить в этом процессе, логика ______ задана от природы.

47. Одно из самых ценных качеств воспитателя — человечность, любовь, ______ сочетается сердечная ласка с мудрой строгостью и требовательностью отца, матери.

48. Два с половиной века назад установили: у живых организмов есть свои "внутренние часы", ______ они живут.

49. В человеческом мозгу есть участок, ______ выполняет функции своеобразного термостата.

50. Четкий ритм работы, высокое качество продукции и ответственность, ______ предприятие выполняет контрактные задания, принесли славу и

объединению, и его директору.

51. Частота звука 2000 Гц(герц) является пределом, выше ______ человеческое ухо не воспринимает механические колебания среды.

52. Понимание всего этого нужно нам, чтобы осознать тот прогресс растущего влияния науки, ______ мы переживаем, тем более если мы сами в нем участвуем.

53. Хлеб, как известно, может с успехом соперничать с золотым запасом, ______ принято определять, насколько богата страна.

54. Словом, это специалист - новатор, знания ______ ориентированы в будущее, это подлинный гуманист.

55. В последние десятилетия в музыкальной культуре мира сложилась небывалая до сих пор ситуация — возникло новое направление, аналога ______ не было в истории искусства.

56. Одна из величайших основ, ______ опирается культура, — память. В создании культуры участвуют многие поколения людей.

57. Язык есть средство, при помощи ______ люди обмениваются мыслями и добиваются взаимного понимания.

58. Художественный метод нового времени, ______ автор стремится к конкретности, требует обновления художественных средств.

59. Смена курса развития страны, поворот к рыночной экономике привели к отказу от прежних идеалов, ______ воспитывались их отцы.

60. Распродажам там обычно не место, главное для богатого человека — качество товара, ______ он готов платить.

♨答案:

1. которые, 2. из которого, 3. с которым, 4. который, 5. которого, 6. по которым, 7. которому, 8. который, 9. которую, 10. которых, 11. мимо которой, 12. которыми, 13. которым, 14. о которых, 15. в котором, 16. в которой, 17. которые, 18. в которых, 19. для которого, 20. которых, 21. которого, 22. которой, 23. на которую, 24. которой, 25. которого, 26. на котором, 27. в которых, 28. без которого, 29. в которой, 30. которой, 31. о котором, 32. у которого, 33. которыми, 34. через которую, 35. с которым, 36. у которого, 37. в которую, 38. которых, 39. которым, 40. от которого, 41. которые, 42. с которыми... у которых... которых, 43. благодаря которой, 44. по которым, 45. которые, 46. которого, 47. в ко-

торой, 48. по которым, 49. который, 50. с которой, 51. которого, 52. который, 53. по которому, 54. которого, 55. которого, 56. на которой, 57. которого, 58. при котором, 59. на которых, 60. за которое

练习 57 用 **что** 的适当形式(可能带前置词)填空

1. Снег долго не таял, ______ часто бывало в горных районах.
2. Мальчик сам собрал свои игрушки, ______ он никогда раньше не делал.
3. В этом месяце я не написал письмо родным, беспокоило родителей.
4. Вчера я опоздал на занятия, ______ меня критиковали.
5. Сегодня я проехал свою остановку, ______ я опоздал на работу.
6. Преподаватель начал лекцию с шутки, ______ его слушатели еще не привыкли.
7. Однажды он пришел к нам в добром расположении духа, ______ с ним давно не бывало.
8. Все чаще и чаще Толя задумывался, ______ ему становилось все труднее.
9. В статье приводится много цифровых данных, ______ делает ее трудной для чтения.
10. К концу этого года вступит в действие новый завод, ______ производство строительных материалов увеличится.
11. Войдя в аудиторию, Андрей начал сильно волноваться, ______ бывало с ним всегда во время экзаменов.
12. В конце учебника даны ответы на вопросы и решение задач, ______ имеет большое значение, так как позволяет учащимся проверить свои знания без помощи педагогов.
13. Человек издавна мечтал о полетах в воздухе, ______ можно судить по древним сказкам.
14. История разработки данной темы сравнительно коротка, ______ говорится в предислови к книге.
15. К концу пятилетки вступит в действие новый завод, ______ мощности производства строительных материалов удвоятся.
16. Часы, стоящие на телевизоре, намагничиваются, в результате ______ они неправильно показывают время.
17. Цветы для нее находили в любое время года, ______ для нашего сибирского города вовсе не так просто.

18. Они были на “вы”, ______ не понравилось Нине.

19. Дома он чувствовал себя под защитой, ______ помогло бороться с привычными страхами.

20. Я на пустом дворе рубил капусту, колол дрова, нянчил ребят, ______ меня и кормили.

21. В начале апреля прошел сильный дождь, ______ снег быстро растаял.

22. Солнечные лучи ударили прямо в глаза гребцу, ______ заставило его опустить весла.

23. По-французски она говорила очень плохо, ______ и страдала впоследствии в большом свете, куда судьба неожиданно ее затащила.

24. Было видно по лицу, что ему нехорошо. И с занятий ушел, ______ случилось с ним в первый раз в жизни.

25. На первых порах он был очень озабочен своим вступлением в должность полного хозяина, ______ непременно требовала бабушка.

26. Кислотные дожди разъедают даже металл, ______ быстрее разрушаются мосты, ломаются самолеты.

27. Полученные уравнения значительно проще исходных, ______ облегчает решение ряда практически важных задач.

28. На нем был белый китель, только что выстиранный и выглаженный, ______ свидетельствовали блестевшие швы.

29. Мать очень беспокоилась об отце, ______ и в детях возбудило беспокойство.

30. Пашня местами мелка и борозды редки — ______ и травы много.

♨答案:

1. что, 2. чего, 3. что, 4. за что, 5. из-за чего, 6. к чему, 7. чего, 8. от чего, 9. что, 10. после чего, 11. что, 12. что, 13. о чем, 14. о чем, 15. после чего 或 благодаря чему, 16. чего, 17. что, 18. что, 19. что, 20. за что, 21. благодаря чему, 22. что, 23. за что, 24. что, 25. чего, 26. в результате чего, 27. что, 28. о чем, 29. что, 30. отчего.

练习 58　选择填空并指明从属句的种类

1. Мне не было известно, (потому что, чтобы, почему) эту контрольную работу все студенты написали плохо.

2. Мать очень хотела, (чтобы, что, как) я стал писателем.
3. Хорошо, просто здорово знать человеку, (если, что, чтобы) дома его ждут и любят.
4. Он очень боялся, (как, что, как бы) его не оставили тут одного.
5. Вечером стало ясно, (хотя, что, чтобы) немцы прочно заняли центр города.
6. Слышно было, (как, чтобы, как бы) к детям подошел старик.
7. Он плохо понимал, (что, чтобы, зачем) его послали вперед.
8. Видно было, (что, чтобы, как) он не боялся холодной воды.
9. Важно, (что, чтобы, какая) работа была закончена в срок.
10. Нам любопытно было, (куда, как, чтобы) же трактор будет пахать.
11. Он любил людей и думал, (как, что, словно), может быть, без него они погибнут.
12. Надо, (когда, чтобы, что) всем на земле было хорошо.
13. Можно много писать о каждом писателе, стараясь высказать все те мысли, ощущения, (где, когда, что) возникают у нас при чтении его книг.
14. Попробуйте смотреть на все с мыслью, (чтобы, если, что) вам это обязательно.
15. Сквозь сон я услышал, (если, как будто, чтобы) кто-то позвонил.
16. Надо следить, (когда, чтобы, как) дети не играли на дороге.
17. Я хорошо видел, (когда, чтобы, что) дед следит за мной умными и зоркими глазами, и боялся его.
18. Очевидно было, (будто, словно, что) никто не понял этих последних слов.
19. Он сидел и ждал, (где, зачем, куда) повернется разговор.
20. Из этого письма я узнал, (что, чтобы, если) моя сестра поступила в университет.
21. Было совершенно ясно (что, чтобы, как) ничего другого уже нельзя было сделать.
22. Я был уверен, (что, как, как будто) мать начнёт укорять меня и заплачет, вспоминая погибших на войне братьев.
23. Рабочие стремятся к тому, (как, что, чтобы) их бригада была передовой.
24. Она решила, (пока, с тех пор как, что) она жива, она готова помогать всем, кто в ней нуждается.
25. Они считали себя героями и были уверены, (что, как, чтобы) делают до-

стойное и благородное дело.

26. Она с грустью смотрела, (как, как будто, по чему) ветер кружил в воздухе желтые листья.
27. Вдруг мы услышали, (кто, как, где) заскрипела дверь и кто-то вошел в соседнюю комнату.
28. Говорят, (чтобы, что, как) она в молодости была красавицей.
29. Матери показалось, (что, будто, чтобы) в голосе девушки звучат знакомые чувства — тоска и страх.
30. Мы опасались, (что, чтобы, как) звуки шагов не спугнули птиц.
31. Ты не представляешь, (когда, как, где) он изменился.
32. Очень жаль, (что, чтобы, как) всю прелесть детства мы начинаем понимать, когда делаемся взрослыми.
33. Я просил, (когда, что, чтобы) меня никто не провожал на железную дорогу.
34. Сергей принялся рисовать с таким чувством, (что, как будто, чтобы) он не пропускает ни звука этой речи.
35. Чувствуется, (что, чтобы, как бы) этот человек знает много.
36. Мне вспомнилось, (каким, как, что) добрым другом была для меня книга в юности.
37. Ей хотелось что-то сказать, но она не знала, (что, с чего, с чем) начать.
38. Мы с нетерпением ждали, (что, кто, когда) к нам в сад прилетят знакомые птицы.
39. Проснувшись и с усилием открыв глаза, Алексей не сразу понял, (где, когда, как) он находится.
40. Я лежал в постели и слушал, (где, как, что) дождь стучал по крыше.
41. Пришел тот человек, (кто, который, которого) вы хотели видеть.
42. Посмотрите, (чем, что, какой) из этих платков красивее.
43. Скажите, (чем, кого, которого) вы готовы встретить.
44. Я знаю, (что, чего, кто) он еще не видел на выставке.
45. Троллейбус подошел быстро, (что, чему, которому) мы очень рады.
46. Не знаете ли вы, (чем, что, кто) он недоволен?
47. Я знаю, (кто, кому, кого) он вчера звонил.
48. Решили вы, с(которым, чем, кем) пойдете вместе на выставку?
49. Мой брат мне рассказал, с(кем, чем, чего) он играл в шахматы.

50. Пожалуйста, скажите, (кому, кто, которому) нужно передать это письмо.
51. Интересно, от (кого, которого, какого) вы узнали столько интересных новостей.
52. Тот, о (ком, чем, которых) вы говорили, уже уехал в деревню.
53. Мне хочется знать, (что, чем, кем) вы занимаетесь.
54. Интересно, для (которого, какого, кого) нужны эти старые журналы.
55. Скажите, о (чем, каком, котором) вы спорили вчера с товарищем.
56. Мой друг хорошо выдержал экзамен, (что, чему, чего) мы не ожидали.
57. Мы делаем успехи в изучении русского языка, (чему, что, чем) наш учитель очень доволен.
58. Вы знаете, (кому, кто, каким) надо послать это письмо?
59. Скажите, о (чем, котором, каком) говорилось во вчерашнем докладе.
60. Он не понимает, (что, сколько, как) это стоило.
61. Вы еще не сказали, от (кого, чего, чьих) получили этот совет.
62. В детстве Ломоносов хотел знать, (что, кто, как) влияет на погоду, (чему, кем, как) объяснить северное сияние.
63. Ей казалось, (который, что, когда) страх к этому человеку она носит в своей душе уже давно.
64. Каждый, (кто, кому, которому) знакомы труды Ломоносова, не может не видеть в нем гения.
65. У этого северного края богатая история, (о какой, о чем, о которой) все мы много слышали и читали.
66. Мы видели сооружение, (которое, каких, какое) я прежде никогда не видел.
67. Леса были освещены особым светом, (которых, которым, какой) бывает только на закате солнца.
68. Я видел там такие же здания, (какие, которые, чьи) мы сейчас проезжаем.
69. Разразилась буря, (какой, которое, которой) до этого не бывало.
70. Затем выступил человек, (какое, чье, которое) имя было известно каждому.
71. Город, (который, куда, где) мы ехали, известен своими достопримечательностями.
72. Это произошло в трудные годы после войны, (которая, что, когда) люди восстанавливали город.

73. Возле дома, (где, куда, когда) я провел детство, играли другие дети.
74. Каждое лето он приезжал в места, (где, когда, куда) прошла его юность.
75. Он внимательно рассматривал виды города, (куда, где, когда) его направили на практику.
76. Окна выходили на горы, (из-за чего, где, откуда) вставало солнце.
77. С того берега, (откуда, где, куда) мы отплыли, послышались голоса.
78. Студенты встретились с писателем, (которые, какие, чьи) книги знали с детства.
79. Здесь были и такие фрукты, (которых, какие, чего) мне раньше никогда не приходилось видеть.
80. Эти необычные для нас фрукты, (которые, какие, которыми) мы попробовали, обладают своеобразным вкусом.
81. Опыт с плавающим телом показал, что тело вытесняет своей подводной частью столько воды, (что, как, чтобы) вес этой воды равен весу тела в воздухе.
82. Студенты успешно вели научно-исследовательскую работу, (так что, чему, как) очень способствовало знание русского языка.
83. Для изучения атмосферы на таких высотах, (где, куда, откуда) не в состоянии подняться воздушные шары, применяют ракеты, несущие метеорологические приборы.
84. Мы наблюдаем, (что, как, когда) непрерывно растет культура в нашей стране.
85. Сталь обладает большой прочностью и способностью легко обрабатываться и ее твердость легко повысить, (чего, чем, в чем) объясняется ее широкое применение в народном хозяйстве.
86. И председатель предложил мне быть сначала помощником механика, а потом, (если, когда, как) дела пойдут хорошо, обещал перевести помощником главного инженера.
87. Всем известно, что солнечная энергия накапливается в растениях, но не все знают, (столько, сколько, какой) же солнечной энергии в почве.
88. Если ты наблюдал, как пруд, озеро или река покрываются льдом, ты мог заметить, (как, что, чтобы) сначала льдом покрывается поверхность воды.
89. Углекислый газ имеет и промышленное применение, самое известное (чье,

из которых, какое) — это газирование напитков.

90. Нередко бывает, (что, как, когда) самая желанная и дорогая для ребенка помощь — это сочувствие, сострадание, сердечное участие.

91. Отбирайте передачи в соответствии со своими интересами, учитывая, (как, что, чему) пассивный отдых у телевизора не должен заполнять все свободное время.

92. Психологи издавна старались объяснить, (как, что, как долго) люди запоминают и почему они забывают многие вещи, которые они учили.

93. Постепенно появились специальные программы, (которые, какие, чьи) облегчают подготовку текстов с помощью компьютера, — так называемые "текстовые процессоры".

94. Около половины солнечной энергии приходится на видимую часть спектра, (чью, какую, которую) мы воспринимаем как солнечный свет.

95. Когда дается характеристика современной научно-технической революции, неизбежно отмечается, (что, как, почему) микроэлектроника является важнейшей частью базы.

96. Многие при выходе на пенсию начинают жаловаться на бессонницу, это связано с тем, (как, что, чего) человек не знает своей индивидуальной физиологической нормы сна.

97. Никого не удивляют птицы, сидящие на дереве, — (где, куда, туда) им еще сидеть. Но если в сильные холода вы бывали поблизости от рек и озер, то обратили внимание на птиц, сидящие на льду.

98. Известно, (что, чтобы, при том случае) для того, чтобы превратить в воду 1г. льда, находящегося при 0℃, необходимо затратить около 80 калорий теплоты.

99. В мое отсутствие мама получила от новой своей соседки письмо на серой бумаге, запечатанной бурым сургучом, (какой, который, чей) употребляется на почтовых повестках.

100. Вера неожиданно заметила, (что, как, чтобы) что-то нарушает тишину — как будто кто-то крался по соседней комнате и боязливо покашливал.

101. Комнатные растения предохраняют воздух от заражения микробами. Эта особенность обусловлена (тем, что, тому, что, при том, что) растения выделяют летучие вещества.

102. Вот чем поэзия хороша: Она говорит нам то, (что, чего, чему) нет, и

что лучше того, что есть.

103. Были даже минуты, когда ему приходило в голову, (что, как, чтобы) как бы было хорошо, если бы он был совершенно свободен.

104. Она старалась, (что, чтобы, как можно) дом ее был всегда образцом вкуса и новизны, еще не ставшей достоянием улицы.

105. Группа ученых убедилась в том, (как, что, чем) в океанах, озерах и реках всего мира содержится в десять миллионов раз больше различных вирусов, чем предполагали раньше.

106. Началась та чудная пора, (когда, как, где) природа, пробудясь от сна, начинает жить молодой и торопливой жизнью, (когда, как, где) все переходит в волнение, в движение, в звук, в цвет, в запах.

107. Наконец песок кончился, пришлось выбраться на небольшой остров, (куда, откуда, где) начинались луга с кое-где скошенной травой, вянущей в рядах.

108. Ко мне Вера Григорьевна не зашла, возвратившись из-за границы, из опасения, (как, как бы, чтобы не) Федя не пострадал.

109. Единственное условие, которое было мне предъявлено, состояло в том, (что, как, чтобы) торопиться с опытами нельзя.

110. Многие до сих пор допускают, (будто, будто бы, словно) вес тела при свободном полете в космическом пространстве зависит от его местонахождения. Это — неверно.

111. И только с тех пор как отдал портрет племяннику, который напросился на него, почувствовал, (что, как, от чего) с меня вдруг будто камень свалился с плеч.

112. Русские, собираясь вместе, будут говорить о чем-то важном, о том, (что, о чем-то, от чего) зависит жизнь всего человечества.

113. Когда поднимаешься по лестницам пагоды, чтобы полюбоваться на город сверху, чувствуешь, (что, как, чтобы) двигаются доски под ногами.

114. Спорт — это здоровье, сила, мужество, красота. Неудивительно поэтому, (что, как, как бы) и молодые, и не очень молодые люди так любят спорт.

115. Журналистов интересовали самые различные стороны жизни писателя, вплоть до того, (что, какое, чье) меню он предпочитает.

116. Когда я увидел на склоне небольшое стадо оленей и спросил хозяина,

(как, сколько, который) у него оленей, он ответил: "Мы не считали. Но если хоть один олень пропадает из стада, глаза мои узнают сразу."

117. Я думаю, что как методист я смогу научить других всему тому, (что, чему, по чему) сама успела научиться за долгие годы работы в школе.

118. Я занимаюсь с ребятами с удовольствием, потому что их умственный рост происходит на моих глазах, и я вижу также, (что, как, когда) они постепенно усваивают те знания, которые я им передаю.

119. Многим кажется мелочью режим дня — не все (ли, или, так) равно, когда вставать, когда ложиться спать, а когда есть.

120. Тот, (кто, который, какой) не может выдержать предполагаемый уровень производительности, обычно уходит в организацию с более разветвленной структурой, где требования ниже.

♨答案:

1. почему, 2. чтобы, 3. что, 4. как бы, 5. что, 6. как, 7. зачем, 8. что, 9. чтобы, 10. как, 11. что, 12. чтобы, 13. что, 14. что, 15. как будто, 16. чтобы, 17. что, 18. что, 19. куда, 20. что, 21. что, 22. что, 23. чтобы, 24. пока, 25. что, 26. как, 27. как, 28. что, 29. что, 30. чтобы, 31. как, 32. что, 33. чтобы, 34. что, 35. что, 36. каким, 37. с чего, 38. когда, 39. где, 40. как, 41. которого, 42. какой, 43. кого, 44. чего, 45. чему, 46. чем, 47. кому, 48. кем, 49. кем, 50. кому, 51. кого, 52. ком, 53. чем, 54. кого, 55. чем, 56. чего, 57. чем, 58. кому, 59. чем, 60. сколько, 61. кого, 62. что, как, 63. что, 64. кому, 65. о чем, 66. каких, 67. какой, 68. какие, 69. какой, 70. чье, 71. куда, 72. когда, 73. где, 74. где, 75. куда, 76. откуда, 77. откуда, 78. чьи, 79. какие, 80. которые, 81. что, 82. чему, 83. куда, 84. как, 85. чем, 86. если, 87. сколько, 88. что, 89. из которых, 90. что, 91. что, 92. как, 93. которые, 94. которую, 95. что, 96. что, 97. где, 98. что, 99. какой, 100. как, 101. тем, что, 102. чего, 103. что, 104. чтобы, 105. что, 106. когда... когда, 107. откуда, 108. как бы, 109. что, 110. будто бы, 111. что, 112. от чего, 113. как, 114. что, 115. какое, 116. сколько, 117. чему, 118. как, 119. ли, 120. кто.

## 练习59 选择填空并指明从属句的种类

1. Мы не пойдем в кино, (потому что, пока, хотя) у нас собрание.
2. На улице было сыро, (хотя, так, оттого что) шел дождь.
3. Моя сестра часто посещает концерты, (так как, если, так что) очень любит

музыку.

4. Я не могу прийти к вам, (когда, хотя, потому что) еду в Ленинград.

5. (Потому что, Хотя, Так как) ученик хорошо знал урок, он на все вопросы ответил правильно.

6. (Оттого что, Потому что, Как) светило солнце, у нас было радостно на душе.

7. (С тех пор как, Как, Как только) я переступил порог университета, в мою жизнь вошло самое главное, в мою жизнь вошла наука.

8. Я взял с собой несколько книг, (потому что, хотя, пока) знал, что не смогу нх прочитать.

9. Нам не хотелось спать, (потому что, раз, несмотря на то что) было поздно.

10. Старайтесь говорить с первых уроков по-русски, (хотя, как, так что) сначала вам это и будет трудно.

11. (Благодаря тому что, Хотя, Потому что) шли дожди, трава была сочная и зеленая.

12. (Пусть, Раз, Если) роза сорвана, она еще цветет.

13. Стоит ли отказываться от трудного дела только (потому что, благодаря тому что, так что) оно трудное?

14. В жизни никогда не бывает так, (словно, точно, как) нарисовал художник.

15. Мне и вчера так больно стало, (когда, пока не, прежде чем) смотрели на закат.

16. Вечер был так хорош, (чтобы, что, как) не хотелось спать.

17. (Чем, Так, Столько) ближе он подъезжал к дому, (тем, как, сколько) сильнее билось его сердце.

18. (Оттого что, Потому что, Раз) мы встали рано и ничего не делали, этот день казался очень длинным, самым длинным в моей жизни.

19. (Раз, Если, Благодаря тому что) товарищ мне помог, я хорошо выдержал экзамен.

20. В степи было тихо и пасмурно, (потому что, если, несмотря на то что) солнце поднялось.

21. Я писал на народном языке, потому, что мне нужно, (что, чтобы, как) каждый человек мог прочесть мою работу.

22. (Если, Раз, Хотя) день был очень жаркий, около моря дышать было легко.

23. (Хотя, Так как, Если) завтра будет такая же погода, как сегодня, то я с утренним поездом поеду в город.
24. Подождите, (когда, прежде чем, пока) я не приду.
25. (Хотя, Раз, Когда ни) увижу море, я всегда им любуюсь.
26. (Куда бы, Где бы, Когда бы) он ни пришел, я всегда ему рад.
27. (Как бы ни, Если, Раз) было трудно, я не оставлю этой работы.
28. Я не могу забыть этого случая, (что бы, когда бы, как бы) я ни старался.
29. (По мере того как, После того как, Как только) поезд приближался к станции, он уменьшал скорость.
30. (Когда, Хотя, Прежде чем) изучаешь иностранный язык, приходится много читать на этом языке.
31. (Когда, Пока, Хотя) раздался звонок, дети побежали в класс.
32. (Не успел, С тех пор, Стоит) он войти, как все замолчали.
33. (Не прошло, Не успел, Стоит) и трех минут, как он вернулся.
34. (Достаточно, Не успел, Стоило) ему войти, как все засмеялись.
35. (С тех пор как, Когда, Пока) он приехал сюда, многое изменилось.
36. Пьеса волновала зрителей, (как, как будто, каким образом) они сами были участниками этой драмы.
37. (Как только, Пока, Раз) что-нибудь узнаю, немедленно сообщу вам.
38. (Едва, С тех пор, Стоит) солнце скрылось за горизонтом, как наступила полная темнота.
39. (Как только, Пока, Раз) получишь мою телеграмму, сразу же выезжай.
40. (Не успел, С тех пор, После того) я произнести эти слова, как раздался звонок.
41. (Прежде чем, После того, Не успел) я ответить на первый вопрос, как он задал мне второй.
42. (Стоило, Едва, Не успел) я снять пальто, как в дверь постучали.
43. (Достаточно, Стоило, Не прошло) и часа, как Наташа позвонила мне.
44. (Не успел, С тех пор, Стоит) ему взяться за книгу, как он обо всем забывает и погружается в чтение.
45. (Едва, Как только, Пока) она вошла в комнату, все оживились.
46. (Едва, Не успел, Стоило) ей лечь, как она заснула.
47. (Прежде чем, Как только, До того как) появляется новая книга, он сразу же ее покупает.

48. (После того как, До тех пор пока не, Перед тем как) писать статью, составьте подробный план.
49. Мы переехали на новую квартиру за год(до того как, пока не, прежде чем) родился наш сын.
50. Он читал и перечитывал текст,(до того как, перед тем как, пока не) понял его содержание.
51. Он работал(до тех пор пока не, когда, пока) устали глаза.
52. (Прежде чем, Когда, Пока) сделать новый вывод, мы тщательно проверили факты.
53. (Пока не, Прежде чем, После того как) возражать, выслушайте все до конца.
54. Он был так увлечен работой,(что, как, чтобы) забыл о своих друзьях.
55. Он так хорошо объяснил новое правило, (как, словно, что) мы смогли его усвоить.
56. Я не так устал, (что, чтобы, как) лечь отдыхать.
57. Он подошел к нам так тихо,(чтобы, как, что) от неожиданности я вздрогнул.
58. Он говорил по-русски так,(что, как, каким образом) говорят русские.
59. Стало так светло,(что,чтобы, будто) зажглись тысячи ламп.
60. Мы вдвоем начали беседовать,(как будто, чтобы, что) век были знакомы.
61. Эти его слова прозвучали так, (что, чем, словно) разорвалась бомба.
62. (Благодаря тому что, Потому что, Так как) было душно, я открыл окно.
63. Он никогда не болеет, (так что, потому что, из-за того что) систематически занимается спортом.
64. Скопилось очень много работы, (так что, потому что, оттого что) в воскресенье не придется отдыхать.
65. Он долго болел, (оттого что, так как, в связи с чем) пропустил много занятий.
66. В лесу очень много снега, (так как, так что, как) на лыжах трудно передвигаться.
67. Художник несколько раз приходил в зал заседаний,( куда, где, чтобы) рисовать портрет знаменитого ученого.
68. Возьми статью домой, (так как, чтобы, что) еще раз внимательно ее прочитать.

69. (Когда, Для того чтобы, Пока) глубоко исследовать творчества писателя, надо прежде всего хорошо знать его произведения.
70. (Если бы, Хотя бы, Раз бы) мы задержались хоть на минуту, мы не застали бы его.
71. (Если, Как ни, Хотя) мы не положим продукты в холодильник, они испортятся.
72. (Прежде чем, Хотя, Раз) все решено, то нечего обсуждать.
73. (Раз, Если, Если бы) у вас было много свободного времени, на что бы вы его употребили.
74. (Если, Когда, Несмотря на то что) он очень старался, у него ничего не получилось.
75. (Как, Что, Сколько) мы его ни убеждали, он с нами не согласился.
76. (Кому, Кого, С кем) я ни спрашивал, никто не мог ответить на мой вопрос.
77. (Как, Что, Чем) она ни мечтала стать артисткой, ее мечта не осуществилась.
78. Он говорил так, (будто, что, как) каждое слово било, как пуля в грудь человека.
79. Большой поэт почти всегда видит мир глазами ребенка, (что, чтобы, как будто) он видит его действительно в первый раз.
80. Сейчас наша страна за пять дней дает столько промышленной продукции, (что, как, сколько) производилось раньше за пять лет.
81. (Как только, Пока, Едва) появилась необходимость передавать идеи, связанные с количеством, древний человек начал пользоваться математикой.
82. Пока ведро находилось в движении, все было хорошо, но (как только, не успел, стоило) ему остановиться, и вода в опрокинутом ведре уже не держится.
83. (Если, Если бы, Пусть) Солнце вдруг перестало притягивать Землю, она сразу же унеслась бы куда-нибудь в космическое пространство.
84. Ну а (если, раз, когда) Земля ни на секунду не останавливается, а все время летит и летит, то и мы летим с ней.
85. Этот переход от инструментов к механизированным станкам был так важен, так знаменателен, (что, чтобы, который) повлиял на все стороны жизни.
86. В процессе своего развития наука должна опережать практику, (так как,

поэтому, пока) она обязана обслуживать промышленность и сельское хозяйство.

87. Утомление необходимо снять или хотя бы ослабить, (что, чтобы, если) оно не перешло в болезненное состояние — переутомление.

88. (Тем, Чем, Когда) ниже температура окружающей среды, (чем, тем, то) большее количество крови должно пройти через организм, чтобы не допустить его охлаждения.

89. Валя должна была сопровождать отца до того, (как, что, чтобы) начнёт светать.

90. Водород является самым простым элементом, в ядре которого имеется лишь один протон, и (потому что, поэтому, так что) его атомный вес равен единице.

91. Карты падали на стол с таким звуком, (как будто, как бы, как) они были сваляны из текста.

92. Языки ему были знакомы лишь настолько, (что, чтобы, как) поговорить с французом о завтраке и вине, с немцем о погоде и дороговизне.

93. (Сколько ни, Как ни, Где ни) представляй ему доводов, ясных как день, все отскакивает от него, как резинный мяч отскакивает от стены.

94. Признаюсь, (сколько я ни, как я ни, где я ни) старался различить вдалеке что-нибудь наподобие лодки, но безуспешно.

95. Шум представляет собой весьма специальную проблему, (так что, потому что, для чего) воспринимается он очень субъективно.

96. Мы обычно не думаем о растениях как о движущихся существах. Это происходит потому, что движение растения (настолько, насколько, как) медленно, (что, как, чтобы) его трудно проследить.

97. (Если, Когда, Хотя) человеческий характер создается обстоятельствами, то надо, стало быть, сделать эти обстоятельства достойными.

98. (Перед тем как, После того как, Пока) изложить на бумаге свои воспоминания, Репин рассказывал их нескольким людям — мне, моей семье, случайным гостям.

99. Мы помолчали, (пока, когда, после того как) их силуэты не поглотились темнотой ночи.

100. (Что касается, Пускай, Не прошло и) моего теперешнего образа жизни, то прежде всего я должен отметить бессонницу, которой страдаю в послед-

нее время.

101. (Если, Если бы, Когда бы) стекла было на земле так же мало, как алмазов, и наоборот, (если, если бы, когда бы) алмазов было бы так же много, как стекла, то, конечно, стекло бы ценилось на вес золота.

102. (Не успел, Не прошло и, Как вдруг) двух недель, как ты обнаружил в своем новом сотруднике по меньшей мере два ценных качества — энергию и преданность.

103. Данные наблюдения, получаемые в экспериментах, требуют теоретического осмысления, (чтобы, в чем, так как) составить целостную картину океана.

104. Подход Архимеда к физическим проблемам был основан на простых, но строгих теометрических доказательствах, (так что, так как, почему) его можно считать родоначальником математической физики.

105. Применение математики в исследовании природы и общества принципиально возможно (в силу того, что, так что, за что) все явления и процессы обладают мерой, единством количественных и качественных характеристик.

106. Некоторые люди погружаются в состояние глубокой разочарованности жизнью, но они не достаточно подготовлены к тому, (что, чтобы, как) преодолевать эти испытания.

107. И вот (не успел, не прошло, как только) он сделать и двадцати шагов, как навстречу ему откуда-то из -под ворот выскочила вчерашняя рыжая собака.

108. (Благодаря тому что, Из-за того что, Потому что) изменения в соотношении газов происходят как в легких, так и в тканях, требуется большая площадь поверхности, чтобы осуществлять этот обмен.

109. (Когда, Пока, До сих пор) больше внимания стали уделять красоте человеческого тела, физкультурой начали заниматься не только потому, что это необходимо для здоровья и силы, но и для того, чтобы доставить себе удовольствие.

110. (Так как, Потому что, С тех пор) существует тесная связь между раковыми клетками и вирусами, все больше и больше ученых приходят к мнешпо, что многие типы рака вызываются вирусами.

111. (Тем, Чем, Как) больше вариантов поведения воскрешается в памяти,

（тем, чем, как можно）больше числа возможных взаимосвязей и（тем, чем, как можно）вероятнее появления новых идей.

112. （Поскольку, Постольку, Потому что）в грамматиках всегда есть главы, посвященные предлогам и союзам, постольку может показаться, что в традиционной грамматике это противоположение вполне учтено.

113. Наша песня должна быть сюжетной.（Хотя, Несмотря на то что, Пусть）сюжет самым простым, но он должен быть.

114. （Хотя, Несмотря на то что, Пусть）желудок настойчиво требовал еще и еще, но Алексей решился отодвинуть еду, зная, что в его положении излишняя пища может оказаться ядом.

115. （Что бы ни, Как бы ни, Где бы ни）делал Станиславский,（о чем бы ни, что бы ни, по чему бы ни）говорил, ни писал, он ощущал жизнь, равнялся по ней, угадывая ее движение, порой опережая его.

116. （Несмотря на то, что, Когда, Так как）эта заметка упоминалась в литературе о художнике, однако ей не придавалось должного значения.

117. Творческая и жизненная практика была для него нераздельна,（ибо, из-за того, что, в результате того, что）он был великим человеком.

118. Дым из трубы поднимается вверх высокий, прямой и живой, а снег падает, и（сколько бы ни, где бы ни, куда бы ни）падало снегу, дым все поднимается.

119. Мой дом везде,（куда, откуда, где）есть небесный свод, где только слышны звуки песен.

120. Он глядит как будто за туманы, за озеро, за сосны, за холмы, куда-то так далеко,（откуда, куда, где）и я не в силах заглянуть.

♨答案：

1. потому что, 2. оттого что, 3. так как, 4. потому что, 5. Так как, 6. Оттого что, 7. С тех пор как, 8. хотя, 9. несмотря на то что, 10. хотя, 11. Благодаря, тому что, 12. Пусть, 13. потому что, 14. как, 15. когда, 16. что, 17. Чем, тем, 18. Оттого что, 19. Благодаря тому что, 20. несмотря на то что, 21. чтобы, 22. Хотя, 23. Если, 24. пока, 25. Когда ни, 26. Когда бы, 27. Как бы ни, 28. как бы, 29. По мере того как, 30. Когда, 31. Когда, 32. Не успел, 33. Не прошло, 34. Стоило, 35. С тех пор как, 36. как будто, 37. Как только, 38. Едва, 39. Как только, 40. Не успел, 41. Не успел, 42. Не успел, 43. Не прошло, 44. Стоит, 45. Как только, 46. Стоило,

47. Как только, 48. Перед тем как, 49. до того как, 50. пока не, 51. до тех пор пока не, 52. Прежде чем, 53. Прежде чем, 54. что, 55. что,, 56. чтобы, 57. что, 58. как, 59. будто, 60. как будто, 61. словно, 62. так как, 63. потому что, 64. так что, 65. в связи с чем, 66. так что, 67. чтобы, 68. чтобы, 69. Для того чтобы, 70. Если бы, 71. Если, 72. Раз, 73. Если бы, 74. Несмотря на то что, 75. Сколько, 76. Кого, 77. Как, 78. будто, 79. как будто, 80. сколько, 81. Как только, 82. стоило, 83. Если бы, 84. раз, 85. что, 86. так как, 87. чтобы, 88. Чем... тем, 89. как, 90. поэтому, 91. как будто, 92. чтобы, 93. Сколько ни, 94. сколько я ни, 95. потому что, 96. настолько... что, 97. Если, 98. Перед тем как, 99. пока, 100. Что касается, 101. Если бы... если бы, 102. Не прошло и, 103. чтобы, 104. так что, 105. в силу того, что, 106. чтобы, 107. не успел, 108. Из-за того что, 109. Когда, 110. Так как, 111. Чем... тем... тем, 112. Поскольку, 113. пусть, 114. Хотя, 115. Что бы ни... о чем бы ни, 116. Несмотря на то, что, 117. ибо, 118. сколько бы ни, 119. где, 120. куда.

### 练习 60 选择填空（各类从属句综合练习）

1. Он готов был идти на край света, (где, куда, чтобы) делать что-нибудь.
2. Нам очень хочется, (как бы, чтобы, что) Москва вам понравилась.
3. Нужно, говорит он, жить не так, (что, как, словно) ты сам хочешь.
4. И стало тогда в лесу так темно, (когда, точно, что) в нем собрались сразу все ночи.
5. Тяжелая вода хороша тем, (как, как будто, что) она совсем не поглощает нейтронов.
6. Я же не интересуюсь, (откуда, чем, как) у вас машина.
7. Я не сомневаюсь, (будто, сколько, что) вы знаете свои три тысячи русских слов превосходно.
8. Но многое осталось так, (как, чтобы, что) это было в детстве и в юности.
9. Это позволило ей стать образованной женщиной, (которых, чего, каких) мало встретишь в городе.
10. Мы называем более горячим то тело, (чье, которое, какое) отдает энергию.
11. Талант в том, чтобы увидеть то, (где, что, чего) другие не замечают.
12. В 1927 году дочь тяжело болела, (чем, которое, что) очень беспокоило и приводило в уныние Мари.

13. Не знаю и того, смогу(же, ли, что) жить без лаборатории, даже если буду писать научные книги.
14. Бывали моменты, (когда, в которые, которые) наверно, так и останутся самыми суровыми в моей жизни.
15. Из всех нас лишь одна ты нашла то, (что, как, чем) называется удачей.
16. Иной раз у меня создается впечатление, (что, чтобы, хотя) детей лучше воодушевлять, чем критиковать.
17. Но не бывало случая, (что, чтобы, как) Мари не находила решения какой-нибудь задачи.
18. Перед физиками встал вопрос, (как и почему, что и почему, чтобы и почему) возникает рентгеновское излучение.
19. Он принадлежит к тому типу людей, (которые, у которых, которым) все всегда получается хорошо.
20. Помощь пришла в ту минуту, (что, как, когда) гибель казалась неизбежной.
21. Он засмеялся и пошел, (где, куда, как) захотелось ему.
22. (Чем, Так, Столько) меньше незнакомых слов, (тем, как, сколько) реже смотришь в словарь и справочники.
23. (По мере того как, С тех пор как, До того как) он говорил, глаза моего гостя становились все шире.
24. Она несколько раз повторила фамилию, (что, чтобы, так что) запомнить ее на всю жизнь.
25. Она торопилась сказать все, (что, потому что, так что) боялась, что ее не дослушают.
26. (Если, Хотя, Раз) сейчас и придет автобус, то к поезду все равно не успеть.
27. Наши приятели носят костюмы, (чьи, которые, какие) обычно носят люди их возраста.
28. Опыт проводится таким образом, (как, что, чтобы) были устранены все внешние влияния.
29. К ней тянутся все, (кто, что, который) нуждается в помощи или просто в добром слове.
30. Мы с ним пошли по улице не спеша, (как, что, каким образом) ходят приятели.

31. С годами стираются из памяти люди, (какие, которые, чьи) внешние успехи были случайными.
32. Разве ты не знаешь, (хотя, как, чтобы) опасно говорить и делать то, чего не понимаешь.
33. Были и прекрасные учителя, (о которых, у которых, которых) у детей Менделеевых осталась хорошая память.
34. Бывают дни, (что, которые, когда) нет времени передохнуть.
35. Теперь важно, (что, чтобы, как) он сдал экзамены, хотя хороших оценок он, может быть, не получит.
36. Возможно, (чтобы, что, как) настанет день, когда угнетению придет конец.
37. Я часто задаю себе вопрос, (как, что, когда) идут твои дела.
38. Мадам Кюри чувствует себя слишком слабой, (что, чтобы, чтобы не) продолжить путешествие.
39. Разговор о том, (как, кто, что) это делается, завел бы нас слишком далеко.
40. Он, конечно, не предвидел, (чье, какое, которое) употребление найдет его подарок.
41. Значит, (как, что, пока не) слышен гром, опасность удара молнии уже миновала.
42. Строго говоря, химия начинается там, (куда, где, когда) из двух молекул образуется одна.
43. Не бывает так, (как, что, чтобы) нагрелась сама по себе стоящая на столе чернильница.
44. (Как только, Пока, Пока не) плавление не началось, температура тела растет.
45. Земной шар во столько раз тяжелее яблока, (в какой, в чей, во сколько) раз яблоко тяжелее атома водорода.
46. Не прошло и десяти лет, (как, чем, что) положение коренным образом изменилось.
47. Юра немедленно принес ему подарок, (что, чему, кому) Дмитрий Иванович весьма обрадовался.
48. Но одного упорства недостаточно, (пока, что, чтобы) преодолеть все затруднения.

49. Мари удалось убедить их в том, (чтобы, что, как) личность выдающего ученого сама по себе не имеет значения.
50. Целый день я колебался, (как только, прежде чем, с тех пор как) пришел к отрицательному выводу.
51. Также мне думается, (что, как, какие) те услуги, какие я еще могла бы оказать, их не интересуют.
52. Ее огорчает столько всяких обстоятельств, (сколько, что, как) она не в состоянии закончить письмо.
53. У меня столько работы по дому, и с детьми, и в школе, и в лаборатории, (сколько, что, чтобы) не знаю куда деваться.
54. И хранила она в душе заветную мечту, (чтобы, что, будто) все дети ее выросли умными, честными. образованными людьми.
55. В начале ноября у меня было что-то вроде гриппа, (после чего, который, что) остался небольшой кашель.
56. Я не хочу пенсии, — сказала она, — Я еще достаточно молода, (чтобы не, чтобы, что) заработать на жизнь себе и моим детям.
57. Задача первого котла состоит в том, (чтобы, что, в котором) как можно быстрее получить нагретый до нужной температуры пар.
58. Это ее внутренний мир, (куда, где, что) никто, даже самый близкий человек, не имеет права проникать.
59. Я отдала много времени науке, (потому что, хотя, раз) у меня было к ней стремление.
60. Временами во время тихих обедов случается, (что, как, чтобы) Мари и Ева заводят разговор о путешествии.
61. Он держался того мнения, (что, чтобы, как) не следует сразу делать выводы.
62. Личность характеризуется не только тем, (что, чем, чего) она делает, но и тем, (как, чтобы, хотя) она это делает.
63. Это такая эпоха, (когда, где, пока не) человеческий ум проложил себе новую дорогу в области различных наук.
64. Он был готов в любой момент помочь людям, (как бы, что бы, какие бы) трудности ни вставали на их пути.
65. Ответить на этот вопрос имеют право только те, (которые, кто, что) имел случай им пользоваться и оценить.

66. (Что, Кто, Который) ясно видит величие чужой мысли, тот и сам поднимается до того же уровня и возносит свою мысль на ту же самую высоту.
67. Казалось бы, отсюда с железной логикой следует вывод, (что, будто, чтобы) твердое тело должно в такой жидкости двигаться без трения.
68. Швейцар едва успел дать условный звонок, (как, что, будто) Хорнберг поднялся на площадку и вошел в класс.
69. (Благодаря тому что, Потому что, Из-за того что) медь обладает высокой пластичностью, она хорошо обрабатывается давлением в горячем и холодном состоянии.
70. Многие химические элементы обладают высокой химической активностью, (вследствие чего, вследствие которого, вследствие того) они встречаются в природе не в свободном состоянии, а в виде различных химических соединений.
71. Сам по себе тот факт, (кто, что, как) некая реакция дает тепло, еще не означает, что она будет иметь практическое значение.
72. Характерно, (кто, что, чтобы) между открытием явления и его обьяснением прошло много времени.
73. Серьезный ученый, (который, у которого, кто) есть дела поважней, посвятил себя целиком образованию детей.
74. Второе утверждение состоит в том, (что, как, почему) скорость обратно пропорциональна "густоте среды".
75. Кеплер был первым, (что, кто, которым) рассматривал взаимное притяжение тел, связывал его с движением.
76. Там, (где, в котором, в чем) находится обеъкт, возникает изображение предмета.
77. Увидев в журнале эту статью, он тут же купил, (что, какой, который) он делал всегда, если видел что-нибудь интересное.
78. В городе можно было встретить дома разных эпох и стилей, (чьи, какие, которые) часто бывают в старинных городах.
79. Судите о людях не по результатам, а по действиям, (так как, так что, поэтому) результаты не всегда от нас зависят.
80. Люди возвращались с работы. Они торопились так, (как, будто, что) дома их ждал какой-то сюрприз.
81. Мы вышли в огромный, великолепный и очень высокий зал, такой высо-

кий, (что, где, в котором) вверху находился другой ряд окон.

82. Он выехал оттуда, (куда, откуда, где) одна за другой съезжали во двор лошади.

83. Обыкновенно она часто делилась со мной впечатлениями, и удивительно, (как, что, потому что) ясно и точно она умела передавать самые тонкие подробности виденного, слышанного и перечувствованного.

84. К медицине, как и к любой другой науке, имеет отношение всякий ученый, (кто, что, какой) хочет и может улучшить эту науку своими знаниями, своим талантом.

85. Не слишком шумная, довольно грязная улица, (которых, каких, чьих) было в Москве сколько угодно, наводит такую тоску, что невольно начинаешь чувствовать себя гораздо старше и умнее.

86. Вначале бегайте по ровной поверхности. Подождите, (пока вы не, пока вы, когда вы) научитесь расслабляться и не наберете достаточно сил, чтобы перейти к бегу по холмистой местности.

87. То, (что, как, чтобы) мы называем научно-технической революцией — качественное изменение на основе новых знаний, средств и орудий труда, — происходит повсеместно.

88. Выздоровление мое тянулось с неделю; но мне довольно было этих дней, (что, чтобы, как) понять и почувствовать материнскую любовь во всей ее силе.

89. Если бы мне пришлось испытать подъем духа, (что, какой, который) бывает у художников во время творчества, то, мне кажется, я бы презирал свою материальную оболочку.

90. Она была очень взволнована, (по чему, чему, в чем) с несвойственной ей быстротой и небрежливостью сбросила на пол салоп и вошла в зал.

91. В вычислительной технике микроэлектроника привела к появлению третьего и четвертого поколений приборов, (в связи с чем, для чего, за что) расширились перспективы развития систем обработки данных и автоматического управления.

92. В процессе своего развития телевизионная техника проникла в промышленность, научные исследования и т. д., (что, где, чтобы) стала применяться в качестве средства наблюдения и контроля.

93. Работа научила меня, что для успешного функционирования учреждения

необходимо, (что, чтобы, как) служащие всех уровней работали, как единый слаженный механизм.

94. У большинства птиц в болотистой местности длинные ноги, позволяющие им передвигаться по воде, (в которой, что, как) они охотятся на насекомых и других мелких животных.

95. Для завоевания воздушного пространства требовались совершенно новые виды металла, (так как, поэтому, по чему) они должны быть не только прочными, но и легкими.

96. Вода — главный архитектор земного шара. (Если, Если бы, Когда бы) не было воды, то поверхность Земли была бы ровной.

97. Он удивлялся, видя, (каким, с каким, с чьим) упорством Беляев сражается за свое здоровье.

98. Начните с того, (что, чтобы, когда) замедлите свои ежедневные утренние сборы. Попытайтесь вставать на полчаса раньше, тогда вам не придется все делать на ходу.

99. Я в свое время не раз обнаруживала, что спешка вредна в любом деле, (что, как, для чего) в итоге из-за нее часто приходится терять время на частичную или полную переделку всей работы.

100. Замедление темпа поможет вам лучше почувствовать то, (что, чем, от чего) вы в данный момент занимаетесь, и облегчить выявление своей внутренней сущности.

101. За ночь 600 комнатных растений выделяют столько же углекислого газа, (сколько, каких, что) выделяет его за это время один человек.

102. Между станциями Луга и Петербурга ежедневно курсирует вагон-школа, (где, куда, от чего) пассажиры могут приобрести необходимые знания в объеме 6,7,8,9,10 классов средней школы.

103. Человек сам разделил оптический диапазон на видимый и невидимый свет, (из-за того, исходя из того, вследствие того,) что инфракрасные и ультрафиолетовые лучи его глаз не воспринимает.

104. Более двух лет я работаю в библиотеке и убеждаюсь, (что, чтобы, в чем) приобретенные знания — это поистине богатство, которое приносит человеку радость и удовлетворение в труде.

105. Все направлено на то, (что, чтобы, как можно) создать условия специалистам самого различного уровня для их профессионального и интеллекту-

ального роста.

106. Люди начали учиться считать, пользуясь пятерней. Часто говорят: "Знаю как свои пять пальцев". Не с того (ли, или, как) далекого времени пошло это выражение.

107. В то время, (когда, как, при чем) я вздремнул, взошла луна и бросала сквозь неплотные тучи и падающий снег свой холодный и яркий свет.

108. Ему необходимо, (прежде чем, после того как, в то время как) класть руки на локотники, рассмотреть и понять, куда он их кладет, на что опирается.

109. (Сколько лет я ни, Как я ни, Какие я ни) ставлю пьесы, я никогда не позволял себе такой роскоши, как допускать драматурга к совместной режиссерской работе.

110. Я лег на спину и долго глядел на темное, спокойное, безоблачное небо, — до того долго, (что, чтобы, как) мне минутами казалось, что я гляжу в глубокую пропасть.

111. Каждый квадратный метр земной поверхности получает от Солнца за год такое же количество энергии, (что, какое, которое) дают сотни килограммов угля.

112. Тем не менее есть два качества, (при которых, без которых, с помощью которых) успех в науке действительно невозможен: смелость мысли и любовь к делу.

113. Устье представляет собой широкое место, (в котором, при котором, по которому) пресная вода реки смешивается с соленой водой моря.

114. Ты диктуешь быстрее, (что, по сравнению с тем что, чем) я могу записывать.

115. Фролов вернулся на станцию, (что, чтобы, для того) оформить у коменданта проездные документы.

116. Разберемся в нескольких видах дождя, чтобы понять, (что, как, почему) оживает слово, когда с ним связаны непосредственные впечатления.

117. Главное, (почему, за что, из-за чего) из всех медицинских специальностей народ дал именно ей самое родное и нежное имя — сестра.

118. Чем выше писатель, тем проще его создания, (так как, так что, по этому) читатель удивляется, как ему самому не вошло в голову создать что-нибудь подобное: ведь это так просто и легко.

119. Сквозь цветы,（что, чему,чего）стоят на окне, пробивается солнце лучами.

120. Мальчик был совсем плох, и вызвали хирурга для консультации. Все постоянно спрашивали,（чем, что, в чем）бы еще помочь.

♨答案：

1. чтобы,2. чтобы,3. как,4. точно,5. что,6. откуда,7. что,8. как,9. каких, 10. которое,11. чего,12. что,13. ли,14. которые,15. что,16. что,17. чтобы,18. как и почему,19. у которых,20. когда,21. куда,22. Чем,тем,23. По мере того как,24. чтобы,25. потому что,26. Если,27. какие,28. чтобы,29. кто,30. как, 31. чьи,32. как,33. о которых,34. когда,35. чтобы,36. что,37. как,38. чтобы, 39. как,40. какое,41. пока не ,42. где,43. чтобы,44. Пока,45. во сколько,46. как,47. чему,48. чтобы,49. что,50. прежде чем,51. что,52. что,53. что,54. чтобы,55. после чего,56. чтобы,57. чтобы,58. куда,59. потому что,60. что,61. что,62. что, как,63. когда,64. какие бы,65. кто,66. Кто,67. что,68. как,69. Благодаря тому что,70. вследствие чего,71. что,72. что,73. У которого,74. что, 75. кто,76. где,77. что,78. какие,79. так как,80. будто,81. что, 82. откуда, 83. как,84. кто,85. каких,86. пока вы не,87. что,88. чтобы,89. какой,90. по чему,91. в связи с чем,92. где,93. чтобы,94. в которой,95. так как,96. Если бы, 97. с каким,98. что,99. что,100. чем,101. сколько,102. где,103. исходя из того, 104. что,105. чтобы,106. ли,107. как,108. прежде чем,109. Сколько лет я ни, 110. что, 111. какое, 112. без которых, 113. в котором, 114. чем, 115. чтобы, 116. как,117. почему,118. так что,119. что,120. чем.

# 21 直接引语与间接引语

在作者(或说话者)的叙述中,任何人的话(包括作者或说话者自己某时说的话)被原封不动地引用时(即用词和口气等方面都不变),这些话便是直接引语。

当作者(或说话者)转述任何人的话(包括作者或说话者自己某时说的话),而原话的用词以至口气等方面均已做相应的改变时,这些话便是间接引语。

书面上,对此要在标点符号上有所反映。

## (1)直接引语的标点符号

作者的话与直接引语的关系,反映在标点符号上有下列几种格式:

ⅰ.作者的话:《直接引语》。

①Ле́на прошепта́ла:«Мне стра́шно». 列娜小声说:"我害怕。"

②Я спроси́л:«Отку́да ты?»我问:"你从哪儿来?"

③Оте́ц кри́кнул:«Осторо́жно! Маши́на!»父亲喊道:"小心! 汽车!"

注意:句号点在引号外,而问号和感叹号点在引号内(汉语标点符号一律在引号内)。

ⅱ.《直接引语》,——作者的话。

①«Наро́ды на́шей страны́ — еди́ная семья́», — отве́тил поэ́т. "我国各民族是一个统一的大家庭。"诗人回答。

②«Есть здесь кто́-нибудь?» — спроси́л я, входя́ в кабине́т. "这里有人在吗?"我在进办公室时问道。

③«Как прекра́сен этот парк!» — воскли́кнула Ве́ра. "这个花园真是美极了!"薇拉扬声说道。

注意:作者的话以小写字母开头。另外直接引语为陈述句时,在引号外点逗号(不用句号);直接引语为疑问句和感叹句时,保留问号和感叹号,但点在引号内(汉语标点符号均在引号内)。

ⅲ.《直接引语,——作者的话,——直接引语》。

当一个简单句或复合句做直接引语被分为两个部分时,应用此种标点形式。试比较:

①«Кни́ги, тетра́ди, — отве́тил я, — дала́ мне моя́ Ро́дина». "书哇,本子呀,"我回答,"都是我的祖国给我的。"〔比较原句: Кни́ги, тетра́ди дала́ мне моя́

Ро́дина.〕

②«А ты по́мнишь, — неожи́данно обрати́лся он ко мне, — как я к вам ещё в Каза́нь приезжа́л? Нет?»“可你还记得吗？”他突然转向我说，“我是怎么到喀山去你那儿的？不记得了吗？”〔比较原句：А ты по́мнишь, как я к вам ещё в Каза́нь приезжа́л? Нет?〕

注意：作者的话应以小写字母开头，之后用逗号。另外，当作者的话把一个复合句分为两段时，无论原来两组成部分之间是什么标点（逗号、分号或冒号），均按上面的格式处理。

《直接引语，——作者的话.——直接引语》。

当作者的话插在两个独立的句子中间时，用此格式。试比较：

①«А хорошо́ получи́лось, Ива́н Степа́нович, — сказа́л Алексе́ев, огля́дывая рабо́ту. — Краси́во получи́лось».“活干得不错，伊万·斯捷潘诺维奇。”阿列克谢耶夫打量着加工的东西说。“活干得漂亮。”

②«А смотри́, хоро́ший го́род! — удивля́лся я. — Магази́ны каки́е, кафе́!»“你看哪，多好的城市！”我惊讶地说。“商店多带劲，还有咖啡馆！”

注意：作者的话以小写字母开头，之后用句号。第一句话如是陈述句，用逗号；如果是感叹句或疑问句，保留感叹号或问号。第二句话末尾如是句号，放在引号外；如是感叹号或问号，放在引号内。

另外，上述所有格式中的引号，在文艺作品中当转述直接对话时，均可不用，但在直接引语前要再用一个破折号。试比较：

①На второ́й ме́сяц встре́тились мы с Воло́дей в коридо́ре.

— Ну как?

— Отли́чно.

第二个月我在走廊里遇见了沃洛佳。

“怎么样？”

“好极了。”

②— Куда́ мы идём? — спра́шиваю я.

— Не зна́ю, — говори́т она, — поня́тия не име́ю.

“我们上哪儿去？”我问。

“不知道，”她说，“我一点儿不知道。”

遇到第一种格式的情况，直接引语要另起一行。试比较：

Я сказа́л:

— Не я тебе́ судья́, Степа́н. Мы тебе́ все судьи́. 我说：“不是我给你当法官，斯捷潘。我们都是你的法官。”

文艺作品中,当不是叙述直接对话,而是转述某人的想法或转述听来或读到的别人的话时,引号仍然保留。试比较:

①Он, возмо́жно, ду́мает: «Тепе́рь у меня́ бу́дет мой авторите́т и моя отве́тственность». 他可能在想:"现在我将有我的威信和我的责任。"

②«Наде́юсь, он э́того не сде́лает», — поду́мал я. "我指望着他干不成这事儿。"我想。

③Ча́сто слы́шу от до́чки: «Я тебя́ люблю́, ты у меня́ са́мая краси́вая». 我经常听到女儿说:"我爱你,你是我的最美的人。"

## (2)变直接引语为间接引语

直接引语变为间接引语,通常有下列情况:

当直接引语为陈述句时,可用带连接词 что 的说明从属句替换。试比较:

①«Сего́дня бы́ли интере́сные уро́ки», — отве́тила Ли́за. "今天上的课很有意思。"丽扎回答。→Ли́за отве́тила, что сего́дня бы́ли интере́сные уро́ки. 丽扎回答说,今天上的课很有意思。

②«Я бу́ду до́ма в девя́том часу́», — говори́т она́. "我八点多钟在家。"她说。→Она́ говори́т, что она́ бу́дет до́ма в девя́том часу́. 她说,她八点多钟在家。

当直接引语为祈使句时,可以用带连接词 чтобы 的说明从属句替换。试比较:

①«Дай-ка журна́л», — потре́бовал он. "给本杂志。"他要求道。→Он потре́бовал, чтобы ему́ да́ли журна́л. 他要求给他一本杂志。

②«Говори́те гро́мче», — попроси́л меня́ учи́тель. "请讲大声点儿。"老师要求我说。→Учи́тель попроси́л меня́, что́бы я говори́л гро́мче. 老师要求我大声点儿讲。

当直接引语是带疑问词的疑问句时,可以用带该疑问词(充当联系用语)的说明从属句替换。试比较:

①Команди́р спроси́л Ольгу: «Кого́ вы хоти́те уви́деть?» 指挥官问奥丽佳:"您想要见谁?"→Команди́р спроси́л Ольгу, кого́ она́ хо́чет уви́деть. 指挥官问奥丽佳想要见谁。

②«Почему́ ты, сыно́к, тако́й весёлый?» — спроси́л оте́ц. "孩子,为什么你这么高兴?"父亲问。→Оте́ц спроси́л сы́на, почему́ он тако́й весёлый. 父亲问儿子为什么这么高兴。

若直接引语是不带疑问词的疑问句时,可以用带语气词 ли 的说明从属句替换。试比较:

①«Есть здесь кто́-нибудь?» — спроси́л я ,входя́ в кабине́т. "这里有人吗?"我在进办公室时问道。→Входя́ в кабине́т, я спроси́л, есть ли здесь кто́-нибудь. 我在进办公室时问,这里有人没有。

②«Име́ете вы изве́стия от ва́шего сы́на?» — спроси́л я её наконе́ц. "您有您儿子的消息吗?"我最后问她。→Я спроси́л её наконе́ц, име́ет ли она́ изве́стия от своего́ сы́на. 我最后问她,她有没有她儿子的消息。

**注意**:直接引语变为间接引语时,说话的角度变了,即无论谁的话都由作者(或说话者)从自己角度出发进行转述,因而要注意人称代词、物主代词和谓语动词在人称关系上的变化。

另外,并不是所有直接引语都可以转换成间接引语,如只由感叹词、语气词或呼语构成的直接引语便不能转换为间接引语。

若直接引语中含有感叹词、呼语、语气词(具有情感色彩的),变为间接引语时应略去,而且句式也应相应改变。这样,直接引语的意思便只能大致得到转达。试比较:

①«Тос. . . ти́ше. . . », — сказа́л Нежда́нов. "嘘……别说话……"涅日丹诺夫说。→Нежда́нов сказа́л, что́бы все замо́лкли. 涅日丹诺夫让大家都别出声。

② — Кака́я зима́! — сно́ва сказа́ла она́. — Давно́ тако́й не́ было. "多好的冬天!"她又说,"好多年没有这样的冬天了。"→Она́ сно́ва сказа́ла, что зима́ хороша́ и тако́й хоро́шей зимы́ давно́ не́ было. 她又说,(今年)冬天很好,好多年没有这样好的冬天了。

③Же́нщинам говори́л я без церемо́ний: «Как ты постаре́ла», — и мне отвеча́ли с чу́вством: «Как вы-то, ба́тюшка, подурне́ли». 对女人我毫不客气地说:"你好老啊!"于是她们满带感情地对我回答说:"可老兄您哪,变得好丑啊!"→Я говори́л же́нщинам без церемо́ний, что они́ о́чень постаре́ли, и мне отвеча́ли с чу́вством, что я о́чень подурне́л. 我对女人们说得不客气,说她们已经很老啦,于是她们也满带感情地对我回答说我变得很丑了。

# 22 词序

词组合或句中词的先后排列次序叫做词序。俄语词与词的关系虽主要借助于词形变化来表示,因而词序较自由,但也不是自由到可以任意排列。我们把那种通常的、习惯的位置顺序叫做正装词序;把那些为了某种修辞原因或其它原因而改变过的位置顺序叫做倒装词序。无论正装词序或倒装词序,都是合乎语言规范的。词序包括词组中的词序和句子词序。

## (1)词组中的词序

按照主导词的语法意义,词组可分为名词词组、动词词组、形容词词组、副词词组、代词词组和数词词组。下面我们主要谈名词词组(名词与其定语、名词化形容词与其定语)、动词词组(动词与其状语)和形容词词组中的词序。

**名词词组中的词序**

名词与其定语的词序。名词的定语分为一致定语和非一致定语。通常情况下,一致定语在前,非一致定语在后。一致定语可以由长尾形容词、代词、顺序数词、形动词表示,非一致定语可以用不带前置词的名词第二格与第五格形式、带前置词的各种间接格形式、第三人称代词的第二格形式、形容词单一式比较级、副词或动词不定式等来表示。

i.一致定语

正装词序。一致定语位于名词之前。如:далёкие го́ры 远处的群山,коне́чная цель 最终目的。

名词前同时有两个一致定语时,有以下几种情况:

性质形容词位于关系形容词之前。如:большо́й жи́зненный о́пыт 丰富的生活经验,просто́рный чита́льный зал 宽敞的阅览室。

代词位于形容词之前。如:ка́ждый ле́тний день 每一个夏日,э́та неожи́данная встре́ча 这次意外会面。

指示代词(不定代词)位于物主代词之前。如:э́тот твой прия́тель 你的这个朋友,та ва́ша иде́я 您的那个想法;како́й-то твой знако́мый 你的一个熟人,не́которые твои наблюде́ния 你的一些观察。

注意:上述词组翻译成汉语时,应符合汉语的习惯,将物主代词置于指示代词之前。

限定代词位于指示代词之前。如：вся́кий тако́й спор 所有这类争论，все э́ти сомне́ния 所有这一切怀疑。

注意：在汉语中表示数量的词（如："所有"、"一切"）在句中的位置与俄语不同。汉语中的"所有"与人称代词共用时，必须放在人称代词的后面。如："我们所有的工作"，不能说成："所有我们的工作"；而俄语却只能说：вся на́ша рабо́та.

汉语中的"所有"与指示代词共用时，符合俄语的词序，即限定代词在指示代词的前面。如："所有这些成就 все э́ти успе́хи"，不能说成："这些所有成就"；但汉语中的"一切"却必须放在指示代词的后面，如上例，只能译为"这一切成就"，而不能说成："一切这成就"。

当词组中有指示代词 э́тот，то，而且还有限定代词 са́мый 时，са́мый 放在 э́тот，тот 的后面。如：э́та са́мая сосна́ 就是这棵松树，та са́мая ночь 正是那个夜晚。

顺序数词位于形容词之前。如：второ́е прида́точное предложе́ние 第二个副句，пе́рвое многоэта́жное зда́ние 第一幢高层楼房。

形动词应位于性质形容词之后，但在关系形容词之前。如：но́вая прочи́танная кни́га 一本已读完的新书，освобождённый кита́йский наро́д 被解放了的中国人民。

名词前同时有数个一致定语时，其先后次序如下：

限定代词－指示代词－物主代词－顺序数词－性质形容词－形动词－关系形容词－被说明名词。如：тре́тья широ́кая асфальти́рованная шоссе́йная доро́га 第三条宽阔的柏油马路，все э́ти на́ши но́вые спорти́вные костю́мы 我们所有这些新运动服。注意后一个词组中汉语词序是物主代词在最前面。

两个同类形容词表示的一致定语，排列次序视说话人想要强调的重点而定，定语的语义重心在第一个单词上。如：но́вые краси́вые тетра́ди 新的漂亮的练习本，краси́вые но́вые тетра́ди 漂亮的新的练习本。

注意：同等一致定语和非同等一致定语的区别：

同等一致定语直接和被说明名词发生联系，同等一致定语之间是并列关系，在书面上用逗号隔开，最后一个同等一致定语前用连接词 и 连接。如：весёлые，си́льные и сме́лые лю́ди 快活、强壮和大胆的人们。

而非同等一致定语依次地说明名词，一环套一环，非同等一致定语不是每一个都直接和被说明名词发生联系，各个非同等一致定语之间不是平行关系，在书写中不能用逗号隔开，如：дли́нный това́рный по́езд 长长的货车。这一词组中，това́рный 说明 по́езд，而 дли́нный 不是直接说明 по́езд，而是说明 това́рный по́езд。

倒装词序。当名词词义空泛或指已知现象时，其一致定语往往置于名词后，这是俄语强调定语的一种修辞手段。如:уро́к поучи́тельный 有教育意义的一课,волнение неопи́санное 无法形容的激动心情。

ⅱ.非一致定语

正装词序。非一致定语位于名词之后。如:чай покре́пче 较浓的茶,сплав желе́за с углеро́дом 铁和碳的合金。

倒装词序。

以 его,её,их 表示的非一致定语通常放在被说明名词之前。如:их преподава́тель 他们的老师,его предложе́ние 他的提议。

由 род(类,种类),вид(种类,型式),тип(型式)等词与形容词组成的词组(不带前置词的第二格)作非一致定语时,常常位于被说明名词之前。如:разли́чного ви́да бето́ны 种类不同的混凝土,тако́го ти́па полупроводники́ 这种半导体。

当非一致定语与一致定语一起说明名词时,非一致定语可以和一致定语一起(一致定语在前,非一致定语在后)放在被说明名词之前,共同说明一个名词,书面中一致定语与非一致定语间用逗号隔开。如:шерстяна́я, ра́дужных цвето́в косы́нка 毛织的、五颜六色的头巾,ху́денькая, невысо́кого ро́ста же́нщина 瘦瘦的、个子不高的女人。

如果按照正装词序,一致定语在被说明名词之前,非一致定语在被说明名词之后,那么此时非一致定语同时把前二者作为一个整体加以说明,中间不再有逗号将其隔开。如:шерстяна́я косы́нка ра́дужных цвето́в 五颜六色的毛头巾,ху́денькая же́нщина невысо́кого ро́ста 个子不高的瘦女人。

副词表示的非一致定语通常位于名词之后。如:дом напра́во 右边的房子,прогу́лка пешко́м 散步。但具有程度-度量意义的副词则位于名词之前,如:два́жды геро́й 两次英雄,почти́ стари́к 几乎是个老头,бо́льно ловка́ч 非常机灵的人。

带前置词的间接格名词表示的非一致定语很少处于被说明名词之前,只有在句中强调对立等特殊意义时才能倒装。如:Со спи́нкой дива́н мне не нра́вится, я хочу́ купи́ть дива́н без спи́нки. 我不喜欢带靠背的沙发,我想买不带靠背的沙发。(句中 со спи́нкой дива́н 为倒装词序)。

名词化形容词与其定语的词序。

有些形容词保留了形容词的形式,但失去了形容词的意义,而用作名词,这类形容词叫做名词化形容词。

名词化形容词按转化程度可分为三种:

完全转化为名词,不再作形容词用。如:вселе́нная 宇宙,кладова́я 仓库,запята́я 逗号。这类名词化形容词与其定语连用,遵循名词与其定语的连用规则,在此不再赘述。

既可作形容词,又可作名词。如:рабóчий 工人的,рабóчий 工人;горю́чий 可燃的,горю́чее 燃料;прямóй 直的,прямáя 直线。

因此,词序可以帮助我们判定该词属于何种词类,该词组的主导词是哪个。如:знакóмый(形)больнóй(名)相识的病人,больнóй(形)знакóмый(名)有病的熟人。

有的形容词只能在具体上下文中才能确定是否转化为名词。这类形容词通常用中性,表示抽象概念,译成汉语时往往要加上"……东西"、"……事情"等字。如:замечáтельное бýдущее 美好的未来,сáмое глáвное 最重要的事情。

这类名词化形容词也可作定语,但不与被说明词在性、数、格上一致,而是以第二格形式表示,位于被说明词的后面,作非一致定语。如:тéхника настоя́щего 现代技术,что óбщего 什么共同点。

**动词词组中的词序(动词与其状语的词序)**

修饰动词的状语有的位置比较固定,有的则比较自由。动词的状语可以由副词、副动词、带或不带前置词的名词间接格形式表示。根据状语所表示的意义,可分为行为方法状语、程度度量状语、处所状语、时间状语、原因状语、目的状语、条件状语、让步状语、结果状语等。

ⅰ.行为方法、程度和度量状语

①性质副词及其比较级表示的状语,一般都位于动词之前,是正装词序。如:хорошó учи́ться 好好学习,я́рче свети́ть 更亮地照着。

这类状语如果位于动词之后,则有强调或补足动词之义,是倒装词序。如:идти́ напрями́к 一直走,говори́ть ти́ше 低声说。

②由不带前置词的名词第五格构成的副词所表示的行为方法状语,通常位于动词后面,是正装词序。如:приéхать пóездом 坐火车来,издавáть сéриями 以丛书方式出版。

如果使用名词五格修饰动词时,名词又与其同义或同根,此时,名词前必须有定语。如:заснýть крéпким сном 熟睡,плáкать гóрьким плáчем 痛哭。

这类状语(除名词与动词同义或同根情况外)如果位于动词之前,则是倒装词序。如:высóкими тéмпами развивáть 高速发展,свои́м трудóм стрóить 用自己的劳动建设。

当有限定代词 весь 时,状语也往往位于动词之前。如:всей семьёй смотрéть телеви́зор 全家(一起)看电视,всем сéрдцем служи́ть нарóду 全心全意为人民服务。

③由带前置词的名词间接格形式表示的状语,通常位于动词之后,是正装词序。如:описáть во всех подрóбностях 详尽地描述,петь под гитáру 在吉他伴奏

下唱歌。

这类状语如果具有性质特征意义或动作方式意义,则可位于动词之前,就是倒装词序。如:с интерéсом расскáзывать 兴致勃勃地讲述,из полéй прилетéть 从田野飞来。

再如,в + 名词第六格表示进行动作时主体的心情或精神状态,状语一般位于动词之前。如:в тревóге ждать 惊恐地等待,в спéшке дéлать 匆忙地干。

④表示空间度量、时间度量的状语,通常位于动词之后,是正装词序。如:пробежáть сто мéтров 跑完一百米,бесéдовать óколо чáсу 交谈大约一小时。

表示数量度量的状语以及由 кáждый + 名词第四格表示的时间状语,通常位于动词之前。如:вдвое увелúчить 扩大一倍,кáждый мéсяц получúть 每月领取。

ⅱ. 其它状语

疏状意义的状语包括处所状语、时间状语、原因状语、目的状语、条件状语、让步状语、结果状语等。这些状语的位置可以自由地放在动词前面或后面,后置的这类状语往往带有强调的意味。如:отойтú от стáнции 驶离车站(处所状语),с дéтства привы́кнуть 从小就习惯(时间状语),по болéзни не прийтú 因病没来(原因状语),трудúться во úмя Рóдины 为祖国而劳动(目的状语),в такóм слýчае не возражáть 这种情况下不反对(条件状语),при всём желáнии не мочь 虽然愿意但不能(让步状语),вытя́гиваться, изменя́ясь в размéре 延伸(时)尺寸发生变化(结果状语)。

ⅲ. 动词与数个状语

如果动词前后同时有数个状语时,次序通常如下:时间状语 – 地点状语 – 原因状语(目的状语、行为方法状语等) – 被说明的动词 –(时间状语或地点状语)。如:ýтром на гóрке посадúть дерéвья 早晨在小山丘上栽树,сегóдня вопрекú врачá встать с постéли 今天不顾医生劝告起床。

**形容词词组中的词序**

形容词作主导词时,可以与名词、副词、动词不定式等构成词组,但通常情况下只有性质形容词才能与这些词类搭配。

ⅰ. 形容词 – 名词词组

①要求名词间接格形式作补语的性质形容词,通常是补语位于形容词之后。如:пóлный любвú 充满爱的,удóбный для сидéния 坐着舒适的。

②当名词间接格形式表示性质特征时,通常位于形容词之前。如:до стрáнности лёгкий 轻得出奇的,на удивлéние красúвый 美丽得惊人的。

如果这种形式置于形容词之后,则有对其特征作补充说明之义。如:смýглый до черноты́ 黝黑得发黑的,прокалённый на сóлнце 在阳光下晒烫的。

③以各种方式限制形容词所表示的特征的名词间接格形式,可以位于形容词之前,也可以位于形容词之后。如:от приро́ды до́брый 或 до́брый от приро́ды 天性善良的,на вкус прия́тный 或 прия́тный на вкус 味美的。

ⅱ.形容词－副词词组

性质形容词所表示的事物的特征可以由各种副词从程度、时间、空间等各方面来说明。通常情况下,副词位于形容词之前。如:едва́ слы́шный 勉强听得见的,всегда́ весёлый 总是快乐的,сни́зу зелёный 下部发绿的。

ⅲ.形容词－动词不定式词组

这类词组只能由表示人或事物的状态的形容词构成,动词不定式位于形容词之后。如:гото́вый боро́ться 准备斗争的,спосо́бный организова́ть 善于组织的。

**副词词组、代词词组和数词词组中的词序**

ⅰ.副词词组

这类词组中作为主导词的副词(及比较级)可以和其它副词、名词或代词搭配。

表示限定意义、疏状意义、数量意义的副词可以修饰主导副词(及比较级),位于主导副词(及比较级)之前。如:геро́йски сме́ло 像英雄那样勇敢地,о́чень ве́село 非常愉快地,вдвое доро́же 贵一倍地。

带或不带前置词的名词(代词)间接格形式可补充说明主导副词(及比较级),位于主导副词(及比较级)之后。如:глубоко́ под землёй 在地下很深地,бо́льше всех 比任何人都多地。

ⅱ.代词词组

不定代词与否定代词和形容词、名词间接格形式构成词组时,必须位于形容词、名词间接格形式之前。如:что́-то но́вое 某种新的东西,никто́ из студе́нтов 任何一个大学生(都不)。

人称代词可与限定代词连用,人称代词位于限定代词之后。如:все они́ 他们全体,весь он 他全身。

在句中人称代词可以带有一致定语,但这些定语需独立出来,所以两者不能构成词组。如:Весёлые,мы возвраща́лись с охо́ты. 我们愉快地打猎回来。

ⅲ.数词词组

以顺序数词为主导词时,可以用带前置词的名词、代词及副词来补充说明,顺序数词在前。如:пя́тый в спи́ске 名单中的第五个,шесто́й от меня́ 从我数起第六个,девя́тый спра́ва 自右数第九个。

以数量数词为主导词时,可以与 из＋名词(代词)第二格形式构成词组,数量数词在前。如:дво́е из ученико́в 学生中的两个,оди́н из нас 我们当中的一个。

## (2)句中词序

有人说,俄语词序灵活,只要句中各个词的语法关系不错,怎么说都行。这种说法是片面的。俄语句子的词序虽不像汉语主语在前、谓语在后、状语在谓语前、补语和宾语在谓语后那么严格,而且主语在谓语后的情况确实也比较多,但这不等于说,主语和其它成分的位置关系可以随便处理。实际上,俄语句子的五大成分(主语、谓语、补语、定语、状语)的位置安排也是有一定规律的,违反这个规律,就不是地道的俄语,不符合俄罗斯人的思维表达习惯。

俄语词序涉及许多实义切分理论问题,详述起来可以洋洋数万言。简要地说,实义切分不同于句法切分。句法切分是将句子切分为句子成分即主语、谓语、补语、定语和状语。而实义切分是将句子根据交际目的或功能切分为主位(表述出发点、已知)和述位(表述核心、新知)。任何句子成分或其组合都可充当主位或述位,主语和主位之间、谓语和述位之间并没有对应关系。由于所谓句子词序实质是句子成分在句中的排列顺序,所以我们可以用句子成分的位置变化来描述句子的词序变化。

从句子的交际功能看,俄语句子可分三大类:陈述句、疑问句和祈使句。从笔语写作的角度看,以陈述句最为重要,其它两类句子比较容易掌握。从结构上看,俄语句子又分为简单句和复合句,其中又以简单句最为关键。而复合句本身结构(联系手段)比较固定,其词序规律基本上可以从简单句来类推,这样,我们集中篇幅来搞清作为陈述句的简单句的词序规律,就可以说是抓住了要害。笔者经多年研究,将词序规律高度概括简化为几句口诀,可以基本上解决笔语写作中的句子词序问题。

根据实义切分理论,笔语中陈述句主位在前、述位在后是一条规律。但由于主位和述位与任何句子成分及其组合都没有直接对应关系,说主位在前、述位在后也等于什么也没说,所以我们采取了把实义切分、句法切分和语义结构分析结合起来这一解决俄语词序问题的较为实际的办法。

**表述出发点在前,表述核心在后**

ⅰ.这一口诀适用于全篇文字的第一句话或与上文没有直接承接关系的段落的第一句话的词序安排。该第一句话的结构多为简单句。请看选自俄文原著的实例:

①Ле́том три́дцать второ́го го́да в село́ Большо́й Перела́з **прие́хал на о́тдых гла́вный инжене́р** автомоби́льного заво́да Дми́трий Ива́нович Поро́шин. (М. Коробейников)1932 年夏,汽车厂总工程师德米特里·伊万诺维奇·波洛申来到大浅滩村疗养。

②В беспреде́льности Вселе́нной, в Со́лнечной систе́ме, на Земле́, в Росси́и, в Москве́, в углово́м до́ме Си́вцева Вражка́, в своём кабине́те **сиде́л** в кре́сле **учё-ный**-орнито́лог **Ива́н Алекса́ндрович.** （М. Осоргин）在广袤无际的宇宙中，在太阳系里，在地球上，在俄罗斯，在莫斯科，在西符采夫·伏拉热克大街拐角的一座楼房里，在自己办公室的圈椅上，坐着鸟类学家伊万·亚历山大诺维奇。

③12 апре́ля 1961 го́да **произошло́ собы́тие**, взволнова́вшее всё челове́чест-во. Ра́нним у́тром с террито́рии Сове́тского Сою́за в ко́смос **подня́лся** косми́чес-кий **кора́бль-спу́тник** «Восто́к» с челове́ком на борту́. （Н. Лобанова）1961 年 4 月 12 日发生了一件使全人类激动的事件。清晨，从苏联国土上，东方号载人宇宙飞船升上太空。

从几个例子中可以发现，这类句子从时间或地点出发，语义重心在于揭示人物（或事物）出场。其词序形式是：**状语（时间或地点）→谓语（行为或状态）→主语（人或事物）**。

这种句子相对独立，不受上文制约，可用在连贯言语中任何一个需要的地方。它们还可用来描写景色或周围环境。其典型词序形式是：谓语在前、主语在后，但不能根据汉语习惯称之为倒装句（这类句中主语移至谓语前才是倒装，倒装句是受上文制约的，见下面例②）。试比较：

①**Была́ я́ркая пого́да**, и в прозра́чной голубизне́ весе́ннего утра́, каза́лось, всё прити́хло... **Ла́яли соба́ки.** （И. Ковтун）阳光明媚，在春晨透明的蔚蓝色天空里似乎一切都寂静下来。……几只狗在叫唤。

②Уже не раз Батма́нов говори́л не то в шу́тку, не то всерьёз: — **Наста́нет ско́ро денёк**, когда́ мы, чернорабо́чие, отойдём в сто́рону,.. и очи́стим ме́сто для на́ших инжене́ров. Пусть пока́жут, на что они спосо́бны.

И **тако́й день наступи́л.** （Б. Ажаев）

巴特曼诺夫不止一次地像开玩笑、又似认真地说："很快会有那么一天，我们这些干粗活的工人到一边去，给我们的工程师倒地方。让他们表现一下他们能干什么。"

于是这一天来了。

ⅱ. 根据实际需要，句子词序可作部分调整。

当语义重心在于揭示行为或状态时，谓语可置于主语后面，试比较：

①Зимо́й ре́ки окамене́ли. （В. Кожевников）冬天河流都冻住了。

②Кури́ть в ваго́нах запрещено́. （В. Панова）车厢里禁止吸烟。

当语义重心在于揭示行为客体时，句子词序形式一般为：**（状语）主语→谓语→补语**。试比较：

①Примéрно чéрез недéлю **Томи́лин получи́л приглашéние** в Москвý, подпи́санное начáльником глáвка.（А. Первенцев）大约过了一周，托米林收到了由总局局长签署的赴莫斯科的邀请信。

②Педагоги́ческий **институ́т устрáивал вéчер** встрéчи... со студéнтами.（Д. Гранин）师范学院举行了与大学生们联欢的联欢晚会。

句中同时有时间状语和地点状语时，一般是时间状语在句首，地点状语在句末。这时有突出地点的意味。词序形式为：**时间状语→主语→谓语→地点状语。而如要突出行为和行为主体，则可将其后移，但这时一般是时间状语在地点状语前。词序形式为：时间状语→地点状语→谓语→主语**。试比较：

①**Мгли́стой нóчью** бы́вший коммуни́ст Андрéй Дени́сов в сопровождéнии двух конвóйных... шёл **от ... Совéта чéрез плóщадь.**（В. Овечкин）在昏暗的夜里，原共产党员安德烈·捷尼索夫在两名押送人员陪同下……从委员会出来穿过广场走着。

②**Сегóдня у́тром в троллéйбусе** пел ребёнок.（Н. Суханова）今天早上在无轨电车里有一个小孩唱着歌。

从上述例证中可以看到：除少数句子（如写景句）有相对固定的词序形式外，总体上说不受上文制约的句子的词序形式均有一定的自由度，即受说话者预先按交际目的来安排：作为表述出发点的句子成分在句首，而作为表述核心或重点强调部分在后以至句末。

**承接上文（已知）部分在前，展开叙述（新知或强调点）部分在后**

这一规律适合于连贯言语中受前文制约的句子。所谓受前文制约，指在连续两个或几个简单句（或复合句）中后面的句子受前面的句子制约，也包括复合句中后面的分句（无论主句还是从句）受前面的分句制约。

以上文（前句或前面某个句子）中的某个词或词组作为出发点时，其位置一般应在句首。由于是前文中已经出现的（或已经被代换的）词或词组，所以也称之为已知部分。接下去应该是展开叙述部分，这部分对读者来说是未知的，因而也叫新知部分。这其中，特别被强调的部分要向后移，一般要放句末，还须指出的是：这里“已知”与“新知”与句子成分类型无关，即任何句子成分或其组合都可能成为已知或新知。这样，词序的安排也就不以句子成分相互之间的句法关系性质为依据，而以实际需要即以什么为出发点和要强调什么为依据。也就是说，句子的词序形式可以根据表达思想的需要来安排。这样，笔语中，根据句子的交际功能，说通俗些，根据句子要告诉读者什么，受前文制约的句子至少有以下几种词序形式[主语、谓语、补语、定语、状语，简称：主、谓、补、定、状]：

(状)谓(补)[或补·谓]-主

[注1.其中带圆括号的成分是可有可无的。注2.破折号前为表述出发点,即承上文的已知部分,破折号后为表述核心,即新知部分。下同。]

这类句子的交际目的是揭示行为主体。其语义结构是:时间(或地点)·行为(或状态)(客体)-主体。例如:

①(Деся́того апре́ля 1922 го́да, в три часа́ полу́дня, в большо́м за́ле... италья́нский премье́р Фа́кта откры́л пле́нум конфере́нции.) По́сле него́... ме́дленно **подня́лся** на трибу́ну гла́вный **инициа́тор и устро́итель** конфере́нции **Ллойд-Джордж.** (В. Закруткин)(1922年4月下午3点在大礼堂里……意大利总理法克塔宣布国际大会全体会议开幕。)在他发言之后慢步走上台的是国际大会主要发起人和组织者劳埃德·乔治。

②(Тут бы́ли и сталева́ры, и гла́вный энерге́тик, и нача́льник отде́ла механиза́ции Чека́лдии, ма́льчик с образова́нием те́хника, кото́рого Листопа́д неда́вно вы́двинул на руководя́щую рабо́ту.) В стороне́ от них всех молчали́во **держа́лась Но́нна.** (В. Панова)(来到这里的不仅有炼钢工人,有总动力工程师,有切卡尔基亚自动化科科长,还有技术学校毕业的小伙子,里斯托巴德不久前提拔他做领导工作。)农娜默默地站在一边,远离他们所有人。

③(По́сле девяти́ часо́в ве́чера ваго́н пусте́л.) В нём **остава́лись** то́лько **Юлия Дми́триевна и Кла́вдия.** (И. Ковтун)(晚九点之后车厢空了下来。)车厢里只剩下尤里娅·德米特里耶夫娜和克拉夫基娅。

④(По́езд останови́лся.) Его **останови́л** небольшо́й **отря́д** бойцо́в, ру́сских и поляко́в. (В. Панова)(火车停了下来。)让火车停下的是不大的一伙俄罗斯人和波兰人士兵。

⑤(И всегда́ получа́лось, что всё де́лала она́, а он то́лько топта́лся и меша́л.) Дрова́ **достава́ла она́**, ремо́нтом **занима́лась она́.** (В. Пакова)(结果事情到头来总是什么都由她干,可他不过是来回转、碍手碍脚。)搬劈柴的是她,修理东西的也是她。

⑥(Все молча́ли.) **Промолча́л и Ле́вин.** (Ю. Герман)(所有人都沉默不语。)一言不发的还有列文。

⑦(Мать вела́ хозя́йство. В её рука́х бы́ли де́ньги, ключи́, власть над кастрю́лями и бельём. Оте́ц занима́л за столо́м председа́тельское ме́сто, он был глава́...) Но насто́ящей **госпожо́й** в до́ме **была́ Юленька.** (В. Панова)(母亲搞家政。她手中掌握着钱、钥匙和支配锅碗瓢盆、洗涮内衣的权力。父亲在桌旁占了主席位,他是一家之主。……)但家中真正的女主人是尤莲卡。

⑧(Все ста́ло други́м.)... **Други́м стал его́ дом.** (В. Панова)(一切都变了样。)变了样的还有他的房子。

**(状)(补)主－谓(补)**

这类句子的交际目的是揭示主体所发出的是什么行为或处于什么状态，其语义结构是：(时间或地点)(客体)主体－行为(或状态)。例如：

①(Кудря́нка гада́ла Нели́довой по руке́.) **Нели́дова наклони́ла го́лову и смея́лась.** (К. Паустовский)(库德梁卡在给涅里多娃看手相。)涅里多娃低着头、笑着。

②(Всю ночь я броди́ла..., переходя́ с у́лицы на у́лицу.) **Назва́ния их я незна́ла.** (Г. Дробот)(整个一夜我都在游荡，从一条街走到另一条街。)这些街的名字我不知道。

③(Автомоби́ль пролете́л глухи́ми, тёмными у́лицами и останови́лся у высо́ких... воро́т.) **Воро́та откры́лись.** (В. Закруткин)(小汽车飞速驶过偏僻黑暗的街道，停在了一处高大的大门旁。)大门打开了。

④(Лётчиков по вы́держке и здоро́вому се́рдцу де́лят на не́сколько групп.) **Пе́рвая гру́ппа — ты́сяча пятьсо́т ме́тров.** (К. Паустовский)(飞行员按耐力和心脏健康状况分为几组。)第一组是1500米。

**(状)主·谓[谓·主]－补**

这类句子的交际目的是揭示主体行为所涉及的是什么客体，其语义结构是：(时间或地点)主体·行为(或状态)－客体。例如：

①(Соловьёв вообще́ был лишён инсти́нкта самохране́ния.) До своего́ несча́стья **он кома́ндовал ро́той** обслу́живания аэродро́ма. (Ю. Нагибин)(索洛维依奥夫根本没有自卫的本能。)在不幸发生之前他正指挥着机场服务连。

②(Дани́лов молча́л.) **Он хоте́л слы́шать всех.** (В. Панова)(达尼洛夫一言不发。)他想听听所有人的意见。

③(В ча́йной ли́вень насти́г их сно́ва.) **Он бил в по́тные стёкла.** (К. Паустовский)(在茶馆里他们又赶上下大雨。)雨水敲击着上了水汽的玻璃。

④(Был колле́жский советник, автор, Александр Сергеевич Грибоедов.) **Приходи́лся он ро́дственником самому́ Паске́вичу.** (Ю. Тынянов)(来了一位六品文官、作者、亚历山大·谢尔盖耶维奇·格里鲍耶陀夫。)他是帕斯克维奇本人的亲戚。

⑤(Это была́ са́мая дли́нная ночь в его́ жи́зни.) И, наве́рное, **тако́й же показа́лась она́** всем **разве́дчикам.** (В. Карпов)(这是他一生中最漫长的一夜。)而且大概所有侦察员对这一夜的感觉都这样。

**(补)主·谓[或谓·主](补)-状**

这类句子的交际目的是揭示主体行为或状态发生的时间、地点、原因、方式、目的等。其语义结构是:主体·行为-时间(地点、原因、方式、目的)。例如:

①(Эта "де́тская ко́мната мили́ции" пря́мо-таки взбеси́ла его́.) **Её он терпе́л всю жизнь.** (В. Смирнов)(这间"少年警局"简直使他发疯。)他忍受了它一辈子。

②(Так вот и получи́лось, что Серёжа да́же шпио́на не успе́л пойма́ть, а уже́ стоя́л пе́ред высо́кими воро́тами — вход в колхо́зный сад...) Сад э́тот **Серёжа запо́мнил с пе́рвого ра́за.** (В. Сукачев)(事情呢,结果就是这样,谢廖沙连间谍也没抓到,就已经站在了高高的大门前,这是进集体农庄花园的入口。)这座花园谢廖沙来第一次就记住了。

③(Суть де́ла, ра́ди кото́рого я прие́хал, и́менно в э́том дневнике́.) Дневни́к **я ви́дел ещё при жи́зни Нели́дова.** (К. Паустовский)(我为之而来的案子,其本质就在这本日记里。)这本日记我还是在涅里多夫生前见过。

④(Эта сла́бость была́ — бая́н.) **Баян оста́лся в до́ме от ста́ршего бра́та.** (В. Панова)(这个弱点就是手风琴。)手风琴是哥哥留在家里的。

⑤(Сёмка лежа́л и чита́л, держа́ кни́гу на по́днятых коле́нях.) **Коле́ни о́стро торча́ли под одея́лом.** (В. Панова)(萧姆卡躺着、读着,把书放在抬起的膝盖上。)膝盖在被子下面顶起个尖。

⑥(Луто́хин сконча́лся.) **Он у́мер от кровоизлия́ния в мозг.** (В. Панова)(鲁道辛逝世了。)他是因脑溢血死的。

⑦(Дельви́г сел по́дле хозя́йки, он, ви́димо, был свои́м челове́ком.) **Сел он о́чень бли́зко к Софи́и.** (Ю. Тынянов)(捷里维戈坐到女主人身边,看样子,他是自己人。)他坐得挨索菲娅很近。

⑧(С Булга́риным разгова́ривали дво́е каки́х-то незнако́мых. Оди́н был прекра́сно оде́т...) **Говори́л он ти́хо и ме́дленно.** (Ю. Тынянов)(和布尔加宁谈话的是两个陌生人。其中一个穿着华丽,……)他讲话声音不高、语速缓慢。

⑨(В пе́рвый же день ре́йса он прочита́л всё.) **Чита́л он лёжа на спине́.** (**В. Панова**)(在行程的第一天他就把所有书都读完了。)他是躺着读的。

⑩(**Он мечта́л о вы́сшем образова́нии.**) **На его́ глаза́х крестья́нские сыновья́ уезжа́ли в го́род учи́ться.** (В. Панова)(他幻想着接受高等教育。)他亲眼看着农民的子弟进城读书。

补充说明几点:

①承上已知部分在前,新知部分在后是笔语所遵循的一条规律。从上面所有

例证中可以发现:所谓"已知",表现在词语的重复或代换上。这些重复或代换的词语无论充当句子的什么成分都放在句子的前部分。而相应地其它成分便自然按一定顺序排列到后面,其中重点强调的部分总是向后移,直至句末。

②承上已知部分如由几个部分组成,其间的排列顺序较为灵活,可随说话者主观意愿或一般习惯来安排。这种改变对句子完成交际目的没有实质意义,即不改变交际功能。

③定语在句中的一般位置是:一致定语在名词前、非一致定语在名词后。口语中可以将定语移至句末或句首(带逻辑重音加以强调),但笔语中一般不用,故此不予详述。